U0599748

2014年**中国银行业从业人员资格认证考试**

公司信贷

讲义·真题·预测 全攻略

中国银行业从业人员资格认证考试研究院〇编著

清华大学出版社

北　京

内 容 简 介

本书是"银行业从业人员资格认证考试"的配套学习资料，依托具有深厚编写水平的专家团队，严格依据官方教材及考试大纲，在精选高频考点的基础上编写而成。

全书分为考点精讲及归类题库两部分：考点精讲主要选取考频较高、易混淆的考点进行详细讲解；归类题库则选取考频较高的知识点，在此基础上编设的与实战难度相当的试题。

本书特别适用于参加中国银行业从业人员资格认证考试的考生，也可供各大院校金融学专业的师生参考。

本书封面贴有清华大学出版社防伪标签，无标签者不得销售。

版权所有，侵权必究。侵权举报电话：010-62782989　13701121933

图书在版编目(CIP)数据

公司信贷讲义·真题·预测全攻略 / 中国银行业从业人员资格认证考试研究院 编著. —北京：清华大学出版社，2014

(2014 年中国银行业从业人员资格认证考试)

ISBN 978-7-302-35904-3

Ⅰ. ①公… Ⅱ. ①中… Ⅲ. ①信贷—银行业务—中国—资格考试—自学参考资料 Ⅳ. ①F832.4

中国版本图书馆 CIP 数据核字(2014)第 061992 号

责任编辑：张　颖　高晓晴
封面设计：周晓亮
版式设计：方加青
责任校对：曹　阳
责任印制：沈　露

出版发行：清华大学出版社
　　　网　　　址：http://www.tup.com.cn，http://www.wqbook.com
　　　地　　　址：北京清华大学学研大厦 A 座　　　　邮　　编：100084
　　　社 总 机：010-62770175　　　　　　　　　　邮　　购：010-62786544
　　　投稿与读者服务：010-62776969，c-service@tup.tsinghua.edu.cn
　　　质 量 反 馈：010-62772015，zhiliang@tup.tsinghua.edu.cn
印 装 者：北京嘉实印刷有限公司
经　　销：全国新华书店
开　　本：185mm×260mm　　　印　张：19.75　　　字　数：492 千字
版　　次：2014 年 4 月第 1 版　　　　　　　　　印　次：2014 年 4 月第 1 次印刷
印　　数：1～4000
定　　价：38.00 元

产品编号：055958-01

编　委　会

主　编：杜友丽

编　委：晁　楠　　吴金艳　　雷　凤　　张　燕　　方文彬

　　　　李　蓉　　林金松　　刘春云　　张增强　　刘晓翠

　　　　路利娜　　索晓辉　　邵永为　　邢铭强　　张剑锋

　　　　刘春云　　赵桂芹　　张　昆

前言

丛书编写初衷

近年来，随着中国银行业的不断改革与创新，整个银行业发生了历史性的变化，在国民经济发展中发挥着越来越重要的支撑及促进作用。而银行从业人员的待遇也水涨船高，要想从事银行业相关工作，取得银行业资格认证是非常必要的。

"中国银行业从业人员资格认证"简称CCBP(Certification of China Banking Professional)。它是由中国银行业从业人员资格认证办公室负责组织和实施的考试。考试科目为公共基础、个人理财、风险管理、个人贷款和公司信贷，其中公共基础为基础科目，其余为专业科目。

为帮助广大考生顺利通过考试，笔者根据考试大纲编写了本套丛书，以便考生在短时间内理解知识要点、加深记忆、熟悉题型，提高考试成功率。

丛书书目

本丛书将基础知识讲解和考题练习紧密结合，为考生提供一条龙服务，主要包括如下十个品种。

《公共基础最后冲刺八套题 附赠模拟上机考试光盘》

《个人理财最后冲刺八套题 附赠模拟上机考试光盘》

《风险管理最后冲刺八套题 附赠模拟上机考试光盘》

《个人贷款最后冲刺八套题 附赠模拟上机考试光盘》

《公司信贷最后冲刺八套题 附赠模拟上机考试光盘》

《公共基础讲义·真题·预测全攻略》

《个人理财讲义·真题·预测全攻略》

《风险管理讲义·真题·预测全攻略》

《个人贷款讲义·真题·预测全攻略》

《公司信贷讲义·真题·预测全攻略》

丛书特色

本套丛书内容全面，资料新颖，理论联系实际，语言通俗，习题典型，可供广大银行业从业人员参考，是广大应考者顺利通过考试的必备书籍。

具体来说，本套丛书具有以下八大特点：

1. 紧跟大纲，迅速突破

本套丛书严格按照财政部最新考试大纲编写，充分体现了教材的最新变化与要求。在详细讲解教材基础知识的同时，每章配有精选例题及解析，通过简明扼要的考点讲解，引导考生全面、系统地复习，让考生能够熟练掌握指定教材的全部要点和重点。

2. 源自真题，权威全面

由于银行业从业资格认证考试采用了机考的形式，从官方题库中自动选题，因此即使是同一时间考试，各个考生所答的试卷也是不同的。笔者总结了多年真题，书中题目都源于官方题库，并给出了详细的解析，以帮助考生顺利通过考试。

3. 同步演练，有的放矢

本套丛书每章最后有一套习题，并附有答案和解析，供考生检验、巩固学习成果，使考生能尽快适应考场，在真正的考试中有的放矢，顺利通关。

4. 海量习题，贴近实战

众所周知，勤动脑、多练习，方能百战百胜。本套丛书在习题的选取上，以历年真题为主，让读者通过习题演练了解考情和考试重点；在学习教材基础知识、分析真题的基础上，通过模拟自测检测复习效果，了解自己的不足。

5. 简单易懂，便于自学

考虑到大部分考生是在职人士，主要利用业余时间进行自学，因此本套丛书力求语言通俗，并对每道习题都进行了详尽、严谨的解析，便于考生自学。

6. 图表演示，加强记忆

针对教材中知识点众多、难于记忆的问题，本丛书在编写的过程中，尽量把考点用分类图或者表格来表示，让读者一目了然，快速记忆。

7. 模拟光盘，身临其境

因为银行业从业资格认证考试采用计算机考试，和在试卷上答题的感觉不同，因此本丛书专门提供了模拟考试系统，考生可以提前熟悉考试环境及命题类型。光盘中的考题不仅类型全面，而且有错题记录，方便后续的复习。

8. 网上答疑，方便快捷

由于时间有限，本辅导书尚有诸多不尽如人意之处，热忱盼望各方的批评指正。为了方便交流，我们专门提供了一个答疑的网站，读者可以单击考试系统的"在线答疑"链接，然后提出问题，我们会随时解答。

总的来说，我们希望通过纵览重点、同步自测、深度解析，使考生能够对考点了然于胸，对考试游刃有余，对成绩胸有成竹。最后，预祝广大考生顺利通过银行业从业人员资格认证考试，在新的人生道路上续写辉煌。

目录

第1章 公司信贷概述

第2章 公司信贷营销

第8章　贷款担保

第9章　贷款审批

第10章 贷款合同与发放支付

第11章 贷后管理

公司信贷概述

公司信贷是指以银行为提供主体，以法人和其他经济组织等非自然人为接受主体的资金借贷或信用支持活动。公司信贷业务是我国商业银行的重要资产业务，是商业银行取得利润的主要途径，公司信贷业务的规模和结构对商业银行的经营成败具有重要意义，其经营的结果直接影响商业银行安全性、流动性和盈利性目标的实现。

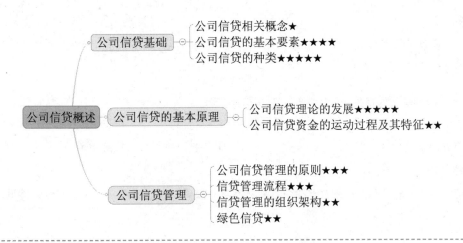

第1节 公司信贷基础

考点1 公司信贷相关概念

公司信贷的相关概念包括信贷、银行信贷、公司信贷、贷款、承兑、担保、信用证、信贷承诺等，如表1.1所示。

表1.1 公司信贷相关概念

概念名称	概念定义
信贷	信贷指一切以实现承诺为条件的价值运动形式，包括存款、贷款、担保、承兑、赊欠等活动
银行信贷	广义的银行信贷是银行筹集债务资金、借出资金或提供信用支持的经济活动。狭义的银行信贷是银行借出资金或提供信用支持的经济活动，主要包括贷款、担保、承兑、信用证、减免交易保证金、信贷承诺等
公司信贷	公司信贷是指以银行为提供主体，以法人和其他经济组织等非自然人为接受主体的资金借贷或信用支持活动
贷款	贷款是指商业银行或其他信用机构以一定的利率和按期归还为条件，将货币资金使用权转让给其他资金需求者的信用活动
承兑	承兑是银行在商业汇票上签章承诺按出票人指示到期付款的行为
担保	担保是银行根据申请人要求，向受益人承诺债务人不履行债务或符合约定条件时，银行按照约定以支付一定货币的方式履行债务或者承担责任的行为

(续表)

概念名称	概念定义
信用证	信用证是一种由开证银行根据信用证相关法律规范、应申请人要求并按其指示向受益人开立的载有一定金额的、在一定期限内凭符合规定的单据付款的书面文件。信用证包括国际信用证和国内信用证
信贷承诺	信贷承诺是指银行向客户作出的在未来一定时期内按约定条件为客户提供贷款或信用支持的承诺

例题1 下列不属于我国公司信贷的提供主体的是( )。(单项选择题)

A. 中国工商银行　　　　　　　　　　B. 中国建设银行

C. 花旗银行　　　　　　　　　　　　D. 中国移动通信

答案 D

解析 公司信贷是指以银行为提供主体，以法人和其他经济组织等非自然人为接受主体的资金信贷或信用支持活动。

例题2 公司信贷的相关概念包括( )。(多项选择题)

A. 信贷　　　　　　　　　　　　　　B. 银行信贷、公司信贷

C. 贷款、承兑　　　　　　　　　　　D. 担保、信用证、信贷承诺

答案 ABCD

解析 公司信贷的相关概念包括信贷、银行信贷、公司信贷、贷款、承兑、担保、信用证、信贷承诺。

■ 考点2 公司信贷的基本要素

公司信贷的基本要素主要包括交易对象、信贷产品、信贷金额、信贷期限、贷款利率和费率、清偿计划、担保方式和约束条件等。

1. 交易对象

公司信贷业务的交易对象包括银行和银行的交易对手，银行的交易对手主要是经工商行政管理机关(或主管机关)核准登记，拥有工商行政管理部门颁发的营业执照的企(事)业法人和其他经济组织等。

2. 信贷产品

信贷产品是指特定产品要素组合下的信贷服务方式，主要包括贷款、担保、承兑、信用支持、保函、信用证和承诺等。

3. 信贷金额

信贷金额是指银行承诺向借款人提供的以货币计量的信贷产品数额。

4. 信贷期限

(1) 信贷期限的概念

信贷期限有广义和狭义两种。广义的信贷期限是指银行承诺向借款人提供以货币计量的信贷产品的整个期间，即从签订合同到合同结束的整个期间。狭义的信贷期限是指从具体信贷产品发放到约定的最后还款或清偿的期限。在广义的定义下，贷款期限通常分为提款期、宽限期

和还款期，如图1.1所示。

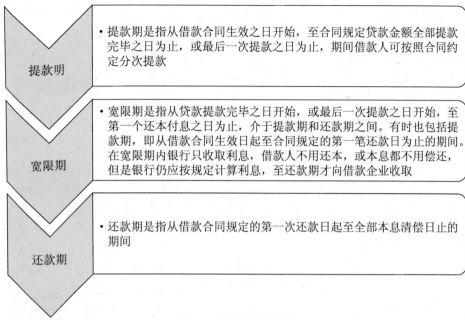

图1.1 广义的信贷期限

(2)《贷款通则》有关期限的相关规定

《贷款通则》有关期限的相关规定，如图1.2所示。

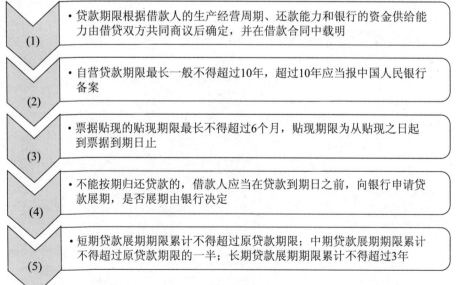

图1.2 《贷款通则》有关期限的相关规定

(3) 电子票据的期限

电子票据较传统纸质票据，实现了以数据电文形式代替原有纸质实物票据、以电子签名取代实体签章、以网络传输取代人工传递、以计算机录入代替手工书写等变化，其期限延长至1年，使企业融资期限安排更加灵活。

5. 贷款利率

(1) 贷款利率

贷款利率即借款人使用贷款时支付的价格。

(2) 贷款利率的种类

贷款利率的种类如图1.3所示。

图1.3　贷款利率的种类

(3) 我国贷款利率管理相关情况

我国贷款利率管理的相关情况大概有4种：管理制度、利率结构、利率表达方式、计息方式。

① 管理制度

管理制度分为基准利率、《人民币利率管理规定》有关利率的相关规定和利率市场化3方面的内容。

基准利率是被用做定价基础的标准利率，被用做基准利率的利率包括市场利率、法定利率和行业公定利率。通常具体贷款中执行的浮动利率采用基准利率加点或确定浮动比例方式，我国中央银行公布的贷款基准利率是法定利率。

《人民币利率管理规定》有关利率的相关规定如图1.4所示。

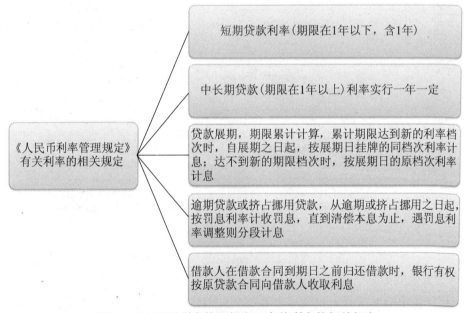

图1.4　《人民币利率管理规定》有关利率的相关规定

利率市场化是指金融机构在货币市场经营融资的利率水平。党的十六届三中全会通过的《中共中央关于完善社会主义市场经济体制若干问题的决定》中进一步明确指出：稳步推进利率市场化，建立健全由市场供求决定的利率形成机制，中央银行通过运用货币政策工具引导市场利率。

②利率结构

差别利率是对不同种类、不同期限、不同用途的存、贷款所规定的不同水平的利率，差别利率的总和构成利率结构。

利率档次是利率差别的层次。我国中央银行目前主要按期限和用途的差别设置不同的贷款利率水平。

利率结构分为人民币贷款利率档次和外汇贷款利率档次，具体如图1.5所示。

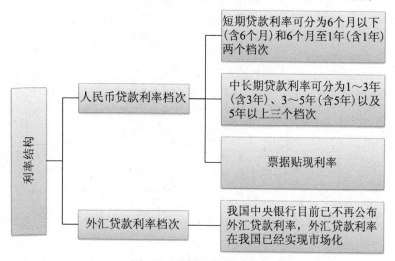

图1.5 利率结构的内容

③利率表达方式

利率一般有年利率、月利率、日利率3种形式，具体如图1.6所示。

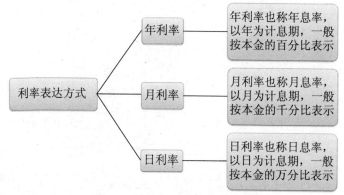

图1.6 利率表达式方式的内容

我国计算利息的传统标准是分、厘、毫，每十毫为一厘，每十厘为一分。年息几分表示百分之几，月息几厘表示千分之几，日息几毫表示万分之几。

④计息方式

按计算利息的周期通常分为按日计息、按月计息、按季计息、按年计息。按是否计算复利分为单利计息和复利计息，如图1.7所示。

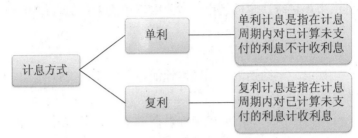

图1.7　计息方式的内容

6. 费率

费率是指利率以外的银行提供信贷服务的价格，一般以信贷产品金额为基数，按一定比率计算。费率的类型较多，主要包括担保费、承诺费、承兑费、银团安排费、开证费等。

7. 清偿计划

清偿计划一般分为一次性还款和分次还款，分次还款又有定额还款和不定额还款两种方式。定额还款包括等额还款和约定还款，其中等额还款中通常包括等额本金还款和等额本息还款等方式。

8. 担保方式

担保是指借款人无力或未按照约定按时还本付息或支付有关费用时贷款的第二还款来源，是审查贷款项目最主要的因素之一。按照我国《担保法》的有关规定，担保方式包括保证、抵押、质押、定金和留置5种方式。在信贷业务中经常运用的主要是前3种方式中的一种或几种。

9. 约束条件

(1) 提款条件主要包括：合法授权、政府批准、资本金要求、监管条件落实、其他提款条件。

(2) 监管条件主要包括：财务维持、股权维持、信息交流、其他监管条件。

例题3　下列有关固定利率的说法错误的是(　　)。(单项选择题)

A. 固定利率是指在贷款合同签订时即设定好固定的利率

B. 借款人按照固定的利率支付利息

C. 借贷双方所承担的利率变动风险较大

D. 在贷款合同期内，若市场利率变动，则利率按照固定幅度调整

答案　D

解析　固定利率是指在贷款合同签订时即设定好固定的利率，在贷款合同期内，不论市场利率如何变动，借款人都按照固定的利率支付利息，不需要"随行就市"。

例题4　下列利率中，是由非政府部门的民间金融组织，如银行业协会等确定的利率的是(　　)。(单项选择题)

A. 法定利率　　　　　B. 行业公定利率　　　　　C. 市场利率　　　　　D. 浮动利率

答案　B

解析　法定利率是指由政府金融管理部门或中央银行确定的利率，它是国家实现宏观调控的一种政策工具；行业公定利率是指由非政府部门的民间金融组织，如银行业协会等确定的利率，该利率对会员银行具有约束力；市场利率是指随市场供求关系的变化而自由变动的利率；浮动利率是指借贷期

限内利率随物价、市场利率或其他因素变化相应调整的利率，其特点是可以灵敏地反映金融市场上资金的供求状况，借贷双方所承担的利率变动风险较小。

例题5 广义的信贷期限不包括( )。(单项选择题)

A. 提款期   B. 宽限期   C. 还款期   D. 展期

答案 D

解析 狭义的信贷期限是指从具体信贷产品发放到约定的最后还款或清偿的期限。在广义的定义下，通常分为提款期、宽限期和还款期。

例题6 以下关于费率的说法中，不正确的是( )。(单项选择题)

A. 费率是指利率以外的银行提供信贷服务的价格

B. 费率一般以信贷产品金额为基数按一定比率计算

C. 费率的类型主要包括担保费、承诺费、承兑费、银团安排费、开证费等

D. 商业银行办理收付类业务可以向委托方以外的其他单位或个人收费

答案 D

解析 费率是指利率以外的银行提供信贷服务的价格，一般以信贷产品金额为基数，按一定比率计算。费率的类型较多，主要包括担保费、承诺费、承兑费、银团安排费、开证费等。商业银行办理收付类业务实行"谁委托、谁付费"的收费原则，不得向委托方以外的其他单位或个人收费。

例题7 按照《贷款通则》有关贷款期限的规定，以下表述正确的是( )。(多项选择题)

A. 自营贷款期限最长一般不得超过10年

B. 票据贴现的贴现期限最长不得超过6个月

C. 中期贷款展期期限累计不得超过原贷款期限的一半

D. 长期贷款展期期限累计不得超过5年

答案 ABC

解析 长期贷款展期期限累计不得超过3年。

例题8 根据《人民币利率管理规定》，下列关于利率的说法，正确的是( )。(多项选择题)

A. 逾期贷款从逾期之日起，按罚息利率计收罚息，直到清偿本息为止

B. 短期贷款合同期内，遇利率调整分段计息

C. 中长期贷款利率实行半年一定

D. 贷款展期，期限累计计算，累计期限达到新的利率档次时，自展期之日起，按展期日挂牌的同档次利率计息

E. 借款人在借款合同到期日之前归还借款时，银行不得再按原贷款合同向借款人收取利息

答案 AD

解析 短期贷款合同期内，遇利率调整不分段计息。中长期贷款(期限在1年以上)利率实行一年一定。借款人在借款合同到期日之前归还借款时，银行有权按原贷款合同向借款人收取利息。

例题9 费率是指利率以外的银行提供信贷服务的价格，一般以信贷产品金额为基数，按一定比率计算。( )(判断题)

答案 √

解析 费率的概念。

考点3 公司信贷的种类

公司信贷的种类是按一定分类方法和标准划分的信贷类别，划分信贷种类是进行贷款管理的需要，目的在于反映信贷品种的特点和信贷资产的结构，如表1.2所示。

表1.2 公司信贷的种类

划分标准	划分类别
货币种类	(1) 人民币贷款。人民币是我国的法定货币，以人民币为借贷货币的贷款称为人民币贷款
	(2) 外汇贷款。以外汇作为借贷货币的贷款称为外汇贷款。现有的外汇贷款币种有美元、港元、日元、英镑和欧元
贷款期限	短期贷款是指贷款期限在1年以内(含1年)的贷款
	中期贷款是指贷款期限在1年以上(不含1年)5年以下(含5年)的贷款
	长期贷款是指贷款期限在5年(不含5年)以上的贷款
贷款用途	(1) 固定资产贷款是指贷款人向企(事)业法人或国家规定可以作为借款人的其他组织发放的用于借款人固定资产投资的本外币贷款
	(2) 流动资金贷款是指贷款人向企事业法人或国家规定可以作为借款人的其他组织发放的用于借款人日常生产经营周转的本外币贷款
	(3) 并购贷款是指商业银行向并购方或其子公司发放的，用于支付并购交易价款的贷款
	(4) 房地产贷款是指与房产或地产的开发、经营、消费活动有关的贷款，主要包括土地储备贷款、房地产开发贷款、个人住房贷款、商业用房贷款等
	(5) 项目融资是指符合以下特征的贷款：贷款用途通常是用于建造一个或一组大型生产装置、基础设施、房地产项目或其他项目，包括对在建或已建项目的再融资；借款人通常是为建设、经营该项目或为该项目融资而专门组建的企事业法人，包括主要从事该项目建设、经营或融资的既有企事业法人；还款资金来源主要依赖该项目产生的销售收入、补贴收入或其他收入，一般不具备其他还款来源
贷款经营模式	(1) 自营贷款是指银行以合法方式筹集的资金自主发放的贷款，其风险由银行承担，并由银行收回本金和利息
	(2) 委托贷款是指政府部门、企事业单位及个人等委托人提供资金，由银行(受托人)根据委托人确定的贷款对象、用途、金额、期限、利率等代为发放、监督使用并协助收回的贷款。委托贷款的风险由委托人承担，银行(受托人)只收取手续费，不承担贷款风险，不代垫资金
	(3) 特定贷款是指国务院批准并对贷款可能造成的损失采取相应补救措施后责成银行发放的贷款
	(4) 银团贷款又称辛迪加贷款，是指由两家或两家以上的银行，依据同样的贷款条件并使用一份共同的贷款协议，按约定的时间和比例，向借款人发放的并由一家共同的代理行管理的贷款
贷款偿还方式	(1) 一次还清贷款是指借款人在贷款到期时一次性还清贷款本息。短期贷款通常采取一次还清贷款的还款方式
	(2) 分期偿还贷款是指借款人与银行约定在贷款期限内分若干期偿还贷款本金。中长期贷款采用分期偿还方式，中长期消费贷款还需按季或按月偿还贷款
贷款利率	(1) 固定利率贷款是指贷款利率在贷款期限内保持不变，遇利率调整也不分段计息的贷款。短期流动资金贷款均为固定利率贷款，即执行合同约定的利率
	(2) 浮动利率贷款是指贷款利率在贷款期限内随市场利率或官方利率波动，按约定时间和方法自动进行调整的贷款

(续表)

划分标准	划分类别
贷款担保方式	(1) 抵押贷款是指以借款人或第三人财产作为抵押发放的贷款。如果借款人不能按期归还贷款本息，银行将行使抵押权，处理抵押物以收回贷款 (2) 质押贷款是指以借款人或第三人的动产或权利作为质押物发放的贷款 (3) 保证贷款是指以第三人承诺在借款人不能偿还贷款时，按约定承担一般保证责任或者连带保证责任而发放的贷款。银行一般要求保证人提供连带责任保证 (4) 信用贷款是指凭借款人信誉发放的贷款。其最大特点是不需要保证和抵押，仅凭借款人的信用就可以取得贷款。信用贷款风险较大，发放时需从严掌握，一般仅向实力雄厚、信誉卓著的借款人发放，且期限较短

例题10 按贷款经营模式划分，公司信贷包括( )。(多项选择题)

A. 自营贷款   B. 委托贷款   C. 特定贷款   D. 银团贷款

答案 ABCD

解析 以上答案都属于贷款经营模式的划分种类。

例题11 下列关于委托贷款的说法中，错误的是( )。(单项选择题)

A. 委托贷款是指政府部门、企事业单位及个人等委托人提供资金

B. 由银行(即受托人)根据委托人确定的贷款对象、用途、金额、期限、利率等，银行代为发放、监督使用并协助收回的贷款

C. 银行(受托人)只收取手续费，不承担贷款风险，不代垫资金

D. 委托贷款的风险由受托人承担

答案 D

解析 委托贷款的风险由委托人承担，银行(受托人)只收取手续费，不承担贷款风险，不代垫资金。

例题12 按贷款用途划分，公司信贷的种类不包括( )。(单项选择题)

A. 基本建设贷款   B. 技术改造贷款   C. 流动资金贷款   D. 自营贷款

答案 D

解析 自营贷款是贷款按经营模式划分的。

例题13 ( )是指由两家或两家以上的银行，依据同样的贷款条件并使用一份共同的贷款协议，按约定的时间和比例，向借款人发放的并由一家共同的代理行管理的贷款。(单项选择题)

A. 卡特尔贷款   B. 辛迪加贷款   C. 托拉斯贷款   D. 康采恩贷款

答案 B

解析 银团贷款(辛迪加贷款)是指由两家或两家以上的银行，依据同样的贷款条件并使用一份共同的贷款协议，按约定的时间和比例，向借款人发放的并由一家共同的代理行管理的贷款。

例题14 按贷款期限划分，公司信贷的种类包括( )。(多项选择题)

A. 中期贷款   B. 短期贷款   C. 长期贷款

D. 永久贷款　　　　　E. 透支

答案　ABC

解析　按贷款期限划分，公司信贷可分为短期贷款、中期贷款和长期贷款。

例题15　短期贷款通常采取一次性还清贷款的还款方式。(　　　)(判断题)

答案　√

解析　一次性还清贷款是指借款人在贷款到期时一次性还清贷款本息。短期贷款通常采取一次性还清贷款的还款方式。

第2节　公司信贷的基本原理

考点4　公司信贷理论的发展

公司信贷理论的发展大体上经历了真实票据理论、资产转换理论、预期收入理论和超货币供给理论等4个阶段，如表1.3所示。

表1.3　公司信贷理论发展的4个阶段

时间	阶段名称	主要内容
19世纪初	真实票据理论(亚当·斯密的理论)	(1) 银行的资金来源主要是同商业流通有关的闲散资金，都是临时性的存款，银行需要有资金的流动性，以应付预料不到的提款需要。因此，最好只发放以商业行为为基础的短期贷款 (2) 因为这样的短期贷款有真实的商业票据为凭证作抵押，带有自动清偿性质。因此这种贷款理论被称为"真实票据理论"，美国则称为"商业贷款理论" (3) 根据这一理论，长期投资的资金应来自长期资源，如留存收益、发行新的股票以及长期债券；银行不能发放不动产贷款、消费贷款和长期设备贷款等 (4) 真实票据理论占据着商业银行资产管理的支配地位。随着资本主义的发展，这一理论的缺陷也逐渐显现，银行短期存款的沉淀、长期资金的增加，使银行具备大量发放中长期贷款的能力，局限于短期贷款不利于经济的发展，同时，自偿性贷款随经济周期而决定信用量，会加大经济的波动
19世纪20年代	资产转换理论(H. G. 莫尔顿)	(1) 银行能否保持流动性，关键在于银行资产能否转让变现，把可用资金的部分投放于二级市场的贷款与证券，可以满足银行的流动性需要。流动性的需求增大时，可以在金融市场上出售这些资产(包括商业票据、银行承兑汇票、美国短期国库券等) (2) 在这一理论的影响下，商业银行的资产范围显著扩大，由于减少非营利现金的持有，银行效益得到提高 (3) 但是，资产转换理论也带来一些问题：缺乏物质保证的贷款大量发放，为信用膨胀创造了条件；在经济局势和市场状况出现较大波动时，证券的大量抛售同样造成银行的巨额损失；贷款平均期限的延长会增加银行系统的流动性风险。因此，对单个银行来说是正确的东西，对于整个银行系统来说却未必完全正确

(续表)

时间	阶段名称	主要内容
19世纪50年代	预期收入理论（赫伯特·V.普罗克诺）	(1) 贷款能否到期归还，是以未来的收入为基础的，只要未来收入有保障，长期信贷和消费信贷同样能保持流动性和安全性。稳定的贷款应该建立在现实的归还期限与贷款的证券担保的基础上 (2) 按照以前的一些理论，这样一种贷款可称为"合格的票据"，如果需要的话，可以拿到中央银行去贴现。这样，中央银行就成为资金流动性的最后来源了 (3) 在这种理论的影响下，第二次世界大战后，中长期设备贷款、住房贷款、消费贷款等迅速发展起来，成为支持经济增长的重要因素。这一理论带来的问题是，由于收入预测与经济周期有密切关系，同时资产的膨胀和收缩也会影响资产质量，因此可能会增加银行的信贷风险。银行危机一旦爆发，其规模和影响范围会越来越大
20世纪60—70年代	超货币供给理论	(1) 只有银行能够利用信贷方式提供货币的传统观念已经不符合实际，随着货币形式的多样化，非银行金融机构也提供货币，银行信贷市场面临着很大的竞争压力。因此，银行资产应该超出单纯提供信贷货币的界限，要提供多样化的服务，如购买证券、开展投资中介和咨询、委托代理等配套业务，使银行资产经营向深度和广度发展 (2) 现代商业银行全能化、国际化的发展趋势已经表明，银行信贷的经营管理应当与银行整体营销和风险管理结合起来，发挥更大的作用 (3) 当然，商业银行涉足新的业务领域和盲目扩大的规模也是当前银行风险的一大根源，金融的证券化、国际化、表外化和电子化使金融风险更多地以系统性风险的方式出现，对世界经济的影响更为广泛

例题16 公司信贷理论的发展历程是( )。(单项选择题)

A. 资产转换理论、预期收入理论、超货币供给理论、真实票据理论

B. 预期收入理论、超货币供给理论、真实票据理论、资产转换理论

C. 真实票据理论、资产转换理论、预期收入理论、超货币供给理论

D. 真实票据理论、预期收入理论、资产转换理论、超货币供给理论

答案 C

解析 本题考查公司信贷理论的发展经历。

例题17 认为银行稳定的贷款应建立在现实的归还期限与贷款的证券担保(合格的票据)基础上，从而导致银行长期设备贷款、住房贷款、消费贷款迅速发展的信贷理论是( )。(单项选择题)

A. 资产转换理论 B. 超货币供给理论

C. 真实票据理论 D. 预期收入理论

答案 D

解析 预期收入理论认为，稳定的贷款应该建立在现实的归还期限与贷款的证券担保的基础上。在这种理论影响下，第二次世界大战后，中长期设备贷款、住房贷款、消费贷款等迅速发展起来，成为支持经济增长的重要因素。故选D。

例题18 超货币供给理论的观点不包括( )。(单项选择题)

A. 银行可以开展投资咨询业务

B. 银行应该超出单纯提供信贷货币的界限，提供多样化的服务

C. 银行不应从事购买证券的活动

D. 随着货币形式的多样化，非银行金融机构也可以提供货币

答案 C

解析 超货币供给理论认为，银行资产应该超出单纯提供信贷货币的界限，要提供多样化的服务，如购买证券、开展投资中介和咨询、委托代理等配套业务。

例题19 真实票据理论的局限性不包括(   )。(单项选择题)

A. 忽视了贷款需求的多样性

B. 忽视了贷款自偿性的相对性

C. 没有认识到活期存款余额的相对稳定性

D. 强调银行应保持其资金来源的高度流动性

答案 D

解析 真实票据理论的局限性在于：①这一理论没有认识到活期存款余额的相对稳定性，即在活期存款的存取之间，总会有一个相对稳定的资金余额可用于发放长期贷款，而是将银行资产过多地集中于盈利性很差的短期自偿性贷款上；②这一理论忽视了贷款需求的多样性；③它忽视了贷款自偿性的相对性，即在经济衰退时期，即便是有真实票据作抵押的商业性贷款，也会出现缺乏偿还性的情况，从而增加了银行的信贷风险。

例题20 预期收入理论带来的问题包括(   )。(多项选择题)

A. 贷款平均期限的延长会增加银行系统的流动性风险

B. 缺乏物质保证的贷款大量发放，为信用膨胀创造了条件

C. 由于收入预测与经济周期有密切关系，因此可能会增加银行的信贷风险

D. 银行的资金局限于短期贷款，不利于经济的发展

E. 银行危机一旦爆发，其规模和影响范围将会越来越大

答案 CE

解析 A、B两项是资产转换理论带来的问题，D项是真实票据理论带来的问题，C、E两项是预期收入理论带来的问题。

考点5 公司信贷资金的运动过程及其特征

1. 信贷资金的运动过程

信贷资金运动是信贷资金的筹集、运用、分配和增值过程的总称。信贷资金的运动过程可以归纳为二重支付、二重归流。信贷资金运动就是以银行为出发点，进入社会产品生产过程去执行它的职能，然后又流回到银行的全过程，即是二重支付和二重归流的价值特殊运动。

信贷资金首先由银行支付给使用者，这是第一重支付；由使用者转化为经营资金，用于购买原料和支付生产费用，投入再生产，这是第二重支付。经过社会再生产过程，信贷资金在完成生产和流通职能以后，又流回到使用者手中，这是第一重归流；使用者将贷款本金和利息归还给银行，这是第二重归流。信贷资金的这种运动是区别于财政资金、企业自有资金和其他资

金的重要标志之一。财政资金、企业自有资金和其他资金都是一收一支的一次性资金运动。

2. 信贷资金的运动特征

信贷资金运动不同于财政资金、企业资金、个人资金的运动，但又离不开财政资金、企业资金、个人资金的运动。因此，信贷资金运动和社会其他资金运动构成了整个社会再生产资金的运动，它的基本特征也是通过社会再生产资金运动形式表现出来的。

(1) 以偿还为前提的支出，有条件地让渡

(2) 与社会物质产品的生产和流通相结合

(3) 产生较好的社会效益和经济效益才能良性循环

(4) 信贷资金运动以银行为轴心

例题21 信贷资金运动的基本特征主要表现为( )。(多项选择题)

A. 以偿还为前提的支出，有条件地让渡

B. 与社会物质产品的生产和流通相结合

C. 产生较好的社会效益和经济效益才能良性循环

D. 信贷资金运动以银行为轴心

答案 ABCD

解析 以上4项都属于信贷资金运动的基本特征。

例题22 信贷资金的运动以银行为轴心。( )(判断题)

答案 √

解析 信贷资金的运动特征之一就是：信贷资金的运动以银行为轴心。

第3节 公司信贷管理

信贷管理理论是伴随着银行业金融机构信贷管理实践逐步发展和创新出来的，在此基础上又很好地促进和推动了银行业金融机构信贷管理的发展。

考点6 公司信贷管理的原则

公司信贷管理的原则如表1.4所示。

表1.4 公司信贷管理的原则

原则名称	原则的具体内容
全流程管理原则	将有效的信贷风险管理行为贯穿到贷款生命周期中的每一个环节。银行监管和银行经营的实践表明，信贷管理不能仅仅粗略地分为贷前管理、贷中管理和贷后管理3个环节
诚信申贷原则	一是借款人恪守诚实守信原则，按照贷款人要求的具体方式和内容提供贷款申请材料，并且承诺所提供材料是真实、完整、有效的 二是借款人应证明其信用记录良好、贷款用途和还款来源明确合法等，有助于从立法的角度保护贷款人的权益，从而使贷款人能够更有效地识别风险、分析风险，做好贷款准入工作，在贷款的第一环节防范潜在风险

(续表)

原则名称	原则的具体内容
协议承诺原则	要求银行业金融机构作为贷款人，应与借款人乃至其他相关各方通过签订完备的贷款合同等协议文件，规范各方有关行为，明确各方权利义务，调整各方法律关系，明确各方法律责任
	协议承诺原则一方面要求贷款人在合同等协议文件中清晰规定自身的权利义务，另一方面要求客户签订并承诺一系列事项，依靠法律来约束客户的行为。一旦违约事项发生，则能够切实保护贷款人的权益
贷放分控原则	银行业金融机构将贷款审批与贷款发放作为两个独立的业务环节，分别管理和控制，以达到降低信贷业务操作风险的目的。推行贷放分控，一方面可以加强商业银行的内部控制，防范操作风险；另一方面可以践行全流程管理的理念，建设流程银行，提高专业化操作，强调各部门和岗位之间的有效制约，避免前台部门权力过于集中
实贷实付原则	银行业金融机构根据借款人的有效贷款需求，主要通过贷款人受托支付的方式，将贷款资金支付给符合合同约定的借款人交易对象的过程。实贷实付原则的关键是让借款人按照贷款合同的约定用途使用贷款资金，减少贷款挪用的风险
贷后管理原则	监督贷款资金按用途使用；对借款人账户进行监控；强调借款合同的相关约定对贷后管理工作的指导性和约束性；明确贷款人按照监管要求进行贷后管理的法律责任，避免"重贷轻管"

考点7　信贷管理流程

　　科学合理的信贷业务管理过程实质上是规避风险、获取效益，以确保信贷资金的安全性、流动性、盈利性的过程。每一笔信贷业务都会面临着诸多风险，基本操作流程就是要通过既定的操作程序，通过每个环节的层层控制达到防范风险、实现效益的目的。一般来说，一笔贷款的管理流程分为9个环节，分别为：贷款申请、受理与调查、风险评价、贷款审批、合同签订、贷款发放、贷款支付、贷后管理、贷款回收与处置。

考点8　信贷管理的组织架构

1. 商业银行信贷管理组织架构的变革

　　1984—1993年，我国开始尝试专业银行企业化改革，经过多年改革与调整，专业银行的组织架构逐步完善，到1993年已经形成了比较统一、系统的组织架构，这种架构也是我国商业银行组织架构调整与改革的基础。

　　1993—2001年，专业银行完成了向商业银行的转变，我国商业银行的组织架构也相应发生了变化。

　　2001年，我国加入了世界贸易组织，商业银行对风险管理组织架构进行了根本性的改变。信贷管理由前台、中台、后台合一的管理模式转变为业务营销与风险控制相分离，由按照业务类别分散管理的模式转变为信贷风险集中统一管理的模式，由倚重贷前调查转变为贷款全过程管理，初步形成了现代商业银行公司治理组织架构。

　　从2003年开始，随着我国商业银行股份制改革的开始和不断深入，银行信贷管理组织架构也在不断地发展变化着。

2. 商业银行信贷业务经营管理组织架构

　　商业银行信贷业务经营管理组织架构包括：董事会及其专门委员会、监事会、高级管理层和信贷业务前中后台部门。

> **例题23**　公司信贷的原则主要包括(　　)。(多项选择题)
> A. 全流程管理原则
> B. 诚信审贷原则
> C. 协议承诺原则
> D. 贷放分离原则
> **答案**　ABCD
> **解析**　以上4项都属于公司信贷的基本原则。

考点9　绿色信贷

银监会下发的《绿色信贷指引》，对银行业金融机构开展绿色信贷提出了明确要求。银行业金融机构应当有效识别、计量、监测、控制信贷业务活动中的环境风险和社会风险，建立环境风险和社会风险管理体系，完善相关信贷政策制度和流程管理。

银行业金融机构应大力促进节能减排和环境保护，从战略高度推进绿色信贷，加大对绿色经济、低碳经济、循环经济的支持，防范环境风险和社会风险，并以此优化信贷结构，更好地服务实体经济。

银行业金融机构应重点关注其客户及其重要关联方在建设、成产、经营活动中可能给环境和社会带来的危害及相关风险，包括与耗能、污染、土地、健康、安全、移民安置、生态保护、气候变化等有关的环境问题与社会问题。

银行业金融机构应至少每两年开展一次绿色信贷的全面评估工作，并向银行业监管机构报送自我评估报告。此外，还需要建立绿色信贷考核评价和奖惩体系，公开绿色信贷战略、政策及绿色信贷发展情况。

在绿色信贷的组织管理方面，银行业金融机构高级管理层应当明确一名高管人员及牵头管理部门，配备相应资源，组织开展并归口管理绿色信贷各项工作。

银行业金融机构需要明确绿色信贷的支持方向和重点领域，实行有差别、动态的授信政策，实施风险敞口管理制度；建立健全绿色信贷标识和统计制度，完善相关信贷管理系统；在授信流程中强化环境风险和社会风险管理。

第4节　同步强化训练

一、单项选择题

1. 票据贴现的期限最长不得超过(　　)个月。

A. 3　　　　　　　　　B. 6　　　　　　　　　C. 12　　　　　　　　　D. 24

2. 某银行最近推出一种新的贷款品种，该品种的利率每年根据通货膨胀率调整一次，则该贷款属于(　　)品种。

A. 固定利率　　　　　B. 行业公定利率　　　　C. 市场利率　　　　　D. 浮动利率

3. 下列措施不能提高商业银行经营流动性和安全性的是( )。

A. 存贷款期限结构匹配　　　　　　　　　B. 提高存货周转速度

C. 提高二级市场股票的换手频率　　　　　D. 提高应收账款的周转速度

4. 短期贷款的展期期限累计不得超过( )，长期贷款的展期期限累计不得超过( )。

A. 原贷款期限一半；原贷款期限一半　　　B. 原贷款期限；3年

C. 原贷款期限；原贷款期限一半　　　　　D. 原贷款期限一半；3年

5. 目前我国商业银行资金的主要来源为( )，利润的主要来源为( )。

A. 存款；贷款　　　B. 存款；中间业务　　　C. 贷款；存款　　　D. 贷款；中间业务

6. ( )是国家实现宏观调控的一种工具。

A. 法定利率　　　　B. 行业公定利率　　　C. 市场利率　　　D. 固定利率

7. 我国中长期贷款属于( )品种，采用的基准利率为( )。

A. 固定利率；市场利率　　　　　　　　　B. 浮动利率；法定利率

C. 固定利率；法定利率　　　　　　　　　D. 浮动利率；市场利率

8. 按本金的万分之几表示的利率形式为( )。

A. 年利率　　　　B. 半年利率　　　　C. 月利率　　　　D. 日利率

9. 某人贷款10 000元，日利率万分之二，如银行按单利计息，每年应还利息( )元。

A. 720　　　　B. 730　　　　C. 124　　　　D. 24

10. 某人向银行申请一笔贷款，约定每月等额偿还贷款的本金和利息，20年还清，则此种清偿计划属于( )中的( )。

A. 定额还款；约定还款　　　　　　　　　B. 等额还款；等额本金还款

C. 等额还款；等额本息还款　　　　　　　D. 分次还款；不定额还款

11. 我国现有的外汇贷款币种不包括( )。

A. 日元　　　　B. 澳元　　　　C. 英镑　　　　D. 欧元

12. 贾某为B公司向银行申请的一笔保证贷款的连带保证人，贷款金额507万元，则贷款到期时，如B公司仍未偿还贷款，银行( )。

A. 只能先要求B公司偿还，然后才能要求贾某偿还

B. 只能要求贾某先偿还，然后才能要求B公司偿还

C. 可要求B公司或贾某中任何一者偿还，但只能要求贾某偿还部分金额

D. 可要求B公司或贾某中任何一个偿还全部金额

13. 借款人需要将其动产或权利凭证移交银行占有的贷款方式为( )。

A. 抵押贷款　　　B. 质押贷款　　　C. 信用贷款　　　D. 留置贷款

14. 票据贴现贷款是商业银行通过( )未到期的商业票据，为票据持有人贷款的行为。

A. 购买　　　　B. 出售　　　　C. 借入　　　　D. 贷出

15. 我国中央银行公布的贷款基准利率是( )。

A. 市场利率　　　B. 浮动利率　　　C. 行业公定利率　　　D. 法定利率

16. 根据真实票据理论，带有自动清偿性质的贷款是( )。

A. 消费贷款　　　　　　　　　　　　　　B. 不动产贷款

C. 长期设备贷款　　　　　　　　　　　　D. 以商业行为为基础的短期贷款

17. 信贷资金运动可归纳为二重支付、二重归流，其中第一重支付是( )，第二重支付是( )。

A. 银行支付信贷资金给使用者，使用者支付本金和利息给银行

B. 银行支付信贷资金给使用者，使用者购买原料和支付生产费用

C. 经过社会再生产过程回到使用者手中，使用者支付本金和利息给银行

D. 使用者购买原料和支付生产费用，经过社会再生产过程回到使用者手中

二、多项选择题

1. 下列银行收费服务中，采用政府指导价的有( )。

A. 担保　　　　　　　B. 承诺　　　　　　　C. 承兑

D. 汇兑　　　　　　　E. 委托收款

2. 贷款利率可分为浮动利率和固定利率，下列关于二者的说法错误的有( )。

A. 固定利率借贷双方所承担的利率变动风险较小

B. 固定利率的特点是可以灵敏地反映金融市场上资金的供求状况

C. 浮动利率和固定利率的区别是借贷关系持续期内利率水平是否变化

D. 浮动利率是指借贷期限内利率随市场利率或其他因素变化相应调整的利率

E. 在贷款合同期内，无论市场利率如何变动，固定利率的借款人都按照固定的利率支付利息

3. 信贷资金的运动特征包括( )。

A. 以盈利为前提，有条件地让渡

B. 与社会物质产品的生产和流通相结合

C. 只有产生较好的社会效益和经济效益才能良性循环

D. 以银行为轴心

E. 二重支付、二重归流

4. 以下贷款方式中，银行不用承担贷款风险的是( )。

A. 自营贷款　　　　　B. 委托贷款　　　　　C. 特定贷款

D. 银团贷款　　　　　E. 辛迪加贷款

5. 按贷款用途划分，公司信贷的种类包括( )。

A. 透支　　　　　　　B. 担保贷款　　　　　C. 特定贷款

D. 固定资产贷款　　　E. 流动资金贷款

6. 根据《人民币利率管理规定》，下列关于利率的说法，正确的有( )。

A. 中长期贷款(期限在1年以上)利率实行一年一定

B. 贷款展期，按合同规定的利率计息

C. 短期贷款合同期内，遇利率调整不分段计息

D. 逾期贷款从逾期之日起，按罚息利率计收罚息，直到清偿本息为止

E. 借款人在借款合同到期日之前归还借款时，银行不得再按原贷款合同向借款人收取利息

7. 担保是审查贷款项目最主要的因素之一，我国《担保法》规定的担保方式包括( )。

A. 保证　　　　　　　B. 抵押　　　　　　　C. 质押

D. 定金　　　　　　　E. 留置

8. 根据《贷款通则》有关期限的规定，下列说法正确的有(　　)。

A. 中期贷款展期期限累计不得超过原贷款期限的一半

B. 长期贷款展期期限累计不得超过5年

C. 票据贴现的贴现期限最长不得超过6个月

D. 不能按期归还贷款的，是否展期由借款人决定

E. 短期贷款展期期限累计不得超过原贷款期限

9. 我国人民币贷款利率按贷款期限可分为(　　)。

A. 票据贴现利率　　　　B. 短期贷款利率　　　　C. 展期贷款利率

D. 久期贷款利率　　　　E. 中长期贷款利率

10. 下列关于公司信贷基本要素的说法，正确的有(　　)。

A. 信贷金额是指银行承诺向借款人提供的以货币计量的信贷产品数额

B. 贷款利率即借款人使用贷款时支付的价格

C. 费率是指银行提供信贷服务的全部价格

D. 信贷产品是指特定产品要素组合下的信贷服务方式

E. 公司信贷业务的交易对象包括银行和银行的交易对手

11. 下列属于真实票据理论的缺陷的有(　　)。

A. 使得缺乏物质保证的贷款大量发放，为信用膨胀创造了条件

B. 由于收入预测与经济周期有密切联系，资产的膨胀和收缩会影响资产质量，因此会增加银行的信贷风险

C. 局限于短期贷款不利于经济的发展

D. 贷款平均期限的延长会增加银行系统的流动性风险

E. 自偿性贷款随经济周期决定信用量，从而会加大经济波动

12. 下列关于资产转换理论的说法，正确的有(　　)。

A. 在该理论的影响下，商业银行的资产范围显著扩大

B. 该理论认为，银行能否保持流动性，关键在于银行资产能否转让变现

C. 该理论认为，稳定的贷款应该建立在现实的归还期限与贷款的证券担保的基础上

D. 该理论认为，把可用资金的部分投放于二级市场的贷款与证券，可以满足银行的流动性需要

E. 依照该理论进行信贷管理的银行在经济局势和市场状况出现较大波动时，可以有效避免资产抛售带来的巨额损失

13. 预期收入理论的观点包括(　　)。

A. 贷款能否到期归还，是以未来收入为基础的

B. 稳定的贷款应该建立在现实的归还期限与贷款的证券担保的基础上

C. 中央银行可以作为资金流动性的最后来源

D. 当流动性的需要增大时，可以在金融市场上出售贷款资产

E. 长期投资的资金应来自长期资源

三、判断题

1. 信贷资金的运动是一种二收二支的资金运动。(　　)

2. 我国外汇贷款利率由各金融机构自行确定。（ ）

3. 在狭义定义下，信贷期限分为提款期、宽限期和还款期。（ ）

4. 我国人民币贷款利率按贷款期限划分包括短期贷款利率与中长期贷款利率。（ ）

5. 费率是指银行提供信贷服务的价格。（ ）

6. 短期流动资金贷款均为固定利率贷款。（ ）

7. 一般信用贷款的期限较短。（ ）

8. 我国商业银行在办理收付类业务时不得向委托方以外的其他单位或个人收费。（ ）

9. 抵押贷款是指以借款人或第三人的动产或权利作为抵押发放的贷款。（ ）

10. 我国商业银行通常以中央银行公布的利率为基础确定外汇贷款利率。（ ）

11. 银行出借货币时也出让了对借出货币的所有权。（ ）

答案与解析

一、单项选择题

1. 答案与解析　B

《贷款通则》有关期限的相关规定：票据贴现的贴现期限最长不得超过6个月，贴现期限为从贴现之日起到票据到期日止。

2. 答案与解析　D

按照借贷关系持续期内利率水平是否变动来划分，利率可分为固定利率与浮动利率。固定利率是指在贷款合同签订时即设定好固定的利率，在贷款合同期内，不论市场利率如何变动，借款人都按照固定的利率支付利息，不需要"随行就市"。而浮动利率是指借贷期限内利率随物价、市场利率或其他因素变化相应调整的利率。

3. 答案与解析　C

可参照第1章第3节的内容。

4. 答案与解析　B

短期贷款展期期限累计不得超过原贷款期限；中期贷款展期期限累计不得超过原贷款期限的一半；长期贷款展期期限累计不得超过3年。

5. 答案与解析　A

目前我国商业银行资金的主要来源为存款，利润的主要来源为贷款。

6. 答案与解析　A

法定利率是指由政府金融管理部门或中央银行确定的利率，它是国家实现宏观调控的一种政策工具。

7. 答案与解析　A

这里考查了几个概念：固定利率、市场利率、基准利率、中长期贷款等，具体内容可参照考点2"5.贷款利率"知识点。

8. 答案与解析　D

日利率也称日息率，以日为计息期，一般按本金的万分比表示。

9. **答案与解析　A**

根据题意可得：2×10 000÷10 000×360=720(元)。

10. **答案与解析　C**

清偿计划一般分为一次性还款和分次还款，分次还款又有定额还款和不定额还款两种方式。定额还款包括等额还款和约定还款，其中等额还款中通常包括等额本金还款和等额本息还款等方式。

11. **答案与解析　B**

以外汇作为借贷货币的贷款称为外汇贷款。现有的外汇贷款币种有美元、港元、日元、英镑和欧元。

12. **答案与解析　D**

保证贷款是指以第三人承诺在借款人不能偿还贷款时，按约定承担一般保证责任或者连带保证责任而发放的贷款。银行一般要求保证人提供连带责任保证。

13. **答案与解析　B**

质押贷款是指以借款人或第三人的动产或权利作为质押物发放的贷款。

14. **答案与解析　A**

票据贴现贷款是商业银行通过购买未到期的商业票据，为票据持有人贷款的行为。

15. **答案与解析　D**

法定利率是指由政府金融管理部门或中央银行确定的利率。

16. **答案与解析　D**

最好只发放以商业行为为基础的短期贷款，因为这样的短期贷款有真实的商业票据为凭证作抵押，带有自动清偿性质。

17. **答案与解析　B**

信贷资金首先由银行支付给使用者，这是第一重支付；由使用者转化为经营资金，用于购买原料和支付生产费用，投入再生产，这是第二重支付。

二、多项选择题

1. **答案与解析　CDE**

实行政府指导价的商业银行服务范围为人民币基本结算类业务，包括银行汇票、银行承兑汇票、本票、支票、汇兑、委托收款、托收承付等。

2. **答案与解析　AB**

固定利率贷款是指贷款利率在贷款期限内保持不变，遇利率调整也不分段计息的贷款。短期流动资金贷款均为固定利率贷款，即执行合同约定的利率。浮动利率贷款是指贷款利率在贷款期限内随市场利率或官方利率波动按约定时间和方法自动进行调整的贷款。

3. **答案与解析　BCD**

具体内容可参照考点5"2.信贷资金的运动特征"知识点。

4. **答案与解析　BC**

委托贷款的风险由委托人承担，银行(受托人)只收取手续费，不承担贷款风险，不代垫资金。特定贷款是指国务院批准并对贷款可能造成的损失采取相应补救措施后责成银行发放的贷款。

5. 答案与解析 DE

按照贷款用途划分，公司信贷的种类有：固定资产贷款、流动资金贷款、并购贷款、房地产贷款、项目融资。

6. 答案与解析 ACD

具体内容可参照考点2"5. 贷款利率"图1.4及相关的知识点。

7. 答案与解析 ABCDE

按照我国《担保法》的有关规定，担保方式包括保证、抵押、质押、定金和留置5种方式。

8. 答案与解析 ACE

具体内容可参照考点2"4.(2)《贷款通则》有关期限的相关规定"的知识点。

9. 答案与解析 ABE

我国人民币贷款利率按贷款期限划分可分为短期贷款利率、中长期贷款利率及票据贴现利率。

10. 答案与解析 ABDE

费率是指利率以外的银行提供信贷服务的价格。

11. 答案与解析 CE

真实票据理论的缺陷：银行短期存款的沉淀、长期资金的增加，使银行具备大量发放中长期贷款的能力，局限于短期贷款不利于经济的发展，同时，自偿性贷款随经济周期而决定信用量，会加大经济的波动。

12. 答案与解析 ABD

资产转换理论：银行能否保持流动性，关键在于银行资产能否转让变现，把可用资金的部分投放于二级市场的贷款与证券，可以满足银行的流动性需要。在这一理论的影响下，商业银行的资产范围显著扩大，由于减少非营利现金的持有，银行效益得到提高。

13. 答案与解析 ABC

预期收入理论：贷款能否到期归还，是以未来的收入为基础的，只要未来收入有保障，长期信贷和消费信贷同样能保持流动性和安全性。稳定的贷款应该建立在现实的归还期限与贷款的证券担保的基础上。按照以前的一些理论，这样一种贷款可称为"合格的票据"，如果需要的话，可以拿到中央银行去贴现。这样，中央银行就成为资金流动性的最后来源了。

三、判断题

1. 答案与解析 √

信贷资金的运动过程可以归纳为二重支付、二重归流。

2. 答案与解析 ×

国内商业银行通常以国际主要金融市场的利率(如伦敦同业拆借利率)为基础确定外汇贷款利率。

3. 答案与解析 ×

狭义的信贷期限是指从具体信贷产品发放到约定的最后还款或清偿的期限。在广义的定义下，贷款期限通常分为提款期、宽限期和还款期。

4. 答案与解析　×

我国人民币贷款利率按贷款期限划分可分为短期贷款利率、中长期贷款利率及票据贴现利率。

5. 答案与解析　×

费率是指利率以外的银行提供信贷服务的价格。

6. 答案与解析　√

短期流动资金贷款均为固定利率贷款，即执行合同约定的利率。

7. 答案与解析　√

信用贷款是指凭借款人信誉发放的贷款。其最大特点是不需要保证和抵押，仅凭借款人的信用就可以取得贷款。信用贷款风险较大，发放时需从严掌握，一般仅向实力雄厚、信誉卓著的借款人发放，且期限较短。

8. 答案与解析　√

商业银行办理收付类业务实行"谁委托、谁付费"的收费原则，不得向委托方以外的其他单位或个人收费。

9. 答案与解析　×

抵押贷款是指以借款人或第三人财产作为抵押发放的贷款。如果借款人不能按期归还贷款本息，银行将行使抵押权，处理抵押物以收回贷款。

10. 答案与解析　×

我国中央银行目前已不再公布外汇贷款利率，外汇贷款利率在我国已经实现市场化。

11. 答案与解析　×

银行出借货币只是暂时出让货币的使用权，仍然保留对借出货币的所有权，所以，它的货币借出是要得到偿还的。

第2章

公司信贷营销

中国加入世贸组织后，对外开放的步伐进一步加快，我国商业银行公司信贷业务的竞争变得日趋激烈，银行如何适应社会和市场发展的需要，增强市场营销能力，强化市场优势地位，提升品牌形象，已成为未来银行公司信贷业务持续、健康发展的关键因素。积极拓展有效信贷市场成为提高银行经营效益的重要途径，公司信贷营销已成为银行经营管理的重中之重。

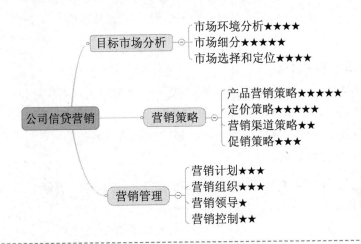

公司信贷营销
- 目标市场分析
  - 市场环境分析★★★
  - 市场细分★★★★★
  - 市场选择和定位★★★★
- 营销策略
  - 产品营销策略★★★★★
  - 定价策略★★★★★
  - 营销渠道策略★★
  - 促销策略★★★
- 营销管理
  - 营销计划★★★
  - 营销组织★★★
  - 营销领导★
  - 营销控制★★

第1节 目标市场分析

考点1 市场环境分析

市场环境是影响银行市场营销活动的内外部因素和条件的总和。环境的变化，既可以给银行营销带来市场机会，也可能形成某种风险威胁。因此，银行在进行营销决策前，应首先对包括客户需求、竞争对手的实力和金融市场变化趋势等内外部环境进行充分的调查和分析。

1. 外部环境

外部环境包括宏观环境和微观环境，具体如图2.1所示。

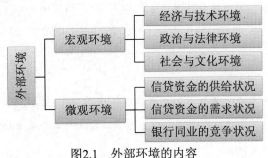

外部环境
- 宏观环境
  - 经济与技术环境
  - 政治与法律环境
  - 社会与文化环境
- 微观环境
  - 信贷资金的供给状况
  - 信贷资金的需求状况
  - 银行同业的竞争状况

图2.1 外部环境的内容

2. 内部环境

内部环境分析主要包括3部分：战略目标分析、银行内部资源分析、银行自身实力分析，如图2.2所示。

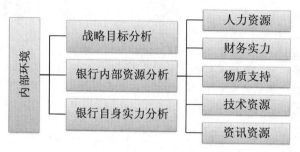

图2.2 内部环境的内容

3. 市场环境分析的基本方法

银行主要采用SWOT分析方法对其内外部环境进行综合分析。其中，S(strength)表示优势，W(weakness)表示劣势、O(opportunity)表示机遇，T(threat)表示威胁。SWOT分析法就是按上述的4个方面对银行所处的内外部环境进行分析，并结合机遇与威胁的可能性和重要性，制定出切合本银行实际的经营目标和战略。

例题1 客户为( )而产生的购买动机不属于理性信贷动机。(单项选择题)

A. 获得低融资成本   B. 得到长期金融支持

C. 获得影响力   D. 增加短期支付能力

答案 C

解析 理性动机指客户为获得低融资成本、增加短期支付能力以及得到长期金融支持等利益而产生的购买动机；感性动机则指为获得影响力，被银行所承认、所欣赏，或被感动等情感利益而产生的购买动机。

例题2 市场环境分析的SWOT方法中，O代表( )。(单项选择题)

A. 优势   B. 劣势   C. 机遇   D. 威胁

答案 C

解析 SWOT分析方法中，S(strength)表示优势，W(weakness)表示劣势，O(opportunity)表示机遇，T(threat)表示威胁。

例题3 影响银行市场营销活动的外部宏观环境包括( )。(多项选择题)

A. 外汇汇率   B. 政府的施政纲领   C. 社会与文化环境

D. 信贷资金的供求状况   E. 银行同业竞争对手的实力与策略

答案 ABC

解析 外部宏观环境主要有：①经济与技术环境(外汇汇率)、②政治与法律环境、③社会与文化环境。而信贷资金的供求状况、银行同业竞争对手的实力与策略属于微观环境。

考点2 市场细分

1. 市场细分的含义

市场细分是指银行把公司信贷客户按一种或几种因素加以区分，使区分后的客户需求在一个或多个方面具有相同或相近的特征，以便确定客户政策。

市场细分的目的是使银行根据不同子市场的特殊但又相对同质的需求和偏好，有针对性地采取一定的营销组合策略和营销工具，以满足不同客户群的需求。其中属于同一细分市场的客户具有相似的需求和欲望；属于不同细分市场的客户对同一产品的需求和欲望存在明显的差别。

2. 市场细分的作用

市场细分是银行营销战略的重要组成部分，其作用表现在以下几个方面，如图2.3所示：

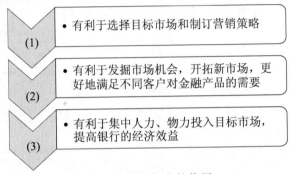

- (1) 有利于选择目标市场和制订营销策略
- (2) 有利于发掘市场机会，开拓新市场，更好地满足不同客户对金融产品的需要
- (3) 有利于集中人力、物力投入目标市场，提高银行的经济效益

图2.3 市场细分的作用

3. 公司信贷客户市场细分

商业银行一般按照企业所处区域、产业、规模、所有者性质和组织形式等方式对公司信贷客户进行细分。

(1) 按区域细分

商业银行按照区域对公司信贷客户市场进行细分，主要考虑客户所在地区的市场密度、交通便利程度、整体教育水平以及经济发达程度等方面的差异，并将整体市场划分成不同的小市场。

(2) 按产业细分

总的来说，一国的国民经济按产业可划分为第一产业、第二产业、第三产业。在不同的产业类别中，还可以进一步细分，如将第三产业分为网络部门和知识、服务生产部门。此外，按生命周期不同，可划分为朝阳产业和夕阳产业；按生产要素的密集程度不同，可划分为劳动密集型产业、资本(资金)密集型产业、技术(知识)密集型产业等。

(3) 按规模细分

企业规模的认定标准包括以下几个因素：年营业额、员工人数、固定资产总值、资本总额、资产规模等。通常情况下，对企业规模的认定采取的是综合标准，即同时考虑上述标准中的几个标准。一般来说，被广泛应用的做法是将企业按其规模划分为大、中、小型企业。国统字(2011)75号文件对我国大、中、小微型企业的划分做出了具体规定(如表2.1所示)。不同规模的企业对商业银行提供的产品和服务的要求是不同的，银行应针对不同规模的企业制定不同的营销策略。

表2.1　统计上大、中、小微型企业的划分标准

行业名称	指标名称	计量单位	大型	中型	小型	微型
农、林、牧、渔业	营业收入(Y)	万元	Y≥20 000	500≤Y<20 000	50≤Y<500	Y<50
工业 *	从业人员(X)	人	X≥1000	300≤X<1000	20≤X<300	X<20
	营业收入(Y)	万元	Y≥40 000	2000≤Y<40 000	300≤Y<2000	Y<300
建筑业	营业收入(Y)	万元	Y≥80 000	6000≤Y<80 000	300≤Y<6000	Y<300
	资产总额(Z)	万元	Z≥80 000	5000≤Z<80 000	300≤Z<5000	Z<300
批发业	从业人员(X)	人	X≥200	20≤X<200	5≤X<20	X<5
	营业收入(Y)	万元	Y≥40 000	5000≤Y<40 000	1000≤Y<5000	Y<1000
零售业	从业人员(X)	人	X≥300	50≤X<300	10≤X<50	X<10
	营业收入(Y)	万元	Y≥20 000	500≤Y<20 000	100≤Y<500	Y<100
交通运输业 *	从业人员(X)	人	X≥1000	300≤X<1000	20≤X<300	X<20
	营业收入(Y)	万元	Y≥30 000	3000≤Y<30 000	200≤Y<3000	Y<200
仓储业	从业人员(X)	人	X≥200	100≤X<200	20≤X<100	X<20
	营业收入(Y)	万元	Y≥30 000	1000≤Y<30 000	100≤Y<1000	Y<100
邮政业	从业人员(X)	人	X≥1000	300≤X<1000	20≤X<300	X<20
	营业收入(Y)	万元	Y≥30 000	2000≤Y<30 000	100≤Y<2000	Y<100
住宿业	从业人员(X)	人	X≥300	100≤X<300	10≤X<100	X<10
	营业收入(Y)	万元	Y≥10 000	2000≤Y<10 000	100≤Y<2000	Y<100
餐饮业	从业人员(X)	人	X≥300	100≤X<300	10≤X<100	X<10
	营业收入(Y)	万元	Y≥10 000	2000≤Y<10 000	100≤Y<2000	Y<100
信息传输业 *	从业人员(X)	人	X≥2000	100≤X<2000	10≤X<100	X<10
	营业收入(Y)	万元	Y≥100 000	1000≤Y<100 000	100≤Y<1000	Y<100
软件和信息技术服务业	从业人员(X)	人	X≥300	100≤X<300	10≤X<100	X<10
	营业收入(Y)	万元	Y≥10 000	100≤Y<10 000	50≤Y<1000	Y<50
房地产开发经营	营业收入(Y)	万元	Y≥200 000	1000≤Y<200 000	100≤Y<1000	Y<100
	资产总额(Z)	万元	Z≥10 000	5000≤Z<10 000	2000≤Z<5000	Z<2000
物业管理	从业人员(X)	人	X≥1000	300≤X<1000	100≤X<300	X<100
	营业收入(Y)	万元	Y≥5000	1000≤Y<5000	500≤Y<1000	Y<500
租赁和商务服务业	从业人员(X)	人	X≥300	100≤X<300	10≤X<100	X<10
	资产总额(Z)	万元	Z≥120 000	8000≤Z<120 000	100≤Z<8000	Z<100
其他未列明行业 *	从业人员(X)	人	X≥300	100≤X<300	10≤X<100	X<10

　　注意：(1) 大型、中型和小型企业须同时满足所列指标的下限，否则下划一档；微型企业只需满足所列指标中的一项即可。

　　(2) 附表中各行业的范围以《国民经济行业分类》(GB/T4754—2011)为准。

　　(3) 企业划分指标以现行统计制度为准。

　　一般而言，大型和特大型企业或企业集团是一国国民经济的重要支撑者和贡献者，是政府的重点主抓对象，而且这类企业对资金的需求十分庞大，对银行扩展自身市场份额有很大的作用，因此，这类企业也理所当然地成为各商业银行争相夺取的重点客户。此外，随着市场竞争的日趋激烈，蓬勃发展的中小私营企业对商业银行的融资需求也在不断增加。相对而言，中小企业的资金运行特点是额度小、需求急、周转快，商业银行应针对这些特点，修改并完善其信贷管理制度，以适应中小企业的需求。

(4) 按所有者性质和组织形式细分

市场经济主体的多元化以及企业属性上的差别是商业银行按企业性质细分市场的先决条件。在我国，随着社会主义市场经济体制的建立和完善，单一的经济结构模式被打破，也使得商业银行按企业性质及组织形式对公司信贷客户市场进行市场细分的条件开始成熟。一般而言，根据企业性质及组织形式细分，公司信贷客户包括以下几种，如图2.4所示。

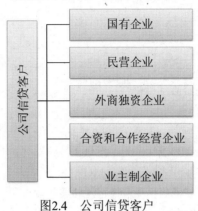

图2.4 公司信贷客户

4. 细分市场评估

银行在按照一定的标准细分完市场之后，就要对细分市场进行评估，评估的内容主要包括以下5个方面，如图2.5所示。

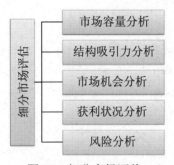

图2.5 细分市场评估

例题4 市场细分的作用不包括( )。(单项选择题)

A. 有利于选择目标市场和制定营销策略

B. 有利于产品的生产和研发

C. 有利于发掘市场机会，开拓新市场，更好地满足不同客户对金融产品的需要

D. 有利于集中人力、物力投入目标市场，提高银行的经济效益

答案 B

解析 市场细分的作用有：有利于选择目标市场和制定营销策略；有利于发掘市场机会，开拓新市场，更好地满足不同客户对金融产品的需要；有利于集中人力、物力投入目标市场，提高银行的经济效益。

例题5 下面关于国民经济划分方式的说法，不正确的是( )。(单项选择题)

A. 按产业划分为第一产业、第二产业、第三产业

B. 按生命周期不同，可划分为朝阳产业和夕阳产业

C. 按生产要素的密集程度不同，可划分为劳动密集型产业、资本(资金)密集型产业、技术(知识)密集型产业等。

D. 按产生历史时期不同，可划分为物质生产部门、网络部门以及知识、服务生产部门。

答案 D

解析 总的来说，一国的国民经济按产业可划分为第一产业、第二产业、第三产业。在不同的产业类别中，还可以进一步细分，如将第三产业分为网络部门和知识、服务生产部门。此外，按生命周期不同，可划分为朝阳产业和夕阳产业；按生产要素的密集程度不同，可划分为劳动密集型产业、资本(资金)密集型产业、技术(知识)密集型产业等。

例题6 下列关于市场细分的说法，正确的有( )。(多项选择题)

A. 市场细分是指银行把公司信贷客户按某一种或几种因素加以区分，使区分后的客户需求在一个或多个方面具有相同或相近的特征，以便确定客户政策

B. 目的是使银行针对不同于市场的特殊但又相对同质的需求和偏好，有针对性地采取一定的营销组合策略和营销工具，以满足不同客户群的需要

C. 有利于集中人力、物力投入目标市场，提高银行的经济效益

D. 有利于发掘市场机会，开拓新市场，更好地满足不同客户对金融产品的需要

E. 有利于选择目标市场的制定营销策略

答案 ABCDE

解析 市场细分是指银行把公司信贷客户按一种或几种因素加以区分，使区分后的客户需求在一个或多个方面具有相同或相近的特征，以便确定客户政策。

市场细分的目的是使银行根据不同子市场的特殊但又相对同质的需求和偏好，有针对性地采取一定的营销组合策略和营销工具，以满足不同客户群的需求。其作用表现在以下几个方面：

(1) 有利于选择目标市场和制定营销策略。

(2) 有利于发掘市场机会，开拓新市场，更好地满足不同客户对金融产品的需要。

(3) 有利于集中人力、物力投入目标市场，提高银行的经济效益。

例题7 相对大型和特大型企业来说，中小企业的资金运行特点有( )。(多项选择题)

A. 额度小   B. 周转快   C. 信誉好

D. 需求急   E. 风险小

答案 ABD

解析 随着市场竞争的日趋激烈，蓬勃发展的中小私营企业对商业银行的融资需求也在不断增加。相对而言，中小企业的资金运行特点是额度小、需求急、周转快，商业银行应针对这些特点，修改并完善其信贷管理制度，以适应中小企业的需求。

例题8 针对不同的公司信贷客户，商业银行应该采取的措施包括( )。(多项选择题)

A. 根据民营企业的现实需求设计手续简便、快捷的贷款产品和方便的中间业务

B. 选派对现代金融理论及金融创新理论均有较高造诣的高素质客户经理前往外商独资企业接洽

C. 合资和合作经营企业基本上比较规范的现代股份制企业，经营业绩良好，是商业银行重点争取的对象

D. 重点争取有大量融资和中间产品服务需求的大型重点国有企业

E. 在整体评估的基础上，慎重选择处于困境中的中小型国有企业为服务对象

答案　ABCDE

例题9　商业银行对公司信贷客户市场按区域进行细分，主要考虑客户所在地区的(　　)。(多项选择题)

A. 市场密度　　　　　　B. 交通便利程度　　　　　C. 整体教育水平

D. 经济发达程度　　　　E. 性别比例

答案　ABCD

解析　商业银行按照区域对公司信贷客户市场进行细分，主要考虑客户所在地区的市场密度、交通便利程度、整体教育水平以及经济发达程度等方面的差异，并将整体市场划分成不同的小市场。

例题10　银行进行信贷市场细分的根本依据为(　　)。(单项选择题)

A. 客户需求的共通性　　　　　　　　　B. 客户需求的差异性

C. 信贷产品的共同性　　　　　　　　　D. 信贷产品的差异性

答案　B

解析　正因为客户需求具有差异性，因而需要将不同需求的客户进行区分对待。如果所有客户需求均相同，就无须对其进行细分。

考点3　市场选择和定位

1. 市场选择

(1) 目标市场的概念

目标市场是指银行为满足现实或潜在的客户需求，在市场细分基础上确定的将要进入并重点开展营销活动的特定的细分市场。

在目标市场中，银行营销活动的目的是要满足特定的需求。它可以是一个细分市场，也可以是多个细分市场。可以说，市场细分是目标市场确定的前提和基础，而选择适合自身的目标市场则是市场细分的目的。

(2) 目标市场的选择要求

银行在细分市场、明确各细分市场的容量、产品特征、开发潜力的基础上，综合考虑本银行的经营实力和特点，选择本银行能在最大程度上满足其需要的，同时对银行最重要的客户，将其确定为银行推销公司信贷产品的目标客户群。

2. 市场定位

(1) 市场定位的含义及内容

市场定位，是指商业银行设计并确定自身形象，决定向客户提供何种信贷产品的行为过程。目的是让客户能够更加了解和喜欢银行所代表的内涵，在客户心目中留下别具一格的银行

形象和值得建立信贷关系的印象。

银行市场定位主要包括产品定位和银行形象定位两个方面。

(2) 市场定位的步骤

① 识别重要属性

银行公司信贷产品定位的第一步是识别目标市场客户购买决策的重要因素,包括所要定位的公司信贷产品应该或者必须具备的属性,或者是目标市场客户具有的某些重要的共同表征。

② 制作定位图

在识别了重要属性之后,就要绘制定位图,并在定位图上标示本银行和竞争者所处的位置。对其他银行定位的认识,是为了明确在特定市场中的竞争对手及它们所处的地位,为商业银行自身市场定位提供选择的空间。对银行自身业务的分析则是为了找出银行的优势和劣势,为其竞争战略的制定提供依据。具体的定位图的制作过程涉及统计程序,即在认定表征之后,将这些表征集合到几何维度的统计程序,由程序得出所需要的定位图。变量可以是客观属性,也可以是主观属性,但必须都是"重要属性"。

图2.6所示是对3个银行的简单定位图,其两个维度分别是"最优贷款利率"和"友好和礼貌的服务"。

③ 定位选择

按照公司信贷产品的市场规模、产品类型、技术手段等因素,可将定位方式分为3种:主导式定位、追随式定位、补缺式定位。

④ 执行定位

市场定位最终需要通过各种沟通手段如广告、员工着装、行为举止以及服务的态度、质量等传递出

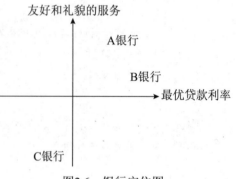

图2.6 银行定位图

去,并为客户所认同。银行如何定位需要贯彻到所有与客户的内在和外在联系中,这就要求银行的所有元素——员工、政策与形象都能够反映一个相似的并能共同传播希望占据的市场位置的形象。

例题11 市场定位的步骤中,首先是( )。(单项选择题)

A. 制作定位图　　　 B. 识别重要属性　　　 C. 定位选择　　　 D. 执行定位

答案 B

解析 市场定位的步骤如下:①识别重要属性;②制作定位图;③定位选择;④执行定位。

例题12 下列符合选择目标市场的要求有( )。(多项选择题)

A. 有比较通畅的销售渠道

B. 对一定的公司信贷产品有足够的购买力,并能保持稳定

C. 竞争者较少或相对实力较弱

D. 以后能够建立有效地获取信息的网络

E. 需求变化的方向与银行公司信贷产品的创新与开发的方向不一致

答案 ABCD

解析 目标市场的选择要求,具体要求如下:①目标市场应对一定的公司信贷产品有足够的购买

力，并能保持稳定，这样才能保证银行有足够的营业额；②银行公司信贷产品的创新或开发应与目标市场需求变化的方向一致，以便适时地按市场需求变化调整所提供的服务；③目标市场上的竞争者应较少或相对实力较弱，这样银行才能充分发挥自身的资源优势，占领目标市场并取得成功；④在该目标市场，以后能够建立有效地获取信息的网络；⑤要有比较通畅的销售渠道，这样银行的产品或服务才能顺利进入市场。

例题13 属于银行市场定位的内容是( )。(单项选择题)

A. 产品定位和银行形象　　　　　　　B. 收益定位和价格定位

C. 价格定位和竞争定位　　　　　　　D. 竞争定位和银行形象

答案 A

解析 银行市场定位主要包括产品定位和银行形象定位两个方面。

第2节　营销策略

考点4　产品营销策略

产品是银行营销活动的对象，是银行的生存之本。与其他企业一样，银行从事经营是为了满足客户的需求并从中获利，这一目标的实现必须通过提供让客户满意的产品和服务来实现。因此，产品策略是商业银行公司信贷市场营销的起点，也是商业银行制定和实施其他营销策略的基础和前提。

1. 银行公司信贷产品概述

(1) 银行公司信贷产品的特点

①无形性；②不可分性；③异质性；④易模仿性；⑤动力性。

(2) 银行公司信贷产品的层次，如图2.7所示。

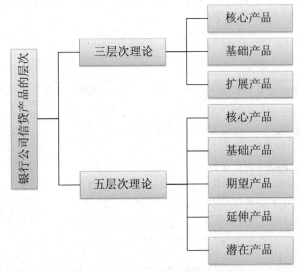

图2.7　银行公司信贷产品的层次

公司信贷产品概念层次的不断细分，体现出对金融需求认识的不断深化，为推行更有针对性的市场营销提供了更详细准确的依据。以客户需求为中心，把握好公司信贷产品的整体概念，是正确制定产品策略和其他营销策略的基础。

(3) 银行公司信贷产品开发的目标和方法，如图2.8所示。

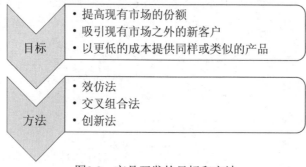

图2.8 产品开发的目标和方法

2. 产品组合策略

(1) 产品组合的概念

产品组合是指商业银行向客户提供的全部公司信贷产品的有机组合方式，即所有银行公司信贷产品的有机构成。与此有关的概念有3个：产品线、产品类型、产品项目。

一个银行的产品组合，通常包括产品组合宽度和产品组合深度两个度量化要素。确定产品组合就是要有效地选择其宽度、深度和关联性。

产品组合的宽度、深度等因素，反映了银行的经营能力、规模、市场前景和发展方向，同时也体现了银行的竞争能力和经营管理的复杂性。

(2) 产品组合策略的内容

商业银行必须根据客户需求、市场环境和自身资源的变化不断调整产品组合结构，优化产品组合。最常见的产品组合策略如表2.2所示：

表2.2 产品组合策略的内容

	产品扩张策略主要是从拓宽产品组合的宽度和增加产品组合的深度这两个方面入手	
产品扩张策略	拓宽产品组合的宽度	即商业银行可以在现有产品线的基础上增加一条或几条产品线，以进一步扩大银行产品的范围，实现产品线的多样化
		这种策略的优点是可以充分利用商业银行的技术、人才、资源等优势，实现多元化经营，从而扩大市场，吸引更多客户，同时也可通过业务多元化分散经营风险，增强竞争能力
		但是实施这种策略的银行必须具备较高的经营管理水平，抓好产品线的综合管理，否则可能会引起银行的经营混乱，使银行声誉受损
	增加产品组合的深度	即银行可以在原有的产品线内增设新的产品项目，以丰富银行的产品种类，实现多样化经营
		这种策略的优点是可以使银行产品适应不同的客户或同一客户的不同层次的需求，提高同一产品线的市场占有率，从而增强银行的竞争能力
		其缺陷是新项目的开发可能要花费大量的资源，使银行经营成本的上升
产品集中策略	是指银行通过减少产品线或产品项目来缩小银行的经营范围和种类，实现产品的专业化	
	其目的是将有限的资源集中在一些更有竞争优势的产品组合上，以产生更大的收益。这种做法和产品扩张策略正好相反	

(3) 产品组合策略的形式

产品组合策略的形式如图2.9所示：

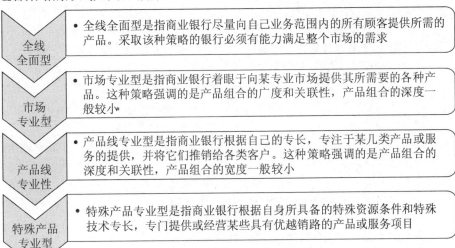

全线全面型	• 全线全面型是指商业银行尽量向自己业务范围内的所有顾客提供所需的产品。采取该种策略的银行必须有能力满足整个市场的需求
市场专业型	• 市场专业型是指商业银行着眼于向某专业市场提供其所需要的各种产品。这种策略强调的是产品组合的广度和关联性，产品组合的深度一般较小
产品线专业性	• 产品线专业型是指商业银行根据自己的专长，专注于某几类产品或服务的提供，并将它们推销给各类客户。这种策略强调的是产品组合的深度和关联性，产品组合的宽度一般较小
特殊产品专业型	• 特殊产品专业型是指商业银行根据自身所具备的特殊资源条件和特殊技术专长，专门提供或经营某些具有优越销路的产品或服务项目

图2.9　商业银行产品组合策略的主要形式

3. 产品生命周期策略

与其他产品一样，银行公司信贷产品投入市场后也会经历一个产生、发展与衰亡的过程，其生命周期可以分为4个阶段：介绍期、成长期、成熟期和衰退期。在每个生命周期的不同阶段，客户对产品的需求是不一样的，银行产品的销售额以及利润额也不相同，因此在各个阶段银行营销有着不同的任务与特点，必须采取不同的产品策略。产品生命周期的介绍如表2.3所示。

表2.3　产品生命周期各阶段

时期		具体内容
介绍期	含义及特点	介绍期是指银行产品投入市场的初期，即试销阶段。这一阶段的特点是：客户对银行产品不怎么了解，购买欲望不大，银行要花费大量资金来做广告宣传；银行产品还未定型，银行要收集客户使用产品后的意见，不断改进产品，所以还要投入一定的产品研制费用。在这一阶段销售额增长缓慢，银行盈利很少甚至发生亏损
	措施	首先，建立有效的信息反馈机制 其次，通过广告等多种途径让客户尽量了解银行新产品的用途和特点 最后，制订合理的价格
成长期	含义及特点	成长期是指银行产品通过试销打开销路，转入成批生产和扩大销售的阶段。这一阶段的特点是：银行产品已基本定型，研制费用可以减少；客户对产品已有一定的了解，银行的广告费用略有下降；产品销售量呈现迅速上升的态势，银行利润不断增加。但是，随着其他银行仿制品的不断出现，产品竞争日趋激烈
	措施	不断提高产品质量，改善服务。为了能使本行产品异军突起，银行必须不断开拓产品的新用途与特色服务，改善产品的性能，赋予其新的活力；扩大广告宣传，重点是让客户信任产品，为产品树立良好的形象，提高声誉；适当调整价格，增强产品的竞争力；利用已有的销售渠道积极开拓新市场，进一步扩大销售额
成熟期	含义及特点	成熟期是指银行产品在市场上的销售已达到饱和阶段。这一阶段的特点是：银行产品已被客户广泛接受，销售量的增长出现下降趋势。但这一阶段的成本费用较少，所以银行的利润较稳定。另外，这一阶段市场竞争更为激烈，仿制产品层出不穷，价格战与促销战也愈演愈烈，最后可能引起银行利润的下降

时期		具体内容
成熟期	措施	改进产品性能并努力实现产品多样化与系列化，通过包装组合以提高产品的竞争力；开拓市场，采用进攻性战略不断拓展产品市场，这又包括纵向拓展(即刺激老客户使用产品的频率)与横向拓展(即寻找新客户)两种策略；综合运用营销组合策略以增加产品销售，如增加销售网点、降低产品价格、改变广告内容等
衰退期	含义及特点	衰退期是指银行产品已滞销并趋于淘汰的阶段。这个阶段的特点是：市场上出现了大量的替代产品，许多客户减少了对老产品的使用，产品销售量急剧下降，价格也大幅下跌，银行利润日益减少
	措施	(1) 持续策略。当产品进入衰退期，大量竞争对手会退出市场，银行可以继续沿用以前的策略吸引部分老客户使用老产品 (2) 转移策略。由于不同市场、不同地区客户需求的发展程度不尽相同，一些产品在这个市场上趋于淘汰，而在另一市场上可能还处于成熟期，所以银行可以对各个市场进行比较，将产品转移到一些仍有潜力的市场上继续销售 (3) 收缩策略。银行缩短营销战线、精简人员、降低营销费用，把人力、物力、财力集中于某些最为有利的市场上，以获取最大的利润 (4) 淘汰策略。即彻底地将产品驱逐出市场，用新产品取代老产品以维持或扩大市场占有率，增加产品销售

例题14 按照五层次理论，公司信贷产品的基本形式，各种硬件和软件的集合，包括营业网点和各类业务，属于公司信贷产品中的( )。(单项选择题)

A. 核心产品　　　　B. 基础产品　　　　C. 期望产品　　　　D. 延伸产品

答案 B

解析 基础产品是公司信贷产品的基本形式，是核心产品借以实现的形式。即各种硬件和软件的集合，包括营业网点和各类业务。

例题15 强调产品组合的深度和关联性，产品组合的宽度一般较小的产品组合策略的形式是( )。(单项选择题)

A. 全线全面型　　　　　　　　　B. 市场专业型

C. 产品线专业型　　　　　　　　D. 特殊产品专业型

答案 C

解析 产品线专业型是指商业银行根据自己的专长，专注于某几类产品或服务的提供，并将它们推销给各类客户。这种策略强调的是产品组合的深度和关联性，产品组合的宽度一般较小。

例题16 银行公司信贷产品的三层次理论不包括的层次是( )。(单项选择题)

A. 核心产品　　　　B. 基础产品　　　　C. 潜在产品　　　　D. 扩展产品

答案 C

解析 银行公司信贷产品的三层次理论认为，公司信贷产品是一个复杂的概念，从客户需求到具体的产品形式有着不同的层次。按基本的划分方法，信贷产品主要分为核心产品、基础产品和扩展产品3个层次。

例题17 某种银行信贷产品市场上出现了大量的替代产品，许多客户减少了对老产品的使用，产品销售量急剧下降，价格也大幅下跌，银行利润日益减少。那么这种银行信贷产品所处的生命周期是(   )。(单项选择题)

A. 介绍期　　　　　　B. 成长期　　　　　　C. 成熟期　　　　　　D. 衰退期

答案 D

解析 衰退期是指银行产品已滞销并趋于淘汰的时期。这个阶段的特点是：市场上出现了大量的替代产品，许多客户减少了对老产品的使用，产品销售量急剧下降，价格也大幅下跌，银行利润日益减少。

例题18 与一般工商业企业相比，银行提供的信贷产品和服务的特点包括(   )。(多项选择题)

A. 公司信贷产品是无形的

B. 公司信贷产品和银行的全面运作分不开

C. 对于同一种类的公司信贷产品，不同银行提供的服务质量相同

D. 公司信贷产品易被竞争对手模仿

E. 公司信贷产品是其服务项目的动力引擎

答案 ABDE

解析 银行公司信贷产品的特点包括：无形性、不可分性、异质性、易模仿性、动力性。

例题19 下列关于产品组合宽度、深度和关联性的说法，正确的有(   )。(多项选择题)

A. 产品组合的宽度是指产品大类的数量或服务的种类

B. 银行每条产品线拥有的产品项目越少，其产品组合宽度就越小

C. 产品组合的深度是指银行经营的每条产品线内所包含的产品项目的数量

D. 银行拥有的产品线越多，其产品组合深度就越大

E. 产品组合的关联性是指银行所有的产品线之间的相关程度或密切程度

答案 ACE

解析 确定产品组合就是要有效地选择其宽度、深度和关联性。

(1) 产品组合宽度，是指产品组合中不同产品线的数量，即产品大类的数量或服务的种类。银行拥有的产品线越多，其产品组合宽度就越大，反之则越窄。

(2) 产品组合的深度，是指银行经营的每条产品线内所包含的产品项目的数量。银行每条产品线拥有的产品项目越多，其产品组合深度就越大，反之则越小。

(3) 产品组合的关联性，是指银行所有的产品线之间的相关程度或密切程度。

例题20 下列关于产品生命周期策略的说法，正确的有(   )。(多项选择题)

A. 在介绍期，银行要花费大量资金来做广告宣传

B. 在成长期，研制费用可以减少

C. 在成熟期，银行的利润较稳定

D. 在成熟期，价格战与促销战愈演愈烈

E. 在衰退期，银行利润日益减少

答案　ABCDE

解析　与其他产品一样，银行公司信贷产品投入市场后也会经历一个产生、发展与衰亡的过程，其生命周期可以分为4个阶段：介绍期、成长期、成熟期和衰退期。

(1) 介绍期：指银行产品投入市场的初期，即试销阶段。这一阶段的特点是：客户对银行产品不怎么了解，购买欲望不大，银行要花费大量资金来做广告宣传。

(2) 成长期：指银行产品通过试销打开销路，转入成批生产和扩大销售的阶段。这一阶段的特点是：银行产品已基本定型，研制费用可以减少。

(3) 成熟期：指银行产品在市场上的销售已达到饱和阶段。这一阶段的特点是：银行产品已被客户广泛接受，销售量的增长出现下降趋势。但这一阶段的成本费用较少，所以银行的利润较稳定。另外，这一阶段市场竞争更为激烈，仿制产品层出不穷，价格战与促销战也愈演愈烈，最后可能引起银行利润的下降。

(4) 衰退期：指银行产品已滞销并趋于淘汰的阶段。这个阶段的特点是：市场上出现了大量的替代产品，许多客户减少了对老产品的使用，产品销售量急剧下降，价格也大幅下跌，银行利润日益减少。

例题21　(　　)是指具有高度相关性的一组银行产品。(单项选择题)

A. 产品线　　　　　B. 产品类型　　　　　C. 产品项目　　　　　D. 产品组合

答案　A

解析　产品线是指具有高度相关性的一组银行产品，这些产品具有类似的基本功能，可以满足客户的某一类需求。

■ 考点5　定价策略

公司信贷是商业银行主要的盈利资产，贷款利润的高低与贷款价格有着直接的关系。贷款价格高，利润就高，但贷款的需求将因此减少。相反，贷款价格低，利润就低，但贷款需求将会增加。因此，合理确定贷款价格，既能为银行取得满意的利润，又能为客户所接受，是商业银行公司贷款管理的重要内容。

1. 贷款定价原则

贷款定价原则主要有4个，如图2.10所示。

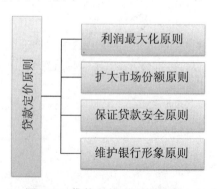

图2.10　贷款定价原则的内容

2. 贷款价格的构成

一般来讲，贷款价格的构成包括贷款利率、贷款承诺费、补偿余额和隐含价格。

3. 影响贷款价格的主要因素

影响贷款价格的主要因素有9点，如图2.11所示。

图2.11 影响贷款价格的主要因素

4. 公司贷款定价的基本方法

银行向企业发放贷款时，最关键的问题是怎么给贷款定价。贷款有风险，如流动风险、操作风险、信用风险等，所以银行为了取得风险补偿，必须提高贷款利率，保证有利可图。企业可以通过不同的渠道，采用直接或间接的方式筹集资金，所以利率太高，客户无法承受，就会放弃银行贷款。在竞争日益激烈的今天，贷款人往往是价格的接受者，而不是价格的制订者。随着利率市场改革的逐步推进，银行出售存款、发放贷款的利润率大大降低，这要求银行比以往任何时候都迫切需要对贷款进行合理的定价。下面主要介绍两种公司贷款的具体定价方法。

(1) 成本加成定价法

贷款利率的计算公式表示为：

贷款利率=筹集可贷资金的成本+银行的非资金性经营成本+银行对贷款违约风险要求的补偿
　　　　+银行预期利润水平

例如，假定有一个公司向银行申请300万元的贷款。首先，银行为了取得这笔资金，要在资本市场上以3%的利率卖出可转让存单，这笔贷款成本中含有3%的成本；其次，分析、发放和管理这笔贷款的非资金性营业成本估计为日均贷款余额的2%；再次，银行贷款部门可能会因为贷款违约风险追加2%的贷款利率；最后，银行在贷款财务、运营和风险成本之上，再追加1%的利润率，作为这笔贷款为股东创造的收益。最终，这笔贷款的利率为8%。

(2) 价格领导模型

就银行本身而言，它是个复合型产品行业，要在各种业务之间分摊营业成本有很大的难度；另外，金融市场的竞争日益激烈，不考虑市场竞争因素的定价方法是不太可行的。价格领导模型就是为了克服成本加成法的诸多局限而出现的一种定价方式。

在20世纪30年代，一些银行确立了统一的优惠利率，对那些规模大、信誉好、值得信任的大客户发放的短期流动资金贷款，收取最低利率。

5. 银行公司信贷产品的定价策略

对银行产品的定价，至少有3个目标：产品如何能够被市场和消费者认可；如何扩大市场份额和占有率；利润如何转化，即盈利。

下面介绍几种常见的定价策略：

(1) 高额定价策略

高额定价策略是指在产品投放市场时将初始价格定得较高，从市场需求中吸引精华客户的策略。银行在利率市场化过程中，在对传统业务调整定价的同时，还必须重视金融新产品的开发。竞争者对新产品的影响和排挤较小，银行可以采取高额定价法，吸引对价格不太敏感的客户。

(2) 渗透定价策略

渗透定价策略采用很低的初始价格打开销路，以便尽快占领较大的市场份额，树立品牌形象后，再相应地提高产品价格，从而保证一定的利润率。这也被称为"薄利多销定价策略"。

这种策略的优点是：可以更快地吸引客户，抢占市场；有利于形成规模优势，降低成本；保证银行能够长期、稳定地获得较高利润。

(3) 关系定价策略

关系定价策略就是把一揽子服务打包定价，对很多服务项目给予价格优惠，从而吸引客户，从客户其他的业务中获得补贴。

银行采用这种策略可以保持与客户的长期稳定关系，客户享受的服务越全面、种类越多，他们对银行的依赖程度就越高；将产品组合在一起出售给客户，可以起到规模作业的优势，降低成本，提高银行利润。

例题22 下列条件下，可以采用渗透定价策略的是(　　)。(单项选择题)

A. 新产品的需求价格弹性非常大

B. 规模化的优势可以大幅度节约生产或分销成本

C. 该产品需要采用很低的初始价格打开销路

D. 产品没有预期市场，不存在潜在客户愿意支付高价购买该产品

答案 C

解析 渗透定价策略采用很低的初始价格打开销路，以便尽快占领较大的市场份额，树立品牌形象后，再相应地提高产品价格，从而保持一定的利润率。这也被称为"薄利多销定价策略"。如果存在以下一个或多个条件时，应慎重考虑采用该策略：①新产品的需求价格弹性非常大；②规模化的优势可以大幅度节约生产或分销成本；③产品没有预期市场，不存在潜在客户愿意支付高价购买该产品。

例题23 公司信贷是商业银行主要的盈利来源，贷款利润的高低与贷款价格有着直接的关系。贷款价格(　　)，单笔利润就(　　)，贷款的需求会(　　)。(单项选择题)

A. 低，低，增加　　　B. 高，低，减少　　　C. 高，低，增加　　　D. 高，高，增加

答案 A

解析 公司信贷是商业银行主要的盈利资产，贷款利润的高低与贷款价格有着直接的关系。贷款价格高，利润就高，但贷款的需求将因此减少。相反，贷款价格低，利润就低，但贷款需求将会增加。

例题24 贷款承诺费是指银行对(　　)的那部分资金收取的费用。(单项选择题)

A. 已承诺贷给客户，客户已经使用　　　B. 未承诺贷给客户，客户已经使用

C. 已承诺贷给客户，客户没有使用　　　D. 未承诺贷给客户，客户没有使用

答案 C

解析 贷款承诺费是指银行对已承诺贷给客户而客户又没有使用的那部分资金收取的费用。也就是说，银行已经与客户签订了贷款意向协议，并为此做好了资金准备，但客户并没有实际从银行贷出这笔资金，承诺费就是对这笔已做出承诺但没有贷出的款项所收取的费用。承诺费由于是顾客为了取得贷款而支付的费用，因而，构成了贷款价格的一部分。

例题25 ( )是指应银行要求，借款人在银行保持一定数量的活期存款和低利率定期存款。(单项选择题)

A. 隐含价格　　　　B. 贷款承诺费　　　　C. 贷款利率　　　　D. 补偿余额

答案 D

解析 补偿余额是指应银行要求，借款人在银行保持一定数量的活期存款和低利率定期存款。它通常作为银行同意贷款的一个条件而写进贷款协议中。

例题26 竞争者对新产品的影响和排挤较小时，银行可以采取( )，吸引对价格不太敏感的客户。(单项选择题)

A. 薄利多销定价策略　　　　　　　　B. 高额定价策略

C. 关系定价策略　　　　　　　　　　D. 渗透定价策略

答案 B

解析 高额定价策略是指在产品投放市场时将初始价格定得较高，从市场需求中吸引精华客户的策略。银行在利率市场化过程中，在对传统业务调整定价的同时，还必须重视金融新产品的开发。竞争者对新产品的影响和排挤较小，银行可以采取高额定价法，吸引对价格不太敏感的客户。

例题27 公司贷款定价原则包括( )。(多项选择题)

A. 保证贷款安全原则　　B. 利润最大化原则　　C. 扩大市场份额原则

D. 客户利润最大化原则　　　　　　　E. 维护银行形象原则

答案 ABCE

解析 贷款定价原则包括：①利润最大化原则；②扩大市场份额原则；③保证贷款安全原则；④维护银行形象原则。

例题28 贷款价格的构成包括( )。(多项选择题)

A. 贷款利率　　　　B. 贷款承诺费　　　　C. 贷款本金

D. 补偿余额　　　　E. 隐含价格

答案 ABDE

解析 一般来讲，贷款价格的构成包括贷款利率、贷款承诺费、补偿余额和隐含价格。

例题29 下列关于影响贷款价格的因素的说法，正确的有( )。(多项选择题)

A. 借款人的信用越好，贷款风险越小，贷款的价格也应越高

B. 对与银行关系密切的客户制订贷款价格时，可以适当低于一般贷款的价格

C. 在贷款定价时，银行必须考虑能否在总体上实现银行的贷款收益率目标

D. 当贷款供大于求时，银行贷款价格应该降低

E. 贷款期限越长,各种变动出现的可能性就越大,银行承担的风险也越大

答案 BCDE

解析 影响贷款价格的主要因素可参照本小节的内容。

考点6 营销渠道策略

1. 营销渠道的含义

营销渠道,即分销渠道,指的是产品或服务从制造商手中传至消费者手中所经过的各中间商连接起来的通道。

公司信贷营销渠道指公司信贷产品从商业银行转移到产品需求者手中所经历的通道。营销渠道作为连接生产者和需求者的基本纽带,是银行扩大产品销量、加速资金周转、降低成本、节约流通费用、提高经济效益的重要因素。

2. 公司信贷营销渠道分类

公司信贷营销渠道的分类如图2.12所示。

图2.12 营销渠道分类

3. 公司信贷营销渠道策略

公司信贷营销渠道策略主要包括以下4种,如图2.13所示。

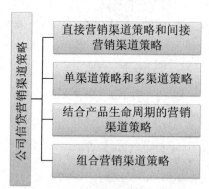

图2.13 营销渠道策略的分类

例题30 下列不属于组合营销渠道策略的是( )。(单项选择题)

A. 营销渠道与产品生产相结合   B. 营销渠道与销售环节相结合

C. 营销渠道与促销相结合   D. 营销渠道与会计出纳相结合

答案 D

解析 组合营销渠道策略是指将银行渠道策略与营销的其他策略相结合,以更好地开展产品的销售活动。这种策略又分为:①营销渠道与产品生产相结合的策略;②营销渠道与销售环节相结合的策略;③营销渠道与促销相结合的策略。

考点7 促销策略

银行的促销方式主要有4种：广告、人员促销、公共宣传和公共关系以及销售促进。银行的促销活动要获得成功，必须在充分考虑目标市场和其他外部因素(诸如经济气候和竞争者的行为等)之后，合理地选择并运用促销组合策略，确定促销预算以及在各种促销方式之间的分配，以取得优化效果。

1. 广告

广告是通过宣传媒介直接向目标市场上的客户对象(包括现有的和潜在的)介绍和销售产品、提供服务的宣传活动。国际银行广告的发展经历了3个阶段：①以宣传银行声誉，强调实力为主的阶段，主要目的是在客户心目中形成"安全保证"的印象；②以宣传银行产品为主要内容的阶段，目的是突出银行专有的服务作为区分自己与其他银行的标志；③以宣传银行整体形象为主要内容的阶段。

银行广告一般有形象广告和产品广告两种类型。公司信贷营销主要运用产品广告。在形象广告引起客户的注意和兴趣之后，以产品广告予以补充和深化、具体化，用产品广告向客户介绍各种具体信贷产品的内涵。

产品的广告要突出差异化策略。在同类产品中，尽力找出并扩大自己的产品和其他银行产品的区别；利用人无我有的创新产品，大做广告，以树立银行积极进取的形象；利用产品品质上的优势(如审批时间短、利率制定灵活等)，突出宣传产品以及形象的差异。

2. 人员促销

人员促销是一种以促成销售为目的的口头交谈，即与一个或几个购买者进行交谈，对公司信贷产品的复杂性和专业性进行针对性的宣传，以达到提高客户忠诚度和促成购买更多信贷产品的有效手段。

3. 公共宣传和公共关系

(1) 公共宣传

公共宣传是指以不付费的方式从宣传媒体获得报道版面，供银行的客户或潜在客户阅读、收听，以达到帮助实施销售的特定目的的活动。

公共宣传对促销的作用是增加知名度和美誉度。银行在广告预算偏低的情况下，公共宣传是宣传银行形象和产品形象的有效方式，创新产品推出、签字仪式、银行业务发展史甚至人事变动等，均可以通过新闻报道的形式发布。具有新闻价值和有趣故事的信贷产品也是公共宣传的好对象。

(2) 公共关系

公共关系是指银行为了与有关的各界公众建立和保持良好的关系，使银行在公众心目中树立良好的形象，以及处理可能发生的对银行的谣言和事件而进行的有效活动。公共关系的方式包括信息沟通、游说政府和立法机关、社会公益赞助活动、艺术和体育投资等。

4. 销售促进

销售促进是银行以各种刺激性的促销手段吸引新的尝试者和报答忠诚客户的行为。销售促进作为一种非价格竞争手段，在银行界具有特殊作用。银行在同业竞争中一般都设法避免进行直接的价格竞争，如利率竞争和费用竞争，因为其结果常常导致两败俱伤。而销售促进则通过与客户的实际需要相关联，激发客户使用某种产品的兴趣，并以客户的忠诚度作为奖励的依据，这种非价格竞争手段具有其独特的优势。

销售促进的方式包括提供赠品、专有利益、配套服务和促销策略联盟等。其中促销策略联盟越来越受到重视。银行直接与企业结成策略性联盟可以充分利用联盟对象现有的各种资源，包括人力资源、设备资源等，有助于提高银行产品的竞争优势。

例题31 银行广告一般有形象广告和产品广告两种类型。公司信贷营销主要运用(　　)广告，突出(　　)策略。(单项选择题)

A. 产品，差异化　　　　B. 形象，差异化　　　　C. 产品，成本优先　　　　D. 形象，成本优先

答案 A

解析 银行广告一般有形象广告和产品广告两种类型。公司信贷营销主要运用产品广告。产品的广告要突出差异化策略。

例题32 银行的促销方式主要包括(　　)。(多项选择题)

A. 广告　　　　　　B. 人员促销　　　　　　C. 公共宣传

D. 公共关系　　　　E. 销售促进

答案 ABCDE

解析 银行的促销方式主要有：广告、人员促销、公共宣传和公共关系以及销售促进。

第3节　营销管理

管理是在特定环境下，为实现组织目标而对组织资源进行计划、组织、领导与控制的系统过程。从这个角度看，营销管理同样是一个相对独立的计划、组织、领导与控制的过程，只是管理范畴与管理目标不同。

银行营销管理是为创造达到个人和机构目标的交换而规划和实施的理念、产品、服务构思、定价、促销的过程。它包括计划、组织、领导和控制等，目的是满足客户需求，为客户创造价值，为银行带来增值。

考点8　营销计划

计划是指在一定时间内，对组织预期目标和行动方案所作出的选择和具体安排。简单地说，营销计划涵盖了营销组织的目标和实现目标的途径，是营销管理活动的前提。

制订营销计划是银行进行公司信贷营销活动的正式起点。营销计划的科学性、完整性和可行性直接影响营销活动的效果。随着市场环境的变化，竞争日益激烈，银行早已经不可能为其总类产品笼统地制订一个单一的营销计划，这样的计划也难有理想的市场业绩。实际上，银行应该为每一个独立的公司信贷产品制订一个完整可行的营销计划，以实现银行预期的营销目标。

银行制订公司信贷营销计划应该包括以下基本步骤：分析市场机会、选择目标市场、设计营销策略组合、制订具体营销行动方案以及组织、实施和控制营销活动。通常地，一个较完整

的公司信贷产品市场营销计划应包括以下内容，如表2.4所示。

表2.4 市场营销计划的基本内容

计划项目	目的与任务
计划概要	对计划进行整体性描述，以便于了解计划的核心内容和基本目标
当前营销状况	提供环境分析的相关背景数据资料；收集与市场、产品、竞争、分销等方面的数据资料
机会与问题分析	确定银行公司信贷产品的主要机会和威胁、优势和劣势
营销目标	确定该计划需要实现的关于销售量、市场份额、利润等基本指标
营销战略与策略	提供用于实现计划目标的营销总体思路和措施
行动方案	具体要做什么、由谁执行、何时执行、需要多少费用
损益预算表	预测计划中的财务收支状况
营销控制	说明如何监测与控制计划执行

例题33 银行营销管理包括( )。(多项选择题)

A. 营销计划　　　　　B. 营销组织　　　　　C. 营销领导　　　　　D. 营销控制

答案 ABCD

解析 银行营销管理是为创造达到个人和机构目标的交换而规划和实施的理念、产品、服务构思、定价、促销的过程。它包括计划、组织、领导和控制等，目的是满足客户需求，为客户创造价值，为银行带来增值。

例题34 一般的，一个较完整的公司信贷产品市场营销计划应包括( )等。(多项选择题)

A. 当前营销状况　　　　B. 机会与问题分析　　　　C. 营销目标

D. 损益预算表　　　　　E. 营销控制

答案 ABCDE

解析 通常地，一个较完整的公司信贷产品市场营销计划应包括以下几个板块：计划概要、当前营销状况、机会与问题分析、营销目标、营销战略与策略、行动方案、损益预算表和营销控制。

考点9 营销组织

1. 银行营销组织的含义

银行营销组织是银行从事营销管理活动的载体，包括对营销组织结构和营销组织行为的分析和研究，主要完成以下职能，如表2.5所示：

表2.5 银行营销组织完成的职能

职能	具体内容
组织设计	包括组织结构、部门与岗位设置及其相互联系
人员配备	根据各种岗位活动的需要，解决好人员招聘、考核和培训问题，确保将合适的人选安置在组织结构相应的工作岗位上
组织运行	根据业务活动与环境的变化，处理好组织中的各种关系(包括人、财、物、技术等)，维持组织的正常运转

银行营销组织理论实质上就是研究银行如何合理、有效地对营销活动进行分工。这里的分工包括营销工作的分工、工作量的分配、职责和权限的划分、分工后为每一个职位配备合适的

人员以及相互之间的配合与协作等。

2. 银行营销组织设立的原则

银行营销组织设立的原则如表2.6所示。

表2.6 银行营销组织设立的原则

原则	具体的内容
因事设职与因人设职相结合	营销组织的使命就是完成营销战略的制定和实施，无须参与和考虑具体信贷业务的评审、发放等事务性工作，因此营销机构的设立无须仿照信贷业务部门，而应独立设置。在人员的选择上，应根据其原来较为熟练的业务领域，来确定其在营销组织中承担的具体工作
权责对等	在保证公司信贷资产的风险度控制在可以接受的范围之内的前提下，公司信贷营销部门在为客户进行产品、价格及配套服务的设计时，应有一定的职权，在行动时才有一定的主动性和灵活性，有利于完成相应的职责
命令统一	命令统一是组织中最重要的原则，组织分工越细，命令统一对于保证组织目标实现的作用就越重要。组织设置是动态的，必须跟随形势的发展和市场竞争的需要。组织建设的目的不是要建立完善的组织，而是要建立在当时最适当的、能为今后的变更和发展提供更大灵活性的组织

3. 银行营销机构的组织形式

银行公司信贷营销组织的形式多种多样，概括地说有直线职能制、矩阵制、事业部制。

(1) 直线职能制

直线职能制是指在各级行领导之下，设置相应的营销职能部门，即将营销部门当作行政领导的参谋机构，不直接对公司信贷业务部门发号施令，而只对其起指导作用。

(2) 矩阵制

矩阵制是指在直线职能制垂直形态组织系统的基础上，再增加一种横向的领导系统。在开发某一公司信贷产品的时候，从信贷业务、结算、财务和对外联络等部门抽调专家组成公司信贷产品营销项目部。当该项目完成后，各类人员再返回相应部门，该项目部取消。

(3) 事业部制

事业部制是指在银行内部，对具有独立信贷产品市场、承担独立责任和利益的部门实行分权管理的一种组织形式，分别设立各自的信贷营销组织，该营销部门从属于具体信贷业务部门的领导。

4. 客户经理制

客户经理制是建立现代化银行公司信贷营销体系的核心要素和重要保证。客户经理制是指商业银行的营销人员与客户，特别是重点客户建立一种明确、稳定和长期的服务对应关系。客户经理的工作目标就是全面把握服务对象的整体信息和需求，在控制和防范风险的前提下，组织全行有关部门共同设计，并对其实施全方位金融服务方案。推行客户经理制势必打破传统的以产品为导向的组织形式，向以市场和客户为中心的业务组织管理架构转变。

例题35 银行营销组织的主要职能不包括(   )。(单项选择题)

A. 组织设计　　　　B. 人员配备　　　　C. 组织运行　　　　D. 会计核算

答案 D

解析 银行营销组织是银行从事营销管理活动的载体，包括对营销组织结构和营销组织行为的分析和研究，主要完成以下职能：①组织设计；②人员配备；③组织运行。

例题36 银行营销机构的组织形式不包括( )。(单项选择题)

A. 直线职能制　　　B. 事业部制　　　C. 有限合伙制　　　D. 矩阵制

答案 C

解析 银行公司信贷营销组织的形式多种多样，概括地说有直线职能制、矩阵制、事业部制。

考点10　营销领导

营销领导是营销管理活动的重要方面，它侧重于对营销组织中人的行为施加影响，发挥领导者对下属的指挥、协调、激励和沟通作用，以便更加有效地完成营销组织的目标和任务。银行公司信贷营销领导对整个银行公司信贷营销组织来说，要发挥以下作用。

1. 指挥作用

银行公司信贷营销领导者要站在营销队伍的前列，指挥公司信贷营销人员实现营销目标。

2. 激励作用

银行公司信贷营销领导者为了使营销组织内的所有人都最大限度地发挥其才能，以实现组织的既定目标，必须关心员工，激励和鼓舞员工的斗志，发掘、充实和加强员工积极进取的动力。公司信贷营销的激励和考核与风险密切相关，在保证公司信贷资产的风险度控制在可以接受的范围之内的前提下，公司信贷营销部门在为客户进行产品、价格及配套服务的设计时，应有一定的职权，在行动时才有一定的主动性和灵活性，以完成相应的职责。

3. 协调作用

银行公司信贷组织在实现其既定目标的过程中，人与人之间、部门与部门之间发生各种矛盾和冲突以及在行动上出现不一致是不可避免的。这时领导者就要协调各方面的关系和活动，保证各个方面朝着既定的目标前进。

4. 沟通作用

银行公司信贷营销领导是公司信贷营销组织的首脑和联络者，在信息传递方面发挥着重要作用，是信息的传播者、监听者、发言人和谈判者，在管理的各个层次中起到上情下达、下情上达的作用，以保证银行整个公司信贷营销活动的顺利进行。

考点11　营销控制

由于银行公司信贷业务内外部环境因素变化，在营销计划实施过程中不可避免地会出现意外情况，营销部门为了实现营销目标，必须对各项营销活动进行连续有效的监督和控制。发现问题应及时采取行动，或调整营销计划，或修正执行偏差。银行常常采取以下5种市场营销控制方法。

1. 年度计划控制

年度计划控制主要通过目标管理来实现控制目的。目标管理分为4个基本步骤，首先设定一年的销售目标和利润目标，然后将其逐层分解，落实到每个部门和销售代表，并且定期检查实际绩效，最后分析偏差原因，采取改进措施。

2. 盈利能力控制

银行必须衡量不同产品、地区、客户群、销售渠道的盈利能力，从而决定营销活动的扩大、收缩或取消。

3. 效率控制

效率控制是指采用系列指标对营销过程中销售人员效率、广告效率、促销效率、分销效率等进行日常监测与控制的方法。

4. 战略控制

战略控制是银行最高等级控制，它是指定期对银行营销环境、经营战略、目标、计划、组织和整体营销效果等进行全面、系统审查和评价的过程，其目的在于确保银行战略、目标、政策和策略与银行外部环境和内部资源变化相匹配。

营销控制是一系列有秩序地进行检查诊断的过程，涉及银行全部的主要营销活动。一般而言，营销战略控制应独立地定期进行，最好是借助外部力量来进行，以保证营销战略控制结果的客观性，并避免营销活动出现失控现象。

5. 风险控制

风险控制是商业银行公司信贷营销控制非常重要的一部分。营销人员在销售过程中，可能会为了个人业绩，对贷款企业的某些风险故意忽略和隐瞒，最后促成交易的发生，从而给银行带来风险和损失。如何控制这些风险，是商业银行公司信贷营销控制的一个重要内容。

例题37 银行经常采用的市场营销控制方法包括( )。(多项选择题)

A. 年度计划控制　　　B. 盈利能力控制　　　C. 效率控制

D. 战略控制　　　　　E. 风险控制

答案 ABCDE

解析 银行常常采取以下5种市场营销控制方法：年度计划控制、盈利能力控制、效率控制、战略控制、风险控制。

第4节　同步强化训练

一、单项选择题

1. SWOT分析方法中，"S"和"W"分别代表( )。

A. 劣势；机会　　　B. 优势；劣势　　　C. 优势；机会　　　D. 劣势；威胁

2. 在2008年北京奥运会期间，国内某银行提出以"真情服务"回馈顾客，该银行的此种行为属于( )。

A. 产品定位　　　　B. 形象定位　　　　C. 利益定位　　　　D. 竞争对手定位

3. 公司信贷是商业银行主要的盈利来源。下列关于贷款利润、贷款价格与贷款需求三者的关系说法正确的是( )。

A. 贷款价格高，单笔利润高，贷款需求增加　　　B. 贷款价格低，单笔利润低，贷款需求增加

C. 贷款价格高，单笔利润低，贷款需求减少　　　D. 贷款价格高，单笔利润低，贷款需求增加

4. ( )是指贷款定价中的一些非货币性内容。

A. 贷款利率   B. 补偿余额   C. 隐含价格   D. 贷款承诺费

5. 银行广告一般有形象广告和产品广告两种类型。下列不属于产品广告的差异化策略的是( )。

A. 在广告形式上加以创新以引起客户的注意和兴趣

B. 同类产品中，尽力找出并扩大自己的产品和其他银行产品的区别

C. 利用人无我有的创新产品，大做广告

D. 利用产品品质上的优势，突出宣传产品以及形象的差异

6. 银行进行信贷市场细分的根本依据为( )。

A. 客户需求的共通性   B. 客户需求的差异性

C. 信贷产品的共同性   D. 信贷产品的差异性

7. 根据规模细分的各子市场中，商业银行应重点争取的客户群为( )。

A. 工业企业   B. 大型、特大型企业

C. 中小企业   D. 国有企业

8. 对商业银行产品需求与个人客户类似的细分企业为( )。

A. 中小企业   B. 技术密集性企业

C. 民营企业   D. 业主制企业

9. 商业银行应选派精通现代金融理论及金融创新理论的高素质客户经理接洽业务的细分市场为( )。

A. 国有企业   B. 民营企业

C. 外商独资企业   D. 合资与合作企业

10. 商业银行在办理信贷业务时应修改完善其信贷管理制度的细分市场为( )。

A. 大中型企业   B. 中小企业   C. 国有企业   D. 外商独资企业

11. 招商银行在经营中提出微笑服务、站立服务，并为客户提供咖啡、牛奶，招商银行此种行为属于( )。

A. 产品定位   B. 形象定位   C. 利益定位   D. 竞争对手定位

12. 贷款价格的构成包括贷款利率、贷款承诺费、补偿余额和隐含价格，其中贷款承诺费是指银行对( )的那部分资金收取的费用。

A. 未承诺贷给客户，客户没有使用   B. 未承诺贷给客户，客户已经使用

C. 已承诺贷给客户，客户已经使用   D. 已承诺贷给客户，客户没有使用

13. 在成本加成定价法中，贷款利率不包括( )。

A. 筹集可贷资金的成本   B. 银行非资金性的营业成本

C. 银行对贷款违约风险所要求的补偿   D. 大额贷款借款人支付的期限风险溢价

14. 银行为了与客户保持长期稳定关系，可以采取( )。

A. 薄利多销定价策略   B. 高额定价策略   C. 关系定价策略   D. 渗透定价策略

15. 下列不属于组合营销渠道策略的是( )。

A. 营销渠道与促销相结合   B. 营销渠道与产品生产相结合

C. 营销渠道与营销理论相结合   D. 营销渠道与销售环节相结合

16. 商业银行向客户提供的全部公司信贷产品的有机组合称为( )。

A. 产品项目   B. 产品类型   C. 产品线   D. 产品组合

17. 关于银行矩阵制的营销机构组织形式，下列说法正确的是( )。

A. 业务部门间易缺乏沟通效率

B. 加强了营销部门和信贷业务部门的横向联系

C. 增加了费用开支

D. 容易滋长本位主义

18. 下列各项不属于客户经理的工作内容的是( )。

A. 为客户服务   B. 风险防范   C. 营销控制   D. 刺激市场需求

19. 银行广告一般有形象广告和产品广告两种类型。公司信贷营销主要运用( )广告，突出( )策略。

A. 产品，差异化   B. 形象，差异化   C. 产品，成本优先   D. 形象，成本优先

二、多项选择题

1. 与其他产品一样，银行的信贷产品也会经历生命周期，下列关于产品生命周期策略的说法，正确的有( )。

A. 在介绍期，研制费用可以减少   B. 在衰退期，银行利润日益减少

C. 在成熟期，银行的利润较稳定   D. 在成熟期，销售量的增长出现下降趋势

E. 在成长期，银行要花费大量资金来做广告宣传

2. 下列关于影响贷款价格的因素的说法，正确的有( )。

A. 当贷款供大于求时，银行贷款价格应该提高

B. 对银行职员的亲属可以给予适当低于一般贷款的价格

C. 借款人的信用越好，贷款风险越小，贷款价格也应越低

D. 在贷款定价时，银行必须考虑能否在总体上实现银行的贷款收益率目标

E. 贷款期限越长，各种变动出现的可能性就越大，银行承担的风险也越大

3. 公司贷款定价原则包括( )。

A. 利润最大化原则   B. 扩大市场份额原则   C. 保证贷款流动性原则

D. 客户利益最大化原则   E. 维护金融秩序稳定原则

4. 成本加成定价法中，在考虑成本的基础上，对贷款做出客户可以接受、银行有利可图的价格，那么贷款利率的组成部分包括( )。

A. 筹集可贷资金的成本   B. 银行对市场风险所要求的补偿

C. 银行对战略风险所要求的补偿   D. 银行对贷款违约风险所要求的补偿

E. 每笔贷款的预期利润

5. 一般的，银行制订一个较完整的公司信贷营销计划应包括的板块有( )等。

A. 行动方案   B. 计划概要   C. 损益预算表

D. 机会与问题分析   E. 营销战略与策略

6. 下列关于银行营销机构组织形式的说法，正确的有( )。

A. 矩阵制的缺点是成员不固定，有临时观念

B. 事业部制对具有独立信贷产品市场的部门实行分权管理

C. 事业部制保证了集中统一指挥，能发挥营销专家对公司信贷业务的指导作用

D. 矩阵制是指在事业部制垂直形态组织系统的基础上，再增加一种横向的领导系统

E. 事业部制的缺点是相对需要较多具有高素质的专业人员来运作，出现矛盾时银行领导协调起来比较困难

7. 在营销计划实施过程中不可避免会出现意外情况，为了实现营销目标，银行经常采用的市场营销控制方法包括(   )。

A. 成本控制　　　　　　B. 战略控制　　　　　　C. 风险控制

D. 营运能力控制　　　　E. 发展趋势控制

8. 恰当的市场定位可以(   )。

A. 使细分市场更明确　　B. 使银行及其产品为更多客户认同接受　　C. 占据市场空位

D. 面面俱到　　　　　　E. 使银行充分利用自身优劣势，攻击对手弱点

9. 产品组合一般通过以下标准来衡量(   )。

A. 宽度　　　　　　　　B. 广度　　　　　　　　C. 深度

D. 敏感度　　　　　　　E. 关联度

10. 银行的内部资源指银行自身所拥有且可供利用和支配的资源，银行内部资源分析的主要内容包括(   )。

A. 人力资源　　　　　　B. 财务实力　　　　　　C. 物质支持

D. 技术资源　　　　　　E. 信息资源

11. 下列关于市场细分的说法，正确的有(   )。

A. 市场细分是指银行把公司信贷客户按某一种或几种因素加以区分，使区分后的客户需求在一个或多个方面具有相同或相近的特征，以便确定客户政策

B. 目的是使银行针对不同子市场的特殊但又相对同质的需求和偏好，有针对性地采取一定的营销组合策略和营销工具，以满足不同客户群的需要

C. 有利于集中人力、物力投入目标市场，提高银行的经济效益

D. 有利于发掘市场机会，开拓新市场，更好地满足不同客户对金融产品的需要

E. 有利于选择目标市场和制定营销策略

12. 下列符合选择目标市场的要求的有(   )。

A. 有比较通畅的销售渠道

B. 对一定的公司信贷产品有足够的购买力，并能保持稳定

C. 竞争者较少或相对实力较弱

D. 以后能够建立有效地获取信息的网络

E. 需求变化的方向与银行公司信贷产品的创新与开发的方向不一致

13. 商业银行对公司信贷客户市场按区域进行细分，主要考虑客户所在地区的(   )。

A. 市场密度　　　　　　B. 交通便利程度　　　　C. 整体教育水平

D. 经济发达程度　　　　E. 性别比例

14. 下列关于产品组合宽度、深度和关联性的说法，正确的有(   )。

A. 产品组合的宽度是指产品大类的数量或服务的种类

B. 银行每条产品线拥有的产品项目越少，其产品组合宽度就越小

C. 产品组合的深度是指银行经营的每条产品线内所包含的产品项目的数量

D. 银行拥有的产品线越多，其产品组合深度就越大

E. 产品组合的关联性是指银行所有的产品线之间的相关程度或密切程度

15. 下列关于产品生命周期策略的说法，正确的有(　　)。

A. 在介绍期，银行要花费大量资金来做广告宣传

B. 在成长期，研制费用可以减少

C. 在成熟期，银行的利润较稳定

D. 在成熟期，价格战与促销战愈演愈烈

E. 在衰退期，银行利润日益减少

三、判断题

1. 客户为获得低融资成本、增加短期支付能力而产生的贷款动机属于感性动机。(　　)

2. 银行内部资源分析就是将银行已有资源与营销需求相比较，确定自身的优势和劣势。(　　)

3. 在同一细分市场上，客户的需求具有较多的共同性。(　　)

4. 银行选择的目标市场应当有通畅的销售渠道。(　　)

5. 商业银行应选择对公司信贷产品有足够购买力的市场，其购买力不一定稳定，只要平均购买力足够即可。(　　)

6. 由于公司信贷产品的同构性越来越强，银行要维持一种产品的竞争优势只能通过市场争夺。(　　)

7. 商业银行每条产品线拥有的产品项目越多，其产品组合的宽度越大。(　　)

8. 银行内部资源分析中的"财务实力"主要分析银行目前所具有的各种物质支持能否满足未来营销活动的需要。(　　)

9. 在资金来源结构变化，尤其是市场利率变化的条件下，以资金平均成本作为新贷款定价的基础较为合适。(　　)

10. 目前，电子银行营销已经成为银行最重要的营销渠道。(　　)

11. 客户经理制是以市场和客户为中心的业务组织管理架构。(　　)

12. 由一家或几家银行在同一贷款协议中按照商定的条件向同一信贷客户提供信贷产品的银团贷款也可以看做合作营销的一种形式。(　　)

13. 在产品生命周期的不同阶段，产品的市场占有率、盈利情况等都是不一样的，银行有必要在信贷产品不同的生命周期阶段采取不同的营销策略。(　　)

答案与解析

一、单项选择题

1. 答案与解析　B

SWOT分析方法中，S(wtrengths)表示优势，W(weaknesses)表示劣势，O(opportunity)表示机遇，T(threat)表示威胁。

2. 答案与解析 B

银行形象定位是指通过塑造和设计银行的经营观念、标志、商标、专用字体、标准色彩、外观建筑、图案、户外广告、陈列展示等手段在客户心目中留下别具一格的银行形象。

3. 答案与解析 B

公司信贷是商业银行主要的盈利资产，贷款利润的高低与贷款价格有着直接的关系。贷款价格高，利润就高，但贷款的需求将因此减少。相反，贷款价格低，利润就低，但贷款需求将会增加。

4. 答案与解析 C

隐含价格是指贷款定价中的一些非货币性内容。

5. 答案与解析 A

产品的广告要突出差异化策略。在同类产品中，尽力找出并扩大自己的产品和其他银行产品的区别；利用人无我有的创新产品，大做广告，以树立银行积极进取的形象；利用产品品质上的优势(如审批时间短、利率制定灵活等)，突出宣传产品以及形象的差异。

6. 答案与解析 B

市场细分的目的是使银行根据不同子市场的特殊但又相对同质的需求和偏好，有针对性地采取一定的营销组合策略和营销工具，以满足不同客户群的需求。

7. 答案与解析 B

一般而言，大型和特大型企业或企业集团是一国国民经济的重要支撑者和贡献者，是政府的重点主抓对象。

8. 答案与解析 D

业主制企业即个人独资企业，是由一个自然人投资，财产为投资者个人所有，投资人以其个人财产对企业债务承担无限责任的经营实体。这类企业对商业银行产品的需求与个人客户有相似之处。

9. 答案与解析 C

外商独资企业这类客户是商业银行希望得到的业务伙伴，但其对商业银行的金融产品和服务的要求也较高。商业银行要想与之建立长期的业务合作关系，必须在提高产品和服务水平的同时，选派对现代金融理论及金融创新有较高造诣的高素质客户经理前往接洽，以保证业务的顺利开展。

10. 答案与解析 B

相对而言，中小企业的资金运行特点是额度小、需求急、周转快，商业银行应针对这些特点，修改并完善其信贷管理制度，以适应中小企业的需求。

11. 答案与解析 A

产品定位是指根据客户的需要和客户对产品某种属性的重视程度，设计出区别于竞争对手的具有鲜明个性的产品，让产品在未来客户的心目中找到一个恰当的位置。

12. 答案与解析 D

贷款承诺费是指银行对已承诺贷给客户而客户又没有使用的那部分资金收取的费用。

13. 答案与解析 D

贷款利率=筹集可贷资金的成本+银行的非资金性经营成本+银行对贷款违约风险要求的补偿+银行预期利润水平

14. 答案与解析　C

关系定价策略就是把一揽子服务打包定价，对很多服务项目给予价格优惠，从而吸引客户，从客户其他的业务中获得补贴。

15. 答案与解析　C

组合营销渠道策略是指将银行渠道策略与营销的其他策略相结合，以更好地开展产品的销售活动。这种策略又分为：①营销渠道与产品生产相结合的策略。②营销渠道与销售环节相结合的策略。③营销渠道与促销相结合的策略。

16. 答案与解析　D

产品组合是指商业银行向客户提供的全部公司信贷产品的有机组合方式，即所有银行公司信贷产品的有机构成。

17. 答案与解析　B

矩阵制是指在直线职能制垂直形态组织系统的基础上，再增加一种横向的领导系统。其优点是加强了横向联系。

18. 答案与解析　C

营销控制是营销人员的工作。

19. 答案与解析　A

公司信贷营销主要运用产品广告。在形象广告引起客户的注意和兴趣之后，以产品广告予以补充和深化、具体化，用产品广告向客户介绍各种具体信贷产品的内涵。产品的广告要突出差异化策略。

二、多项选择题

1. 答案与解析　BCD

介绍期：银行要花费大量资金来做广告宣传；成长期：银行产品已基本定型，研制费用可以减少。

2. 答案与解析　CDE

当贷款供大于求时，贷款价格应当降低；当贷款供不应求时，贷款价格应当适当提高。那些在银行有大量存款，广泛使用本行提供的各种金融服务，或长期、有规律地借用银行贷款的客户，就是与银行关系密切的客户，在制订贷款价格时，可以适当低于一般贷款的价格。

3. 答案与解析　AB

贷款定价原则有：利润最大化原则、扩大市场份额原则、保证贷款安全原则、维护银行形象原则。

4. 答案与解析　ADE

贷款利率=筹集可贷资金的成本+银行的非资金性经营成本+银行对贷款违约风险要求的补偿+银行预期利润水平。

5. 答案与解析　ABCDE

一个较完整的公司信贷产品市场营销计划应包括以下内容：计划项目、计划概要、当前营销状况、机会与问题分析、营销目标、营销战略与策略、行动方案、损益表预算、营销控制。

6. 答案与解析　ABE

直线职能制保证了集中统一指挥，能发挥营销专家对公司信贷业务的指导作用。矩阵制是指在直线职能制垂直形态组织系统的基础上，再增加一种横向的领导系统。

7. 答案与解析　BC

银行常常采取以下5种市场营销控制方法：年度计划控制、盈利能力控制、效率控制、战略控制、风险控制。

8. 答案与解析　BE

恰当地定位不仅可使银行或信贷产品为更多的客户接受和认同，而且可使银行能充分利用本身的优势和资源，攻击竞争对手的弱点和缺陷，在市场中具有持久的竞争优势。

9. 答案与解析　ACE

确定产品组合就是要有效地选择其宽度、深度和关联性。

10. 答案与解析　ABCDE

银行内部资源分析涉及以下内容：①人力资源；②财务实力；③物质支持；④技术资源；⑤资讯资源。

11. 答案与解析　ABCDE

考查的是市场细分的概念及作用。

12. 答案与解析　ABCD

银行公司信贷产品的创新或开发应与目标市场需求变化的方向一致，以便适时地按市场需求变化调整所提供的服务。选项E错误。

13. 答案与解析　ABCD

商业银行按照区域对公司信贷客户市场进行细分，主要考虑客户所在地区的市场密度、交通便利程度、整体教育水平以及经济发达程度等方面的差异，并将整体市场划分成不同的小市场。

14. 答案与解析　ACE

银行拥有的产品线越多，其产品组合宽度就越大，反之则越窄。银行每条产品线拥有的产品项目越多，其产品组合深度就越大，反之则越小。因此选项B、D错误。

15. 答案与解析　ABCDE

具体可参照考点4"3.产品生命周期策略"知识点。

三、判断题答案

1. 答案与解析　×

理性动机指客户为获得低融资成本、增加短期支付能力以及得到长期金融支持等利益而产生的购买动机；感性动机则指为获得影响力，被银行所承认、所欣赏，或被感动等情感利益而产生的购买动机。

2. 答案与解析　×

银行内部资源分析的主要目的是通过了解银行的重要资源及其利用程度，将银行已有资源与营销需求相比较，把握自身的优势和劣势，并对照主要竞争对手，以确定在哪些范围内具有比较大的营销优势，从而确定营销策略。

3. 答案与解析　×

其中属于同一细分市场的客户具有相似的需求和欲望；属于不同细分市场的客户对同一产品的需求和

欲望存在明显的差别。

4. 答案与解析 √

目标市场的选择要有比较通畅的销售渠道，这样银行的产品或服务才能顺利地进入市场。

5. 答案与解析 ×

目标市场应对一定的公司信贷产品有足够的购买力，并能保持稳定，这样才能保证银行有足够的营业额。

6. 答案与解析 ×

银行要保持一种产品的竞争优势只能是通过该产品的附加价值来保持，银行在制作市场定位图时，可选择的维度可以是银行实力、服务质量、信誉等因素。

7. 答案与解析 ×

银行拥有的产品线越多，其产品组合宽度就越大，反之则越窄。银行每条产品线拥有的产品项目越多，其产品组合深度就越大，反之则越小。

8. 答案与解析 ×

财务实力：主要分析资本、资金、费用等对营销活动的保障能力。

9. 答案与解析 ×

在资金来源结构变化，尤其是在市场利率变化的条件下，以资金边际成本作为新贷款定价的基础较为合适。

10. 答案与解析 √

电子银行的出现，改变了商业银行赖以生存的环境，自助银行、电话银行、手机银行和网上银行等新的金融方式冲击着传统的金融方式和理念，也迫使商业银行在市场营销战略方面进行一系列的调整，构建网络时代的营销战略，以适应网络时代的客户需求和市场竞争的需要。电子银行业务已成为全球银行业服务客户、赢得竞争的高端武器，也是银行市场营销的重要渠道。

11. 答案与解析 √

推行客户经理制势必打破传统的以产品为导向的组织形式，向以市场和客户为中心的业务组织管理架构转变。

12. 答案与解析 √

银团贷款也是典型的合作营销，是指由一家或几家银行牵头，组织多家银行参加，在同一贷款协议中按商定的条件向同一借款人发放的贷款，又称辛迪加贷款。

13. 答案与解析 √

在产品生命周期的不同阶段，产品的市场占有率、盈利情况等都是不一样的，银行有必要在信贷产品不同的生命周期阶段采取不同的营销策略。

第3章

贷款申请受理和贷前调查

建立和保持信贷关系是开展信贷业务的第一步，对银行保持良好客户关系、拓展信贷业务具有十分重要的意义。同时，贷前调查是贷款发放的第一道关口，也是信贷管理的一个重要程序和环节，贷前调查的质量优劣直接关系到贷款决策正确与否。贷前调查工作不扎实，一是可能增加信贷资产风险，二是可能丧失与优良客户建立信贷关系的机会。

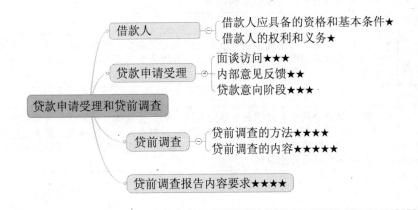

第1节 借款人

考点1 借款人应具备的资格和基本条件

1. 借款人应具备的资格

公司信贷的借款人应当是经工商行政管理机关(或主管机关)核准登记的企(事)业法人。

2. 借款人应具备的基本条件

(1) 根据《固定资产贷款管理暂行办法》的规定，固定资产贷款借款人应具备以下条件：借款人依法经工商行政管理机关或主管机关核准登记；借款人信用状况良好，无重大不良记录；借款人为新设项目法人的，其控股股东应有良好的信用状况，无重大不良记录；国家对拟投资项目有投资主体资格和经营资质要求的，符合其要求；借款用途及还款来源明确、合法；项目符合国家的产业、土地、环保等相关政策，并按规定履行了固定资产投资项目的合法管理程序；符合国家有关投资项目资本金制度的规定；贷款人要求的其他条件。

(2) 根据《流动资金贷款管理暂行办法》的规定，流动资金贷款借款人应具备以下条件：借款人依法设立；借款用途明确、合法；借款人生产经营合法、合规；借款人具有持续经营能力，有合法的还款来源；借款人信用状况良好，无重大不良信用记录；贷款人要求的其他条件。

3. 借款人应符合的要求

借款人应符合的要求如图3.1所示。

诚信审贷的基本要求	● 一是借款人恪守诚实守信原则；二是借款人应证明其设立合法、经营管理合规合法、信用记录良好、贷款用途以及还款来源明确合法等
借款人的主体资格要求	● 企业法人依法办理工商登记，取得营业执照和有效年检手续；事业法人依照《事业单位登记管理条例》的规定办理登记备案；特殊行业须持有相关机关颁发的营业或经营许可证
借款人经营管理的合法合规性	● 应符合国家相关法律法规规定、国家产业政策和区域发展政策、营业执照规定的经营范围和公司章程；新建项目企业法人所有者权益与所需总投资的比例不得低于国家规定的投资项目资本金比例①
借款人信用记录良好	● 资信状况良好，有按期偿还贷款本息的能力。借款人通过贷款卡或中国人民银行征信系统查询未发现有贷款逾期、欠息、五级分类为不良贷款、被起诉查封等情况，长期遵守贷款合同，诚实守信
信贷用途及还款来源明确合法	● 借款人必须以真实有效的商务基础合同、购买合同或其他证明文件为依据，说明贷款的确切用途和实际使用量，不得挪用信贷资金，不使用虚假信息来骗取银行业金融机构的信贷资金。对固定资产贷款而言，应有明确对应的、符合国家政策的项目，不得对多个项目打捆处理

图3.1　借款人应符合的要求

例题1　根据《贷款通则》的规定，借款人申请公司贷款，应具备(　　)基本条件。(多项选择题)

A. 具有偿还贷款的经济能力　　　　　B. 按规定用途使用贷款

C. 不挪用信贷资金　　　　　　　　　D. 按期归还贷款本息　　　　　E. 恪守信用

答案　ABCDE

解析　根据《贷款通则》的规定，借款人申请公司贷款应具备的基本条件有：①产品有市场、生产经营有效益、具有偿还贷款的经济能力；②按规定用途使用贷款，不挪用信贷资金；③按贷款合同期限归还贷款本息、恪守信用等基本条件。

考点2　借款人的权利和义务

1. 借款人的权利

根据《贷款通则》第十八条的规定，借款人的权利如下：

(1) 可以自主向主办银行或者其他银行的经办机构申请贷款并依条件取得贷款。

(2) 有权按合同约定提取和使用全部贷款。

(3) 有权拒绝借款合同以外的附加条件。借款人应承担的义务及责任应在贷款合同中载明，如在合同以外附加条件，借款人有权拒绝。

(4) 有权向银行的上级监管部门反映、举报有关情况。

---

① 资本金制度不适用于公益性投资项目。

(5) 在征得银行同意后，有权向第三方转让债务。

2. 借款人的义务

根据《贷款通则》第十九条的规定，借款人的义务如下：

(1) 应当如实提供银行要求的资料(法律规定不能提供者除外)，应当向银行如实提供所有开户行、账号及存贷款余额情况，配合银行的调查、审查和检查。

(2) 应当接受贷款人对其使用信贷资金情况和有关生产经营、财务活动的监督。

(3) 应当按借款合同约定用途使用贷款。

(4) 应当按借款合同的约定及时清偿贷款本息。

(5) 将债务全部或部分转让给第三方的，应当取得贷款人的同意。

(6) 有危及银行债权安全的情况时，应当及时通知银行，同时采取保全措施。

例题2　借款人的权利包括(　　)。(多项选择题)

A. 可按国家计划向主办银行或者其他银行的经办机构申请贷款并依条件获得贷款

B. 有权按合同约定提取和使用全部贷款

C. 有权拒绝借款合同以外的附加条件

D. 有权向银行上级监管部门反映、举报有关情况

E. 有权自行向第三方转让债务

答案　BCD

解析　根据《贷款通则》第十八条的规定，借款人的权利可参照本小节的内容。

第2节　贷款申请受理

考点3　面谈访问

无论对于商业银行主动营销的客户还是向商业银行提出贷款需求的客户，信贷客户经理都应尽可能通过安排面谈等方式进行前期调查。前期调查的主要目的在于确定是否能够受理该笔贷款业务，是否投入更多的时间和精力进行后续的贷款洽谈，以及是否需要正式开始贷前调查工作。

1. 面谈准备

初次面谈前，调查人员应当做好充分准备，拟订详细的面谈工作提纲。提纲内容应包括客户总体情况、客户信贷需求、拟向客户推介的信贷产品等。

2. 面谈内容

面谈过程中，调查人员可以按照国际通行的信用 "6C" 标准原则，即品德(character)、能力(capacity)、资本(capital)、担保(collateral)、环境(condition)和控制(control)，从客户的公司状况、贷款需求、还贷能力、抵押品的可接受性以及客户目前与银行的关系等方面集中获取客户的相关信息。

(1) 面谈中需了解的信息

面谈中需了解的信息如图3.2所示：

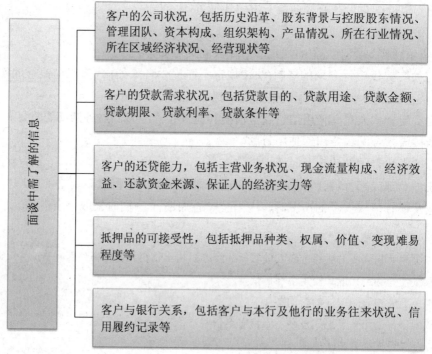

图3.2　面谈中需了解的信息

(2) 面谈结束时的注意事项

在对客户总体情况了解之后，调查人员应及时对客户的贷款申请(此时的申请通常不正式)作出必要反应，如图3.3所示。

图3.3　面谈结束时的注意事项

例题3　下列关于业务人员面谈结束后的做法，不正确的是(　　)。(单项选择题)

A. 在了解客户总体情况后，业务人员应及时对客户贷款申请作出必要的反应

B. 对于合理的贷款申请，业务人员可立即作出受理的承诺

C. 如果客户的贷款申请不予考虑，业务人员可向客户建议其他融资渠道

D. 业务人员在与客户面谈结束之后，应进行内部意见反馈

答案　B

解析 如客户的贷款申请可以考虑(但还不确定是否受理),调查人员应当向客户获取进一步的信息资料,并准备后续调查工作,注意不得超越权限轻易作出有关承诺。故B选项做法不正确。

例题4 商业银行信贷业务人员在面谈中需要了解的客户信息有( )。(多项选择题)

A. 资本构成　　　　B. 贷款背景　　　　C. 现金流量构成

D. 抵押品变现难易程度　　　　　　E. 信用履约记录

答案 ABCDE

解析 面谈中需了解的信息:①客户的公司状况,包括资本构成等;②客户的贷款需求状况,包括贷款背景等;③客户的还贷能力,包括现金流量构成等;④抵押品的可接受性,包括抵押品变现难易程度等;⑤客户与银行关系,包括信用履约记录等。

例题5 前期调查的目的主要在于( )。(多项选择题)

A. 是否进行信贷营销　　　　　　　B. 是否受理该笔贷款业务

C. 是否提高贷款利率　　　　　　　D. 是否进行后续贷款洽谈

E. 是否正式开始贷前调查

答案 BDE

解析 前期调查的主要目的在于确定是否能够受理该笔贷款业务,是否投入更多的时间和精力进行后续的贷款洽谈,以及是否需要正式开始贷前调查工作。

例题6 国际通行的信用"6C"标准原则包括( )。(多项选择题)

A. 品德(character)　　　B. 竞争(competition)　　　C. 资本(capita1)

D. 环境(condition)　　　E. 控制(control)

答案 ACDE

解析 面谈过程中,调查人员可以按照国际通行的信用"6C"标准原则,即品德(character)、能力(capacity)、资本(capital)、担保(collateral)、环境(condition)和控制(control)。

考点4　内部意见反馈

客户经理在与客户面谈以后,应当进行内部意见反馈,使下一阶段工作顺利开展。这一原则适用于每次业务面谈。

1. 面谈情况汇报

客户经理在面谈后,应向主管汇报了解到的客户信息。反映情况应做到及时、全面、准确,避免上级领导掌握信息出现偏差。同时通过其他渠道,如银行信贷咨询系统,对客户情况进行初步查询。

2. 撰写会谈纪要

面谈后,业务人员须及时撰写会谈纪要,为公司业务部门上级领导提供进行判断的基础性信息。撰写内容包括贷款面谈涉及的重要主体、获取的重要信息、存在的问题与障碍以及是否需要做该笔贷款的倾向性意见或建议。会谈纪要的撰写应力求条理清晰、言简意赅、内容详尽、准确客观。

实务操作中，贷款申请是否受理往往基于对客户或项目的初步判断。作为风险防范的第一道关口，在贷款的派生收益与贷款本身安全性的权衡上，业务人员应坚持将贷款安全性放在第一位，对安全性较差的项目在受理阶段须持谨慎态度。为确保受理贷款申请的合理性，在必要情况下，业务人员还应将有关书面材料送交风险管理部门征求意见，或者按程序汇报主管行领导。

例题7 下列关于贷款申请受理的说法，不正确的是(　　)。(单项选择题)

A. 客户面谈后进行内部意见反馈的原则适用于每次业务面谈

B. 业务人员在撰写会谈纪要时，不应包含是否需要做该笔贷款的倾向性意见

C. 业务人员可通过银行信贷咨询系统等其他渠道对客户情况进行初步查询

D. 风险管理部门可以对是否受理贷款提供意见

答案 B

解析 撰写内容包括贷款面谈涉及的重要主体、获取的重要信息、存在的问题与障碍，以及是否需要做该笔贷款的倾向性意见或建议。故B选项说法不正确。

例题8 实务操作中，判断贷款申请是否受理时，业务人员应坚持将(　　)放在第一位。(单项选择题)

A. 维持客户　　　　　B. 客户信用　　　　　C. 贷款收益　　　　　D. 贷款安全性

答案 D

解析 实务操作中，贷款受理阶段作为风险防范的第一道关口，业务人员应在贷款的派生收益与贷款本身安全性的权衡上，坚持将贷款安全性放在第一位，对安全性较差的项目在受理阶段须持谨慎态度。

考点5 贷款意向阶段

如果确立了贷款意向，则表明贷款可以正式受理。以下对该阶段业务流程中应当注意的事项进行说明，客户经理在实务操作中务必认真理解掌握。

1. 贷款意向书的出具

(1) 贷款意向书与贷款承诺的区别

实务操作中，客户经理往往在该阶段将贷款意向书与贷款承诺混淆。为避免可能造成的不良后果，以下根据两者的异同点和注意事项分别进行说明，如图3.4所示。

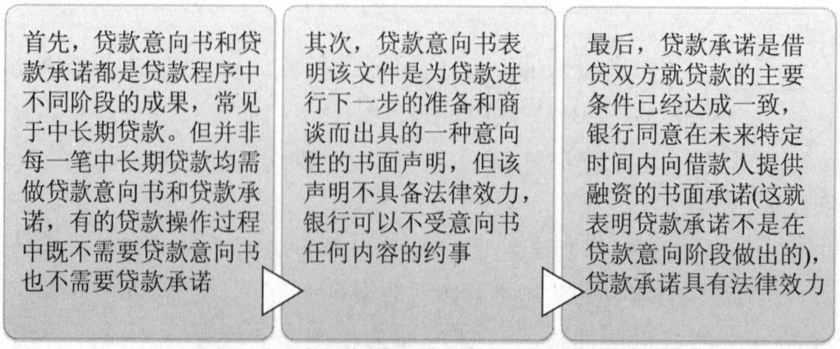

首先，贷款意向书和贷款承诺都是贷款程序中不同阶段的成果，常见于中长期贷款。但并非每一笔中长期贷款均需做贷款意向书和贷款承诺，有的贷款操作过程中既不需要贷款意向书也不需要贷款承诺 ▷ 其次，贷款意向书表明该文件是为贷款进行下一步的准备和商谈而出具的一种意向性的书面声明，但该声明不具备法律效力，银行可以不受意向书任何内容的约束 ▷ 最后，贷款承诺是借贷双方就贷款的主要条件已经达成一致，银行同意在未来特定时间内向借款人提供融资的书面承诺(这就表明贷款承诺不是在贷款意向阶段做出的)，贷款承诺具有法律效力

图3.4　贷款意向书与贷款承诺的区别

(2) 出具贷款意向书和贷款承诺的权限

① 出具贷款意向书的权限。

② 出具贷款承诺的权限。

③ 出具贷款意向书和贷款承诺的要求。

(3) 注意事项

① 银企合作协议涉及的贷款安排一般属于贷款意向书性质。

② 贷款意向书、贷款承诺须按内部审批权限批准后方可对外出具。

2. 贷款申请资料的准备

(1) 提供借款申请书

客户需要向银行提供一份正式的借款申请书。业务人员应要求客户在拟定借款申请书时写明：借款人概况、申请借款金额、借款币别、借款期限、借款用途、借款利息、还款来源、还款保证、用款计划、还款计划及其他事项。此外，业务人员还应要求法定代表人或其授权人在借款申请书上签字并加盖借款人公章。

(2) 对借款人提供其他资料的要求

为了获取客户进一步的信息，除借款申请书外，业务人员要求客户提供的基本材料包括如图3.5所示。

注册登记或批准成立的有关文件及其最新年检证明

技术监督局合法的组织机构代码证书及最新年检证明

借款人税务登记证

借款人的验资

借款人近三年和最近一期的财务报表

借款人贷款卡及最新年检证明

借款人预留印鉴卡及开户证明

法人代表或负责人身份证明及其必要的个人信息

借款人自有资金、其他资金来源到位或能够计划到位的证明文件

有关交易合同、协议

图3.5 业务人员要求客户提供的基本材料

除了上述10点，还有一点：如借款人为外商投资企业或股份制企业，应提交关于同意申请借款的董事会决议和借款授权书正本。

(3) 根据贷款类型，借款人还需要提供的其他材料

3. 注意事项

需要注意的有如下4点，如图3.6所示。

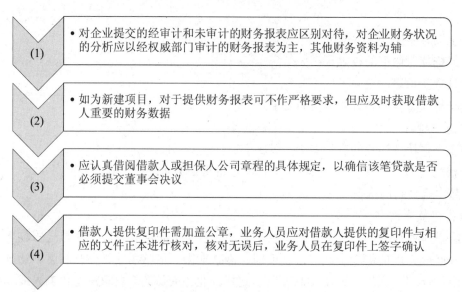

图3.6 注意事项

在实务操作中，业务人员还可根据贷款项目的具体情况，要求借款人增加、补充或修改有关材料，直至完全符合贷款的要求为止。

例题9 银行确立贷款意向后，为确信某笔贷款是否必须提交董事会决议，应( )。(单项选择题)

A. 再次向公司确认

B. 认真阅读借款人或担保人公司章程的具体规定

C. 索要董事会决议书

D. 索要借款授权书

答案 B

解析 根据《贷款通则》的规定，银行确立贷款意向，收到企业提供的资料后，应认真阅读借款人或担保人公司章程的具体规定，了解该公司在贷款融资等方面所做的约定，以确信该笔贷款是否必须提交董事会决议。

例题10 ( )可表明贷款可正式予以受理。(单项选择题)

A. 主管领导同意后   B. 银行审查通过后

C. 银行确立贷款意向后   D. 银行出具贷款意向书后

答案 C

解析 根据《贷款通则》的规定，一笔贷款经过业务人员调查、面谈、内部意见反馈(领导意见、风险管理部门研究等)后，如果银行确立了贷款意向，则表明该笔贷款可正式受理。出具贷款意向书在确立贷款意向之后发生。

例题11 当流动资金贷款为票据贴现时，借款人出具的票据可以是( )。(多项选择题)

A. 银行本票   B. 商业本票   C. 银行承兑汇票

D. 商业承兑汇票   E. 银行支票

答案 CD

解析 流动资金贷款，则需提交：原辅材料采购合同，产品销售合同或进出口商务合同；营运计划及现金流量预测。如为出口打包贷款，应出具进口方银行开立的信用证；如为票据贴现，应出具承兑的汇票(银行承兑汇票或商业承兑汇票)；如借款用途涉及国家实施配额、许可证等方式管理的进出口业务，应出具相应批件。

例题12 下列关于贷款意向阶段业务人员的做法，正确的有(   )。(多项选择题)

A. 以书面形式告知客户贷款正式受理

B. 根据贷款需求出具正式的贷款意向书

C. 要求客户提供正式的贷款申请书及更为详尽的材料

D. 拟订下阶段公司目标计划

E. 将储备项目纳入贷款项目库

答案 ABCDE

解析 如果确立了贷款意向，则表明贷款可以正式受理。在该阶段，业务人员应做到：及时以合理的方式(如通过口头、电话或书面方式)告知客户贷款正式受理，或者根据贷款需求出具正式的贷款意向书；要求客户提供正式的贷款申请书及更为详尽的材料；拟订下阶段公司目标计划；将储备项目纳入贷款项目库。

例题13 关于贷款意向书和贷款承诺正确的说法是(   )。(多项选择题)

A. 贷款意向书和贷款承诺常见于中长期贷款，都是贷款程序中的阶段成果

B. 签订贷款意向书和贷款承诺协议时，银行都提供了信用，都应收取费用

C. 贷款承诺是银行同意在未来特定时间内提供融资的书面承诺

D. 对外出具贷款承诺，超越基层行权限的项目须报上级行批准

E. 贷款意向书是要约邀请，只是一种意向性的书面声明，不具备法律效力

答案 ACDE

解析 贷款意向书与贷款承诺的区别可参照本小节的内容。

第3节 贷前调查

贷前调查是贷款决策的基本组成部分，客户经理必须花费相当的时间和精力，通过现场调研和其他渠道进行严格而详细的贷前调查，获取、核实、研究与贷款有关的经济信息，以确保贷款具有必要的基础和条件。

考点6 贷前调查的方法

在进行贷前调查的过程中，有大量信息可供业务人员选择。业务人员应当利用科学、实用的调查方法，通过定性与定量相结合的调查手段，分析银行可承受的风险，为贷款决策提供重要依据。

1. 现场调研

由于现场调研可获得对企业最直观的了解，因此现场调研成为贷前调查中最常用、最重要的一种方法，同时也是在一般情况下必须采用的方法。开展现场调研工作通常包括现场会谈和

实地考察两个方面。

2. 非现场调查

非现场调查包括：①搜寻调查；②委托调查；③其他方法。

例题14 进行现场调研过程中，业务人员在现场会谈时应当约见尽可能多的( )。(单项选择题)

A. 基层人员　　　B. 管理层人员　　　C. 财务部门人员　　　D. 生产部门人员

答案　B

解析　现场会谈时，应当约见尽可能多的、不同层次的成员，包括行政部门、财务部门、市场部门、生产部门及销售部门的主管，因为这些部门在企业的经营中都发挥着重要作用，通过会谈可以获取许多重要信息。会谈应侧重了解其关于企业经营战略和发展的思路、企业内部的管理情况，从而获取对借款人及其高层管理人员的感性认识。

例题15　贷前调查时，业务人员应当利用科学、实用的调查方法，通过( )调查手段，分析银行可承受的风险。(单项选择题)

A. 定性模型　　　　　　　　　　　B. 定量模型

C. 定性与定量相结合　　　　　　　D. 数据结合推理

答案　C

解析　在进行贷前调查过程中，有大量信息可供业务人员选择，此时业务人员应当利用科学、实用的调查方法，通过定性与定量相结合的调查手段，分析银行可承受的风险，为贷款决策提供依据。

例题16　在进行贷前调查的过程中，开展现场调研工作的方法通常包括( )。(多项选择题)

A. 搜寻调查　　　B. 现场会谈　　　C. 实地考察

D. 委托调查　　　E. 通过商会了解客户的真实情况

答案　BC

解析　由于现场调研可获得对企业最直观的了解，因此现场调研成为贷前调查中最常用、最重要的一种方法，同时也是在一般情况下必须采用的方法。开展现场调研工作通常包括现场会谈和实地考察两个方面。

例题17　贷前调查方法中的搜寻调查可以通过( )开展调查。(多项选择题)

A. 在互联网搜索资料　B. 查看官方记录　　　C. 阅读有关杂志

D. 从其他银行处购买客户信息　　　E. 搜索行业相关期刊登载的文章

答案　ABCE

解析　搜寻调查指通过各种媒介物搜寻有价值的资料开展调查。这些媒介物包括：有助于贷前调查的杂志、书籍、期刊、互联网资料、官方记录等。搜寻调查应注意信息渠道的权威性、可靠性和全面性。

例题18　实务操作中，建议采用( )方式进行现场调研，同时可通过其他调查方法对考察结果加以证实。(单项选择题)

A. 多次检查　　　B. 全面检查　　　C. 突击检查　　　D. 约见检查

答案　C

> **解析**　在实务操作中，建议信贷业务人员采用突击检查方式进行现场调研，同时可通过其他调查方法对考察结果加以证实。只有将现场调研的成果与其他渠道获取的信息有效地结合起来，才能为贷前调查工作提供一个坚实的基础。

例题19　(　　)是贷前调查中最常用、最重要的一种方法。(单项选择题)

A. 现场调研　　　　　　　　　　　B. 搜寻调查

C. 委托调查　　　　　　　　　　　D. 通过行业协会了解客户情况

答案　A

解析　贷前调查的方法包括现场调研、搜寻调查、委托调查和其他方法。由于现场调研可获得对企业最直观的了解，因此现场调研成为贷前调查中最常用、最重要的一种方法，同时也是在一般情况下必须采用的方法。

考点7　贷前调查的内容

贷前调查是银行受理借款人申请后，对借款人的信用等级以及借款的合法性、安全性、盈利性等情况进行调查，核实抵(质)押物、保证人情况，测定贷款风险度的过程。贷前调查是银行发放贷款前最重要的一环，也是贷款发放后能否如数按期收回的关键。

1. 贷款合规性调查

贷款的合规性是指银行业务人员对借款人和担保人的资格合乎法律和监管要求的行为进行调查、认定。调查的内容如图3.7所示。

(1) 认定借款人、担保人合法主体资格。公司业务人员应仔细核查借款人的法人资格、借款资格、营业执照的有效期、真实性及当年是否办理了年检手续、贷款卡的有效期及当年是否办理了年审手续以及近期是否发生内容变更、名称变更、注销、作废等情况(可通过银行信贷登记咨询系统查询借款人的有关信息)

(2) 认定借款人、担保人的法定代表人、授权委托人、法人公章、签名的真实性和有效性，并依据授权委托书所载明的代理事项、权限、期限认定授权委托人是否具有签署法律文件的资格、条件

(3) 对需董事会决议同意借款和担保的，信贷业务人员应调查认定董事会同意借款、担保决议的真实性、合法性和有效性

(4) 对抵押物、质押物清单所列抵(质)押物品或权利的合法性、有效性进行认定。公司业务人员应审查其是否符合银行贷款担保管理规定，是否为重复抵(质)押的抵(质)押物

(5) 对贷款使用合法合规性进行认定

(6) 对购销合同的真实性进行认定。信贷业务人员需分析借款用途的正常、合法、合规及商品交易合同的真实可靠性

(7) 对借款人的借款目的进行调查。信贷业务人员应调查借款人的借款目的，防范信贷欺诈风险

图3.7　调查的内容

2. 贷款安全性调查

调查的内容应包括：

(1) 对借款人、保证人及其法定代表人的品行、业绩、能力和信誉精心调查，熟知其经营管理水平、公众信誉，了解其履行协议条款的历史记录。

(2) 考察借款人、保证人是否已建立良好的公司治理机制，主要包括是否制定清晰的发展战略、科学的决策系统、执行系统和监督系统、审慎的会计原则、严格的目标责任制及与之相适应的激励约束机制、健全的人才培养机制和健全负责的董事会。

(3) 对借款人、保证人的财务管理状况进行调查，对其提供的财务报表的真实性进行审查，对重要数据核对总账、明细账，查看原始凭证与实物是否相符，掌握借款人和保证人的偿债指标、盈利指标和营运指标等重要财务数据。

(4) 对原到期贷款及应付利息清偿情况进行调查，认定不良贷款数额、比例并分析成因；对没有清偿的贷款本息，要督促和帮助借款人制订切实可行的还款计划。

(5) 对有限责任公司和股份有限公司对外股本权益性投资和关联公司情况进行调查。

(6) 对抵押物的价值评估情况作出调查。

(7) 对于申请外汇贷款的客户，业务人员要调查认定借款人、保证人承受汇率、利率风险的能力，尤其要注意汇率变化对抵(质)押担保额的影响程度。

3. 贷款效益性调查

贷款的效益性是指贷款经营的盈利情况，是商业银行经营管理活动的主要动力。贷款的盈利水平是商业银行经营管理水平的综合反映，同时也受外部环境众多因素的影响。业务人员开展的调查内容如图3.8所示。

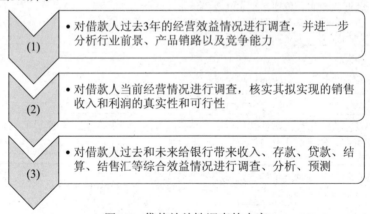

图3.8 贷款效益性调查的内容

例题20 贷款合法合规性审查中，被审查人除借款人外，还可能有(   )。(单项选择题)

A. 关联方　　　　　B. 债权人　　　　　C. 债务人　　　　　D. 担保人

答案　D

解析　贷款的合法合规性审查主要指银行业务人员对借款人和担保人的资格合乎法律法规及其信贷政策行为进行的调查、认定。

例题21 (　　)是贷款发放后能否如数按期收回的关键。(单项选择题)

A. 贷前调查　　　　B. 贷款审核　　　　C. 贷款发放　　　　D. 贷款担保

答案　A

解析　贷前调查是银行发放贷款前最重要的一环,也是贷款发放后能否如数按期收回的关键。

例题22 (　　)综合反映了商业银行经营管理的水平。(单项选择题)

A. 贷款安全性　　　B. 贷款发放额　　　C. 存款吸收额　　　D. 贷款盈利性

答案　D

解析　贷款的效益性是指贷款经营的盈利情况,是商业银行经营管理活动的主要动力。贷款的盈利水平是商业银行经营管理水平的综合反映,同时也受外部环境众多因素的影响。

例题23　贷款安全性调查中,对于申请外汇贷款的客户,业务人员尤其要注意(　　)变化对抵押担保额的影响程度。(单项选择题)

A. GDP增长率　　　B. 汇率　　　　C. 通货膨胀率　　　D. 存款准备金率

答案　B

解析　根据"贷款安全性调查"中的第七条:对于申请外汇贷款的客户,业务人员要调查认定借款人、保证人承受汇率、利率风险的能力,尤其要注意汇率变化对抵(质)押担保额的影响程度。

例题24　下列不属于贷款合法性、合规性调查的内容的是(　　)。(单项选择题)

A. 认定借款人的法人资格

B. 对借款人的借款目的进行调查

C. 考察借款人是否建立了良好的公司治理机制

D. 认定担保人的法定代表人签名的真实性和有效性

答案　C

解析　贷款的合法合规性是指银行业务人员对借款人和担保人的资格合乎法律、合乎规章制度和信贷政策的行为进行调查、认定。调查的内容可参照本小节的内容。

例题25　以下哪项不属于贷款效益性调查的内容? (　　)(单项选择题)

A. 借款人当前的经营状况

B. 借款人过去3年的经营效益状况

C. 借款人和保证人的财务管理状况

D. 借款人过去和未来给银行带来的收入、存款、结算、结售汇等综合效益

答案　C

解析　贷款的效益性是指贷款经营的盈利情况,是商业银行经营管理活动的主要动力。业务人员开展的调查内容应包括:①对借款人过去3年的经营效益情况进行调查,并进一步分析行业前景、产品销路以及竞争能力;②对借款人当前经营情况进行调查,核实其拟实现的销售收入和利润的真实性和可行性;③对借款人过去和未来给银行带来收入、存款、结算、结售汇等综合效益情况进行调查、分析、预测。

例题26 公司贷款安全性调查的内容不包括( )。(单项选择题)

A. 对借款人法定代表人的品行进行调查

B. 对公司借款人财务经理个人信用卡的额度进行核准

C. 对保证人的财务管理状况进行调查

D. 对股份有限公司对外股本权益性投资情况进行调查

答案 B

解析 贷款安全性调查的内容包括：①对借款人、保证人及其法定代表人的品行、业绩、能力和信誉精心调查，熟知其经营管理水平、公众信誉，了解其履行协议条款的历史记录；②……；③对借款人、保证人的财务管理状况进行调查；④……；⑤对有限责任公司和股份有限公司对外股本权益性投资情况和关联公司进行调查……

例题27 商业银行最主要的资产业务为( )。(单项选择题)

A. 存款　　　　　　B. 贷款　　　　　　C. 投资　　　　　　D. 中间业务

答案 B

解析 贷款的安全性是指银行应当尽量避免各种不确定因素对其资产和贷款等方面的影响，保证银行稳健经营和发展。贷款是商业银行最主要的资产业务，银行要承担多方面的风险。因此，银行业务人员必须对借款人的风险状况和资质作出判断。

例题28 贷款合法合规性调查的内容包括( )。(多项选择题)

A. 认定借款人法人资格

B. 认定担保人法定代表人签名的真实性和有效性

C. 考察借款人是否已建立良好的公司治理机制

D. 对借款人的借款目的进行调查

E. 对抵押物的价值评估情况进行调查

答案 ABD

解析 贷款合法合规性调查的内容应包括：①认定借款人、担保人法人资格；②认定借款人、担保人的法定代表人、授权委托人、法人公章、签名的真实性和有效性；……；⑦对借款人的借款目的进行调查。

例题29 对借款人的借款目的进行调查是对贷款的( )进行调查。(单项选择题)

A. 合法合规性　　B. 流动性　　　　C. 安全性　　　　D. 效益性

答案 A

解析 贷款的合法合规性调查内容包括对借款人的借款目的进行调查，信贷业务人员应调查借款人的借款目的，防范信贷欺诈风险。

例题30 ( )是指贷款经营的盈利情况，是商业银行经营管理活动的主要动力。(单项选择题)

A. 贷款安全性调查　　　　　　　　　　B. 贷款合规性调查

C. 贷款风险性调查　　　　　　　　　　D. 贷款效益性调查

答案　D

解析　贷款效益性是指贷款经营的盈利情况，是商业银行经营管理活动的主要动力。

例题31　贷前调查的主要对象不包括(　　)。(单项选择题)

A. 借款人　　　　　　　B. 担保人　　　　　　　C. 抵(质)押物　　　　　　D. 贷款项目

答案　D

解析　贷前调查的主要对象是借款人、保证人、抵(质)押人、抵(质)押物等，不包括贷款项目。

第4节　贷前调查报告内容要求

信贷业务人员要将贷前调查与信用风险分析结果形成贷前调查报告，供风险管理部门或风险评审委员会评审、批准。在贷前调查阶段就应参照各商业银行要求安排调查提纲和计划。

1. 商业银行固定资产贷款贷前调查报告内容要求

商业银行固定资产贷款贷前调查的重点是收集整理借款人、主要股东或实际控制人以及贷款项目的相关信息，并对借款人和项目的建设风险、经营风险、财务风险等进行综合分析、评估、判断。调查报告一般包括以下内容，如表3.1所示。

表3.1　调查报告包含的内容

各种情况	各种情况分析
借款人资信情况	主要包括借款人的概况、借款人财务状况、借款人的人员情况、借款人管理情况、借款人同银行的关系等内容
项目合法性要件取得情况	主要包括可行性研究报告批复、立项批复、土地利用合法性文件、规划批复、环评批复等合法性要件的取得时间、批文文号、批复内容与项目是否一致；项目总投资、投资构成及来源；产品名称、规模；经济效益和社会效益评价等内容
投资估算与资金筹措安排情况	主要包括银行对项目总投资、投资构成及来源的评估结果；项目资本金的落实情况；申请固定资产贷款金额、币别、用途、期限、利息；申请其他银行固定资产贷款金额、币别、用途、期限、利息；流动资金落实情况；投资进度；银行贷款的用款计划等内容
项目情况	主要包括行业分析、市场情况、项目引进设备情况、非引进项目使用国内设备情况、商务合同等
项目配套条件落实情况	主要包括厂址选择和土地征用的落实情况；资源条件和原材料、辅助材料、燃料供应的落实情况；配套水、电、气条件的落实情况；运输条件的落实情况；环保指标是否达到有关部门的要求，环境影响报告书是否已经有权部门批准
项目效益情况	主要包括相关财务指标、盈亏平衡点分析、敏感性分析等内容
还款能力	主要包括还款来源；分析、说明借款人是否有还贷资金缺口；还款计划
担保情况	主要包括保证人简介、保证人担保能力评价、抵(质)押的合法性和估值等内容
银行业金融机构收益预测	主要包括利息收入、转贷手续费、年结算量及结算收入、日均存款额、盘活贷款存量/有助于收回已投放贷款额、其他收入和收益等内容
结论性意见	主要包括是否提供贷款；贷款的金额、期限和利率；尚需进一步落实的问题

2. 商业银行项目融资贷前调查报告内容要求

项目融资贷前调查是根据项目具体情况，对项目的经济技术、财务可行性和还款来源可靠性进行分析和判断，为融资决策提供依据。贷前调查报告内容分为非财务分析和财务分析两大部分，如表3.2所示。

表3.2　贷前调查报告的内容

非财务分析	项目背景	主要包括国家产业政策、技术政策和区域发展规划，企业基本情况，项目必要性分析
	项目建设环境条件	主要包括内部的人力、物力、财力资源条件，外部的建筑施工条件，项目建设的物资供应配套条件
	项目组织与人力资源水平	主要包括组织机构分析及人力资源的配备与流动情况
	技术与工艺流程	主要包括技术工艺与设备选型的先进性、可靠性、适应性、协调性、经济性、环保性分析
	生产规模及原辅材料	主要包括项目规模的主要制约因素，生产经营条件，原辅材料的生产工艺要求、供应数量、储运条件及成本
	市场需求预测	主要包括产品特征分析，潜在市场需求量测算，市场占有率评估等
财务分析	项目投资估算与资金筹措评估	项目总投资、建设投资、流动资金估算，资金来源及落实情况
	项目建设期和运营期内的现金流量分析	
	项目盈利能力分析	主要通过内部收益率、净现值、投资与贷款回收期、投资利润率等评价指标进行分析
	项目清偿能力评价	
	项目不确定性分析	主要包括盈亏平衡分析和敏感性分析

3. 商业银行流动资金贷款贷前调查报告内容

流动资金贷款的贷前调查主要是了解借款人管理、经营、财务等方面的情况，流动资金需求及需求影响因素，分析存在的风险并提出相应的风险控制措施，其贷前调查报告一般包括以下内容：

(1) 借款人基本情况

(2) 借款人生产经营及经济效益情况

(3) 借款人财务状况

(4) 借款人与银行的关系

(5) 借款人流动资金需求分析与测算

《流动资金贷款管理暂行办法》给出了流动资金贷款需求量测算的参考办法，具体步骤如下：

① 估算借款人营运资金量

营运资金量=上年度销售收入×(1−上年度销售利润率)×(1+预计销售收入年增长率)/营运资金周转次数

其中：营运资金周转次数=360/(存货周转天数+应收账款周转天数−应付账款周转天数+预付账款周转天数−预收账款周转天数)

周转天数= 360/周转次数

应收账款周转次数=销售收入/平均应收账款余额

预收账款周转次数=销售收入/平均预收账款余额

存货周转次数=销售成本/平均存货余额

预付账款周转次数=销售成本/平均预付账款余额

应付账款周转次数=销售成本/平均应付账款余额

② 估算新增流动资金贷款额度

新增流动资金贷款额度=营运资金量–借款人自有资金–现有流动资金–其他渠道提供的营运资金

③ 考虑其他影响因素对新增流动资金贷款额度进行相应的调整

(6) 对流动资金贷款的必要性分析

(7) 对流动资金贷款的可行性分析

(8) 对贷款担保的分析

(9) 综合性结论和建议

例题32 根据《贷款通则》的规定，银行信贷业务人员要将贷前调查与信用风险分析结果形成( )。(单项选择题)

A. 倾向性意见　　　　B. 综合性诊断结果　　　C. 贷前调查报告　　　D. 纪要文件

答案 C

解析 根据《贷款通则》的规定，信贷业务人员要将贷前调查与信用风险分析结果形成贷前调查报告，供风险管理部门或风险评审委员会评审、批准。

例题33 在流动资金贷款的贷前调查报告中，借款人的财务状况不包括( )。(单项选择题)

A. 资产负债率　　　　　　　　　　　B. 存货净值与周转速度

C. 流动资金数额与周转速度　　　　　　D. 主要客户、供应商和分销渠道

答案 D

解析 借款人的财务状况包括根据财务报表分析资产负债比率及流动资产和流动负债结构的近3年变化情况、未来变动趋势，侧重分析借款人的短期偿债能力；流动资金数额和周转速度；存货数量、净值、周转速度、变现能力、呆滞积压库存物资情况；应收账款金额、周转速度、数额较大或账龄较长的国内外应收账款情况，相互拖欠款项及处理情况；对外投资情况，在建工程与固定资产的分布情况；亏损挂账、待处理流动资产损失、不合理资金占用及清收等情况。

例题34 应包含项目可行性研究报告批复及其主要内容的贷前调查报告为( )。(单项选择题)

A. 商业银行固定资产贷前调查报告　　　B. 银行流动资金贷前调查报告

C. 担保贷款贷前调查报告　　　　　　　D. 抵押贷款贷前调查报告

答案 A

解析 商业银行固定资产贷前调查报告内容主要包括：①借款人资信情况；②项目估算与资金筹措安排情况；③投资估算与资金筹措安排情况；④项目情况；⑤项目配套条件落实情况；⑥项目效益情况；⑦还款能力；⑧担保情况；⑨银行业金融机构收益预测；⑩结论性意见。

例题35 下列属于银行流动资金贷前调查报告内容的有( )。(多项选择题)

A. 借款人与银行的关系　　　　　　　　B. 对流动资金贷款的必要性分析

C. 借款人经济效益情况   D. 对贷款担保的分析

E. 对流动资金贷款的可行性分析

答案 ABCDE

解析 银行流动资金贷前调查报告内容主要包括借款人基本情况、借款人生产经营及经济效益情况、借款人财务状况、借款人与银行的关系、借款人流动资金需求分析与测算对流动资金贷款的必要性分析、对流动资金贷款的可行性分析、对贷款担保的分析、综合性结论和建议等内容。

例题36 银行流动资金贷前调查报告中关于借款人基本情况包括(   )。(多项选择题)

A. 借款人成立的日期   B. 借款人的技术、管理状况

C. 借款人是否涉及兼并、破产等事项   D. 对借款人主要管理人员的品行评价

E. 借款人上级主管单位或主要股东的基本情况

答案 ABCDE

解析 借款人基本情况：主要包括借款人名称、性质、成立日期、经营年限、上级单位(或股东)等基本情况；借款人所属行业、提供产品或服务的年生产能力；借款人的技术、管理情况；主要管理人员的品行、专业技术水平、经营管理能力评价；借款人是否涉入兼并(被兼并)、合资、分立、重大诉讼、破产等事项；借款人其他附属(联营)企业的情况。

例题37 短期贷款报审材料中，借款人近3年的经财政部门或会计师事务所审计的财务报表不包括(   )。(单项选择题)

A. 资产负债表   B. 利润表

C. 现金流量表   D. 财务状况变动表

答案 C

解析 短期贷款报审材料中，借款人近3年的经财政部门或会计师事务所审计的财务报表包括资产负债表、利润表和财务状况变动表，不包括现金流量表。

第5节 同步强化训练

一、单项选择题

1. 贷款发放的第一道关口为(   )。

A. 贷前调查   B. 信贷营销   C. 贷款项目评估   D. 不良贷款管理

2. 面谈结束时，如经了解客户的贷款申请可以考虑，但不确定是否可受理，调查人员应(   )。

A. 申报贷款   B. 先作必要承诺，留住客户

C. 不做表态   D. 准备后续调查

3. 发放公司贷款流程中，银行下列行为具有法律效力的是(   )。

A. 银行表明贷款意向   B. 出具贷款意向书

C. 作出贷款承诺 D. 告知客户

4. 实务操作中，建议采用( )方式进行现场调研，同时通过其他调查方法对考察结果加以证实。

A. 多次检查 B. 全面检查 C. 突击检查 D. 约见检查

5. 下列各项中，可用来考察借款人与银行关系的项目是( )。

A. 借款人财务状况 B. 借款人经济效益 C. 不良贷款比率 D. 借款人规模

6. 初次面谈中了解客户贷款需求状况时，除贷款背景、贷款规模、贷款条件外，还应了解( )。

A. 经济走势 B. 宏观政策 C. 贷款利率 D. 贷款用途

7. 实务操作中，判断贷款申请是否受理时，业务人员应坚持将( )放在第一位。

A. 维持客户 B. 客户信用 C. 贷款收益 D. 贷款安全性

8. ( )可表明贷款可正式予以受理。

A. 主管领导同意后 B. 银行审查通过后

C. 银行确立贷款意向后 D. 银行出具贷款意向书后

9. 银行确立贷款意向后，为确信某笔贷款是否必须提交董事会决议，应( )。

A. 再次向公司确认

B. 认真阅读借款人或担保人公司章程的具体规定

C. 索要董事会决议书

D. 索要借款授权书

10. 贷前调查时，业务人员应当利用科学、实用的调查方法，通过( )调查手段，分析银行可承受的风险。

A. 定性模型 B. 定量模型

C. 定性与定量相结合 D. 数据结合推理

11. 进行现场调研过程中，业务人员在现场会谈时应当约见尽可能多的( )。

A. 基层人员 B. 管理层人员 C. 财务部门人员 D. 生产部门人员

12. ( )是贷款发放后能否如数按期收回的关键。

A. 贷前调查 B. 贷款审核 C. 贷款发放 D. 贷款担保

13. 商业银行最主要的资产业务为( )。

A. 存款 B. 贷款 C. 投资 D. 中间业务

14. 应包含项目可行性研究报告批复及其主要内容的贷前调查报告为( )。

A. 商业银行固定资产贷前调查报告 B. 银行流动资金贷前调查报告

C. 担保贷款贷前调查报告 D. 抵押贷款贷前调查报告

15. 以下哪项不属于贷款调查的内容( )。

A. 借款人当前的经营状况

B. 借款人过去3年的经营效益状况

C. 借款人和保证人的财务管理状况

D. 借款人过去及未来给银行带来的收入、存款、结算、结售汇等综合效益

16. 在流动资金贷款的贷前调查报告中，借款人的财务状况不包括( )。

A. 资产负债率 B. 存货净值与周转速度

C. 流动资金数额与周转速度 D. 主要客户、供应商和分销渠道

17. 下面哪项不属于贷款合法性、合规性调查的内容( )。

　A. 认定借款人的法人资格

　B. 对借款人的借款目的进行调查

　C. 考察借款人是否建立了良好的公司治理机制

　D. 认定担保人的法定代表人签名的真实性和有效性

18. 贷款安全性调查中，对于申请外汇贷款的客户，业务人员尤其要注意( )变化对抵押担保额的影响程度。

　A. GDP增长率　　　　　B. 汇率　　　　　　C. 通货膨胀率　　　　D. 存款准备金率

19. 根据《贷款通则》的规定，银行信贷业务人员要将贷前调查与信用风险分析结果形成( )。

　A. 倾向性意见　　　　B. 综合性诊断结果　　C. 贷前调查报告　　D. 纪要文件

20. ( )综合反映了商业银行经营管理的水平。

　A. 贷款安全性　　　　B. 贷款发放额　　　　C. 存款吸收额　　　D. 贷款盈利性

21. 贷款合法合规性审查中，被审查人除借款人外，还可能有( )。

　A. 关联方　　　　　　B. 债权人　　　　　　C. 债务人　　　　　D. 担保人

二、多项选择题

1. 根据《贷款通则》的规定，借款人申请公司贷款，应具备( )基本条件。

　A. 具有偿还贷款的经济能力　　　　　　B. 按规定用途使用贷款

　C. 不挪用信贷资金　　　　　　　　　　D. 按期归还贷款本息

　E. 恪守信用

2. 国际通行的信用"6C"标准原则包括( )。

　A. 抵押　　　　　　　B. 竞争　　　　　　C. 资本

　D. 环境　　　　　　　E. 能力

3. 前期调查的目的主要在于( )。

　A. 是否进行信贷营销　　　　　　　　　B. 是否受理该笔贷款业务

　C. 是否提高贷款利率　　　　　　　　　D. 是否进行后续贷款洽谈

　E. 是否正式开始贷前调查

4. 贷款意向书和贷款承诺都是贷款程序中不同阶段的成果，下列关于贷款意向书和贷款承诺的说法中，正确的有( )。

　A. 贷款意向书不具备法律效力

　B. 贷款承诺表明该文件为要约邀请

　C. 每一笔中长期贷款均需做贷款意向书和贷款承诺

　D. 贷款承诺必须按内部审批权限批准后才能对外出具

　E. 对外出具贷款承诺，超基层行权限的项目须报上级行审批

5. 借款人的权利包括( )。

　A. 可按国家计划向主办银行或者其他银行的经办机构申请贷款并依条件获得贷款

　B. 有权按合同约定提取和使用全部贷款

C. 有权拒绝借款合同外的附加条件

D. 有权向银行上级监管部门反映、举报有关情况

E. 有权自行向第三方转让债务

6. 借款人的义务包括( )。

A. 如实提供银行要求的资料

B. 接受银行对其使用信贷资金情况、生产经营、财务核定的监督

C. 自由使用贷款

D. 按借款合同约定及时清偿贷款本息

E. 向第三方转让债权时，取得银行同意

7. 公司信贷中，借款人申请贷款时一般应当向银行如实提供( )情况。

A. 所有开户行   B. 开户账号   C. 存贷款余额

D. 账户余额   E. 多头开户

8. 一项贷款在确立贷款意向后，客户通常需要提供的申请材料包括( )。

A. 正式"借款申请书"   B. 营业执照复印件(可尚未办理年检)

C. 法人代码证和税务登记证复印件   D. 公司章程

E. 借款人连续5年财务报表

9. 对于固定资产贷款，银行确立贷款意向后，除提供一般资料，还应提供( )。

A. 国家相应投资批件   B. 资金到位情况证明文件

C. 资产到位证明文件   D. 项目可行性研究报告及有关部门对其批复

E. 其他配套条件落实的证明文件

10. 贷前调查的方法主要包括( )。

A. 现场调研   B. 定性调查   C. 搜寻调查   D. 委托调查

E. 通过行业协会了解情况

11. 根据贷款安全性调查的要求，良好的公司治理机制包括( )。

A. 激励约束机制   B. 长远的发展战略   C. 保守的会计原则

D. 健全负责的董事会   E. 严格的目标责任制

12. 固定资产贷款贷前调查中，银行从项目获得的受益预测可从( )考察。

A. 利息收入   B. 转贷手续费   C. 年结算量及结算收入

D. 日均存款额   E. 盘活贷款存量

13. 流动资金贷款中，银行既要借助其考察借款人财务状况，又要借助其分析贷款必要性的指标为( )。

A. 股本权益   B. 流动资产   C. 流动负债

D. 存货   E. 应收账款

14. 关于贷款意向书和贷款承诺正确的说法是( )。

A. 贷款意向书和贷款承诺常见于中长期贷款，都是贷款程序中的阶段成果

B. 签订贷款意向书和贷款承诺协议时，银行都提供了信用，都应收取费用

C. 贷款承诺是银行同意在未来特定时间内提供融资的书面承诺

D. 对外出具贷款承诺，超越基层行权限的项目须报上级行批准

E. 贷款意向书是要约邀请，只是一种意向性的书面声明，不具备法律效力

15. 银行流动资金贷前调查报告中关于借款人基本情况包括(　　)。

A. 借款人成立的日期

B. 借款人的技术、管理状况

C. 借款人是否涉及兼并、破产等事项

D. 对借款人主要管理人员的品性评价

E. 借款人上级主管单位或主要股东的基本情况

三、判断题

1. 投资项目的资本金的具体比例，由国务院根据投资项目的经济效益以及银行贷款意愿和评估意见等情况，在审批项目时核定。(　　)

2. 公司信贷中，借款人原应付贷款利息和到期贷款须已清偿，才可进行下一轮贷款。(　　)

3. 为顺利向银行取得公司贷款，公司在平时应尽可能积极主动地与本行及他行发生业务往来，并维持良好的信用履约记录。(　　)

4. 商业银行信贷业务人员只需对那些向银行提出贷款需求的客户安排面谈，进行前期调查。(　　)

5. 在固定资产贷款中，如果涉及国际商业贷款，借款人还应提交外债指标的批文。(　　)

6. 银行流动资金贷前调查报告中，应包含数额较大或账龄较短的国内外应收账款情况。(　　)

7. 银行流动资金贷前调查报告中，借款人财务状况应包含近两年流动资产与流动负债变化情况。(　　)

8. 贷款承诺就是商业银行在贷款意向阶段向客户提供的书面承诺。(　　)

9. 委托调查是指通过互联网等媒介搜寻有价值的资料并展开调查。(　　)

10. 借款人将债务全部或部分转让给第三方的，应当取得银行的同意。(　　)

11. 银企合作中，以授信额度协议来对待的贷款安排属于贷款意向书性质。(　　)

答案与解析

一、单项选择题

1. 答案与解析　A

贷前调查是贷款发放的第一道关口，也是信贷管理的一个重要程序和环节，贷前调查的质量优劣直接关系到贷款决策正确与否。

2. 答案与解析　D

如客户的贷款申请可以考虑(但还不确定是否受理)，调查人员应当向客户获取进一步的信息资料，并准备后续调查工作，注意不得超越权限轻易作出有关承诺。

3. 答案与解析　C

贷款承诺是借贷双方就贷款的主要条件已经达成一致，银行同意在未来特定时间内向借款人提供融资的书面承诺(这就表明贷款承诺不是在贷款意向阶段作出的)，贷款承诺具有法律效力。

4. 答案与解析　C

在实务操作中，建议采用突击检查方式进行现场调研，同时可通过其他调查方法对考察结果加以证实。

5. 答案与解析　C

借款人与银行的关系：主要包括借款人在银行开户的情况、在银行长短期贷款余额、以往借款的还款付息情况(不良贷款比率和收息率)、信用等级、授信限额及额度占用情况。

6. 答案与解析　D

初次面谈前，调查人员应当做好充分准备，拟订详细的面谈工作提纲。提纲内容应包括客户总体情况、客户信贷需求(包括贷款用途)、拟向客户推介的信贷产品等。

7. 答案与解析　D

实务操作中，贷款受理阶段作为风险防范的第一道关口，业务人员应在贷款的派生收益与贷款本身安全性的权衡上，坚持将贷款安全性放在第一位。

8. 答案与解析　C

根据《贷款通则》的规定，一笔贷款经过业务人员调查、面谈、内部意见反馈(领导意见、风险管理部门研究等)后，如果银行确立了贷款意向，则表明该笔贷款可正式受理。

9. 答案与解析　B

根据《贷款通则》的规定，银行确立贷款意向，收到企业提供资料后，应认真阅读借款人或担保人公司章程的具体规定。

10. 答案与解析　C

在进行贷前调查过程中，有大量信息可供业务人员选择，此时业务人员应当利用科学、实用的调查方法，通过定性与定量相结合的调查手段，分析银行可承受的风险，为贷款决策提供依据。

11. 答案与解析　B

现场会谈时，应当约见尽可能多的、不同层次的成员，包括行政部门、财务部门、市场部门、生产部门及销售部门的主管，因为这些部门在企业的经营中都发挥着重要作用，通过会谈可以获取许多重要信息。会谈应侧重了解其关于企业经营战略和发展的思路、企业内部的管理情况，从而获取对借款人及其高层管理人员的感性认识。

12. 答案与解析　A

贷前调查是银行发放贷款前最重要的一环，也是贷款发放后能否如数按期收回的关键。

13. 答案与解析　B

贷款是商业银行最主要的资产业务，银行要承担多方面的风险。

14. 答案与解析　A

商业银行固定资产贷前调查报告内容主要包括：①借款人资信情况；②项目估算与资金筹措安排情况；③……；④……；⑤……；……；⑩……；

15. 答案与解析　C

贷款的效益性是指贷款经营的盈利情况，是商业银行经营管理活动的主要动力。业务人员开展的调查内容应包括：①对借款人过去3年的经营效益情况进行调查，并进一步分析行业前景、产品销路以及竞争能力；②对借款人当前经营情况进行调查，核实其拟实现的销售收入和利润的真实性和可行性；③对借款人过去和未来给银行带来收入、存款、结算、结售汇等综合效益情况进行调查、分析、预测。

16. 答案与解析　D

主要客户、供应商和分销渠道不属于借款人的财务状况。

17. 答案与解析　C

贷款合规性调查包含7条内容，具体请参照考点7。

18. 答案与解析　B

根据"贷款安全性调查"中的第7条：对于申请外汇贷款的客户，业务人员要调查认定借款人、保证人承受汇率、利率风险的能力，尤其要注意汇率变化对抵(质)押担保额的影响程度。

19. 答案与解析　C

信贷业务人员要将贷前调查与信用风险分析结果形成贷前调查报告，供风险管理部门或风险评审委员会评审、批准。

20. 答案与解析　D

贷款的盈利水平是商业银行经营管理水平的综合反映，同时也受外部环境众多因素的影响。

21. 答案与解析　D

贷款的合法合规性审查主要指银行业务人员对借款人和担保人的资格合乎法律法规及其信贷政策行为进行的调查、认定。

二、多项选择题

1. 答案与解析　ABCDE

根据《贷款通则》的规定，借款人申请公司贷款应具备的基本条件有：①产品有市场、生产经营有效益、具有偿还贷款的经济能力；②按规定用途使用贷款，不挪用信贷资金；③按贷款合同期限归还贷款本息、恪守信用等基本条件。

2. 答案与解析　ACDE

"6C"标准原则，即品德(character)、资本(capital)、能力(capacity)、担保(collateral)、环境(condition)和控制(control)，从客户的公司状况、贷款需求、还贷能力、抵押品的可接受性以及客户目前与银行的关系等方面集中获取客户的相关信息。

3. 答案与解析　BDE

前期调查的主要目的在于确定是否能够受理该笔贷款业务，是否投入更多的时间和精力进行后续的贷款洽谈，以及是否需要正式开始贷前调查工作。

4. 答案与解析　ADE

具体可参照考点5"1.贷款意向书的出具"知识点。

5. 答案与解析　BCD

具体可参照考点2"1.借款人的权利"知识点。

6. 答案与解析　ABDE

具体可参照考点2"2.借款人的义务"知识点。

7. 答案与解析　ABCDE

应当向银行如实提供所有开户行、账号及存贷款余额情况，配合银行的调查、审查和检查。

8. 答案与解析　AC

客户需要向银行提供一份正式的借款申请书。此外，业务人员还应要求法定代表人或其授权人在借款申请书上签字并加盖借款人公章。

9. 答案与解析　BDE

如为固定资产贷款，则需提交：符合国家有关投资项目资本金制度的规定的证明文件；项目可行性研究报告及有关部门对研究报告的批复；其他配套条件落实的证明文件。

10. 答案与解析　ACDE

贷前调查的方法有：现场调研和非现场调查。非现场调查包括搜寻调查、委托调查、其他方法。

11. 答案与解析　ADE

考察借款人、保证人是否已建立良好的公司治理机制，主要包括是否制定清晰的发展战略、科学的决策系统、执行系统和监督系统、审慎的会计原则、严格的目标责任制及与之相适应的激励约束机制、健全的人才培养机制和健全负责的董事会。

12. 答案与解析　ABCDE

银行业金融机构收益预测：主要包括利息收入、转贷手续费、年结算量及结算收入、日均存款额、盘活贷款存量/有助于收回已投放贷款额、其他收入和收益等内容。

13. 答案与解析　BC

根据财务报表分析资产负债比率及流动资产和流动负债结构的近3年变化情况、未来变动趋势，侧重分析借款人的短期偿债能力。

14. 答案与解析　ACDE

具体可参照考点5"1. 贷款意向书的出具"知识点。

15. 答案与解析　ABCDE

借款人基本情况：主要包括借款人名称、性质、成立日期、经营年限、上级单位(或股东)等基本情况；借款人所属行业、提供产品或服务的年生产能力；借款人的技术、管理情况；主要管理人员的品行，专业技术水平，经营管理能力评价；借款人是否涉入兼并(被兼并)、合资、分立、重大诉讼、破产等事项：借款人其他附属(联营)企业的情况。

三、判断题

1. 答案与解析　×

新建项目企业法人所有者权益与所需总投资的比例不得低于国家规定的投资项目资本金比例。资本金制度不适用于公益性投资项目。

2. 答案与解析　×

对原到期贷款及应付利息清偿情况进行调查，认定不良贷款数额、比例并分析成因；对没有清偿的贷款本息，要督促和帮助借款人制订切实可行的还款计划。

3. 答案与解析 √

客户与银行关系，包括客户与本行及他行的业务往来状况、信用履约记录等。

4. 答案与解析 ×

无论对于商业银行主动营销的客户还是向商业银行提出贷款需求的客户，信贷客户经理都应尽可能通过安排面谈等方式进行前期调查。

5. 答案与解析 √

如为转贷款、国际商业贷款及境外借款担保项目，应提交国家计划部门关于筹资方式、外债指标的批文。

6. 答案与解析 ×

借款人财务状况有：应收账款金额、周转速度、数额较大或账龄较长的国内外应收账款情况，相互拖欠款项及处理情况。

7. 答案与解析 ×

银行流动资金贷前调查报告中，借款人财务状况应包含近3年流动资产与流动负债变化情况。

8. 答案与解析 ×

贷款承诺是借贷双方就贷款的主要条件已经达成一致，银行同意在未来特定时间内向借款人提供融资的书面承诺。

9. 答案与解析 ×

委托调查可通过中介机构或银行自身网络开展调查。

10. 答案与解析 √

如借款人将债务转移至第三方，必须事先获得银行的同意。

11. 答案与解析 √

银企合作协议涉及的贷款安排一般属于贷款意向书性质。

第4章

贷款环境风险分析

　　每个借款企业都处于某一特定环境中，特定行业、特定地域、特定宏观经济环境等。从贷款环境分析中可以捕捉到相应环境的系统性风险，在类似环境下的借款企业可能需要共同面对某些类似的风险。银行信贷人员需要对借款企业所处的环境进行全面分析，对借款企业所面临的外部系统性风险进行评估，从而在授信过程中规避风险。

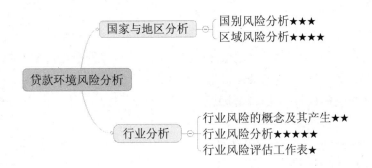

第1节 国家与地区分析

考点1 国别风险分析

1. 国别风险的特点

一般而言，国别风险具有以下特点：

(1) 国别风险是指由于某一国家或地区经济、政治、社会变化及事件，导致该国家或地区借款人或债务人没有能力或者拒绝偿付银行业金融机构债务，或使银行业金融机构在该国家或地区的商业存在遭受损失，或使银行业金融机构遭受其他损失的风险。

(2) 国别风险可能由一国或地区经济状况恶化、政治和社会动荡、资产被国有化或被征用、政府拒付对外债务、外汇管制或货币贬值等情况引发。

(3) 转移风险是国别风险的主要类型之一，是指借款人或债务人由于本国外汇储备不足或外汇管制等原因，无法获得所需外汇偿还其境外债务的风险。

(4) 以本国货币融通的国内信贷，其所发生的风险属于国内商业风险，不属于国别风险分析的主体内容。

(5) 国别风险比主权风险或政治风险的概念更宽，因为主权风险仅指对某一主权国家政府贷款可能遇到的损失及收益的不确定性，而这只是国别风险分析的一部分。

(6) 国别风险(表现为利率风险、清算风险、汇率风险)与其他风险不是并列的关系，而是一种交叉关系。在国别风险之中，可能包含着信用风险、市场风险或流动性风险中的任意一种或者全部。

2. 衡量国别风险的方法

在世界著名金融杂志《欧洲货币》组织的计算方法中，政治和经济风险的权重各为25%，债务指标占10%的权重，违约债务或重新安排的债务情况占10%的权重，信贷评级占10%的权重，获得银行融资的能力占5%的权重，获得短期融资的能力占5%的权重，进入资本市场的能力占5%的权重，福费廷的折扣占5%的权重。总分的计算公式为：$A-[A/(B-C)]\times(D-C)$，其中：A是范畴权重，B是范围内的最低值，C是范围内的最高值，D是个体值。而在债务指标和违约债务的计算中，要将B、C颠倒过来，最低值权重最高，最高值权重为0。

在PRS集团的计算方法中，国家综合风险(CRR)=0.5×(PR+FR+ER)，其中：PR为政治风险评级，FR为财务风险评级，ER为经济风险评级。分值100风险最低，0风险最高。分值在0～50分之间，代表风险非常高；而85～100分则代表风险非常低。

世界市场研究中心(WMRC)的思路是将每个国家6项考虑因素(政治、经济、法律、税收、运作、安全性)中的每一项都给出风险评分，分值1～5，1表示最低风险，5表示最高风险。风险评级最小的增加值是0.5。国家风险的最终衡量根据权重，综合6个因素打分情况得出。其中政治风险、经济风险各占25%的权重，法律风险和税收风险各占15%，运作风险和安全性各占10%。其计算方法为：

国别风险=[(政治风险)^2×0.25+(经济风险)^2×0.25+(法律风险)^2×0.15+(税收风险)^2×0.15+(运作风险)^2×0.1+(安全性)^2×0.1]$^{1/2}$

分值为1.0～1.24代表风险非常小，分值为4.5～5.0则代表风险极高。

例题1 下列各项中，不是国别风险的特点的是(　　)。(单项选择题)

A. 国内信贷不属于国别风险分析的主体内容

B. 国别风险比主权风险或政治风险的概念更宽

C. 国别风险与其他风险不是并列的关系，而是一种交叉关系

D. 国别风险一般都包括信用风险、市场风险或流动性风险的加总

答案　D

解析　一般而言，国别风险具有以下特点，可参照本小节的内容。

例题2 2009年，PRS集团发布了年度风险评估指南(PRG)，其中某国的得分为86分，则该国的国家风险(　　)。(单项选择题)

A. 非常高，无法投资　　　　　　　　B. 中等偏高

C. 中等　　　　　　　　　　　　　　D. 非常低

答案　D

解析　在PRS集团的计算方法中，国家综合风险(CRR)=0.5×(PR+FR+ER)，其中：PR为政治风险评级，FR为财务风险评级，ER为经济风险评级。分值100风险最低，0风险最高。分值在0～50分之间，代表风险非常高；而85～100分则代表风险非常低。

例题3 在金融杂志《欧洲货币》提出的计算国别风险的方法中，关于计算公式$A-[A/(B-C)]\times(D-C)$的说法，正确的是(　　)。(多项选择题)

A. A是范畴权重　　　　　B. B是范围内的最高值，C是范围内的最低值

C. D是个体值　　　　D. 在债务指标和违约债务的计算中，B的权重为0

E. 在债务指标和违约债务的计算中，C的权重为0

答案　ACE

解析　在世界著名金融杂志《欧洲货币》组织的计算方法中，总分的计算公式为：A-[A/(B-C)]×(D-C)，其中：A是范畴权重，B是范围内的最低值，C是范围内的最高值，D是个体值。而在债务指标和违约债务的计算中，要将B、C颠倒过来，最低值权重最高，最高值权重为0。

考点2　区域风险分析

区域风险是指受特定区域的自然、社会、经济、文化和银行管理水平等因素影响，而使信贷资产遭受损失的可能性。这既包括外部因素引发的区域风险，也包括内部因素导致的区域风险。分析一个特定区域的风险，关键是要判断信贷资金的安全会受到哪些因素影响，什么样的信贷结构最恰当，风险成本收益能否匹配等。相对于自然环境、经济水平等外在因素，银行内部管理的差异和影响也非常重要，再好的外部区域环境，如果没有良好的信贷管理，也很难获得预期的效果。

1. 外部因素分析

我国是一个发展中大国，区域经济发展很不平衡，各地区在经济、科技、教育、观念等方面都存在着较大的差别，这些差别会直接或间接影响信贷风险。影响区域风险的外部因素很多，对信贷人员来说，关注重点在于对信贷风险影响程度高、关联性强的一些主要因素。

2. 内部因素分析

银行自身的风险内控管理水平对信贷资产质量也具有重要影响。风险内控能力通常会体现在银行的经营指标和数据上，因此可选取一些重要的内部指标来进行分析。常用内部指标包括3个方面：信贷资产质量(安全性)、盈利性和流动性。

例题4　关于信贷余额扩张系数，下列说法正确的是(　　)。(单项选择题)

A. 用于评价目标区域信贷资产质量的变化情况

B. 指标小于0时，目标区域信贷增长相对较快

C. 指标过大说明区域信贷增长速度过慢

D. 扩张系数过大或过小都可能导致风险上升

答案　D

解析　信贷余额扩张系数用于衡量目标区域因信贷规模变动对区域风险的影响程度。指标小于0时，目标区域信贷增长相对较慢，负数较大意味着信贷处于萎缩状态；指标过大则说明区域信贷增长速度过快。扩张系数过大或过小都可能导致风险上升。该指标侧重考察因区域信贷投放速度过快而产生扩张性风险。

例题5　盈利能力是(　　)。(单项选择题)

A. 区域管理能力和区域风险高低的最终体现　　B. 通过总资产收益率来衡量

C. 通过贷款实际收益率来衡量　　　　　　　　D. 盈利能力较高，通常区域风险相对较高

答案　A

解析 盈利能力是区域管理能力和区域风险高低的最终体现。通过总资产收益率、贷款实际收益率两项主要指标来衡量目标区域的盈利性。总资产收益率反映了目标区域的总体盈利能力,而贷款实际收益率则反映了信贷业务的价值创造能力。这两项指标高时,通常区域风险相对较低。

例题6 下列不能用来对风险内控能力进行分析的内部指标是(　　)。(单项选择题)

A. 信贷资产质量(安全性)　　　　　　B. 盈利性

C. 流动性　　　　　　　　　　　　　D. 灵活性

答案 D

解析 银行自身的风险内控管理水平对信贷资产质量也具有重要影响。风险内控能力通常会体现在银行的经营指标和数据上,因此可选取一些重要的内部指标来进行分析。常用内部指标包括3个方面:信贷资产质量(安全性)、盈利性和流动性。

例题7 对信贷经营来说,对区域风险影响最大、最直接的因素(　　)。(单项选择题)

A. 区域政府行为和政府信用　　　　　B. 区域产业结构

C. 区域市场化程度和法制框架　　　　D. 区域经济发展水平

答案 D

解析 对信贷经营来说,经济发展水平是对区域风险影响最大、最直接的因素。一般情况下,经济发展水平越高,区域信贷风险越低。

例题8 下列各项中,能够评价目标区域信贷资产的收益实现情况的是(　　)。(单项选择题)

A. 贷款实际收益率　　　　　　　　　B. 银行收益率

C. 利息实收率　　　　　　　　　　　D. 信贷资产相对不良率

答案 C

解析 利息实收率用于衡量目标区域信贷资产的收益实现情况。

例题9 信贷资产的流动性越高,区域风险越小。(　　)(判断题)

答案 ×

解析 流动性过高或过低都可能意味着区域风险的上升。过高的流动性可能意味着资金利用效率不足,信贷经营处于低效率中;而过低的流动性意味着资金周转不畅或出现信贷资金固化。

第2节 行业分析

本节的学习目的:掌握行业风险的概念,理解行业风险的产生;掌握行业风险分析的两个主要方法;了解行业风险评估工作表。

考点3 行业风险的概念及其产生

1. 行业风险的概念

行业风险是指由于一些不确定因素的存在,导致对某行业生产、经营、投资或授信后偏离预期结果而造成损失的可能性。行业风险管理是运用相关指标和数学模型，全面反映行业的周期性风险、成长性风险、产业关联度风险、市场集中度风险、行业壁垒风险、宏观政策风险等各个方面的风险因素，在行业风险量化评价的基础上，确定一家银行授信资产的行业布局和调整战略，并制定具体的行业授信政策等。

2. 行业风险的产生

行业风险的产生如图4.1所示。

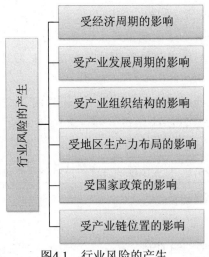

图4.1　行业风险的产生

例题10　行业风险的产生受(　　)的影响，它主要包括行业市场集中度、行业壁垒程度等。(单项选择题)

　　A. 产业发展周期　　　　　B. 产业组织结构　　　　　C. 地区生产力布局　　　　　D. 产业链

答案　B

解析　产业组织结构的影响主要包括行业市场集中度、行业壁垒程度等。集中度风险反映的是一个行业内部企业与市场的相互关系，也就是行业内企业间竞争与垄断的关系。行业壁垒，即行业进入壁垒，指行业内已有企业对准备进入或正在进入该行业的新企业所拥有的优势，或者说是新企业在进入该行业时所遇到的不利因素和限制。

考点4　行业风险分析

行业风险分析的目的是识别同一行业中所有企业所面临的主要风险，然后评估这些风险将会对行业的未来信用度所产生的影响。行业分析和行业风险评估的方法有很多种。本章主要用波特五力模型和行业风险分析框架两种方法进行行业风险分析。

1. 波特五力模型

波特五力模型是迈克尔·波特于20世纪80年代初首次提出的。波特五力模型用于竞争战略的分析，可以有效地分析客户的竞争环境。该模型中涉及的5种力量包括：新进入者进入壁垒、替代品的威胁、买方议价能力、卖方议价能力以及现存竞争者之间的竞争。这5种竞争力量综合起来，决定了某行业中的企业获取超出资本成本的平均投资收益率的能力。

2. 行业风险分析框架

行业风险分析框架从7个方面来评价一个行业的潜在风险，这7个方面分别是行业成熟度、行业内竞争程度、替代品潜在威胁、成本结构、经济周期(行业周期)、行业进入壁垒、行业政策法规。

(1) 行业成熟度

大多数行业的发展都会经历好几个阶段。只有理解行业的每个发展阶段的特点，分析人员才能较好地分析出借款人面临的挑战和银行面临的借贷风险。

一般来说，国际上比较通用的行业成熟度模型主要有三阶段模型和四阶段模型。本节将会采用四阶段模型，使用这个模型可以帮助银行信贷分析人员发现并理解风险，并最终应用到信贷决策中。

行业发展的4个阶段为启动阶段或初级阶段、成长阶段、成熟阶段、衰退阶段。每个阶段都有各自显著的特点，下面将从行业的销售、利润和现金流来分析每个阶段的特点，如表4.1所示。

表4.1　行业发展四阶段的特点及风险分析

阶段 特点	启动阶段	成长阶段	成熟阶段	衰退阶段
销售	价格比较高，销售量很小	产品价格下降的同时，产品质量却取得了明显提高，销售大幅增长	产品价格继续下跌，销售额增长速度开始放缓。产品更多地倾向于特定的细分市场，产品推广成为影响销售的最主要因素	通常以较为平稳的速度下降，但在一些特殊行业中有可能出现快速下降
利润	销售量低而成本相对很高，利润为负值	由于销售大幅提高、规模经济的效应和生产效率的提升，利润转变成正值	由于销售的持续上升加上成本控制，这一阶段利润达到最大化	慢慢地由正变为负
现金流	低销售、高投资和快速的资本成长需求造成现金流也为负值	销售快速增长，现金需求增加，所以这一阶段的现金流仍然为负	资产增长放缓，营业利润创造连续而稳定的现金增值，现金流最终变为正值	先是正值，然后慢慢减小，现金流维持在正值的时间跨度一般长于利润的时间跨度
年增长率	可达到100%	通常会超过20%	一般在5%～10%之间	销售额在很长时间内处于下降阶段
风险程度	最高风险	中等风险	最低风险	较高风险

(2) 行业内竞争程度

同一行业中的企业竞争程度在不同的行业中区别很大。处于竞争相对较弱的行业的企业短期内受到的威胁就较小，反之则相反。如果竞争激烈，企业就必须不停地寻找新的行业优势才能生存下去。竞争越激烈，企业面临的不确定性越大，企业的经营风险就越大，借款银行所要承担的信用风险就越大。

(3) 替代品潜在威胁

替代品的潜在威胁对行业的销售和利润的影响也在波特五力模型分析法里有所反映。替代品指的是来自于其他行业或者海外市场的产品。这些产品或者服务对需求和价格的影响越强，风险就越高。

(4) 成本结构

成本结构指的是某一行业内企业的固定成本和可变成本之间的比例。同行业中的企业资产周转周期非常相似，所以它们的财务报表结构和成本结构也较为相似。成本结构可以影响行业和运营风险、利润和行业中企业的竞争性质。成本结构主要由以下几项所组成，如图4.2所示：

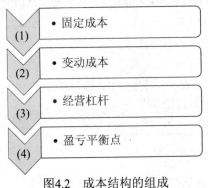

(1) • 固定成本

(2) • 变动成本

(3) • 经营杠杆

(4) • 盈亏平衡点

图4.2　成本结构的组成

(5) 经济周期

经济周期，也称商业周期，是指市场经济体制下经济增长速度或者其他经济活动自然的上升和下降。经济周期会影响盈利能力和整个经济或行业的现金流，所以经济周期是信贷分析的关键要素。

经济周期通常包括4个或5个阶段，经济学家虽然对此始终有争议，但是以下5个阶段是经济周期普遍包括的，如图4.3所示：

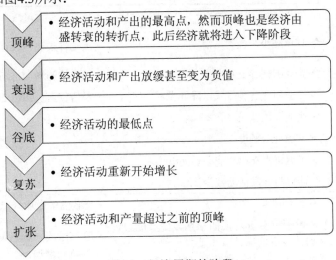

顶峰　• 经济活动和产出的最高点，然而顶峰也是经济由盛转衰的转折点，此后经济就将进入下降阶段

衰退　• 经济活动和产出放缓甚至变为负值

谷底　• 经济活动的最低点

复苏　• 经济活动重新开始增长

扩张　• 经济活动和产量超过之前的顶峰

图4.3　经济周期的阶段

经济周期中每个阶段的特点如表4.2所示。

表4.2　不同经济周期借方和贷方的特点

经济周期	借方	贷方
繁荣至顶峰阶段 • 产量大幅上升，供应大于需求 • 出现通货膨胀，并且通货膨胀率慢慢上升	• 销售上升、订单增加、价格上涨 • 营运资本增加 • 由于利息上涨，企业更多倾向短期贷款来筹资	• 贷款量出现上升 • 贷款金额也出现上升 • 现行经济增长及经济前景成为贷款决策的主要原因，导致长期贷款和可以不断更新的短期周转资金贷款过度发放

（续表）

• 中央银行采取升息措施来控制通货膨胀	• 商品价格上涨，企业开始购入更多的原材料和存货以增加利润	• 银行对周转资金贷款的比例大幅增加，使很多企业对短期贷款依赖性增加
	• 企业达到生产极限，开始使用生产能力较低的设备和工人，导致生产率下降	• 信贷标准降低，目标市场扩大导致不健康的贷款
	• 利率开始下降	• 以资本支出为目的的贷款增加
	• 公司资产流动性降低	• 这一时期是不良贷款出现最多的时期
	• 财务杠杆上升	
	• 利息上涨和收紧银根政策，银行授信额度和周转信贷受到影响	
衰退期	• 订单和销售下滑，产量减少	• 信贷损失增加
• 为了控制通货膨胀，利率处于较高水平	• 存货和应收款下降	• 商业银行对贷款较为谨慎和挑剔，整个经济可能会出现信贷紧缩和资产流动危机
• 商业活动放缓	• 贷款主要受两方面影响：高息和商业活动放缓，贷款需求减少；通货膨胀使成本增长，增加贷款需求	• 银行信贷业务偏向拥有较强实力的老客户
	• 企业主要以提高应收账款速度延长应付账款时间两个手段增加现金流	• 以下情况的贷款很难得到批准：纯财务活动；新生产线投资；海外运营；延期投资
	• 企业重新考虑或延迟资本支出和各种其他非必要投资计划	
谷底	• 部分企业破产	• 贷款拖欠和违约增加
• 高失业率，资产闲置	• 处在发展阶段的行业进入"行业动荡期"	• 信贷活动大量减少导致银行资产流动过剩
• 中央银行采取降息手段刺激经济增长	• 订单减少，销售下滑	• 流动性过剩使银行放低贷款条件
	• 企业削减存货和产量	• 采取措施增加市场份额
	• 企业用尽各种方式以降低成本	• 对信贷质量和信贷安全非常重视
	• 企业开始裁员	
	• 减少贷款额度	
	• 推迟资本支出和非必要支出	
	• 研究与开发活动减少	
复苏阶段和扩张阶段	• 订单增加，销售上升	• 贷款需求增加，贷款总量上升
• 消费者消费增加	• 由于在复苏阶段的早期，生产能力过剩，很小的额外成本就可以使产量大幅增长，这一时期利润增长幅度最大	• 复苏阶段，银行间激烈竞争，一些银行不良贷款增加
• 利率先是维持在较低水平，然后开始渐渐上升	• 资产负债表流动性增强	• 良好的经济前景令一些商业银行忽略风险
	• 存货和应收款增加	
	• 产量增加，成本效益逐渐显现出来	
	• 先前被延迟的一些资本支出投资和其他投资计划获得批准	
	• 企业招收新员工	
	• 新产品上市	
	• 企业增加研发投入	

(6) 行业进入壁垒

在任何行业中，企业都会为了保护自己的利润而阻止潜在的竞争者进入它们所参与的市场。进入壁垒是指行业内既存企业对于潜在企业和刚刚进入这个行业的新企业所具有的某种优势。换言之，是指想进入或者刚刚进入这个行业的企业与既存企业竞争时可能遇到的种种不利因素。进入壁垒具有保护行业内现有企业的作用，也是潜在竞争者进入市场时必须首先克服的困难。"进入壁垒"是波特五力模型中的一个，它的存在降低了竞争者进入市场的频率，因为进入壁垒可以理解为打算进入某一行业的企业所必须承担的一种额外生产成本。

(7) 行业政策法规

政策法规主要包括防污控制、水质、产品标准、保护性关税或者是价格控制等。不论是国家性的还是地区性的政策法规都随时可能发生变化，这就在商业环境中制造了很大的不确定性和行业风险。贷款企业受政策法规的影响程度决定了风险水平，企业受政策法规的影响越大，风险越大。

例题11 波特认为有5种力量决定整个市场或其中任何一个细分市场的长期的内在吸引力。下列选项不属于这5个群体的是(   )。(单项选择题)

A. 同行业竞争者和潜在的新加入的竞争者　　B. 替代产品

C. 政府　　　　　　　　　　　　　　　　D. 购买者和供应商

答案 C

解析 波特五力分析模型是用来分析企业所在行业竞争特征的一种有效的工具，它认为行业中存在着决定竞争规模和程度的5种力量，这5种力量综合起来影响着产业的吸引力。该模型中涉及的5种力量包括：新进入者进入壁垒、替代品的威胁、买方议价能力、卖方议价能力以及现存竞争者之间的竞争。

例题12 竞争性进入威胁的严重程度取决于(   )。(单项选择题)

A. 进入新领域的障碍大小与预期现有企业对于进入者的反应情况

B. 替代品的威胁

C. 买方的讨价还价能力

D. 供方的讨价还价能力

答案 A

解析 竞争性进入威胁的严重程度取决于两方面的因素，这就是进入新领域的障碍大小与预期现有企业对于进入者的反应情况。

例题13 某企业的产品销售量很小，但其价格高昂。那么这个企业很可能处于(   )。(单项选择题)

A. 启动阶段　　　B. 成长阶段　　　C. 成熟阶段　　　D. 衰退阶段

答案 A

解析 启动阶段行业的销售特点是价格比较高，销售量很小。

例题14 处于成长阶段的行业通常年增长率会(   )。(单项选择题)

A. 达到100%以上　　B. 超过20%　　　C. 5%～10%之间　　　D. 下降

答案 B

解析 处于启动阶段的行业年增长率可以达到100%以上；处于成长阶段的行业通常年增长率会超过20%；处于成熟阶段的行业增长率较为稳定，一般年增长率在5%～10%之间；处于衰退阶段的行业的共同点是销售额在很长时间内都是处于下降阶段。

例题15 价格竞争一般会出现在(　　)。(单项选择题)

A. 启动阶段末期　　　　　　　　　　B. 成长阶段末期

C. 成熟阶段末期　　　　　　　　　　D. 衰退阶段末期

答案 B

解析 在成长阶段的末期，行业中也许会出现一个短暂的"行业动荡期"。这一时期，很多企业可能为了生存而发动"价格战争"，采取大幅度打折的策略，否则它们将面临着被淘汰的危险。对于固定资产很高或者其他方面需要高投资的行业来说，出现"价格战争"的现象更为普遍。

例题16 高经营杠杆行业的特征不包括(　　)。(单项选择题)

A. 其产品平均成本随着生产量的增加迅速下降

B. 在经济增长、销售上升时，其增长速度要比低经营杠杆行业缓慢得多

C. 其销售量对营业利润的影响相对低经营杠杆行业更大

D. 高经营杠杆通常会产生较高的信用风险

答案 B

解析 在经济增长、销售上升时，高经营杠杆行业的增长速度要比低经营杠杆行业的增长速度快得多。

例题17 在下列哪种情况下，行业内竞争比较激烈? (　　)(单项选择题)

A. 行业进入导入期　　　　　　　　　B. 行业进入壁垒高

C. 资本运作比较频繁期　　　　　　　D. 行业退出市场成本高

答案 D

解析 行业退出市场的成本越高，竞争程度越大。例如在固定资产较多，并且很难用于生产其他产品的资本密集型行业，企业通常不会轻易选择退出市场。在经济周期达到低点时，企业之间的竞争程度达到最大。在营运杠杆较高的行业，这一情况更为严重。

例题18 下列关于启动阶段行业的说法，正确的是(　　)。(多项选择题)

A. 企业管理者一般都缺乏行业经验　　B. 资金应当主要来自商业银行

C. 由于价格比较高，导致销售量很小　　D. 销售量低而成本相对很高

E. 现金流为正值

答案 ACD

解析 由于启动阶段的企业将来获得成功的概率很难估算，所以这一阶段的资金应当主要来自于企业所有者或者风险投资者，而不应该是来自商业银行，B项错误。启动阶段行业的低销售、高投资和快速的资本成长需求造成现金流也为负值，E项错误。

例题19 在固定成本较高的行业中，经营杠杆及其产生的信用风险也较高。(判断题)

答案 √

解析 在固定成本较高的行业中，经营杠杆及其产生的信用风险也较高。

考点5 行业风险评估工作表

1. 行业风险评估工作表的主要内容

商业银行可以通过使用行业风险评估工作表来综合考虑行业风险。行业风险评估工作表通常包括以下内容：

(1) 行业名称。在填写行业名称的时候，应当考虑到行业的定义。在必要的情况下，应该分析行业中的细分市场。

(2) 行业分析框架中所列举的7项潜在风险及每个风险对应的程度。风险程度分为7类和10个级别。风险程度的划分并不是一成不变的，一些行业风险评级模型级别或许会少于10个级别，但大多模型都会包括5~8个级别。

(3) 整体行业风险评估。

2. 注意事项

(1) 在确定行业定义的时候，应尽可能地明确行业的性质，在必要情况下，将行业划分为细分市场。

(2) 某些企业的主营业务可能不仅仅局限于一个行业。这时，商业银行应当对涉及的每个行业均使用独立的风险评估表。

(3) 不同的评估人员在评定风险级别时也许会有不同的意见。这种情况较为常见，这时评估人员应当进行讨论，并最终给出精确的风险级别。

(4) 当评估人员无法精确地判断风险级别时，可以同时用两个级别，并且在风险评估表中同时标记出两个级别。

(5) 在确定行业整体风险的时候，并不是简单地将评估出来的7项风险进行平均，而是应当根据所有风险级别作出整体评价。

在实际应用中，风险评估表并不是行业风险分析的最后一步。评估人员在进行其他方面的信贷分析时，应当同时继续调查与行业风险相关的资料，一旦发现相关重要信息，这时应当将所获信息与之前的资料相结合，然后对行业风险作出重新评估。

例题20 行业风险评估工作表的内容包括( )。(多项选择题)

A. 行业名称 　　　　　　　　　　B. 行业分析框架中的7项潜在风险
C. 每个风险对应的程度 　　　　　D. 行业整体风险

答案 ABCD

解析 行业风险评估工作表通常包括以下内容：①行业名称；②行业分析框架中所列举的7项潜在风险及每个风险对应的程度；③整体行业风险评估。

第3节 同步强化训练

一、单项选择题

1. ( )是指某一行业内企业的固定成本和可变成本之间的比例。

A. 财务报表结构　　　　B. 成本结构　　　　C. 经营杠杆　　　　D. 盈亏平衡点

2. A银行2008年因实行全球化战略,斥资5亿元进入美国信贷市场。2009年3月18日,美联储宣布增购抵押债券、机构债券与长期国债,导致美元大幅贬值,如按新汇率换算,A银行投资美国资产缩水到4.8亿元,A银行所遭遇的风险属于( )。

A. 利率风险　　　　B. 汇率风险　　　　C. 社会风险　　　　D. 清算风险

3. 信贷经营中,对区域风险影响最大、最直接的因素为( )。

A. 区域自然条件　　　　　　　　B. 区域市场化程度与法制框架

C. 区域产业结构　　　　　　　　D. 区域经济发展水平

4. 一般来说,新兴产业在发展期收益( ),风险( )。

A. 低;小　　　　B. 低;大　　　　C. 高;大　　　　D. 高;小

5. 下列关于衡量区域信贷资产质量的内部指标,说法正确的是( )。

A. 利息实收率主要用于衡量目标区域盈利能力

B. 信贷余额扩张系数过大或过小都可能导致信贷风险上升

C. 不良率变幅大于1时,表明区域风险下降;小于1时,表明区域风险上升

D. 信贷资产相对不良率为正时,说明目标区域信贷风险高于银行一般水平

6. 根据波特五力模型,一个行业的( )时,该行业风险较小。

A. 进入壁垒高　　　　　　　　B. 替代品威胁大

C. 买卖方议价能力强　　　　　　D. 现有竞争者的竞争能力强

7. 在行业发展的四阶段模型中,"行业动荡期"一般会出现在( )。

A. 启动阶段　　　　B. 成长阶段　　　　C. 成熟阶段　　　　D. 衰退阶段

8. 2009年,美国的B银行有资产2000万美元,负债5000万美元,均为浮动利率型,后因市场利率上升3个百分点,导致该银行资产收益增加60万美元(3%×2000万)、负债支付增加150万美元(3%×5000万),从而银行利润减少了90万美元(60-150),此时B银行遭遇的是( ),属于( )。

A. 汇率风险;国别风险　　　　　　B. 经济风险;区域风险

C. 利率风险;国别风险　　　　　　D. 清算风险;市场风险

9. 在经济周期经过顶峰后,企业出现突如其来的销售增长下滑,这时( )。

A. 企业需要增加存货来增加资产持有

B. 即使出现了经济衰退,企业的信用度也不会下滑

C. 离最终的经济停滞甚至经济下滑还有很长一段时间

D. 信贷人员应等到经济出现负增长时才开始应对信贷风险

10. 一般来说，某区域的市场化程度越(   )，区域风险越低；信贷平均损失比率越(   )，区域风险越低。

    A. 高；高　　　　　B. 高；低　　　　　C. 低；高　　　　　D. 低；低

11. 银行信贷专员小王在运用相关指标对B区域风险状况进行分析时，发现该银行的信贷资产相对不良率小于1、不良率变幅为负、贷款实际收益率较高。如果小王仅以以上信息来判断，则该区域风险(   )。

    A. 较大，不适合发展信贷业务

    B. 较小，可发展信贷业务

    C. 根据前两项指标判断，信贷资产质量较差，导致区域风险较大；以第三项判断，盈利性较高，区域风险较小

    D. 根据前一项指标判断，信贷资产质量较差，区域风险较大；以第二、第三项判断，信贷区域风险较小

12. 下列关于区域经济政策对信贷风险的影响，说法正确的是(   )。

    A. 通常国家重点支持地区的信贷风险相对较低

    B. 国家重点发展区域之外的地区，银行贷款风险较高

    C. 在评价区域政策时，应充分重点吸收学者专家的意见

    D. 在评价区域政策时，要把握银行战略导向，有计划而为

13. 下列关于区域市场化程度和法制框架对信贷风险的影响，说法正确的是(   )。

    A. 市场的成熟完善与否，间接影响到区域发展的快慢

    B. 通常情况下，市场化程度越高，区域风险越高

    C. 不同区域的法律制度体系完善程度不同，但其对区域风险的影响大同小异

    D. 法律制度框架完善的区域，贷款回收能得到有效保障，区域风险相对较低

14. 下列关于行业风险分析框架中成本结构的说法，正确的是(   )。

    A. 指某一行业内长期成本与短期成本的比例

    B. 企业固定成本主要指原材料、广告费用等

    C. 经营杠杆较低行业成功的关键在于保持较高的销售量和维持市场占有率

    D. 行业的经营杠杆越高，行业风险(信用风险)越高

15. 下列选项中，不属于度量银行风险内控管理水平指标的是(   )。

    A. 信贷资产质量　　B. 稳定性　　　　C. 盈利性　　　　D. 流动性

16. A银行2007年以购买国债的方式向冰岛政府贷款1000万欧元，2年后到期。到2009年，冰岛在全球经济危机中面临"国家破产"，无法按时归还A银行本息，此种风险属于(   )。

    A. 清算风险　　　　B. 利率风险　　　C. 流动性风险　　D. 主权风险

17. 下列各项中，反映区域信贷资产质量的指标是(   )。

    A. 信贷平均损失比率　B. 流动比率　　C. 存量存贷比率　D. 增量存贷比率

18. 关于波特五力模型中购买者讨价还价能力的正确表述是(   )。

    A. 供应方能够实行前向战略整合时，购买者的讨价还价的能力较强

    B. 购买者能够实行后向战略整合时，购买者的讨价还价的能力较强

    C. 供应方所提供的产品占购买者产品总成本的较大比例时，购买者的讨价还价的能力较强

    D. 购买者的总数较多且单个购买者的购买量较小时，购买者的讨价还价的能力较强

二、多项选择题

1. 进入壁垒( )。

A. 是行业内既存企业对于潜在企业和刚刚进入这个行业的新企业所具有的某种优势

B. 是想入或者刚刚进入某个行业的企业与既存企业竞争时可能遇到的种种不利因素

C. 是打算进入某一行业的企业所必须承担的一种额外成本

D. 影响该行业市场垄断和竞争关系

E. 都是长期的、可持续的

2. 下列关于经济周期对行业风险的影响的说法，正确的有( )。

A. 生产必需品的行业不受经济周期的影响

B. 经济周期敏感性越高的行业，其风险度通常越高

C. 周期性行业在经济的衰退阶段会出现信贷风险的增加

D. 较严重的衰退或萧条阶段可能造成大量企业破产

E. "反周期性行业"在经济衰退阶段的业务好于扩张阶段

3. 下列关于盈亏平衡点的说法，正确的有( )。

A. 盈亏平衡点是某一企业销售收入与成本费用相等的那一点

B. 当销售收入在盈亏平衡点以上时，企业要承受损失

C. 高经营杠杆行业中的企业的盈亏平衡点普遍较高

D. 盈亏平衡点越高，影响盈利水平的风险越小

E. 盈亏平衡点较低，销售下滑对利润的影响通常也相对较小

4. 下列关于替代品的说法，正确的有( )。

A. 替代品可能来自于海外市场

B. 某行业的替代品对需求和价格的影响越强，行业的风险就越小

C. 来自于其他行业的替代品的竞争不利会影响价格，还会影响到消费者偏好

D. 消费者购买来自于另一行业的替代品的"品牌转换成本"越低，行业的风险就越大

E. 替代品的潜在威胁对行业销售和利润的影响在波特五力分析法里有所反映

5. 成长阶段的企业( )。

A. 代表着最低的风险   B. 现金和资本需求非常大

C. 可能出现偿付问题   D. 产品已实现标准化并被大众所接受

E. 成功率最高

6. 成熟阶段行业的销售、利润和现金流的特点包括( )。

A. 产品价格继续下跌，销售额增长速度开始放缓

B. 产品更多地倾向于特定的细分市场，产品推广成为影响销售的最主要因素

C. 利润在这一阶段达到最大化

D. 资产增长加快

E. 营业利润创造连续而稳定的现金增值

7. 下列关于启动阶段行业的说法，正确的有( )。

A. 企业管理者一般都缺乏行业经验   B. 资金应当主要来自商业银行

C. 由于价格比较高，导致销售量很小　　　　　　D. 销售量低而成本相对很高

E. 现金流为正值

8. 下列关于新进入者进入壁垒的说法，正确的有(　　)。

A. 竞争性进入威胁的严重程度取决于两方面的因素：进入新领域的障碍大小与预期现有企业对于进入者的反映情况

B. 进入障碍主要包括规模经济、产品差异、资本需要、转换成本、销售渠道开拓、政府行为与政策、不受规模支配的成本劣势、自然资源、地理环境等方面

C. 进入障碍都可以很容易地通过复制或仿造来突破

D. 预期现有企业对进入者的反映情况主要取决于有关厂商的财力情况、报复记录、固定资产规模、行业增长速度等

E. 新企业进入一个行业的可能性大小，取决于进入者主观估计进入所能带来的潜在利益、所需花费的代价与所要承担的风险这三者的相对大小情况

9. 根据竞争与垄断关系的不同，市场通常可分为(　　)等几种类型。

A. 完全竞争　　　　　　B. 垄断竞争　　　　　　C. 竞争垄断

D. 寡头垄断　　　　　　E. 完全垄断

10. 制约行业的内部因素包括(　　)。

A. 国民经济　　　　　　B. 生产经营管理水平　　C. 现金流量和资金成本

D. 产业发展周期　　　　E. 产业链位置

11. 下列关于区域风险的说法，正确的有(　　)。

A. 银行管理水平因素可能导致区域风险

B. 分析区域风险要判断信贷资金的安全会受到哪些因素影响

C. 特定区域的自然、社会、经济和文化都会影响区域风险

D. 分析某个特定区域的风险时，要判断什么样的信贷结构最恰当

E. 分析某个特定区域的风险时，要判断风险成本收益能否匹配

12. 在世界著名金融杂志《欧洲货币》提出的计算国别风险的方法中，关于计算公式 $A-[A/(B-C)]\times(D-C)$ 的说法，正确的有(　　)。

A. A 是范畴权重　　　　B. B 是范围内的最高值，C 是范围内的最低值

C. D 是个体值　　　　　D. 在债务指标和违约债务的计算中，B 的权重为0

E. 在债务指标和违约债务的计算中，C 的权重为0

13. 在计算国别风险时，一般都采用风险因素加权打分方法，其优点包括(　　)。

A. 可以将难以定量的风险量化　　　　　　B. 基本不受主观影响

C. 评价结果准确　　　　　　　　　　　　D. 可将不同国别风险进行比较

E. 计算过程简单

14. 下列关于评价信贷资产质量的指标的说法，正确的有(　　)。

A. 信贷平均损失比率从静态上反映了目标区域信贷资产整体质量

B. 信贷资产相对不良率小于1时，说明目标区域信贷风险低于银行一般水平

C. 不良率变幅为负时，说明资产质量下降

D. 利息实收率用于衡量目标区域信贷资产的收益实现情况

E. 加权平均期限用于衡量目标区域信贷资产的期限结构

15. 影响行业风险的因素有(   )。

A. 经济周期　　　　　　B. 产业发展周期　　　　C. 产业组织结构

D. 地区生产力布局　　　E. 产业链的位置

16. 波特五力模型中的5种力量包括(   )。

A. 新进入者进入壁垒　　B. 替代品的威胁　　　　C. 买方的讨价还价能力

D. 供方的讨价还价能力　E. 现有竞争者的竞争能力

17. 下列情况中，意味着行业现有企业之间竞争加剧的有(   )。

A. 行业进入障碍较高

B. 市场趋于成熟，产品需求增长缓慢

C. 竞争者企图采用降价等手段促销

D. 竞争者提供几乎相同的产品或服务，用户转换成本很低

E. 行业退出障碍较低

18. 处于成长阶段的行业特点包括(   )。

A. 产品已经形成一定的市场需求

B. 相应的产品设计和技术问题已经得到有效的解决，并广泛被市场接受

C. 已经可以运用经济规模学原理来大规模生产

D. 由于竞争和生产效率的增加，产品价格出现下降

E. 产品和服务有较强的竞争力

19. 处于启动阶段的行业(   )。

A. 代表着最高的风险　　　　　　　　B. 有大量的现金需求

C. 偿付能力较弱　　　　　　　　　　D. 对风险投资者有较强的吸引力

E. 对银行有较强的吸引力

20. 下列关于行业内竞争程度的说法，正确的有(   )。

A. 具有行业分散特征的行业竞争更为激烈　　B. 较低的经营杠杆增加竞争

C. 市场成长越迅速，竞争程度越大　　　　　D. 退出市场的成本越高，竞争程度越大

E. 在行业发展阶段的前期，竞争较为激烈

三、判断题

1. 新进入者是否进入一个行业取决于他对进入行业花费的成本、收益及潜在收益的主观评价。(   )

2. 低经营杠杆企业一般对销售量比较敏感，其信用风险也相对较高。(   )

3. 一般来说，行业内竞争程度在行业发展阶段后期、在经济周期达到高点时，竞争程度较大。(   )

4. 在行业成熟度划分的4个不同阶段，只有在成长期和成熟期银行有贷款机会。(   )

5. 在区域风险分析当中，银行必须重视对区域政府行为的分析，重视对区域产业政策合理性的判断。(   )

6. 区域风险一般由区域自然条件、社会条件等导致，因而只需从外部因素分析区域风险即可。(   )

7. 受政策法规影响较大的企业，其风险较小。(   )

8. 盈亏平衡点的高低与企业的经营杠杆无关。(   )

9. 若某行业几乎所有成本都是变动成本，在达到收支平衡点后，销售每增加一个单位，营业利润就会增加几乎相同的单位。( )

10. 一个行业的成熟期有可能持续几年甚至几十年，然后它会慢慢衰退；也有可能由于科学技术、消费者需求、产品成本等出现较大改变而重新复苏。( )

11. 行业成熟度模型中的四阶段模型认为行业发展的4个阶段是启动阶段、初级阶段、成长阶段、成熟阶段。( )

12. 如果买方拥有讨价还价能力，则购买者可以影响供方行业中现有企业的盈利能力。( )

13. 行业壁垒是指新企业在进入该行业时所遇到的有利因素。( )

14. 行业风险是指由于一些不确定因素的存在，导致对某行业生产、经营、投资或授信后偏离预期结果而造成损失的可能性。( )

15. 体现银行内控能力常用的内部指标包括3个方面：信贷资产质量、盈利性和流动性。( )

16. 采用世界市场研究中心的方法计算国别风险时，分值越小风险越高。( )

17. 用PRS集团的计算方法计算国别风险时，如果分值在0～50分之间，则说明风险非常高。( )

18. 信贷资产的流动性越高，区域风险越小。( )

19. 行业风险管理运用相关指标和数学模型等多个方面的风险因素，全面反映行业的周期性风险、成长性风险、产业关联度风险、市场集中度风险、行业壁垒风险、宏观政策风险。( )

答案与解析

一、单项选择题

1. 答案与解析　B

成本结构指的是某一行业内企业的固定成本和可变成本之间的比例。

2. 答案与解析　B

国别风险(表现为利率风险、清算风险、汇率风险)与其他风险不是并列的关系，而是一种交叉关系。在国别风险之中，可能包含着信用风险、市场风险或流动性风险中的任意一种或者全部。

3. 答案与解析　D

对信贷经营来说，经济发展水平是对区域风险影响最大、最直接的因素。

4. 答案与解析　C

新兴产业在发展期收益高，但风险大。

5. 答案与解析　B

可参照考点2"2.内部因素分析"知识点。

6. 答案与解析　A

在进入壁垒较高的行业，企业面临的竞争风险较小，它们维持现有高利润的机会就越大。

7. 答案与解析　B

在成长阶段的末期，行业中也许会出现一个短暂的"行业动荡期"。

8. 答案与解析　C

国别风险(表现为利率风险、清算风险、汇率风险)与其他风险不是并列的关系，而是一种交叉关系。在国别风险之中，可能包含着信用风险、市场风险或流动性风险中的任意一种或者全部。

9. 答案与解析　C

经济周期中破坏最大的时候往往是经济增长刚刚开始下滑的时候，这离最终的经济停滞甚至经济下滑还有很长一段时间。

10. 答案与解析　B

通常情况下，市场化程度越高，区域风险越低。良好的市场体系能产生正确的市场信号引导投资，引导企业管理经营活动，降低交易成本，提高投资效益，实现资源的优化配置。

11. 答案与解析　B

信贷资产相对不良率的指标大于1时，说明目标区域信贷风险高于银行一般水平。不良率变幅指标为负，说明资产质量上升，区域风险下降。所以，小王仅以以上信息来判断，该区域风险较小，可发展信贷业务。

12. 答案与解析　A

通常，国家重点支持地区能够享受较多优惠政策，当地投资项目较充足，各种配套设施齐全，信贷风险相对较低。在国家重点发展区域之外的地区，如果当地经济基础和发展条件欠佳，银行贷款安全就可能受到一定威胁。

在对区域政策进行评价时，应深入分析国家和地方区域发展政策及其具体措施，充分吸收政府有关部门的专家意见。在此基础上，及时准确地把握国家和地方区域经济政策导向，顺势而为。

13. 答案与解析　D

市场的成熟和完善与否，直接影响到投资环境的优劣和区域发展的快慢。通常情况下，市场化程度越高，区域风险越低。

14. 答案与解析　D

在固定成本较高的行业中，经营杠杆及其产生的信用风险也较高；经营杠杆及其产生的信用风险在生产过程中通常会逐渐上升，由制造到批发再到零售。

15. 答案与解析　B

银行自身的风险内控管理水平对信贷资产质量也具有重要影响。风险内控能力通常会体现在银行的经营指标和数据上，因此可选取一些重要的内部指标来进行分析。常用内部指标包括3个方面：信贷资产质量(安全性)、盈利性和流动性。

16. 答案与解析　D

国别风险比主权风险或政治风险的概念更宽，因为主权风险仅指对某一主权国家政府贷款可能遇到的损失及收益的不确定性，而这只是国别风险分析的一部分。

17. 答案与解析　A

信贷平均损失比率。用于评价区域全部信贷资产的损失情况，指标越高，区域风险越大。

该指标从静态上反映了目标区域信贷资产整体质量。

18. 答案与解析　B

参照考点4"1.波特五力模型"知识点。

二、多项选择题

1. 答案与解析　ABCD

参照考点4"2.(6)行业进入壁垒"知识点。

2. 答案与解析　BCDE

并不是所有生产必需品的行业都是非周期性，它们中的大多数还是会不同程度地受到经济周期的影响。

3. 答案与解析　ACE

当销售收入在盈亏平衡点以下时，企业将要承受损失；如果盈亏平衡点较高，很小的销售下滑便有可能会导致较大的利润下滑。反过来说，盈亏平衡点越低，影响盈利水平的风险越小。

4. 答案与解析　ACDE

替代品或者服务对需求和价格的影响越强，风险就越高。

5. 答案与解析　BC

成长阶段的企业代表中等程度的风险，但是这一阶段也同时拥有所有阶段中最大的机会，因为现金和资本需求非常大。连续不断地销售增长和产品开发将会导致负的并且不稳定的经营现金流，从而引发了偿付风险。

6. 答案与解析　ABCE

成熟阶段 资产增长放缓。

7. 答案与解析　ACD

资金应当主要来自企业所有者或者风险投资者，而不应该是来自商业银行。现金流为负值。

8. 答案与解析　ABDE

这其中有些障碍是很难借助复制或仿造的方式来突破的。

9. 答案与解析　ABDE

根据竞争程度不同，通常分为完全竞争、垄断竞争、寡头垄断和完全垄断4种不同类型。

10. 答案与解析　BCD

在现实中，投资和经营任何一个行业都存在风险，因为行业是组成国民经济的基本元素，它会受到企业自身规模效益、生产经营管理水平、现金流量和资金成本以及产业发展周期和市场需求等行业内部因素的制约。

11. 答案与解析　ABCDE

分析一个特定区域的风险，关键是要判断信贷资金的安全会受到哪些因素影响，什么样的信贷结构最恰当，风险成本收益能否匹配等。相对于自然环境、经济水平等外在因素，银行内部管理的差异和影响也非常重要，再好的外部区域环境，如果没有良好的信贷管理，也很难获得预期的效果。

12. 答案与解析　ACE

可参照考点1"2.衡量国别风险的方法"知识点。

13. 答案与解析　AD

可参照考点1"2.衡量国别风险的方法"知识点。

14. 答案与解析　ABDE

不良率变幅指标为负，说明资产质量上升。

15. 答案与解析　ABCDE

5个选项均属于影响行业风险的因素。

16. 答案与解析　ABCDE

5种力量包括：新进入者进入壁垒、替代品的威胁、买方议价能力、卖方议价能力以及现存竞争者之间的竞争。

17. 答案与解析　BCD

一般来说，出现下述情况将意味着行业中现有企业之间竞争的加剧：行业进入障碍较低，势均力敌竞争对手较多，竞争参与者范围广泛；市场趋于成熟，产品需求增长缓慢；竞争者企图采用降价等手段促销；竞争者提供几乎相同的产品或服务，用户转换成本很低。

18. 答案与解析　ABCDE

5个选项均属于处于成长阶段的行业特点。

19. 答案与解析　ABCD

行业分散是指一个行业中拥有大量数目的竞争企业，这种行业的竞争较激烈。

20. 答案与解析　AD

竞争越激烈，企业面临的不确定性越大，企业的经营风险就越大，借款银行所要承担的信用风险就越大。退出市场的成本越高，竞争程度越大。

三、判断题

1. 答案与解析　×

新企业进入一个行业的可能性大小，取决于进入者主观估计进入所能带来的潜在利益、所需花费的代价与所要承担的风险这三者的相对大小情况。

2. 答案与解析　×

低经营杠杆行业的变动成本占较高比例，在经济恶化或者销售量降低的情况下，这些行业可以较快和较容易地减少变动成本，以保证盈利水平。

3. 答案与解析　×

同一行业中的企业竞争程度在不同的行业中区别很大。处于竞争相对较弱的行业的企业短期内受到的威胁就较小，反之则相反。

4. 答案与解析　×

在行业成熟度中划分的4个不同阶段，银行都有贷款机会。

5. 答案与解析　√

区域政府行为和政府信用分析必须重视对区域政府行为的分析，重视对区域产业政策合理性的判断。

6. 答案与解析　×

自然条件因素是区域经济发展的重要影响因素，分析它的差异性有助于判断其对区域风险的影响。

7. 答案与解析　　×

贷款企业受政策法规的影响程度决定了其风险水平，企业受政策法规的影响越大，风险越大。

8. 答案与解析　　×

当销售收入在盈亏平衡点以下时，企业将要承受损失；在盈亏平衡点以上时，企业创造利润。盈亏平衡点与经营杠杆有着直接的联系

9. 答案与解析　　√

在达到收支平衡点后，销售每增加一个单位，营业利润就会增加几乎相同的单位，因为不管生产量有多大，成本都几乎没有变化。

10. 答案与解析　　√

成熟阶段中的内容。

11. 答案与解析　　×

行业发展的4个阶段为启动阶段或初级阶段、成长阶段、成熟阶段、衰退阶段。

12. 答案与解析　　√

购买者主要通过其压价与要求提供较高的产品或服务质量的能力，来影响行业中现有企业的盈利能力。

13. 答案与解析　　×

行业壁垒，即行业进入壁垒，指行业内已有企业对准备进入或正在进入该行业的新企业所拥有的优势，或者说是新企业在进入该行业时所遇到的不利因素和限制。

14. 答案与解析　　√

考查的是行业风险的概念。

15. 答案与解析　　√

体现银行内控能力常用的内部指标：信贷资产质量、盈利性和流动性。

16. 答案与解析　　×

采用世界市场研究中心的方法计算国别风险时，分值越大风险越高。

17. 答案与解析　　√

分值在0～50分之间，代表风险非常高；而85～100分则代表风险非常低。

18. 答案与解析　　×

信贷资产的流动性越高，区域风险越大。

19. 答案与解析　　√

行业风险管理运用相关指标和数学模型等多个方面的风险因素，全面反映行业的周期性风险、成长性风险、产业关联度风险、市场集中度风险、行业壁垒风险、宏观政策风险。

第5章

借款需求分析

借款需求与还款能力和风险评估紧密相连，是决定贷款期限、利率等要素的重要因素，因此，银行为了作出合理的贷款决策，通常需要采用一定的分析方法对借款公司的借款需求进行分析，从而判断公司借款需求的本质。

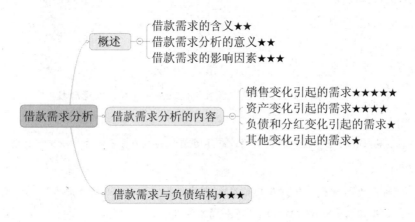

第1节 概述

考点1 借款需求的含义

借款需求是指公司由于各种原因造成了资金的短缺，即公司对现金的需求超过了公司的现金储备，从而需要借款。

借款需求与借款目的是两个紧密联系，但又相互区别的概念。借款需求指的是公司为什么会出现资金短缺并需要借款。借款需求的原因可能是由于长期性资本支出以及季节性存货和应收账款增加等导致的现金短缺。因此，公司的借款需求可能是多方面的。而借款目的主要是指借款用途，一般来说，长期贷款用于长期融资，短期贷款用于短期融资。

例题1 下列关于借款需求与借款目的说法中，正确的是( )。(单项选择题)

A. 公司的借款需求一般是单方面的

B. 借款目的是指公司由于各种原因造成了资金的短缺，即公司对现金的需求超过公司的现金储备，从而需要借款

C. 借款目的指的是公司为什么会出现资金短缺并需要借款

D. 借款需求与借款目的是两个紧密联系但又相互区别的概念

答案 D

解析 借款需求是指公司由于各种原因造成了资金的短缺，即公司对现金的需求超过了公司的现金储备，从而需要借款。借款需求与借款目的是两个紧密联系但又相互区别的概念。

例题2 借款需求和借款目的是两个紧密联系的概念，下列关于两者的说法，不正确的是( )。(单项选择题)

A. 借款需求是指公司对现金的需求超过了公司的现金储备，从而需要借款

B. 长期性资本支出会产生借款需求

C. 借款目的主要指借款用途

D. 一般来说，长期贷款可用于短期融资的目的

答案 D

解析 D项借款目的主要指借款用途，一般来说，长期贷款用于长期融资的目的，短期贷款用于短期融资的目的。

考点2 借款需求分析的意义

借款需求与还款能力和风险评估紧密相连，是决定贷款期限、利率等要素的重要因素。通过了解借款企业在资本运作过程中导致资金短缺的关键因素和事件，银行能够更有效地评估风险，更合理地确定贷款期限，并帮助企业提供融资结构方面的建议。

银行为了作出合理的贷款决策，通常需要对借款公司的借款需求进行分析。银行在对客户进行借款需求分析时，要关注企业的借款需求原因，即所借款项的用途，同时还要关注企业的还款来源以及可靠程度。实际上，在一个结构合理的贷款中，企业的还款来源与其借款原因应当是相匹配的，而这可以通过借款需求分析来实现。

有些情况下，借款公司根本不了解自己借款需求的本质原因，因此也就无法提供详细的贷款使用计划。在这种情况下，银行无法了解公司的真实借款需求原因以及借款需求是短期的还是长期的，因此，银行无法确定合理的贷款结构以及贷款利率。营运资金贷款就是一个典型的例子，借款公司通常把所有的短期资金不足都看做营运资金需求。然而，导致企业资金不足的原因除了表面上的流动性不足外，还可能会有更本质的原因。在这种情况下，银行只有通过借款需求分析，才能把握公司借款需求的本质，从而作出合理的贷款决策；否则，可能由于期限不匹配等原因导致公司无法按时还款，从而增加银行的贷款风险。

即使借款公司有明确的借款需求原因，比如存货融资、设备融资，借款需求分析仍然是非常必要的。原因就在于，虽然许多企业都通过先进的风险管理技术来控制企业面临的业务和行业风险，以使企业具有较高的盈利能力和市场竞争力，但是它们可能缺少必要的财务分析技术来确定资本运作的最佳财务结构，而银行可以通过借款需求的分析为公司提供融资方面的合理建议，这不但有利于公司的稳健经营，也有利于银行降低贷款风险。

综上可知，银行在受理贷款中，借款需求分析有利于银行进行全面的风险分析。

例题3 借款需求分析对银行的意义在于( )。(多项选择题)

A. 帮助银行有效地评估风险　　　　　　B. 帮助银行确定合理的贷款结构与贷款利率

C. 为公司提供融资方面的合理建议　　　D. 确定贷款总供给量　　　　E. 帮助银行增加盈利

答案 ABC

解析 贷款需求分析对银行的意义在于控制贷款风险，具体来说，就是帮助银行有效地评估风险，帮助银行确定合理的贷款结构与贷款利率，为公司提供融资方面的合理建议。

例题4 某企业向银行申请短期季节性融资，银行净借款需求分析，发现该企业比以往季节性融资时所持现金少很多，原因是该企业新近购买了一台长期设备，此时银行应向企业提供( )。(单项选择题)

A. 短期贷款

B. 长期贷款

C. 固定资产贷款

D. 长、短期贷款相结合的贷款

答案 D

解析 企业购买新设备导致的需求是其真正的资金需求，该企业除了短期季节性融资需求外，还需要长期的设备融资，相应银行应当使用短期贷款和长期贷款相结合的方式来满足公司贷款的不同需求。

考点3 借款需求的影响因素

无论是现金流量表、资产负债表还是利润表，都可以用来作为公司借款需求分析的基础，通过这些财务报表的分析，银行可以了解公司借款的原因。现金流量表是在资产负债表和利润表基础上所构建的，现金流量表将现金的使用和需求分为资产的增加、债务的减少和与现金使用相关联的因素3类。其中，与现金使用相关联的因素又包括营业支出、投资支出和融资支出。

同时，在进行借款需求分析时还应结合资产负债表和利润表。资产负债表和利润表的基本构成相对更容易用来分析企业的借款需求。当现金需求量上升且超过了企业当时所持有的现金量，则可以看做企业的潜在借款需求。现金的使用表明了公司的现金消耗，解释了公司缺少足够现金而产生融资需求的原因。总体来看，借款需求的主要影响因素包括季节性销售增长、长期销售增长、资产效率下降、固定资产重置及扩张、长期投资、商业信用的减少及改变、债务重构、利润率下降、红利支付、一次性或非期望性支出等。

从资产负债表看，季节性销售增长、长期销售增长、资产效率下降可能导致流动资产增加；商业信用的减少及改变、债务重构可能导致流动负债的减少。固定资产重置及扩张、长期投资可能导致长期资产的增加；红利支付可能导致资本净值的减少。从利润表来看，一次性或非预期的支出、利润率的下降都可能对企业的收入支出产生影响，进而影响到企业的借款需求。

例题5 从资产负债表看，可能导致长期资产增加的借款需求影响因素是( )。(单项选择题)

A. 季节性销售增长

B. 债务重构

C. 固定资产重置及扩张

D. 红利支付

答案 C

解析 固定资产重置及扩张、长期投资可能导致长期资产的增加。

例题6 从资产负债表看可能导致资本净值减少的借款需求影响因素是( )。(单项选择题)

A. 季节性销售增长

B. 债务重构

C. 固定资产重置及扩张

D. 红利支付

答案 D

解析 红利支付可能导致资本净值的减少。

例题7 从现金流量表看，与现金使用相关联的因素不包括( )。(单项选择题)

A. 营业支出　　　　B. 投资支出　　　　C. 融资支出　　　　D. 红利支付

答案　D

解析　现金流量表将现金的使用和需求分为资产的增加、债务的减少和与现金使用相关联的因素3类。其中，与现金使用相关联的因素又包括营业支出、投资支出和融资支出，不包括红利支付。

第2节　借款需求分析的内容

考点4　销售变化引起的需求

1. 季节性销售增长

存货和应收账款等资产的季节性增加需要现金去满足其增长的需要。以下是季节性资产增加的3个主要融资渠道，如图5.1所示：

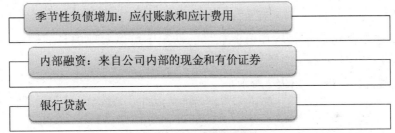

图5.1　主要融资渠道

通常情况下，季节性负债增加并不能满足季节性资产增长所产生的资金需求。在销售高峰期，应收账款和存货增长的速度往往要高于应付账款和应计费用增长的速度。当季节性资产数量超过季节性负债时，超出的部分需要通过公司内部融资或者银行贷款来补充，这部分融资称作营运资本投资。公司一般会尽可能地用内部资金来满足营运资本投资，如果内部融资无法满足全部融资需求，公司就会向银行申请短期贷款。银行贷款的还款来源主要是季节性资产减少所释放出的现金，如图5.2所示。

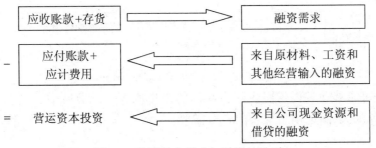

图5.2　公司现金需求与融资的关系

总之，通过对现金流的预测以及月度或季度的营运资本投资、销售和现金水平等的分析，银行可以获得如下信息：

(1) 决定季节性销售模式是否创造季节性借款需求，即公司是否具有季节性销售模式，如果有的话，季节性销售模式是否足以使公司产生季节性借款需求；

(2) 评估营运资本投资需求的时间和金额；

(3) 决定合适的季节性贷款结构及偿还时间表。

2. 长期销售增长

(1) 资产增长的模式

核心流动资产指的是在资产负债表上始终存在的那一部分流动资产。这部分资产应当由长期融资来实现。当一个公司的季节性销售收入和长期性销售收入同时增长时，流动资产的增长体现为核心流动资产和季节性资产的共同增长。

源自长期销售增长的核心流动资产增长必须由长期融资来实现，具体包括核心流动负债的增长或营运资本投资的增加。公司可以通过多种渠道获得资金满足运营资本投资需求，其中留存收益是支撑销售长期增长的重要资金来源。即使长期销售增长保持稳定不变，企业固定资产增长也应该遵循"阶梯式发展模式"。这部分用于支持长期销售增长的资本性支出(主要包括内部留存收益和外部长期融资)，其融资也必须通过长期融资实现。即使是利润率很高的公司，仅靠内部融资也很难满足持续、快速的销售收入增长需求。

(2) 可持续增长率的计算

可持续增长率是公司在没有增加财务杠杆的情况下可以实现的长期销售增长率，也就是说，主要依靠内部融资即可实现的增长率。

可持续增长率的假设条件如图5.3所示：

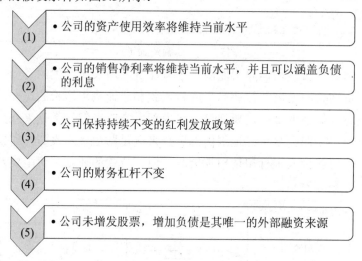

- (1) 公司的资产使用效率将维持当前水平
- (2) 公司的销售净利率将维持当前水平，并且可以涵盖负债的利息
- (3) 公司保持持续不变的红利发放政策
- (4) 公司的财务杠杆不变
- (5) 公司未增发股票，增加负债是其唯一的外部融资来源

图5.3 可持续增长率的假设条件

如果一个公司能够通过内部融资维持高速的销售增长，这意味着公司的利润水平要足够高，并且留存收益足以满足销售增长的资金需要。一个公司的可持续增长率取决于以下4个变量，如图5.4所示：

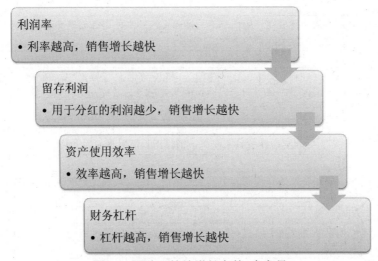

图5.4　影响可持续增长率的4个变量

可持续增长率的计算方法很多，这里给出一种简单的表达形式：

$$SGR=ROE\times RR/(1-ROE\times RR) \qquad 公式(5-1)$$

其中：SGR表示可持续增长率；ROE为资本回报率，即净利润与所有者权益的比率；RR为留存比率，RR=1-红利支付率。

在财务分析中，ROE可以分解为：利润率、资产效率和财务杠杆。因此，在前面提到的影响可持续增长率的4个因素中，利润率、资产效率、财务杠杆3个因素通过资本回报率(ROE)反映在公式(5-1)中，而剩余利润通过留存比率(RR)反映在公式(5-1)中。可见，公式(5-1)包含了前面提到的影响可持续增长率(SGR)的4个主要因素。

案例分析5-1

假设一家公司的财务信息如下：　　　　　　　　　　　　　　　　单位：万元

总资产	10 839	销售额	14 981
总负债	5973	净利润	786
所有者权益	4866	股息分红	304

根据以上信息可得：

　　ROE=净利润/所有者权益=786/4 866=0.16

　　红利支付率=股息分红/净利润=304/786=0.39

RR=1-红利支付率=1-0.39=0.61

$$SGR=\frac{ROE\times RR}{1-ROE\times RR}=\frac{0.16\times 0.61}{1-0.16\times 0.61}=0.11$$

由此可知，该公司在不增加财务杠杆的情况下，可以达到11%的年销售增长率，即这个公司通过内部资金的再投资可以实现11%的年销售增长率。因此，在利润率、资产使用效率和红利支付率不变的情况下，如果公司的销售增长率在11%以下，销售增长不能作为合理的借款原因；如果公司的销售增长率超过了11%，这时较高的销售增长率需要外部融资来实现，可以作为合理的借款原因。

(3) 可持续增长率的作用

通过对可持续增长率的分析，可以获得以下重要信息，这些信息与可持续增长率的4个影响因素有关，如图5.5所示：

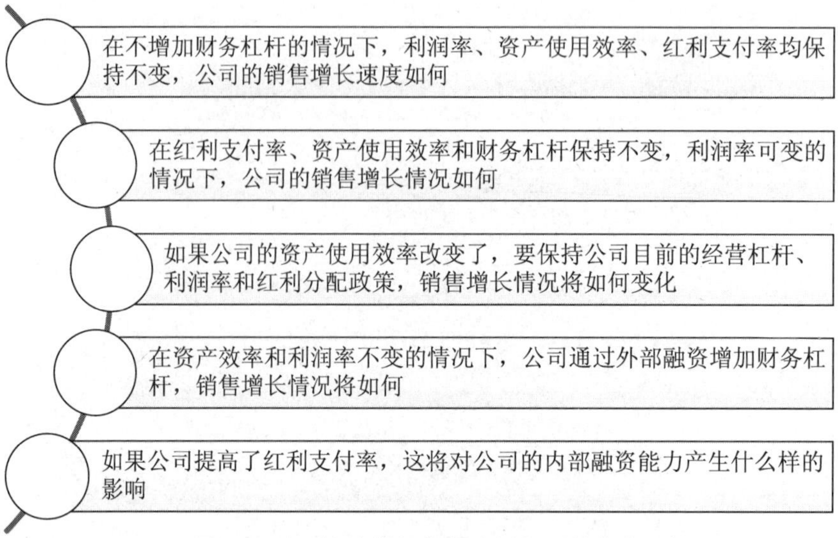

图5.5 对可持续增长率的分析得到的信息

如果公司的运营情况基本稳定，以上问题可以通过替代可持续增长率的4个影响因素或引入新的假设来衡量。为了分解并解释每个变量的变化影响，公式(5-1)中 ROE 可以分解为如下3个组成因子：

① 利润率，即净利润与销售收入的比率；

② 资产使用效率，即销售收入与总资产的比率；

③ 财务杠杆，即总资产与所有者权益的比率或1+负债/所有者权益。

由此，可以得到如下表达式：

ROE= 利润率×资产使用效率×财务杠杆

=(净利润/销售收入)×(销售收入/总资产)×(总资产/所有者权益)

银行通过对实际增长率和可持续增长率的趋势比较，作出合理的贷款决策：

① 如果实际增长率显著超过可持续增长率，那么，这时公司确实需要贷款；

② 如果实际增长率低于可持续增长率，那么，公司目前未能充分利用内部资源，银行不予受理贷款申请。

例题8 季节性资产增加的主要融资渠道不包括(   )。(单项选择题)

A. 季节性负债增加   B. 内部融资   C. 外部融资   D. 银行贷款

答案 C

解析 季节性资产增加的3个主要融资渠道：①季节性负债增加——应付账款和应计费用；②内部融资——来自公司内部的现金和有价证券；③银行贷款。

例题9 假设一家公司的财务信息如下：(单位：万元)(单项选择题)

总资产	销售收入	总负债	净利润	所有者权益	股利分红
2000	2500	1200	100	800	30

该公司的可持续增长率(*SGR*)为(   )。

A. 0.0875   B. 0.25   C. 0.096   D. 0.7

答案 C

解析 根据$SGR=ROE \times RR/(1-ROE \times RR)$，$ROE=100/800=0.125$，红利支付率$=30/100=0.3$，$RR=1-0.3=0.7$，$SGR=0.096$。

例题10 假设一家公司的财务信息同上题，在利润率、资产使用率和红利支付率不变时，销售增长可以作为合理的借款原因的情况是( )。(单项选择题)

A. 销售增长在9.6%以下　　　　　　B. 销售增长在8.75%以上

C. 销售增长在9.6%以上　　　　　　D. 以上皆错

答案 C

解析 经过计算，该公司在不增加财务杠杆的情况下，可达到9.6%的年销售增长率，即这个公司通过内部资金的再投资可以实现9.6%的年销售增长率。因此，在利润率、资产使用率和红利支付率不变时，如果公司的销售增长率在9.6%以下，销售增长不能作为合理的借款原因；如果公司的销售增长率在9.6%以上，销售增长可以作为合理的借款原因。

例题11 假设一家公司的财务信息同上题。公司通过银行借款增加了500万元的外部融资，所有者权益和红利分配政策保持不变。那么该公司的新增债务融资对公司维持销售增长的能力有何影响?( )(单项选择题)

A. 增加12.2%　　B. 降低12.2%　　C. 增加10.9%　　D. 降低10.9%

答案 A

解析 新增的500万元债务融资用于总资产投资，那么公司的总资产为2000+500=2500(万元)，资产使用效率(销售收入/总资产)仍为1.25，因此，由于总资产的增加，销售收入从2500万元增加到2500×1.25=3125(万元)，利润率(净利润/销售收入)仍为0.04，净利润从100万元增加到3125×0.04=125(万元)，留存比率保持不变仍为0.7，将以上数据代入SGR，得$SGR=0.122$。

例题12 如果公司实际增长率低于可持续增长率，银行是否会受理贷款申请? ( )(单项选择题)

A. 会　　　　B. 不会　　　　C. 不确定　　　　D. 以上皆错

答案 B

解析 银行通过对实际增长率和可持续增长率的趋势比较，可以作出合理的贷款决策：①如果实际增长率显著超过可持续增长率，那么，这时公司确实需要贷款；②如果实际增长率低于可持续增长率，那么，公司目前未能充分利用内部资源，银行不予受理贷款申请。

例题13 可持续增长率的假设条件有( )。(多项选择题)

A. 公司的资产周转率将维持当前水平

B. 公司的销售净利率将维持当前水平，并且可以涵盖负债的利息

C. 公司保持持续不变的红利发放政策

D. 公司的财务杠杆不变

E. 公司未增发股票，增加负债是其唯一的外部融资来源

答案 ABCDE

解析 可持续增长率是公司在没有增加财务杠杆情况下可以实现的长期销售增长率，即主要依靠内部融资便可实现的增长率。题中5项均是可持续增长率的假设条件。

例题14 下列关于计算可持续增长率的公式的说法，错误的是(　　)。(单项选择题)

A. ROE为资本回报率　　　　　　　　B. ROE是净利润与所有者权益的比率

C. RR为红利支付率　　　　　　　　　D. RR反映了剩余利润

答案 C

解析 可持续增长率的表达形式：$SGR = ROE \times RR/(1-ROE \times RR)$

其中：SGR表示可持续增长率；ROE为资本回报率，即净利润与所有者权益的比率；RR为留存比率，$RR=1-$红利支付率。

例题15 下列关于营运资本投资的说法，错误的是(　　)。(单项选择题)

A. 产生于季节性资产数量超过季节性负债时

B. 产生于季节性负债数量超过季节性资产时

C. 通过公司内部融资或者银行贷款来补充的融资

D. 公司一般会尽可能用内部资金来满足营运资本投资

答案 B

解析 当季节性资产数量超过季节性负债时，超出的部分需要通过公司内部融资或者银行贷款来补充，这部分融资称作营运资本投资。

例题16 在分析长期销售增长引起的借款需求时，银行应关注的内容有(　　)。(多项选择题)

A. 销售增长率是否稳定在一个较高的水平

B. 实际销售增长率是否明显高于可持续增长率

C. 经营现金流不足以满足营运资本投资和资本支出增长的需要

D. 公司月度和季度的营运资本投资变动情况

E. 公司月度和季度的销售额和现金收入水平变动情况

答案 ABC

解析 在分析长期销售增长引起的借款需求时，银行应关注以下内容。①判断持续的销售增长率是否足够高。②确定是否存在以下3种情况：销售收入保持稳定、快速的增长；经营现金流不足以满足营运资本投资和资本支出的增长；资产效率相对稳定，表明资产增长是由销售收入的增加，而不是效率的下降引起的。③确定若干年的"可持续增长率"并将其同实际销售增长率相比较。如果实际销售增长率明显高于可持续增长率，长期销售收入增长将产生借款需求。

例题17 季节性资产增加的主要融资渠道有(　　)。(多项选择题)

A. 季节性负债增加　　　B. 公司内部的现金和有价证券

C. 银行贷款　　　　　　D. 应收账款　　　　　E. 来自民间的借贷

答案 ABC

解析 季节性资产增加的3个主要融资渠道：①季节性负债增加，应付账款和应计费用；②内部融资，来自公司内部的现金和有价证券；③银行贷款。

考点5 资产变化引起的需求

1. 资产效率的下降

如果公司的现金需求超过了现金供给，那么资产效率下降和商业信用减少可能成为公司贷款的原因。公司经营周期的变化(包括暂时的和永久的)必然会要求企业增加额外的现金。通常，应收账款、存货的增加，以及应付账款的减少将形成企业的借款需求。

通过现金流分析方法，银行可以判断公司在上述方面的变化是否会引起现金需求。下面通过一个实例来解释如何将现金流分析方法运用到公司的借款需求分析中，如表5.1所示。

表5.1 现金流分析在借款需求分析中的应用

	第一年	第二年	第三年
销售收入(万元)	1800	2000	2150
商品销售成本(万元)	1050	1250	1400
应收账款(万元)	150	185	255
存货(万元)	260	415	345
应付账款(万元)	105	155	160
应收账款周转天数(天)	30.4	33.8	43.3
存货周转天数(天)	90.4	121.2	89.9
应付账款周转天数(天)	36.5	45.3	41.7
经营周期(天)	121	155	133
资金周转天数(天)	84	110	92

注：为了减小进一步计算中的舍入误差，周转天数精确到了小数点后一位。

应收账款周转天数延长对现金回收期会产生很大影响。从表5.1中可以看到，第三年应收账款的周转天数比第二年延长了近10天，这就意味着在这10天中这部分现金仍然由公司的客户持有，而不是由公司持有。因此，公司就必须从其他渠道获得现金以满足运营中对这部分现金的需求。

为了估计应收账款周转天数延长后的现金需求量，应当将周转天数的改变量与其他财务信息结合起来考虑：

第三年应收账款周转天数：$\dfrac{255}{2150} \times 365 = 43.3$(天)

第二年到第三年应收账款周转天数的增加$=43.3-33.8=9.5$(天)

利用应收账款周转天数的改变量(9.5天)把应收账款看做变量，即求解下式，可得：

$\dfrac{X}{2150} \times 365 = 9.5$，解得$X=56$(万元)

可见，由于应收账款周转天数的下降，使得应收账款额大约增加了56万元，增加的部分就需要通过其他融资渠道来补充才能保证企业在第三年的正常运转。而且，从第二年到第三年应收账款的实际增长量是70万元，56万元只是应收账款在原来基础上的增长量，另外还有14万元是由于销售增长引起的。具体可通过如下步骤获得：

从第二年到第三年，销售收入从2000万元增加到了2150万元，增长了7.5%；这一时期，期初的应收账款额是185万元；因此，由于销售收入增加导致的应收账款增加额为$185 \times 7.5\% = 13.9$(万元)。可见，单独由销售收入增加引起的应收账款增加额为13.9万元。

综上所述，单独由销售收入增加引起的应收账款增加额(13.9万元)加上应收账款本身增加的56万元，应收账款总共增加了69.9万元。

通过以上分析可以发现，应收账款实际增加额(69.9万元)的80%也是由于应收账款周转天数延长引起的，这是非常关键的。如果公司借款69.9万元来弥补这部分现金需求，并且应收账款周转天数延长属于长期性变化，那么在公司只有短期贷款的情况下很有可能出现还款困难。

类似地，可以分析存货周转天数和应付账款周转天数变化对现金需求的影响。

此外，表5.1中最后两行给出了经营周期和资金周转周期的长度，对于这两个方面，特别是资金周转周期的延长引起的借款需求与应收账款周转天数、存货周转天数和应付账款周转天数有关。第二年资金周转周期的延长表明借款需求可能与其中的一个或几个因素有关。

2. 固定资产的重置和扩张

(1) 固定资产的重置

固定资产重置的原因主要是设备自然老化和技术更新。与公司管理层进行必要的沟通，有助于了解固定资产重置的需求和计划。

借款公司在向银行申请贷款时，通常会提出明确的融资需求，同时银行也能通过评估以下几方面来达到预测需求的目的：

① 公司的经营周期，资本投资周期，设备的使用年限和目前状况；

② 影响固定资产重置的技术变化率。

如果一个公司在运营中需要大量的固定资产，并且固定资产已近乎完全折旧，这就可能需要重置一些固定资产，可以使用"固定资产使用率"这一指标来评估重置固定资产的潜在需求：

$$固定资产使用率 = \frac{累计折旧}{总折旧固定资产} \times 100\%$$

其中，在"总折旧固定资产"中要排除不需要折旧的固定资产。例如，在会计上，土地是不折旧的，因此，土地也无须重置。"固定资产使用率"粗略地反映了固定资产的折旧程度，但也需要考虑以下因素：

① 该比率中的固定资产价值代表了一个公司的整个固定资产基础。而固定资产基础可能相对较新，但有一些个人资产可能仍需要重置。

② 折旧并不意味着用光，因为折旧仅仅是一种会计学上的概念，它使随时间消耗的资产成本与预期生产的产品和服务相匹配。就公司而言，使用完全折旧但未报废的机械设备是很正常的。

③ 为了提高生产力，公司可能在设备完全折旧之前就重置资产。

④ 固定资产使用价值会因折旧会计政策的变化和经营租赁的使用而被错误理解。

尽管存在上述不足之处，这个比率对理解公司资本支出的管理计划还是非常有意义的。如果一个公司的固定资产使用率大于60%或70%，这就意味着投资和借款需求很快将会上升，具体由行业技术变化比率决定。

结合固定资产使用率，银行可以对剩余的固定资产寿命作出一个粗略的估计，进一步推测未来固定资产的重置时机。"固定资产剩余寿命"可以用来衡量公司全部固定资产的平均剩余寿命：

$$固定资产剩余寿命 = \frac{净折旧固定资产}{折旧支出}$$

对于使用直线折旧法的公司来讲，这个比率代表着在总固定资产中折旧资产所占的比例，该比率的影响因素与固定资产使用比率的影响因素相同。银行必须经常与公司管理层核实结果，管理层提供的信息要与固定资产使用率和固定资产使用年限相一致。

(2) 固定资产扩张

正如本章关于"长期销售收入增长"部分所讲，销售收入的增长最终必须得到固定资产增长的支持。与销售收入线性增长模式不同，固定资产增长模式通常呈阶梯形发展，每隔几年才需要一次较大的资本支出。因此，影响固定资产使用率和剩余寿命的因素，同样会对固定资产扩张产生影响。

与固定资产扩张相关的借款需求，其关键信息主要来源于公司管理层。管理层可以推迟固定资产扩张的时间，直到固定资产生产能力受限，或者利好机会出现以及融资成本降低时再进行投资。银行必须与公司管理层进行详细的讨论，了解公司的资本投资计划，进而评估固定资产扩张是否可以成为合理的借款原因。

通过分析销售和净固定资产的发展趋势，银行可以初步了解公司的未来发展计划和设备扩张需求之间的关系，这时销售收入/净固定资产比率是一个相当有用的指标。通常来讲，如果该比率较高或不断增长，则说明固定资产的使用效率较高。然而，超过一定比率以后，生产能力和销售增长就变得相当困难了，此时销售增长所要求的固定资产扩张便可以成为企业借款的合理原因。如果银行能够获得公司的行业信息，然后将公司销售收入与净固定资产比率同相关行业数据进行比较，也能获得很多有价值的信息。

除了研究销售收入与净固定资产比率的趋势之外，银行还可以通过评价公司的可持续增长率获得有用信息，如果公司管理层能够提供固定资产使用效率的有用信息，这将有助于银行了解公司的固定资产扩张需求和对外融资需求。

3. 股权投资

最常见的长期投资资金需求是收购子公司的股份或者对其他公司的相似投资。长期投资属于一种战略投资，其风险较大，因此，最适当的融资方式是股权性融资。在发达国家，银行会有选择性地为公司并购或股权收购等提供债务融资，其选择的主要标准是收购的股权能够提供控制权收益，从而形成借款公司部分主营业务。

例题18 当公司( )时，资产效率下降和商业信用减少可能成为公司贷款的原因。(单项选择题)

A. 现金需求低于现金供给　　　　　　　B. 现金需求高于现金供给

C. 现金需求增加　　　　　　　　　　　D. 现金供给减少

答案 B

解析 资产效率的下降和商业信用减少可能导致公司经营周期变化(暂时或永久的)，必然会要求企业增加额外的现金。通常，应收账款和存货的增加、应付账款的减少将导致企业的借款需求增加。如果公司的现金需求超过了现金供给，资产效率下降和商业信用的减少可能成为公司贷款的原因。

例题19 关于长期投资，下列说法正确的是( )。(多项选择题)

A. 最常见的长期投资资金需求是收购子公司的股份或者对其他公司的相似投资

B. 长期投资属于一种战略投资，其风险较大

C. 最适当的融资方式是股权性融资

D. 其属于资产变化引起的借款需求

E. 如果银行向一个处于并购过程中的公司提供可展期的短期贷款，就一定要特别关注借款公司是否会将银行借款用于并购活动

答案 ABCDE

解析 最常见的长期投资资金需求是收购子公司的股份或者对其他公司的相似投资。长期投资属于一种战略性投资，其风险较大，因此，最适当的融资方式是股权性融资。在发达国家，银行会有选择性地为公司并购或股权收购等提供债务融资，其选择的主要标准是收购的股权能够提供控制权收益，从而形成借款公司部分主营业务。银行在受理公司的贷款申请后，应当调查公司是否有这样的投资计划或战略安排。如果银行向一个处于并购过程中的公司提供可展期的短期贷款，就一定要特别关注借款公司是否会将银行借款用于并购活动。

例题20 如果一个公司的固定资产使用率大于60%或70%，这就意味着( )。(单项选择题)

A. 投资和借款需求很快将会下降   B. 投资和借款需求很快将会上升

C. 投资和借款需求很快将会不变   D. 与投资和借款需求无关

答案 B

解析 固定资产使用率对理解公司资本支出的管理计划是非常有意义的。如果一个公司的固定资产使用率大于60%或70%，这就意味着投资和借款需求很快将会上升，具体由行业技术变化比率决定。

例题21 资金周转周期的延长引起的借款需求与( )有关。(多项选择题)

A. 应收账款周转天数   B. 存货周转天数   C. 应付账款周转天数

D. 设备使用年限   E. 固定资产折旧年限

答案 ABC

解析 资金周转周期的延长引起的借款需求与应收账款周转天数、存货周转天数和应付账款周转天数有关。

例题22 对于固定资产重置引起的融资需求，除了借款公司自己提出明确的融资需求，银行还可以通过评估( )来预测。(多项选择题)

A. 公司的经营周期   B. 资本投资周期   C. 设备的折旧情况

D. 设备目前状况   E. 影响非流动资产周转的因素

答案 ABD

解析 借款公司在向银行申请贷款时，通常会提出明确的融资需求，同时银行也能通过评估以下几方面来达到预测需求的目的：①公司的经营周期、资本投资周期、设备的使用年限和目前状况；②影响固定资产重置的技术变化率。

考点6　负债和分红变化引起的需求

1. 商业信用的减少和改变

应付账款被认为是公司的无成本融资来源，因为公司在应付账款到期之前可以充分利用这

部分资金购买商品和服务等。因此,当公司出现现金短缺时,通常会向供应商请求延期支付应付账款。但如果公司经常无法按时支付货款,商业信用就会大幅减少,供货商就会要求公司交货付款。实际上,如果应付账款还款期限缩短了,那么公司的管理者将不得不利用后到期的应付账款偿还已经到期的应付账款,从而减少在其他方面的支出,这就可能造成公司的现金短缺,从而形成借款需求。

2. 债务重构

基于期限的考虑,公司经常会用一种债务替代另一种债务,典型的例子就是向银行举债以替代商业信用。这种情况通常会发生在销售急剧增长时,债权人要求还款。这种情况发生的标志是还款时间的延长期限超出了市场的正常水平。为了了解还款期限延长的真正原因,银行通常需要与公司管理层进行相关讨论。公司资金短缺可能是由于其他客户尚未付款,或者存货尚未售出。

在某些情况下,公司可能仅仅想用一个债权人取代另一个债权人,原因如图5.6所示:

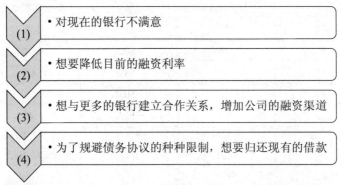

(1) • 对现在的银行不满意

(2) • 想要降低目前的融资利率

(3) • 想与更多的银行建立合作关系,增加公司的融资渠道

(4) • 为了规避债务协议的种种限制,想要归还现有的借款

图5.6 公司可能仅仅想用一个债权人取代另一个债权人的原因

在这种情况下,银行要通过与公司管理层的详细交谈了解债务重构的原因是否真实,并进一步判断是否适合发放贷款。

3. 红利的变化

红利和利息均为公司的融资成本。大多数公司必须支付红利来保证其在证券市场的位置,因为红利的发放会影响投资者的态度,例如,投资者不喜欢削减红利,他们将削减红利与公司的财务困难联系在一起。另外,公司在制定红利发放政策时,必须确定并达到所有者的期望目标。否则,投资者可能出售其股份,使股价下跌。

公司的利润收入在红利支付与其他方面使用(如资本支出、营运资本增长)之间存在着矛盾,对公开上市的公司来说,将大量现金用于其他目的后,由于缺少足够的现金,可能会通过借款来发放红利。

例题23 下列不是替代债务的期限取决于的因素是( )。(单项选择题)

A. 付款期缩短   B. 财务不匹配的原因

C. 公司产生现金流的能力   D. 公司的红利政策

答案 D

解析 替代债务的期限取决于付款期缩短和财务不匹配的原因,以及公司产生现金流的能力。

考点7 其他变化引起的需求

1. 利润率下降

公司如果连续几年利润较低或几乎没有利润，就会损失大量现金，因而，公司就需要依靠银行借款来应付各种支出。因为低利润经营的公司很难获得现金收入，也就不可能积累足够的资金用于季节性支出和非预期性支出，所以，低利润就有可能引起借款需求。

银行可以通过分析公司的利润表和经营现金流量表来评估公司盈利能力下降所产生的影响。经营现金流量表可以把商品成本和经营成本对现金流的影响量转化为销售百分比的形式。

通过表5.2所示，可以说明利润表在借款需求分析中的具体应用。共同比利润表将收益和支出量化为销售百分比的形式，使得相互之间的关系更清晰，详见表5.2。

表5.2 利润表在借款需求分析中的应用 单位：万元

利润表	第一年(万元)	第二年(万元)	增长率(%)	第二年同比第一年的数值	备注
销售收入	120	150	25.0	150	
销售成本	65	85	30.8	81	=150×54.2%
毛利润	55	65	18.2	69	
经营费用	40	60	50.0	50	=150×33.3%
经营利润	15	5	−66.7	19	
共同比利润表	第一年(%)	第二年(%)	增长率(%)	第二年同比第一年的数值(%)	
销售收入	100.0	100.0		100.0	
销售成本	54.2	56.7	2.5	54.2	
毛利润	45.8	43.3	−2.5	45.8	
经营费用	33.3	40.0	6.7	33.3	
经营利润	12.5	3.3	−9.2	12.5	

从表5.2可以看到，在第二年，销售收入增加了25%，而销售成本和经营费用分别增加了30.8%和50%，可见，原材料支出和经营费用支出增长速度都要快于销售收入。从共同比利润表也可以看出，从第一年到第二年，销售成本从54.2%增加到了56.7%，经营费用从33.3%增加到了40.0%。

2. 非预期性支出

公司可能会遇到意外的非预期性支出，比如保险之外的损失、设备安装、与公司重组和员工解雇相关的费用、法律诉讼费等，一旦这些费用超过了公司的现金储备，就会导致公司的借款需求。为此，公司在申请贷款的过程中，其管理层需要向银行说明公司出现了意外的非预期性支出，并解释其具体情况。

在这种情况下，银行要结合其他借款需求的分析方法来判断公司的借款需求状况，要弄清楚公司为什么会没有足够的现金应付目前的问题，如果决定受理该笔借款，还要根据公司未来的现金收入来确定还款计划。

例题24 下列哪些属于负债变化引起的现金需求(　　)。(多项选择题)

A. 商业信用的减少　　B. 债务重构　　　　C. 利润率的下降　　　D. 非预期性支出

答案 AB

解析 商业信用的减少和改变，债务重构以及红利变化都属于负债和分红变化引起的现金需求，利润率的下降和非预期性支出属于其他变化引起的现金需求。

第3节 借款需求与负债结构

这一节主要阐述一个基本的信贷准则：短期资金需求要通过短期融资来实现，长期资金需求要通过长期融资来实现。但实际中，短期融资需求并不意味着就与流动资产和营运资金有关，一些与流动资产和营运资金有关的融资需求也可能与长期融资需求相关。

1. 季节性销售模式

季节性融资一般是短期的。在季节性营运资本投资增长期间，这时往往需要通过外部融资来弥补公司资金的短缺，特别是在公司利用了内部融资之后。银行对公司的季节性融资通常在1年以内，而还款期安排在季节性销售低谷之前或之中，此时，公司的营运投资下降，能够收回大量资金。但如果公司在银行有多笔贷款，并且贷款是可以展期的，那么，银行就一定要确保季节性融资不被用于长期投资，比如营运资金投资。这样做的目的就是保证银行发放的短期贷款只用于公司的短期投资，从而确保银行能够按时收回所发放的贷款。

2. 销售增长旺盛时期

没有流动资产和固定资产的支持，稳定、长期的销售增长是不可能实现的。公司大量的核心流动资产和固定资产投资将超出净营运现金流，必然需要额外的融资。由于对核心资产的大量投资，营运现金流在短期内是不足以完全偿还外部融资的。因此，对于这部分融资需求，表面上看是一种短期融资需求，实际上则是一种长期融资。

3. 资产使用效率下降

应收账款和存货周转率的下降可能成为长期融资和短期融资需求的借款原因。具体见表5.3。

表5.3 应收账款和存货周转率的下降引起的借款需求　　　　　　　　单位：天

年	1	2	3	4	5
应收账款周转天数	60	90	120	120	120
对现金流的影响	—	减少	减少	0	0
存货周转天数	150	180	150	150	150
对现金流的影响	—	减少	增加	0	0

对于表5.3所反映的信息，银行应当首先判断其是短期的还是长期的，短期的应收账款和存货周转率下降所引起的现金需求(即潜在的借款原因)也是短期的。例如，表5.3中第二年的存货周转率下降了，但是从第三年开始又恢复了以前的平稳状况，在这种情况下，如果第二年的现金需求超过了公司的现金储备，就会引发借款需求，这种借款需求就是短期的。因为当存货周转率恢复到前期水平后，公司在短期内就能积累足够的现金来偿还贷款。

相反，长期的应收账款和存货周转率下降所引起的现金需求是长期的。例如，在表5.3中，应收账款周转率在第二年和第三年下降了，并且在此后的一段时期内保持了这样的低周转率状态。原因可能是公司的管理层为了吸引更多的客户而允许客户延期付款，或者是同业竞争的需要。对于这种长期性的周转率下降，公司在短期内无法积累足够的现金，因此借款需求也是长期的。长期性的应收账款和存货周转率下降，反映了公司的核心流动资产的增加，这需要通过营运资本投资来实现。

4. 固定资产重置或扩张

对于厂房和设备等固定资产重置的支出，其融资需求是长期的，银行在作出贷款决策时，应当根据公司的借款需求和未来的现金偿付能力决定贷款的金额和期限。

5. 长期投资

用于长期投资的融资应当是长期的。除了维持公司正常运转的生产设备外，其他方面的长期融资需求可能具有投机性，银行应当谨慎受理，以免加大信用风险暴露。

6. 商业信用的减少和改变

商业信用的减少反映在公司应付账款周转天数的下降，这就意味着公司需要额外的现金及时支付给供货商。如果现金需求超过了公司的现金储备，那么应付账款周转天数的下降就可能会引起借款需求。类似于应收账款周转率和存货周转率的变化，分析人员应当判断这种变化是长期的还是短期的。

7. 债务重构

银行除了评价公司的信誉状况和重构的必要性，还应当判断所要重构的债务是长期的还是短期的。主要的相关因素包括：①借款公司的融资结构状况；②借款公司的偿债能力。公司用长期融资来取代短期融资进行债务重构，一般是为了平衡融资结构，其原因可能是由于快速发展，公司需要将原来的部分短期融资转化为长期的营运资本，以达到更合理的融资结构。

8. 盈利能力不足

在较长时间里，如果公司的盈利能力很弱甚至为负，那么公司就无法维持正常的经营支出，因此，盈利能力不足会导致直接借款需求。这种情况反映了公司管理层经营能力的不足，无法应对不断变化的市场形势，不能够充分利用现有资源创造价值。因此，在这种情况下，银行不应受理公司的贷款申请。

9. 额外的或非预期性支出

非预期性支出导致的借款需求可能是长期的，也可能是短期的。银行要分析公司为什么会没有足够的现金储备来满足这部分支出。银行在受理该类贷款时，应当根据公司未来的现金积累能力和偿债能力决定贷款的期限。

例题25 非预期性支出导致的借款需求都是长期的。（　　）(判断题)

答案 ×

解析 非预期性支出导致的借款需求可能是长期的，也可能是短期的。银行在受理该类贷款时，应当根据公司未来的现金积累能力和偿债能力决定贷款的期限。

例题26 下列关于季节性融资的说法，正确的有（　　）。(多项选择题)

A. 季节性融资一般是短期的

B. 公司利用了内部融资之后需要外部融资来弥补季节性资金的短缺

C. 银行对公司的季节性融资的还款期应安排在季节性销售高峰之前或之中

D. 银行应保证季节性融资不被用于长期投资

E. 银行应保证发放的短期贷款只用于公司的短期投资

答案 ABDE

解析 银行对公司的季节性融资通常在1年以内，而还款期安排在季节性销售低谷之前或之中，此时，公司的营运投资下降，能够收回大量资金，C项错误。

例题27 公司进行债务重构标志着公司面临经营危机。( )(判断题)

答案 ×

解析 公司进行债务重构一般是为了平衡融资结构，其原因可能是由于快速发展，公司需要将原来的部分短期融资转化为长期的营运资本，以达到更合理的融资结构。

第4节 同步强化训练

一、单项选择题

1. 某公司第一年的销售收入为100万元，销售成本比率为40%；第二年的销售收入为200万元，销售成本比率为50%，则销售成本比率的增加消耗掉了( )万元的现金。

A. 60   B. 50   C. 40   D. 20

2. 如果某公司的固定资产使用率( )，就意味着投资和借款需求很快将会上升，具体由( )决定。

A. 小于20%或30%，行业技术变化比率   B. 小于20%或30%，设备使用年限

C. 大于60%或70%，行业技术变化比率   D. 大于60%或70%，设备使用年限

3. 借款需求分析中，通过了解借款企业导致( )的关键因素和事件，银行能够更有效地评估风险。

A. 盈利   B. 资金短缺   C. 现金流入   D. 现金流出

4. 如果某公司固定资产的累计折旧为50万元，总固定资产为100万元，总折旧固定资产为80万元，则该公司的固定资产使用率为( )。

A. 62.5%   B. 50%   C. 80%   D. 100%

5. 某企业向银行申请短期季节性融资，银行经借款需求分析，发现该企业比以往季节性融资时所持现金少很多，原因是该企业新近购买了一台长期设备，此时银行应向企业提供( )。

A. 短期贷款   B. 长期贷款

C. 固定资产贷款   D. 长、短期贷款相结合的贷款

6. 营运资本投资等于( )。

A. 季节性负债数量   B. 季节性资产数量

C. 季节性资产数量和季节性负债数量的总和   D. 季节性资产数量超出季节性负债数量的部分

7. 下列情形中，可能导致长期资产增加的是( )。

A. 季节性销售增长   B. 长期销售增长   C. 资产效率下降   D. 固定资产扩张

8. 下列关于借款需求和借款目的的说法，不正确的是(　　)。

A. 借款需求是指公司对现金的需求超过了公司的现金储备，从而需要借款

B. 未分配利润增加会产生借款需求

C. 借款目的主要指借款用途

D. 一般来说，长期贷款用于长期融资的目的

9. 对于长期销售增长的企业，下列比率最适合作为判断公司是否需要银行借款依据的是(　　)。

A. 可持续增长率　　　　B. 年度增长率　　　　C. 成本节约率　　　　D. 生产效率

10. 某公司2008年的销售收入为2000万元，应收账款为400万元，则该公司2008年度的应收账款周转天数为(　　)天。

A. 5　　　　　　　　B. 73　　　　　　　　C. 85　　　　　　　　D. 200

11. 某公司2009年初拥有总资产8500万元，总负债4500万元，公司2008全年共实现销售净利润600万元，计划将其中270万元发放红利，则公司的可持续增长率为(　　)。

A. 3.25%　　　　　　B. 4%　　　　　　　C. 7.24%　　　　　　D. 8.99%

12. 下列选项中，公司发放红利不是合理的借款需求原因的是(　　)。

A. 公司股息发放的压力很大

B. 公司的营运现金流不能满足偿还债务、资本支出和预期红利发放的需要

C. 定期支付红利的公司现有的红利支付水平无法满足未来发展速度下的红利支付

D. 公司的投资者不愿在经营状况不好时削减红利

13. 当公司(　　)时，资产效率下降和商业信用减少可能成为公司贷款的原因。

A. 现金需求低于现金供给　　　　　　　　B. 现金需求高于现金供给

C. 现金需求增加　　　　　　　　　　　　D. 现金供给减少

14. 借款需求是公司对(　　)的需求超过自身储备，从而需要借款。

A. 流动资金　　　　B. 资产　　　　　　C. 资金　　　　　　D. 现金

15. 下列关于应付账款的说法，不正确的是(　　)。

A. 应付账款被认为是公司的无成本融资来源

B. 当公司出现现金短缺时，通常会向供应商请求延期支付应付账款

C. 如果公司经常无法按时支付应付账款，其商业信用会减少

D. 应付账款还款期限延长，可能造成公司的现金短缺，从而形成借款需求

16. 季节性资产增加中，应付账款、应计费用属于(　　)融资渠道。

A. 季节性负债　　　　B. 季节性资产　　　　C. 间接融资　　　　D. 直接融资

17. 营运资本投资是指公司对(　　)的投资。

A. 流动资金　　　　　　　　　　　　　　B. 季节性资产

C. 季节性负债　　　　　　　　　　　　　D. 季节性资产超过季节性负债部分

18. 用于支持企业长期销售增长的资本性支出，主要包括内部留存收益与(　　)。

A. 内部短期融资　　　B. 内部长期融资　　　C. 外部短期融资　　　D. 外部长期融资

19. 在估计可持续增长率时，通常假设内部融资资金的主要来源是(　　)。

A. 净资本　　　　　　B. 留存收益　　　　　C. 增发股票　　　　　D. 增发债券

二、多项选择题

1. 下列情形中，可能带来长期借款需求的有(　　)。

A. 债务重构　　　　　　B. 资产效率降低　　　　C. 固定资产重置

D. 应付账款周转天数减少　　　　　　　　E. 非预期性支出

2. 下列关于并购融资的说法，正确的有(　　)。

A. 并购融资在20世纪80年代非常普遍，而且大多是与杠杆收购相关的高杠杆交易

B. 如果相关法律制度不健全，放贷后银行对交易的控制权较少，自身利益保护不足，则要谨慎发放用于股权收购和公司并购的贷款

C. 银行在受理公司的股权收购贷款申请后，应当调查公司是否将贷款投资在事先约定的收购项目上

D. 如果银行向一个处于并购过程中的公司提供可展期的短期贷款，就一定要特别关注借款公司是否会将银行借款用于并购活动

E. 银行可以通过与公司管理层的沟通来判断并购是否是公司的真正借款原因

3. 对于借款公司的债务重构，银行应当评价的因素包括(　　)。

A. 公司的信誉状况　　　B. 公司进行债务重构的必要性　　　　　C. 公司的融资结构状况

D. 公司的偿债能力　　　E. 重构债务的期限

4. 从利润表来看，(　　)可能影响企业的收入支出，进而影响企业的借款需求。

A. 固定资产重置　　　　B. 商业信用的减少　　　C. 债务重构

D. 一次性或非预期支出　　　　　　　　　E. 利润率下降

5. 就银行借款而言，公司债务重构的原因可能是(　　)。

A. 对现在银行不满意

B. 优化贷款期限结构

C. 降低现有贷款的利率

D. 想同多家银行合作以拓宽融资渠道

E. 规避现有贷款协议的某些规定

6. 下列关于季节性融资的说法，正确的有(　　)。

A. 季节性融资一般是短期的

B. 公司不需要外部融资来弥补季节性资金的短缺

C. 银行对公司的季节性融资的还款期应安排在季节性销售高峰之前或之中

D. 银行应保证季节性融资不被用于长期投资

E. 银行应保证发放的短期贷款只用于公司的短期投资

7. 银行判断公司销售收入增长是否会产生借款需求的方法有(　　)。

A. 判断其持续销售增长率是否足够高

B. 判断利润增长率

C. 判断成本节约率

D. 判断其资产效率是否相对稳定，销售收入是否保持稳定、快速增长，且经营现金流是否不足以满足营运资本投资和资本支出增长

E. 比较若干年的"可持续增长率"与实际销售增长率

8. 通过对某公司现金流的预测以及月度或季度的营运资本投资、销售和现金水平等的分析，银行可以(   )。

A. 知道该公司是否具有季节性销售模式　　　B. 知道该公司是否有季节性借款需求

C. 评估该公司营运资本投资需求的时间和金额　D. 决定合适的季节性贷款结构

E. 决定季节性贷款的偿还时间表

9. 下列选项中，属于季节性资产的是(   )。

A. 应收账款　　　　　　B. 应付账款　　　　　C. 应计费用　　　　　D. 存货　　　　　E. 证券

10. 下列融资需求中，银行受理时需要格外慎重决定贷款期的是(   )。

A. 利润率下降　　　　　B. 支付分红　　　　　C. 额外或非预期性支出

D. 持续销售增长　　　　E. 债务重构

11. 下列情形中，可能会导致公司借款需求的有(   )。

A. 存货和应收账款的季节性增加　　　　　　B. 源自长期销售增长的核心流动资产增长

C. 公司连续几年利润较低　　　　　　　　　D. 面临高额的法律诉讼费支出

E. 出现保险之外的损失

12. 对于季节性增长借款企业，银行需通过对(   )分析，判断企业是否具有季节性借款需求及其时间金额，决定合适的季节性贷款结构及偿还时间表。

A. 现金流预测　　　　　B. 资产结构预测　　　　C. 营运资本投资

D. 销售水平　　　　　　E. 现金水平

13. 对于固定资产重置引起的融资需求外，除了借款公司自己提出明确的融资需求外，银行还可以通过评估(   )来预测。

A. 公司的经营周期　　　B. 资本投资周期　　　　C. 设备的折旧情况

D. 设备目前状况　　　　E. 影响非流动资金周转的因素

14. 银行在分析公司的借款需求时，可以分析(   )。

A. 公司的利润表　　　　　　　　　　　　　B. 公司的共同比利润表

C. 公司的经营现金流量表　　　　　　　　　D. 公司的盈利趋势

E. 公司所处行业的行业风险

15. 对长期销售增长的企业，满足其核心流动资产增长的长期融资方式包括(   )。

A. 核心流动负债增长　　　　　　　　　　　B. 营运资本投资增加

C. 应付账款　　　　　D. 应计费用　　　　　E. 存货

16. 下列融资需求当中，既有可能通过短期融资实现，又有可能通过长期融资实现的有(   )。

A. 处于长期销售增长旺盛时期　　　　　　　B. 资产使用效率下降

C. 应付账款周转天数减少　　　　　　　　　D. 债务重构　　　　　　E. 额外或非预期性支出

17. 下列关于评估固定资产扩张所引起的融资需求的说法，正确的有(   )。

A. 通过分析销售和净固定资产的发展趋势，银行可以初步了解公司的未来发展计划和设备扩张需求之间的关系

B. 当销售收入/净固定资产比率低于一定比率时，销售增长所要求的固定资产扩张可成为企业借款的合理原因

C. 如果销售收入/净固定资产比率较低，则说明固定资产的使用效率较高

D. 销售收入/净固定资产超过一定比率以后，生产能力和销售增长会变得困难

E. 银行可以通过评价公司的可持续增长率获得有用信息

18. 公司的应付账款周转天数下降时，(   )。

A. 公司经营的风险降低
B. 公司的商业信用降低

C. 公司可能进行短期融资
D. 公司可能产生借款需求

E. 公司需要额外的现金及时支付供货商

19. 某公司上一年度的净利润为570万元，销售收入为9700万元，总资产为12 000万元，所有者权益为6700万元，则该公司上一年度的(   )。

A. ROE为9%
B. ROE为8.5%
C. 净利润率为5.9%
D. 净利润率为6.9%

E. 资产使用效率为80.8%

20. 固定资产使用率指标的不足之处有(   )。

A. 虽然固定资产基础可能相对较新，但有一些资产可能仍需要重置

B. 公司可能使用完全折旧但未报废的机械设备

C. 公司可能在设备完全折旧之前就重置资产

D. 固定资产使用价值会因折旧会计政策的变化和经营租赁的使用而被错误地理解

E. 在计算时没有考虑土地

三、判断题

1. 对于与固定资产扩张有关的借款需求，银行必须与借款公司管理层进行详细的讨论，进而评估固定资产扩张可否成为合理的借款原因。(   )

2. 企业的内部融资是支撑其核心流动资产的重要来源。(   )

3. 可持续增长率是在不增发新股的条件下，企业销售所能增长的最大比率。(   )

4. 内部融资不能完全满足公司持续、快速的销售收入增长需求时，说明公司利润率低。(   )

5. 公司资产使用效率下降导致的融资需求必然是长期的。(   )

6. 银行不能为公司并购提供债务融资。(   )

7. 银行在分析借款企业因固定资产扩张导致借款需求时，可将公司销售收入/净固定资产比率与银行相似客户进行比较，能获得很多有价值的信息。(   )

8. 公司借款需求与借款目的区别在于：借款需求强调借款发生的原因，而借款目的强调借款的用途。(   )

9. 即使借款公司有明确的借款需求原因时，银行也要对其进行借款需求分析。(   )

10. 通常情况下，季节性负债增加就能满足季节性资产增长所产生的资金需求。(   )

11. 当公司实际增长率超过可持续增长率时，公司必然需要贷款。(   )

12. 企业过度使用应付账款来应对现金短缺的结果将导致商业信用减少，从而引发借款需求。(   )

13. 在实际借款需求分析中，不能仅凭一年的经营利润衡量盈利变化对现金流状况及借款需求的长期影响，还要分析公司的盈利趋势。(   )

14. 固定资产重置的原因主要是设备自然老化和技术更新。(   )

15. 总折旧固定资产中应当包含土地。(   )

16. 公司一般不使用完全折旧但未报废的机械设备。(   )

17. 借款需求与还款能力和风险评估紧密相连，是决定贷款期限、利率等要素的重要因素。(   )

18. 当借款公司有明确的借款需求原因时，银行可以忽略借款需求分析。（   ）

19. 在销售高峰期，应付账款和应计费用增长的速度往往要大于应收账款和存货增长的速度。（   ）

20. 银行可利用负债表中列示的销售成本、经营费用和销售收入等的变动情况来分析经营成本上升对现金流的影响。（   ）

答案与解析

一、单项选择题

1. 答案与解析　D

若第二年保持第一的销售成本比率40%，则第二年的销售成本应当是200×40%=80(万元)，但销售成本比率的增加使得实际销售成本达到了200×50%=100(万元)。因此，销售成本比率的增加消耗掉了20万元的现金。

2. 答案与解析　C

如果一个公司的固定资产使用率大于60%或70%，这就意味着投资和借款需求很快将会上升，具体由行业技术变化比率决定。

3. 答案与解析　B

通过了解借款企业在资本运作过程中导致资金短缺的关键因素和事件，银行能够更有效地评估风险，更合理地确定贷款期限，并帮助企业提供融资结构方面的建议。

4. 答案与解析　A

该公司固定资产使用率=(累计折旧/总折旧固定资产)×100%=(50/80)×100%=62.5%。

5. 答案与解析　D

该企业真正的资金需求应为购买新设备所致的需求，因而其除了短期季节性融资需求外，还需要长期的设备融资，相应地，银行应当使用短期贷款和长期贷款相结合的方式来满足公司贷款的不同需求。

6. 答案与解析　D

当季节性资产数量超过季节性负债数量时，超出的部分需要通过公司内部融资或者银行贷款来补充，这部分融资称作营运资本投资。

7. 答案与解析　D

从资产负债表看，固定资产重置及扩张、长期投资可能导致长期资产的增加。

8. 答案与解析　B

借款需求是指公司由于各种原因造成了资金的短缺，即公司对现金的需求超过了公司的现金储备，从而需要借款。

9. 答案与解析　A

可持续增长率是公司在没有增加财务杠杆情况下可以实现的长期销售增长率，也就是说主要依靠内部融资即可实现的增长率。

10. 答案与解析　B

应收账款周转天数=应收账款/销售收入×365=400/2000×365=73(天)。

11. 答案与解析 D

该公司的净资产=总资产−总负债=8500−4500=4000(万元)。

ROE=净利润/净资产=600/4000=0.15；红利支付率=股息分红/净利润=270/600=0.45，留存比率=1−红利支付率=1−0.45=0.55，则该公司的可持续增长率为$SGR=ROE \times RR/(1-ROE \times RR)=0.15 \times 0.55/(1-0.15 \times 0.55)=0.0899$，即为8.99%。

12. 答案与解析 C

银行可以通过以下方面来衡量公司发放红利是否为合理的借款需求：

(1) 公司为了维持在资本市场的地位或者满足股东的最低期望，通常会定期发放股利。在公司申请借款时，银行要判断红利发放的必要性，如果公司的股息发放压力并不是很大，那么红利就不能成为合理的借款需求原因。

(2) 通过营运现金流量分析来判断公司的营运现金流是否仍为正的，并且能够满足偿还债务、资本支出和预期红利发放的需要。如果能够满足，则不能作为合理的借款需求原因。

(3) 对于定期支付红利的公司来说，银行要判断其红利支付率和发展趋势。如果公司未来的发展速度已经无法满足现在的红利支付水平，那么红利发放就不能成为合理的借款需求原因。

13. 答案与解析 B

如果公司的现金需求超过了现金供给，那么资产效率下降和商业信用减少可能成为公司贷款的原因。公司经营周期的变化(包括暂时的和永久的)必然会要求企业增加额外的现金。

14. 答案与解析 D

借款需求是指公司由于各种原因造成了资金的短缺，即公司对现金的需求超过了公司的现金储备，从而需要借款。

15. 答案与解析 D

应付账款被认为是公司的无成本融资来源，因为公司在应付账款到期之前可以充分利用这部分资金购买商品和服务等。因此，当公司出现现金短缺时，通常会向供应商请求延期支付应付账款。但如果公司经常无法按时支付货款，商业信用就会大幅减少，供货商就会要求公司交货付款。

16. 答案与解析 A

季节性资产增加的3个主要融资渠道：①季节性负债增加：应付账款和应计费用；②内部融资：来自公司内部的现金和有价证券；③银行贷款。

17. 答案与解析 D

当季节性资产数量超过季节性负债时，超出的部分需要通过公司内部融资或者银行贷款来补充，这部分融资称作营运资本投资。

18. 答案与解析 D

用于支持长期销售增长的资本性支出(主要包括内部留存收益和外部长期融资)，其融资也必须通过长期融资实现。

19. 答案与解析 B

内部融资的资金来源主要是净资本、留存收益和增发股票。一般情况下，企业不能任意发行股票，因此，在估计可持续增长率时通常假设内部融资的资金来源主要是留存收益。

二、多项选择题

1. 答案与解析　ABCDE

5个选项均可能带来长期借款需求。

2. 答案与解析　ABCDE

考查的是"并购融资"知识点，可参照考点5"3.股权投资"内容。

3. 答案与解析　ABCDE

银行除了评价公司的信誉状况和重构的必要性，还应当判断所要重构的债务是长期的还是短期的。主要的相关因素包括：①借款公司的融资结构状况；②借款公司的偿债能力。

4. 答案与解析　DE

借款需求的主要影响因素包括季节性销售增长、长期销售增长、资产效率下降、固定资产重置及扩张、长期投资、商业信用的减少及改变、债务重构、利润率下降、红利支付、一次性或非期望性支出等。

5. 答案与解析　ABCDE

5个选项均属于公司债务重构的原因。

6. 答案与解析　ADE

在季节性营运资本投资增长期间，往往需要外部融资来弥补公司资金的短缺。银行对公司的季节性融资还款期安排在季节性销售低谷(而非高峰)之前或之中，此时，公司的营运投资下降，能够收回大量资金。

7. 答案与解析　ADE

银行判断公司长期销售收入增长是否产生借款需求的方法一般有3种，请参照考点4"2.长期销售增长"的内容。

8. 答案与解析　ABCDE

请参照考点4"1.季节性销售增长"的内容。

9. 答案与解析　AD

应收账款和存货应属于季节性资产，因为其会随季节性销售变化而发生波动。

10. 答案与解析　AB

银行受理因利润率下降导致的借款需求申请时需格外慎重，原因在于在缺少内部融资渠道(如股东融资)的情况下，盈利能力不足会引起其他借款需求，还可能会增加公司的财务杠杆，从而加大债权人的风险暴露。对支付分红引起的贷款需求，银行同样需要格外慎重，分析其具体原因，从而决定贷款期限。

11. 答案与解析　ABCDE

5个选项均可能会导致公司的借款需求。

12. 答案与解析　ACDE

请参照考点4"1.季节性销售增长"的内容。

13. 答案与解析　ABD

请参照考点5"2.固定资产的重置和扩张"的内容。

14. 答案与解析　ABCDE

5个选项均属于银行在分析公司的借款需求时分析的内容。

15. 答案与解析　AB

源自长期销售增长的核心流动资产增长必须由长期融资来实现，具体包括核心流动负债的增长或营运资本投资的增加。

16. 答案与解析　BCDE

处于长期销售增长旺盛时期的企业，其融资需求一般不能用短期融资来实现，要用长期融资来实现。资产使用效率下降、应付账款周转天数减少、债务重构、额外或非预期性支出的借款需求都是既有可能是长期的，也有可能是短期的。

17. 答案与解析　ADE

销售收入/净固定资产比率是一个相当有用的指标。通常来讲，如果该比率较高或不断增长，则说明固定资产的使用效率较高。

18. 答案与解析　BDE

商业信用的减少反映在公司应付账款周转天数的下降，这就意味着公司需要额外的现金及时支付给供货商。如果现金需求超过了公司的现金储备，那么应付账款周转天数的下降就可能会引起借款需求。

19. 答案与解析　BCE

公司上一年度的 ROE =净利润/所有者权益=570/6700≈8.5%；净利润率=净利润/销售收入=570/9700≈5.9%；资产使用效率=销售收入/总资产=9700/12 000≈80.8%。

20. 答案与解析　ABCD

请参照考点5"2.固定资产的重置和扩张"的内容。

三、判断题

1. 答案与解析　√

与固定资产扩张相关的借款需求，其关键信息主要来源于公司管理层。管理层可以推迟固定资产扩张的时间，直到固定资产生产能力受限，或者利好机会出现以及融资成本降低时再进行投资。

2. 答案与解析　×

源自长期销售增长的核心流动资产增长，必须由长期融资来实现，具体包括核心流动负债的增长或营运资本投资的增加。公司可以通过多种渠道获得资金，以满足运营资本投资的需求，其中留存收益是支撑销售长期增长的重要资金来源。

3. 答案与解析　×

可持续增长率是公司在没有增加财务杠杆情况下可以实现的长期销售增长率，也就是说主要依靠内部融资即可实现的增长率。

4. 答案与解析　×

公司可以通过多种渠道获得资金满足运营资本投资需求，其中留存收益是支撑销售长期增长的重要资金来源。即使长期销售增长保持稳定不变，企业固定资产增长也应该遵循"阶梯式发展模式"。

5. 答案与解析　×

公司资产使用效率的下降，即应收账款和存货周转率的下降，可能导致长期融资需求，也可能导致短期融资需求。

6. 答案与解析　×

在发达国家，银行会有选择性地为公司并购或股权收购等提供债务融资，其选择的主要标准是收购的股权能够提供控制权收益，从而形成借款公司部分主营业务。

7. 答案与解析　×

如果银行能够获得公司的行业信息，然后将公司销售收入与净固定资产比率同相关行业数据进行比较，也能获得很多有价值的信息。

8. 答案与解析　√

考查的是公司借款需求与借款目的的区别。

9. 答案与解析　√

即使借款公司有明确的借款需求原因时，借款需求分析仍然是非常必要的。

10. 答案与解析　×

通常情况下，季节性负债增加并不能满足季节性资产增长所产生的资金需求。

11. 答案与解析　×

当公司实际增长率显著超过可持续增长率时，公司确实需要贷款。如果只是轻微超过，则尚须进一步判断。

12. 答案与解析　√

请参照考点6"1. 商业信用的减少和改变"的内容。

13. 答案与解析　√

在实际借款需求分析中，公司的盈利趋势也是非常重要的，因为经济具有波动性，单独一年的经营利润不能全面衡量盈利变化对现金流状况和借款需求的长期影响。

14. 答案与解析　√

固定资产重置的原因主要是设备自然老化和技术更新。

15. 答案与解析　×

在总折旧固定资产中要排除不需要折旧的固定资产。在会计上，土地是不折旧的。

16. 答案与解析　×

就公司而言，使用完全折旧但未报废的机械设备是很正常的。

17. 答案与解析　√

借款需求与还款能力和风险评估紧密相连，是决定贷款期限、利率等要素的重要因素。

18. 答案与解析　×

当借款公司有明确的借款需求原因时，银行也不能忽略借款需求分析。

19. 答案与解析　×

在销售高峰期，应收账款和存货增长的速度往往要大于应付账款和应计费用增长的速度。

20. 答案与解析　×

银行可利用公司利润表中列示的销售成本、经营费用和销售收入等的变动情况来分析经营成本上升对现金流的影响。

第6章

客户分析

以客户为导向是现代银行经营价值革命的结果，也是银行在激烈的竞争中生存的法宝。客户分析是准确地预测信用风险的关键步骤。首先必须正确评价借款企业的经营及信用状况，其次要认真评估借款企业的财务状况，从中发现信用风险存在于何处，最后预测现金流量，看其是否满足到期还款的需要。如何从众多的信贷申请客户中选择优质客户，如何对客户品质和还款能力进行评价是银行信贷业务人员所面临的重要课题。

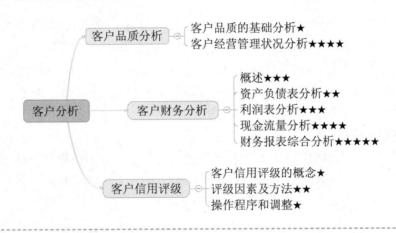

第1节 客户品质分析

考点1 客户品质的基础分析

1. 客户历史分析

了解客户发展历史可以避免信贷业务人员被眼前景象所迷惑，从而能够从整体上对客户目前状况及未来发展进行分析和判断。在对客户进行历史分析时，主要关注以下内容：

(1) 成立动机

任何客户的设立都有一个经营上的动机，例如，拥有某种可利用的资源。从客户的成立动机出发，信贷业务人员可以初步判断其发展道路和下一步计划，进而分析其融资动机和发展方向。客户的组建往往基于以下6个方面的动机，如图6.1所示：

(2) 经营范围

信贷人员对于客户经营范围及变化需要重点关注以下内容：

① 要注意目前客户所经营的业务是否超出了注册登记的范

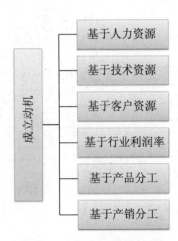

图6.1 成立动机的6个方面

围, 经营特种业务是否取得 "经营许可证", 对于超范围经营的客户应当给予足够的警觉。

② 要注意客户经营范围特别是主营业务的演变, 对于频繁改变经营业务的客户应当警觉。

③ 要注意客户经营的诸多业务之间是否存在关联性, 即所经营的行业之间、项目之间或产品之间是否存在产业链、产销关系或技术上的关联。同时, 也应关注客户的主营业务是否突出。对于所经营的行业分散、主营业务不突出的客户应警觉。

(3) 名称变更

客户的名称往往使用时间越久知名度越高, 一般不会轻易变更。客户名称也可以从一个侧面看出客户的发展过程。信贷人员对于客户在其发展过程中改变名称, 一定要究其原因, 尤其是对于频繁改变名称的客户, 更要引起警觉。

(4) 以往重组情况

客户重组包括重整、改组和合并3种基本方式, 客户在发展过程中进行重组是一种常见的现象, 有正常原因也有非正常原因, 需要认真对待并切实调查清楚。

当客户发生重组情形时, 客户或多或少会发生以下情况: 股东更替、股东债权人权利变更和调整、公司章程变更、经理人员更换、经营方向改变、管理方法改变、财产处置及债务清偿安排、资产估价标准确定等。

2. 法人治理结构分析

信贷人员对客户法人治理结构的评价要着重考虑控股股东行为的规范和对内部控制人的激励约束这两个因素。在此基础上, 分析董事会的结构、运作及信息的披露。客户法人治理结构评价的内容如表6.1所示。

表6.1 客户法人治理结构评价要素构成表

评价内容	关键要素
控股股东行为	控股股东和客户之间是否存在关联交易, 控股股东及其关联方是否占有客户资金, 客户是否为控股股东及其关联方提供连环担保
	股东之间是相互独立还是利益关系人, 或者最终的所有者是否为同一人
激励约束机制	董事长和总经理是如何产生的, 董事长、总经理和监事之间是否兼任, 是否兼任子公司或关联公司的关键职位
	董事长和总经理的薪酬结构形式
	决策的程序和方式, 董事长、总经理和监事之间是如何相互制衡的
董事会结构和运作过程	董事会的结构, 独立董事是如何产生的, 是否具有独立性和必备的专业知识
	董事会是否随时有权质询决策执行情况及采取的形式
	董事会的业绩评价制度和方式
财务报表与信息披露的透明度	财务报表和信息的披露是否清楚、完整和达到高标准
	市场敏感信息披露的时间安排、程序和获得渠道
	是否被注册会计师出示了非标准保留意见, 是否因信息披露受到交易所的谴责

3. 股东背景

股东背景特别是控股股东的背景在很大程度上决定着客户的经济性质、经营方向、管理方式及社会形象等。对于客户的股东背景有以下方面需要关注, 如图6.2所示:

家庭背景	· 客户股东均由家庭成员担任,这类客户通常风险意识较强,经营上精打细算
外资背景	· 客户股权或多或少有外资成分,这类客户通常管理较多资金、技术力量较强,但可能通过关联交易转移利润
政府背景	· 客户由政府投资设立或与政府某个职能部门有着业务上的关联,这类客户通常具有政策资源上的优势,行业竞争性强,但管理效率不高
上市背景	· 客户为上市公司、上市公司全资子公司、控股子公司或参股子公司,这类客户通常管理较规范,并有集团经营优势,但关联方关系复杂,关联交易较多

图6.2　客户的股东背景的4个方面

4. 高管人员的素质

对公司高管人员素质的评价主要包括以下方面的内容,如图6.3所示:

教育背景	· 学历教育是一个人受国民教育程度的社会指标,高的学历表明受过良好的教育,具有系统的专业素养
商业经营	· 从业经验对个人是一笔财富,经商时间越长,阅历越丰富
修养品德	· 在内部管理和客户交往中,诚实守信和吹嘘欺诈会产生不同的影响
经营作风	· 稳健型和冒进型在经营上会产生不同的效果
进取精神	· 勇于创新、锐意进取和墨守成规、患得患失对客户机会的把握会有不同的结果

图6.3　高管人员素质的评价

5. 信誉状况

在分析影响借款人还款能力的非财务因素时,还应分析借款人信誉这一重要的非财务因素。

例题1　下列不属于客户主营业务的演变的是(　　)。(单项选择题)

A. 行业转换型　　　　B. 产品转换型　　　　C. 市场转换型　　　　D. 技术变换型

答案　C

解析　客户主营业务的演变有以下几种情形:一是行业转换型,二是产品转换型,三是技术变换型,四是股权变更型,五是业务停顿型。

考点2　客户经营管理状况分析

　　信贷人员可以从客户的生产流程入手，通过供、产、销3个方面分析客户的经营状况，也可以通过客户经营业绩指标进行分析。

1. 供应阶段分析

　　供应阶段的核心是进货，信贷人员应重点分析以下方面，如图6.4所示：

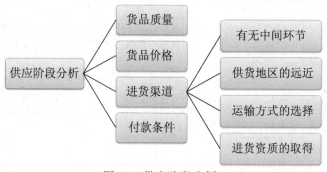

图6.4　供应阶段分析

2. 生产阶段分析

　　生产阶段的核心是技术，这包括生产什么、怎样生产、以什么条件生产，信贷人员应重点调查以下方面，如图6.5所示：

图6.5　生产阶段分析

3. 销售阶段分析

　　销售阶段的核心是市场，这包括销售给谁、怎样销售、以什么条件销售等内容。信贷人员应重点调查以下方面，如图6.6所示：

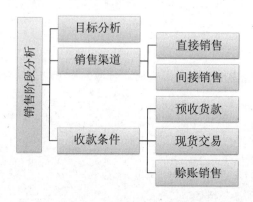

图6.6　销售阶段分析

4. 产品竞争力和经营业绩分析

(1) 产品竞争力分析

一个企业的产品(包括服务)特征主要表现在其产品的竞争力方面。竞争力强的产品会获得市场和购买者较多的认同，容易在市场竞争中战胜对手，顺利实现销售，并取得较好盈利，企业就能获得良好的融资环境，实现快速发展。企业产品的竞争力取决于产品品牌等多种因素，但主要还是取决于产品自身的性价比，那些性能先进、质量稳定、销价合理的产品往往在市场上具有较强的竞争力，为企业赢得市场和利润。当企业的产品定价不再具有竞争力或质量出现不稳定状况时，其经营上的问题也就可能产生了。

(2) 经营业绩分析

经营业绩指标通常指与行业比较的销售增长率，高于行业平均的增长率说明客户经营业绩较好；反之，则说明客户经营业绩较差。

市场占有率指标通常指客户产品的市场份额，所占市场份额较大说明客户在行业中的地位较高，其价格策略的调整对行业整体销售状况能产生影响；反之，则说明客户在行业中的地位较低，其价格策略的调整对行业整体销售状况不能产生影响。

主营业务指标通常指主营业务收入占销售收入总额的比重，比重较大说明客户主营业务突出，经营方向明确；反之，则说明客户主营业务不够突出，经营方向不够明确。

例题2 供应阶段的核心是进货，信贷人员应重点分析以下方面(　　)。(多项选择题)

A. 货品质量　　　　B. 货品价格　　　　C. 进货渠道　　　　D. 付款条件

答案　ABCD

解析　以上4项都是信贷人员应重点分析的方面。

例题3　生产阶段的核心是(　　)，这包括生产什么、怎么生产、以什么条件生产等内容。(单项选择题)

A. 技术　　　　B. 进货　　　　C. 市场　　　　D. 发货

答案　A

解析　供应阶段的核心是进货，生产阶段的核心是技术，销售阶段的核心是市场。

例题4　(　　)是指控制客户产品成本的第一道关口。(单项选择题)

A. 上游厂商资质　　B. 控制好进货价格　　C. 把好生产技术关　　D. 控制好销售费用

答案　B

解析　原材料等物品的价格是客户的主要生产成本，进货价格的高低直接关系到客户产品价格的高低，把好进货价格关是控制客户产品成本的第一道关口。

例题5　下列关于企业销售渠道的说法，正确的是(　　)。(单项选择题)

A. 直接销售渠道更重要

B. 直接销售渠道的优点是无须自找资源，缺点是需铺设销售网络

C. 间接销售渠道的优点是无须自找资源，缺点是需铺设销售网络

D. 直接销售应收账款较多

答案 B

解析 销售渠道是连接厂商与终端客户的桥梁和纽带。销售渠道有两种：一是直接销售，即厂商将产品直接销售给终端客户，其好处是贴近市场，应收账款少，缺点是需要铺设销售网络，资金投入较大；二是间接销售，即厂商将产品通过中间渠道销售给终端客户，其好处是无须自找客源，资金投入少，缺点是应收账款较多。

第2节 客户财务分析

考点3 概述

1. 客户财务分析的含义

财务分析以客户财务报表为主要依据，运用一定的分析方法，研究评价客户的财务过程和结果，分析客户的财务状况、盈利能力、资金使用效率和偿债能力，并由此预测客户的发展变化趋势，从而为贷款决策提供依据。

2. 客户财务分析的内容

在贷款决策中，除了需要使用财务报表本身的资料外，还需使用财务指标综合反映借款人的财务状况。这些指标分为4类，如图6.7所示：

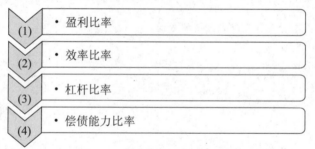

- (1) · 盈利比率
- (2) · 效率比率
- (3) · 杠杆比率
- (4) · 偿债能力比率

图6.7 客户财务分析的内容

3. 财务报表分析的资料

银行在进行财务报表分析时要注意搜集丰富的财务报表资料，以便于正确地作出贷款决策。具体包括以下内容，如图6.8所示：

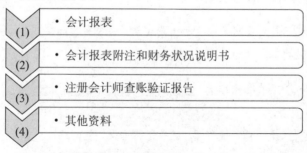

- (1) · 会计报表
- (2) · 会计报表附注和财务状况说明书
- (3) · 注册会计师查账验证报告
- (4) · 其他资料

图6.8 财务报表分析的资料

4. 财务分析的方法

财务分析的方法主要有以下5种，如图6.9所示：

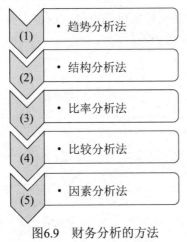

- (1) • 趋势分析法
- (2) • 结构分析法
- (3) • 比率分析法
- (4) • 比较分析法
- (5) • 因素分析法

图6.9 财务分析的方法

例题6 下列各项中，营运能力对客户( )有决定性影响。(单项选择题)

A. 借款人的资本结构　　　　　　　　　B. 产品竞争力

C. 借款人的经营业绩　　　　　　　　　D. 盈利能力和偿债能力

答案 D

解析 资产利用效率高，则各项资产周转速度就快，就能取得更多的收入和利润，盈利能力就强，就会有足够的资金还本付息，那么其长期偿债能力就强。营运能力对客户盈利能力的持续增长和偿债能力的不断提高有着决定性的影响。

例题7 商业银行对借款人最关心的就是( )。(单项选择题)

A. 借款人财务信息的质量　　　　　　　B. 借款人的家庭背景

C. 借款人的商业经验　　　　　　　　　D. 借款人的现在和未来的偿债能力

答案 D

解析 商业银行向借款人借出资金的主要目的，就是期望借款人能够按照规定的期限归还贷款并支付利息，否则，不仅不能从这种资金借贷关系中获得收益，反而会遭受损失。所以，商业银行对借款人最关心的就是其现在和未来的偿债能力。

例题8 ( )是在同一张财务报表的不同项目之间、不同类别之间，或在两张不同财务报表如资产负债表和利润表的有关项目之间做比较，用比率来反映它们之间的关系，以评价客户财务状况和经营状况好坏的一种方法。(单项选择题)

A. 比较分析法　　　　B. 比率分析法　　　　C. 因素分析法　　　　D. 结构分析法

答案 B

解析 它符合比率分析法的具体定义，同时，比率分析法是最常用的一种方法。

考点4　资产负债表分析

1. 资产负债表的构成

资产负债表是反映借款人在某一特定日期财务状况的财务报表。资产、负债和所有者权益是资产负债表的基本内容，如图6.10所示。

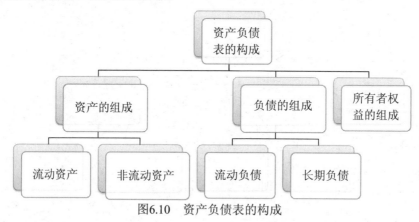

图6.10　资产负债表的构成

2. 资产结构分析

如借款人的资产结构与同行业的比例存在较大的差异，就应该进一步分析差异产生的原因。资产结构的行业比率参考指标见表6.2所示。

表6.2　资产结构的行业比率参考指标

项目 \ 行业	生产、销售行业			服务行业	
	制造业(%)	批发业(%)	零售业(%)	资本密集型(%)	劳动密集型(%)
现金	5～8	5～8	5～8	5～8	5～20
应收账款	20～25	25～35	0～10	0～20	20～60
存货	25～35	35～50	50～60	0～10	1～10
固定资产	30～40	10～20	10～20	50～70	10～30
其他	5～10	5～10	5～10	5～10	5～10
总资产	100	100	100	100	100

3. 资金结构分析

借款人的全部资金来源于两个方面：一是借入资金，包括流动负债和长期负债；二是自有资金，即所有者权益。

分析资金结构是否合理要重点关注以下内容：

(1) 资产负债表结构

从资产负债表的合理结构来看，长期资产应由长期资金和所有者权益支持，短期资产则由短期资金支持。对短期资产不全由短期资金支持，长期资产也不全由长期资金支持的情况，如果处理不善，就会出现问题。

(2) 经营风险水平

经营风险从广义上是指企业控制和管理的全部资产的不确定性。例如借款人不能全部收回其应收账款或固定资产提前报废，这都会给借款人的资产带来损失，从而增加经营风险。如果借款人的所有者权益在整个资金来源中所占比重过小，不能完全弥补其资产损失，那么债权人所投入的资金就会受到损害。由此可见,借款人的资金来源中,所有者权益的数额至少应能弥补其资产变现时可能发生的损失。

表6.3显示的是一组不同行业的资金结构比例参考指标。

表6.3　负债与所有者权益结构参考指标

项目 \ 行业	生产、销售行业			服务行业	
	制造业(%)	批发业(%)	零售业(%)	资本密集型(%)	劳动密集型(%)
流动负债	30~40	40~55	50~60	20~30	40~50
长期负债	15~25	15~20	10~20	20~30	0~10
所有者权益	30~50	30~40	25~35	35~50	35~50
合计	100	100	100	100	100

例题9 下列不属于资产负债表的基本内容的是(　　)。(单项选择题)

A. 资产　　　　　　　B. 负债　　　　　　　C. 资本结构　　　　　　　D. 所有者权益

答案 C

解析 资产的组成、负债的组成和所有者权益的组成是资产负债表的基本内容。

例题10 下列不属于流动资产的组成的是(　　)。(单项选择题)

A. 短期投资　　　　　B. 应收票据　　　　　C. 无形及递延资产　　　　D. 待摊费用

答案 C

解析 流动资产是指1年内或在一个营业周期内变现或者耗用的资产。它包括货币资金、短期投资、应收票据、应收账款、预付账款、存货、待摊费用等项目。

考点5　利润表分析

利润表又称损益表,它是通过列示借款人在一定时期内取得的收入,所发生的费用支出和所获得的利润来反映借款人一定时期内经营成果的报表。通过利润表可以考核借款人经营计划的完成情况,可以预测借款人收入的发展变化趋势,进而预测借款人未来的盈利能力。

1. 利润表的调整

利润表是根据"利润=收入-费用"原理编制的。根据这个原理,借款人在计算利润时,是以其一定时期内的全部收入总和减去全部费用支出总和。这种方法简单易懂,能够反映其全部收入总额和费用总额,但它只是对借款人的各种收入和费用作了简单的归类,不能满足银行分析利润表的需要。这种格式见表6.4所示。

因此,银行在进行利润表分析时,需将上述报表进行调整。步骤如下:第一步,从主营业务收入中减去主营业务成本、营业费用、营业税,得出主营业务利润,即毛利润;第二步,以主营业务利润为基础,加上其他业务利润,减去管理费用、财务费用,得出营业利润;第三步,在营业利润上加投资收益和营业外收入,减去营业外支出,得出利润总额;第四步,从利润总额出发,减去所得税,得出当期净利润。这种方法弥补了上述方法的不足,可以清楚地反映出借款人净利润的形成过程,准确地揭示出净利润各构成要素之间的内在联系,为盈利分析奠定了基础。这种格式见表6.5所示。

表6.4　调整前利润表

收入	
	基本业务收入
	其他业务收入
	投资收入
	营业外收入
减：	成本和费用
	营业成本
	营业税
	销售费用
	其他业务支出
	管理费用
	财务费用
	营业外支出
利润总额	
减：	
净利润	所得税

表6.5　调整后利润表

一、主营业务收入	
	减：主营业务成本
	营业费用
	营业税金
二、主营业务利润(毛利润)	
	加：其他业务利润
	减：管理费用
	财务费用
三、营业利润	
	加：投资净收益
	营业外收入
	减：营业外支出
四、利润总额	
	减：所得税
五、净利润	

2. 利润表的结构分析

利润表分析通常采用结构分析法。结构分析，是以财务报表中的某一总体指标为100%，计算其各组成部分占总体指标的百分比，然后比较若干连续时期的各项构成指标的增减变动趋势。在利润表结构分析中就是以产品销售收入净额为100%，计算产品销售成本、产品销售费用、产品销售利润等指标各占产品销售收入的百分比，计算出各指标所占百分比的增减变动，分析其对借款人利润总额的影响。

结构分析法除了用于单个客户利润表相关项目的分析外，还经常用于同行业平均水平比较分析。不同企业由于其生产经营规模大小、企业建立时间长短等因素的不同，销售收入、营业利润、净利润等数额也会相差很大，不宜直接相互比较。在这种情况下，利用结构分析法将不能比较的绝对数转化为可以比较的相对数，就可对不同企业之间的盈利能力作出评价。

事实上，借款人在正常生产经营期间，利润表各项目之间都应有一个正常的、合理的比例关系和结构。银行在利润表分析中应对内在结构的异常变化给予高度重视，并正确判断这种变化对借款人财务状况的影响。

例题11 (   )是以财务报表中的某一总体指标为100%,计算其各组成部分占总体指标的百分比,然后比较若干连续时期的各项构成指标的增减变动趋势。(单项选择题)

A. 结构分析　　　　　　　　　　　　B. 比率分析

C. 时间序列分析　　　　　　　　　　D. 指标分析

答案　A

解析　结构分析,是以财务报表中的某一总体指标为100%,计算其各组成部分占总体指标的百分比,然后比较若干连续时期的各项构成指标的增减变动趋势。结构分析法除了用于单个客户利润表相关项目分析外,还经常用于与同行业平均水平比较分析。

例题12　利润表的编制原理是(   )。(单项选择题)

A. 资产=负债+所有者权益　　　　　　B. 利润=收入-费用

C. 营业利润=营业收入-营业成本　　　D. 利润=收益-所得税费

答案　B

解析　利润表是根据"利润=收入-费用"原理编制的。根据这个原理,借款人在计算利润时,是以其一定时期内的全部收入总和减去全部费用支出总和。这种方法简单易懂,能够反映其全部收入总额和费用总额,但它只是对借款人的各种收入和费用作了简单的归类,不能满足银行分析利润表的需要。

例题13　结构分析法经常用于与同行业平均水平比较分析。(   )(判断题)

答案　√

解析　结构分析法除了用于单个客户利润表相关项目的分析外,还经常用于同行业平均水平比较分析。

考点6　现金流量分析

　　作为贷款银行,对客户进行财务分析的最重要目的在于了解客户的还款能力。一般来说,盈利客户比亏损客户偿还银行贷款的可能性大。但是,一家盈利客户可能因为不能偿还到期贷款而面临清算,而一家亏损客户却因能偿还到期贷款继续维持经营。其道理在于利润是偿还贷款的来源,但不能直接用来偿还贷款,偿还贷款使用的是现金。如果账面有利润,但实际并没有得到现金,那么就没有还款来源;相反,虽然账面亏损,但实际上得到了现金,那么就有还款来源。

1. 现金及现金流量的概念

(1) 现金及现金等价物的概念

　　现金流量中的现金则被广义化,既包括现金,又包括现金等价物,这是由分析现金流量的意义决定的,是会计核算中实质重于形式的体现。为此,现金流量中的现金包括两部分:现金,包括库存现金、活期存款和其他货币性资金;短期证券投资,称为现金等价物。这里的现金等价物指3个月以内的证券投资。

　　这样,现金流量中的现金包括:库存现金、活期存款、其他货币性资金以及3个月以内的证券投资。

(2) 现金流量的概念

流量是相对于存量的一个概念。存量是某一时点的数据，如会计中的余额；流量是一定期间内所发生的数据，如会计中的发生额。

现金流量包括现金流入量、现金流出量和现金净流量；现金净流量为现金流入量和现金流出量之差。

2. 现金流量的计算

如果一家客户要持续经营，那么该客户既要保持正常的经营循环，又要保持有效的资本循环，也就是说，在从事业务经营的同时，还要进行固定资产投资。在循环的不同阶段和不同循环中，客户现金流量的特征不同，往往会出现现金流入滞后于现金流出，或者现金流入小于现金流出。此时，客户需要对外融资。由此得出如下计算公式：

现金净流量=经营活动的现金净流量+投资活动的现金净流量+融资活动的现金净流量

(1) 现金流量的具体内容

① 经营活动的现金流量；

② 投资活动的现金流量；

③ 融资活动的现金流量。

(2) 现金流量的计算方法

具体步骤如下：

首先，计算资产负债表各科目期初数和期末数的变动情况。

项目变动数(△项目)=期末数-期初数

其次，确定项目变动数是现金流出还是现金流入，如表6.6所示。

表6.6 资产与负债变化对现金流量的影响

项目＼变动	增加	减少
资产	现金流出	现金流入
负债	现金流入	现金流出

最后，计算现金流量。在计算现金流量时，投资活动和融资活动比较简单，较为复杂的是经营活动现金流量的计算。

① 经营活动的现金流量。经营活动现金流量的计算方法有直接法和间接法。

其一，直接法。直接法又称为"自上而下"法。

● 销售所得现金。即：

销售所得现金=销售收入-△应收账款

● 购货所付现金。即：

购货所付现金=销售成本-△应付账款+△存货

● 管理费用现金支出。即：

经营费用现金支出=经营费用-折旧-摊销-△应付费用+△预付费用

● 其他业务现金收入、对外投资利息和股息现金收入。

● 支付利息：应付未付利息=利息-△应付利息

● 缴纳所得税。

运用直接法计算经营活动的现金流量如表6.7所示。

表6.7　直接法计算经营活动的现金流量

利润表项目	调整至	现金流量表项目
销售收入净额		销售所得现金
−销售成本		−购货付出的现金
+其他业务利润		+其他业务现金收入
−管理费用		−管理费用现金支出
=营业利润		=营业现金收入
+投资收益		+投资收益现金收入
+营业外收支净额		+营业外现金收支净额
−财务费用		−财务费用现金支出
−所得税		−缴纳所得税
=净利润		=经营活动的现金净流量

其二，间接法。即以利润表中最末一项净收益为出发点，加上没有现金流出的费用和引起现金流入的资产负债表项目的变动值，减去没有现金流入的收入和引起现金流出的资产负债表项目的变动值。计算如表6.8所示。

表6.8　间接法计算经营活动的现金流量

净收益

　　+折旧

　　△应付账款

　　△应付费用

　　△应付税金

　　−△应收账款

　　△存货

　　△预付费用

② 投资活动的现金流量。即：

投资活动的现金流出(流入)=△固定资产+△投资+△无形资产(△>0，流出；△<0，流入)

③ 融资活动的现金流量。即：

融资活动的现金流出(流入)=△长期负债+△短期负债+△股东权益(△>0，流出；△<0，流入)

例题14　经营活动的现金净流量包含(　　)。(多项选择题)

A. 营业现金收入　　　　　　　　B. 投资收益现金收入

C. 营业外现金收支净额　　　　　D. 短期负债

答案　ABC

解析　根据公式：经营活动的现金净流量=营业现金收入+投资收益现金收入+营业外现金收支净额−财务费用现金支出−缴纳所得税，可得A、B、C3个选项都可以引起经营活动的现金流入，而短期负债属于融资活动的现金流量。

例题15 计算经营活动现金流量的直接法是从( )出发,将利润表中的项目与资产负债表中的有关项目逐一对应,逐项调整为以现金为基础的项目。(单项选择题)

A. 净收益   B. 销售收入

C. 销售成本   D. 现金及现金等价物

答案 B

解析 直接法又称为"自上而下"法。即从销售收入出发,将利润表中的项目与资产负债表有关项目逐一对应,逐项调整为以现金为基础的项目。

例题16 资产负债表中的项目变动对现金流量的影响表现为:资产增加时,现金( );负债减少时,现金( )。(单项选择题)

A. 流出;流出   B. 流出;流入   C. 流入;流出   D. 流入;流入

答案 A

解析 如表6.6所示,资产负债表中的项目变化对现金流量的影响如下:资产增加,现金流出;资产减少,现金流入;负债增加,现金流入;负债减少,现金流出。

例题17 下列公式中,正确的是( )。(多项选择题)

A. 有形净资产=所有者权益+无形资产

B. 利息保障倍数=(利润总额–利息费用)/利息费用

C. 速动资产=流动资产–存货–预付账款–待摊费用

D. 营运资金=流动资产–流动负债

E. 赊销收入净额=销售收入–现销收入–销售退回–销售折让–销售折扣

答案 CDE

解析 有形净资产=所有者权益–无形资产–递延资产,A选项错误。

利息保障倍数=(利润总额+利息费用)/利息费用,B选项错误。

考点7 财务报表综合分析

1. 盈利能力分析(盈利比率)

(1) 销售利润率(毛利润率)

销售利润率是指销售利润和产品销售收入净额的比率。其计算公式为:

$$销售利润率=销售利润/销售收入净额×100\%$$

$$销售利润=销售收入净额–销售成本–销售费用–销售税金及附加$$

(2) 营业利润率

营业利润率是指借款人的营业利润与产品销售收入净额的比率。其计算公式为:

$$营业利润率=营业利润/销售收入净额×100\%$$

$$营业利润=销售利润–管理费用–财务费用$$

(3) 税前利润率和净利润率

税前利润率是客户利润总额和销售收入净额的比率。其计算公式为:

$$税前利润率=利润总额/销售收入净额×100\%$$

$$利润总额=营业利润+投资净收益+营业外收入-营业外支出$$

净利润率是指客户净利润与销售收入净额之间的比率。其计算公式为：

$$净利润率=净利润/销售收入净额×100\%$$

$$净利润=利润总额-所得税$$

(4) 成本费用利润率

成本费用利润率是借款人利润总额与当期成本费用总额的比率。其计算公式为：

$$成本费用利润率=利润总额/成本费用总额×100\%$$

$$成本费用总额=销售成本+销售费用+管理费用+财务费用$$

(5) 资产收益率

资产收益率是客户税前净利润与资产平均总额的比率，其计算公式为：

$$资产收益率=税前净利润/资产平均总额×100\%$$

$$资产平均总额=(期初资产总额+期末资产总额)/2$$

(6) 所有者权益收益率

所有者权益收益率是客户税前净利润与有形净资产的比率。其计算公式为：

$$所有者权益收益率=利润总额/有形净资产×100\%$$

该比率越高，表明所有者投资的收益水平越高，营运能力越好，盈利能力越强。下面是一组生产、销售行业和服务行业效率比率的参考指标，如表6.9所示。

表6.9 效率比率参考指标

行业 比率	生产、销售行业			服务行业	
	制造业	批发业	零售业	资本密集型	劳动密集型
总资产周转率(%)	2~5	4~6	1~3	1~2	7~10
存货持有天数(天)	60~100	60~100	100~200		
应收账款回收期(天)	40~60	30~50	0~20	0~35	20~35

2. 偿债能力分析

偿债能力是指客户偿还到期债务的能力，包括长期偿债能力分析和短期偿债能力分析。

(1) 长期偿债能力分析

长期偿债能力是指客户偿还长期债务的能力，它表明客户对债务的承受能力和偿还债务的保障能力，长期偿债能力的强弱是反映客户财务状况稳定与安全程度的重要标志。

它包括资产负债率、负债与所有者权益比率、负债与有形净资产比率、利息保障倍数等，这些统称为杠杆比率。

① 资产负债率。资产负债率又称负债比率，是客户负债总额与资产总额的比率。其计算公式为：

$$资产负债率=负债总额/资产总额×100\%$$

② 负债与所有者权益比率。负债与所有者权益比率指负债总额与所有者权益总额的比例关系，用以表示所有者权益对债权人权益的保障程度。其计算公式为：

$$负债与所有者权益比率=负债总额/所有者权益×100\%$$

③ 负债与有形净资产比率。负债与有形净资产比率是指负债与有形净资产的比例关系，用于表示有形净资产对债权人权益的保障程度，其计算公式为：

$$负债与有形净资产比率=负债总额/有形净资产×100\%$$

$$有形净资产=所有者权益-无形资产-递延资产$$

④ 利息保障倍数。利息保障倍数是指借款人息税前利润与利息费用的比率，用以衡量客户偿付负债利息能力。其计算公式为：

$$利息保障倍数=(利润总额+利息费用)/利息费用$$

(2) 短期偿债能力分析

短期偿债能力是指客户以流动资产偿还短期债务即流动负债的能力，它反映客户偿付日常到期债务的能力。反映客户短期偿债能力的比率主要有：流动比率、速动比率和现金比率，这些统称为偿债能力比率。

① 流动比率。流动比率是流动资产与流动负债的比率。它表明借款人每元流动负债有多少流动资产作为偿还的保证。其计算公式为：

$$流动比率=流动资产/流动负债×100\%$$

表6.10所示是一些行业的流动比率参考指标。

表6.10　流动比率参考指标

行业	汽车	房地产	制药	建材	化工	家电	啤酒	计算机	电子	商业	机械	玻璃	食品	饭店
流动比率	1.1	1.2	1.3	1.25	1.2	1.5	1.75	2	1.45	1.65	1.8	1.3	> 2	> 2

② 速动比率。速动比率是借款人速动资产与流动负债的比率。其计算公式为：

$$速动比率=速动资产/流动负债×100\%$$

速动资产是指易于立即变现、具有即时支付能力的流动资产。速动资产计算公式为：

$$速动资产=流动资产-存货-预付账款-待摊费用$$

表6.11所示是部分行业速动比率参考指标。

表6.11　速动比率参考指标

行业	汽车	房地产	制药	建材	化工	家电	啤酒	计算机	电子	商业	机械	玻璃	食品	饭店
速动比率	0.85	0.65	0.9	0.9	0.9	0.9	0.9	1.25	0.95	0.45	0.9	0.45	> 1.5	> 2

③ 现金比率。现金比率是客户现金类资产与流动负债的比率。它是衡量借款人短期偿债能力的一项参考指标。其计算公式为：

$$现金比率=现金类资产/流动负债×100\%$$

现金类资产是速动资产扣除应收账款后的余额，包括货币资金和易于变现的有价证券，它最能反映客户直接偿付流动负债的能力。

④ 营运资金。营运资金是指流动资产与流动负债的差额，其计算公式如下：

$$营运资金=流动资产-流动负债$$

⑤ 现金债务总额比。现金债务总额比的计算公式为：

$$现金债务总额比=经营活动现金净流量/债务总额$$

3. 营运能力分析

营运能力是指通过借款人资产周转速度的有关指标反映出来的资产利用的效率，它表明客户管理人员经营、管理和运用资产的能力。营运能力分析常用的比率主要有：总资产周转率、流动资产周转率、固定资产周转率、应收账款周转率、存货周转率等，这些统称为效率比率。

(1) 总资产周转率

总资产周转率是指客户销售收入净额与资产平均总额的比率。其计算公式为：

$$总资产周转率=销售收入净额/资产平均总额×100\%$$
$$资产平均总额=(期初余额+期末余额)/2$$

(2) 流动资产周转率

流动资产周转率是指客户一定时期的主营业务收入与流动资产平均余额的比率，即企业流动资产在一定时期内(通常为1年)周转的次数。流动资产周转率是反映企业流动资产运用效率的指标。其计算公式为：

$$流动资产周转率=主营业务收入净额/流动资产平均净值×100\%$$

其中：

$$流动资产平均净值=(期初流动资产+期末流动资产)/2$$
$$流动资产周转天数=计算期天数/流动资产周转率$$

(3) 固定资产周转率

固定资产周转率是指客户销售收入净额与固定资产平均净值的比率，它是反映客户固定资产使用效率的指标。其计算公式为：

$$固定资产周转率=销售收入净额/固定资产平均净值×100\%$$
$$固定资产平均净值=(年初固定资产净值+年末固定资产净值)/2$$

(4) 应收账款周转率

应收账款周转率是反映应收账款周转速度的指标，它是一定时期内赊销收入净额与应收账款平均余额的比率，表明一定时期内应收账款周转的次数。其计算公式为：

$$应收账款周转率=赊销收入净额/应收账款平均余额×100\%$$
$$赊销收入净额=销售收入-现销收入-销售退回-销售折让-销售折扣$$
$$应收账款平均余额=(期初应收账款余额+期末应收账款余额)/2$$

应收账款回收期表示企业应收账款周转一次平均所需的天数。其计算公式为：

$$应收账款回收期数=计算期天数/应收账款周转次数=应收账款平均余额×计算期天数/赊销收入净额$$

(5) 存货周转率

存货周转率是一定时期内借款人销货成本与平均存货余额的比率，它是反映客户销售能力和存货周转速度的一个指标，也是衡量客户生产经营环节中存货营运效率的一个综合性指标。其计算公式为：

$$存货周转率=销货成本/平均存货余额×100\%$$
$$平均存货余额=(期初存货余额+期末存货余额)/2$$

存货也可用存货持有天数表示，其计算公式为：

$$存货持有天数=计算期天数/存货周转次数=存货平均余额×计算期天数/销货成本$$

一般而言，存货持有天数增多，或是说明客户存货采购过量，或是呆滞积压存货比重较大，或是存货采购价格上涨；而存货持有天数减少，说明客户可能在用量或销量增加。但是过快的、不正常的存货周转率，也可说明客户没有足够的存货可供耗用或销售，或是采购次数过于频繁，批量太小等。

存货周转率通常按年计算，如果客户属季节性生产企业，每季度存货余额波动较大，平均存货余额应用每月或每季的存货余额平均计算。采用不同的存货计价方法，对存货的周转率有较大影响，因此，将不同时期存货周转率进行对比时，要注意存货计价方法的变更所带来的影响，并作相应调整。

例题18 下列能够反映借款人盈利能力的比率是(   )。(单项选择题)

A. 效率比率　　　　　B. 杠杆比率　　　　　C. 流动比率　　　　　D. 营业利润率

答案　D

解析　反映借款人盈利能力的比率主要有：销售利润率、营业利润率、税前利润率和净利润率、成本费用利润率，这些统称为盈利比率。

例题19 反映客户长期偿债能力比率的有(   )。(单项选择题)

A. 流动比率　　　　　B. 资产负债率　　　　C. 净利润率　　　　　D. 速动比率

答案　B

解析　A、D两项属于客户短期偿债能力的比率，C项属于盈利能力的比率。

例题20 (   )是流动资产中最重要的组成部分，常常达到流动资产总额的一半以上。(单项选择题)

A. 现金　　　　　　　B. 存货　　　　　　　C. 利润　　　　　　　D. 股票

答案　B

解析　存货质量好坏、周转快慢，对客户资产周转循环长短具有重要影响。存货周转速度不仅反映了流动资产变现能力的好坏、经营效率的高低，同时也说明客户的营运能力和盈利能力。存货周转率越高，说明客户存货从资金投入到销售收回的时间越短。

例题21 财务杠杆比率考察的是借款人的(   )。(单项选择题)

A. 盈利能力　　　　　B. 长期偿债能力　　　C. 短期偿债能力　　　D. 营运能力

答案　B

解析　从财务杠杆比率角度，分析借款人偿还长期债务的能力。

例题22 下列公式中，不能反映存货周转速度的是(   )。(单项选择题)

A. 销货成本/平均存货余额×100%　　　　　B. 存货平均余额×计算期天数/销货成本

C. 计算期天数/存货周转次数　　　　　　　D. (期初存货余额+期末存货余额)/2

答案　D

解析　存货周转率=销货成本/平均存货余额×100%

存货持有天数=计算期天数/存货周转次数=存货平均余额×计算期天数/销货成本

这两个指标都可以反映存货周转速度。平均存货余额=(期初存货余额+期末存货余额)/2，这是存量指标，不能反映存货周转速度。

例题23 衡量借款人短期偿债能力的指标有( )。(多项选择题)

A. 资产负债比率　　　B. 现金比率　　　　C. 速动比率

D. 流动比率　　　　　E. 产权比率

答案 BCD

解析 短期偿债能力分析的比率有：流动比率、速动比率、现金比率、营运资金。

第3节 客户信用评级

考点8 客户信用评级的概念

客户信用评级是商业银行对客户偿债能力和偿债意愿的计量和评价，反映客户违约风险的大小。客户评级的评价主体是商业银行，评价目标是客户违约风险，评价结果是信用等级。符合《巴塞尔新资本协议》要求的客户信用评级必须具有两大功能：一是能够有效区分违约客户，即不同信用等级的客户违约风险随信用等级的下降而呈加速上升的趋势；二是能够准确量化客户违约风险，即能够估计各信用等级的违约概率，并将估计的违约概率与实际违约频率之间的误差控制在一定范围内。

信用评级分为外部评级和内部评级。外部评级是专业评级机构对特定债务人的偿债能力和偿债意愿的整体评估，主要依靠专家定性分析，评级对象主要是企业，尤其是大中型企业；内部评级是商业银行根据内部数据和标准(侧重于定量分析)，对客户的风险进行评价，并据此估计违约概率及违约损失率，作为信用评级和分类管理的标准。

例题24 客户评级的评价主体是( )。(单项选择题)

A. 专业评级机构　　　B. 政府　　　　　C. 商业银行　　　　D. 注册会计师

答案 C

解析 客户信用评级是商业银行对客户偿债能力和偿债意愿的计量和评价，反映客户违约风险的大小。客户评级的评价主体是商业银行，评价目标是客户违约风险，评价结果是信用等级。

考点9 评级因素及方法

1. 评级因素

商业银行在评级时主要考虑的因素包括以下方面内容，如图6.11所示：

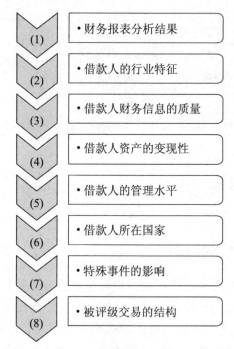

图6.11　商业银行在评级时主要考虑的因素

2. 客户信用评级方法

(1) 定性分析法

定性分析法主要指专家判断法。专家判断法是商业银行在长期经营信贷业务、承担信用风险过程中逐步发展并完善起来的传统信用分析法。目前所使用的定性分析法，虽然有各种各样的架构设计，但其选择的关键要素都基本相似，其中，对企业信用分析的5Cs系统使用最为广泛。5Cs系统具体内容如图6.12所示：

品德	是对借款人声誉的衡量。主要指企业负责人的品德、经营管理水平、资金运用状况、经营稳健性以及偿还愿望等，信用记录对其品德的判断具有重要意义
资本	是指借款人的财务杠杆状况及资本金情况。资本金是经济实力的重要标志，也是企业承担信用风险的最终资源。财务杠杆高就意味着资本金较少，债务负担和违约概率较高
还款能力	主要从两方面进行分析：一方面是借款人未来现金流量的变动趋势及波动性；另一方面是借款人的管理水平。银行不仅要对借款人的公司治理机制、日常经营策略、管理的整合度和深度进行分析评价，还要对其各部门主要管理人员进行分析评价
抵押	借款人应提供一定的、合适的抵押品以减少或避免商业银行贷款损失，特别是在中长期贷款中，如果没有担保品作为抵押，商业银行通常不予放款。商业银行对抵押品的要求权级别越高，抵押品的市场价值越大，变现能力越强，则贷款的风险越低
经营环境	主要包括商业周期所处阶段、借款人所在行业状况、利率水平等因素。商业周期是决定信用风险水平的重要因素，尤其是在周期敏感性的产业；借款人处于行业周期的不同阶段以及行业的竞争激烈程度，对借款人的偿债能力也具有重大影响；利率水平也是影响信用风险水平的重要环境因素

图6.12　5Cs系统具体内容

5Ps分析系统包括： 个人因素(personal factor)、资金用途因素(purpose factor)、还款来源因素(payment factor)、保障因素(protection factor)、企业前景因素(perspective factor)。

骆驼(CAMEL)分析系统包括：资本充足率(capital adequacy)、资产质量(as sets quality)、管理能力(management)、盈利性(earning)和流动性(liquidity)等因素。

(2) 定量分析法

定量分析法在信用评级中越来越受到重视，较常见的定量分析法主要包括各类违约概率模型分析法。违约概率模型分析属于现代信用风险计量方法。20世纪90 年代以来，信用风险量化模型在银行业得到了高度重视和快速发展，涌现了一批能够直接计算违约概率的模型，其中具有代表性的模型有穆迪的Risk Calc和Credit Monitor 、KPMG 的风险中性定价模型和死亡概率模型，在银行业引起了很大反响。

> **例题25** 下列不属于商业银行在评级时主要考虑的因素的是( )。(单项选择题)
> A. 财务报表分析结果 B. 借款人财务信息的质量
> C. 借款人所在国家 D. 借款人的家庭背景
> **答案** D
> **解析** 商业银行在评级时主要考虑的因素包括以下方面内容：财务报表分析结果；借款人的行业特征；借款人财务信息的质量；借款人资产的变现性；借款人的管理水平；借款人所在国家；特殊事件的影响；被评级交易的结构。

> **例题26** 目前所使用的定性分析方法中，使用最为广泛的系统是( )。(单项选择题)
> A. 5Cs系统 B. 5Ps分析系统
> C. 骆驼(CAMEL)分析系统 D. 穆迪的Risk Calc
> **答案** A
> **解析** 目前所使用的定性分析方法，虽然有各种各样的架构设计，但其选择的关键要素都基本相似，其中，对企业信用分析的5Cs系统使用最为广泛。

考点10 操作程序和调整

1. 信用评级操作程序

评级程序在不同商业银行间的做法大同小异。以某银行评级程序为例：银行初评部门在调查分析的基础上，进行客户信用等级初评，核定客户授信风险限额，并将完整的信用评级材料报送同级行风险管理部门审核。风险管理部门对客户信用评级材料进行审核，并将审核结果报送本级行主管风险管理的行领导。行领导对风险管理部门报送的客户信用评级材料进行签字认定后，由风险管理部门向业务部门反馈认定信息。

对于超过基层行认定权限的客户信用评级，该行完成上述规定程序，并由行领导签字后报送上级行风险管理部门。上级行风险管理部门对客户信用评级材料进行审核，并报送本行行领导认定。对于仍无认定权限的信用评级材料，应在行领导签字后继续上报。上级行风险管理部门对客户信用评级材料进行审核，并报送本行行领导认定。对于仍无认定权限的信用评级材料，应在行领导签字后继续上报。认定行对客户信用评级材料审核、认定后，向下级行反馈认定信息。

2. 信用评级的调整

在客户信用等级有效期内，如发生下列情况之一，信用评级的初评、审核部门均有责任及时提示并按程序调整授信客户的信用等级。

(1) 客户主要评级指标明显恶化，将导致评级分数及信用评级结果降低；

(2) 客户主要管理人员涉嫌重大贪污、受贿、舞弊或违法经营案件；

(3) 客户出现重大经营困难或财务困难；

(4) 客户在与银行业务往来中有严重违约行为；

(5) 客户发生或涉入重大诉讼或仲裁案件；

(6) 客户与其他债权人的合同项下发生重大违约事件；

(7) 有必要调整客户信用等级的其他情况。

例题27 需要调整授信客户的信用等级的情况包括( )。(多项选择题)

A. 客户出现重大经营困难或财务困难 　　 B. 客户发生或涉入重大诉讼或仲裁案件

C. 客户在与银行业务往来中有严重违约行为 　 D. 客户主要评级指标明显恶化

答案 ABCD

解析 以上答案都属于需要调整授信客户的信用等级的情况。

第4节 同步强化训练

一、单项选择题

1. 某公司上一期的经营费用为2.5亿元，销售成本为3亿元，与经营费用相关的预付费用增加0.8亿元，应付费用减少0.5亿元，折旧为0.3亿元，摊销为0.2亿元，则该公司该期的经营费用现金支出为( )亿元。

A. 2.3 　　　　　　 B. 3.3 　　　　　　 C. 3.8 　　　　　　 D. 6.8

2. 计算现金流量时，以( )为基础，根据( )期初期末的变动数进行调整。

A. 利润表，股东权益变动表 　　　　　 B. 资产负债表，利润表

C. 利润表，资产负债表 　　　　　　　 D. 资产负债表，股东权益变动表

3. 下列关于资产收益率和所有者权益收益率的说法，不正确的是( )。

A. 资产收益率越高，说明客户资产的利用效率越高

B. 所有者权益收益率越高，表明所有者投资的收益水平越高

C. 资产收益率是反映客户资产综合利用效果的指标

D. 资产收益率低的公司，所有者权益收益率一定低

4. 借款人存货周转率是指用一定时期内的( )除以( )得到的比率。

A. 平均存货余额，销货收入 　　　　　 B. 销货收入，平均存货余额

C. 销货成本，平均存货余额 　　　　　 D. 平均存货余额，销货成本

5. 营运能力是指通过借款人( )的有关指标反映出来的资产利用效率,它表明企业管理人员经营、管理和运用资产的能力。

 A. 盈利比率   B. 财务杠杆   C. 现金流量   D. 资产周转速度

6. 假定在其他条件相同的情况下,下列公司中最有可能获得银行贷款的是( )。

 A. 利息保障倍数为1.5,流动比率为2   B. 利息保障倍数为0.8,流动比率为1

 C. 利息保障倍数为0.6,流动比率为0.5   D. 利息保障倍数为1.2,流动比率为4

7. ( )是以财务报表中的某一总体指标为100%,计算其各组成部分占总体指标的百分比,然后比较若干连续时期的各项构成指标的增减变动趋势。

 A. 横截面分析   B. 时间序列分析   C. 结构分析   D. 敏感性分析

8. 在比较分析法中,现实中通常以( )的标准作为行业平均水平。

 A. 本行业所有公司   B. 上市公司   C. 规模以上公司   D. 中等规模公司

9. 商业银行对借款人最关心的就是其现在和未来的( )。

 A. 技术水平   B. 销售业绩   C. 偿债能力   D. 信息披露

10. 利润表分析通常采用( )。

 A. 趋势分析法   B. 结构分析法   C. 比率分析法   D. 比较分析法

11. 下列对现金流量的理解,正确的为( )。

 A. 是存量的概念,反映一段时间内现金的发生额

 B. 主要讨论现金及现金等价物之间的变动

 C. 可分为经营活动的现金流量、投资活动的现金流量和融资活动的现金流量

 D. 计算时,要以资产负债表为基础,根据利润表期初期末的变动数调整

12. 利润表分析中,计算企业净利润的步骤应为( )。

 A. 收入—利润总额—毛利润—净利润   B. 毛利润—营业利润—利润总额—净利润

 C. 营业利润—毛利润—利润总额—净利润   D. 营业利润—利润总额—毛利润—净利润

13. 某超市拥有总资产1000万元,其中现金30万元,存货200万元,固定资产400万元,应收账款150万元,该超市的资产结构( )。

 A. 与同行业相当,提供贷款

 B. 优于同行业,提供贷款

 C. 劣于同行业,拒绝贷款

 D. 与同行比例差异较大,因而应进一步分析差异原因

14. 主要通过流动资产与流动负债的关系反映借款人到期偿还债务能力的指标是( )。

 A. 成本费用率   B. 存货持有天数

 C. 应收账款回收期   D. 流动比率

15. 某地区拥有丰富的淡水资源,因而养鱼成为该区域的主业和农民致富的主要渠道。随着鱼产量增加,为解决乡亲们卖鱼难的问题,该地区政府筹资组建起一家股份制成品鱼供销公司,利用企业做风帆引领农民闯市场,则该企业成立的动机是基于( )。

 A. 人力资源   B. 客户资源   C. 产品分工   D. 产销分工

16. 下列情况中,加大长期债务可获得财务杠杆收益,提高企业权益资本收益率的是( )。

 A. 企业总资产利润率<长期债务成本   B. 企业总资产利润率>长期债务成本

C. 企业权益资本收益率>长期债务成本　　　　D. 企业权益资本收益率<长期债务成本

17. 下列不属于企业收款条件的是(　　)。

A. 预收账款　　　　B. 现金交易　　　　C. 赊销　　　　D. 赊购

二、多项选择题

1. 针对商业银行等金融机构的骆驼评级分析系统包括(　　)。

A. 流动性　　　　B. 管理能力　　　　C. 资产质量

D. 资本充足率　　　　E. 盈利性

2. 现金流量中的现金主要包括下列选项中的哪些内容?(　　)

A. 库存现金　　　　B. 活期存款　　　　C. 应收票据

D. 应收账款　　　　E. 3个月内变现的有价证券

3. 反映公司营运能力的财务指标主要有(　　)。

A. 销售毛利率　　　　B. 总资产周转率　　　　C. 固定资产周转率

D. 应收账款周转率　　　　E. 存货周转天数

4. 决定银行给予一个企业(集团)授信额度大小的因素包括(　　)。

A. 借款企业的需求和借款原因、借款金额需求　　　　B. 还款能力及未来现金流风险

C. 银行或借款企业的法律或监督条款的限制　　　　D. 银行贷款组合管理的限制

E. 关系管理因素

5. 运用固定资产周转率进行实际分析时,为真实反映固定资产的运用效率,还要考虑的因素有(　　)。

A. 折旧及更新对固定资产净值的影响　　　　B. 不同企业折旧方法的差异

C. 不同企业资产水平的不同　　　　D. 行业性质不同造成固定资产状况不同

E. 行业不同造成销售收入不同

6. 分析企业资金结构是否合理时要注意(　　)等方面内容。

A. 资产负债表结构是否合理　　　　B. 现金流量表结构是否合理

C. 资金成本　　　　D. 经营风险水平　　　　E. 资产收益

7. 所有者权益主要由(　　)组成。

A. 资本金　　　　B. 公积金　　　　C. 利润

D. 未分配利润　　　　E. 盈余

8. 在客户法人治理结构评价中,对客户控股股东行为评价需考虑的关键因素有(　　)。

A. 控股股东与其他股东间是否存在关联交易

B. 控股股东及其客户是否占有其他客户资源

C. 控股股东是否为客户及其关联方提供连环担保

D. 股东之间是相互独立还是利益关系人

E. 股东之间最终的所有者是否为同一人

9. 客户变更主营业务的主要情形有(　　)。

A. 行业转换　　　　B. 产品转换　　　　C. 技术变换

D. 股权变更　　　　E. 业务停顿

10. 下列关于5Cs系统的说法，错误的有(   )。

A. 品德仅指借款企业负责人的品德

B. 资本是指借款人的财务状况及资本金状况，财务杠杆越低，意味着债务负担和违约概率低

C. 还款能力主要从借款人未来现金流量变动趋势方面衡量

D. 抵押贷款中，商业银行对抵押品的要求权级别越高，抵押品市场价值越小，贷款风险越低

E. 经营环境主要包括商业周期所处阶段、借款人所在行业状况、利率水平等因素

11. 在客户法人治理结构评价中，对客户内部激励约束机制评价需考虑的关键因素有(   )。

A. 董事长和监事如何产生，他们之间是否兼任

B. 董事长、总经理、监事是否兼任子公司或关联公司的职位

C. 董事长和总经理的薪酬结构和形式

D. 内部决策的程序和方式

E. 在内部决策中，董事长与总经理、监事如何制衡

12. 下列关于产品竞争力的说法，正确的有(   )。

A. 企业产品(服务)特征主要表现在其产品的竞争力方面

B. 企业产品竞争力越强，越容易获得市场认同

C. 产品竞争力主要取决于产品自身的性价比

D. 产品竞争力主要取决于产品品牌

E. 能否合理、有效、及时进行产品创新对设计和开发周期短的公司更为重要

13. 下列关于信用评级定性和定量分析方法的说法，正确的有(   )。

A. 定性分析方法的一个突出问题是对信用风险的评估缺乏一致性

B. 定性分析方法更适合于对借款人进行是和否的二维决策

C. 实施内部评级法的商业银行只能采用定性分析方法

D. 与传统的定性分析方法相比，违约概率模型对历史数据的要求更高

E. 违约概率模型需要商业银行建立一致的、明确的违约定义

14. 针对企业信用分析的5Ps分析系统包括(   )。

A. 个人因素   B. 资金用途因素   C. 还款来源因素

D. 生产力因素   E. 保障因素

15. 商业银行对客户进行评级时，财务报表分析的重点是(   )。

A. 借款人的偿债能力   B. 借款人的信誉   C. 所占用的现金流量

D. 资产的流动性   E. 借款人获得其他银行贷款的能力

16. 下列关于计算经营活动现金流量的间接法的说法，正确的有(   )。

A. 间接法以资产负债表中的现金为出发点   B. 间接法又被称为"自上而下"法

C. 计算时应加上折旧   D. 计算时应加上应付税金的增加值

E. 计算时应减去存货的减少值

17. 下列关于固定资产净值的说法，正确的有(   )。

A. 固定资产的净值随折旧时间推移而减少

B. 固定资产的净值随固定资产的更新改造而减少

C. 不同企业采用不同折旧方法会对固定资产周转率的比较产生影响

D. 行业性质不同会造成固定资产状况的不同

E. 计算固定资产周转率时，固定资产净值使用平均值

18. 下列公式中，正确的有(　　)。

A. 有形净资产=所有者权益+无形资产

B. 利息保障倍数=(利润总额-利息费用)/利息费用

C. 速动资产=流动资产-存货-预付账款-待摊费用

D. 营运资金=流动资产-流动负债

E. 赊销收入净额=销售收入-现销收入-销售退回-销售折让-销售折扣

19. 杠杆比率包括(　　)。

A. 资产负债率 　　　　　B. 流动比率 　　　　　C. 负债与所有者权益比率

D. 利息保障倍数 　　　　E. 现金比率

三、判断题

1. 在客户信用等级有效期内，如果客户与其他债权人的合同项下发生重大违约事件，信用评级的初评、审核部门均有责任及时提示，并按程序调整授信客户的信用等级。(　　)

2. 用多余现金购买3个月期债券，表现为现金净流出。(　　)

3. 存货周转率越快越好。(　　)

4. 在评价速动比率时，应结合应收账款周转率指标分析应收账款的质量。(　　)

5. 对银行来讲，借款人流动比率越高越好。(　　)

6. 结构分析法经常用于与同行业平均水平比较分析。(　　)

7. 所有者权益代表投资者对资产的所有权。(　　)

8. 客户进货的付款条件主要取决于市场供求和商业信用两个因素。(　　)

9. 趋势分析法是财务分析最常用的一种方法。(　　)

10. 应收账款周转率、应收账款回收期、存货周转率、存货回收期越高，表明资产利用效率越高。(　　)

11. 营运能力对借款企业盈利能力的持续增长和偿债能力的不断提高有决定性影响。(　　)

12. 实践中，不论客户为何种行业，其流动比率均应保持在2的水平为宜。(　　)

13. 结构分析法除用于单个客户利润表相关项目的分析外，还常用于与同行业平均水平比较分析。(　　)

14. 选择客户就要细分市场，瞄准客户群。(　　)

15. 信贷人员主要可从客户研发能力、内外研发机构协作能力、研发数量等方面考察客户技术水平。(　　)

16. 在资产负债表中，无形资产属于流动资产，应收账款属于非流动资产。(　　)

17. 从企业经营来看，资产负债率、负债与所有者权益比率越低越好。(　　)

18. 为保持短期偿债能力，流动比率与速动比率越高越好。(　　)

19. 信贷客户的信用等级有一个有效期。(　　)

答案与解析

一、单项选择题

1. 答案与解析 B

经营费用现金支出=经营费用-折旧-摊销-△应付费用+△预付费用=2.5-0.3-0.2-(-0.5)+0.8=3.3(亿元)。

2. 答案与解析 C

计算现金流量时,以利润表为基础,根据资产负债表期初期末的变动数进行调整。

3. 答案与解析 D

资产收益率是反映客户资产综合利用效果的指标,也是反映客户利用债权人和所有者权益总额所取得盈利的重要指标。资产收益率越高,说明客户资产的利用效率越高,营运能力越强,盈利能力越强。

4. 答案与解析 C

存货周转率是一定时期内借款人销货成本与平均存货余额的比率。

5. 答案与解析 D

营运能力是指通过借款人资产周转速度的有关指标反映出来的资产利用的效率,它表明客户管理人员经营、管理和运用资产的能力。

6. 答案与解析 A

一般情况下,流动比率越高,反映借款人短期偿债能力越强,债权人的权益越有保证。流动比率高,不仅反映借款人拥有的营运资金高,可用以抵偿短期债务,而且表明借款人可以变现的资产数额大,债权人遭受损失的风险小。但是流动比率也不宜过高,过高不仅表明借款人流动资产占用过多,影响资产的使用效率和盈利能力,也可能表明客户的应收账款过多或是存货过多。

7. 答案与解析 C

结构分析是以财务报表中的某一总体指标为基础,计算其中各构成项目占总体指标的百分比,然后比较不同时期各项目所占百分比的增减变动趋势。

8. 答案与解析 B

在比较分析中,现在常用的方法中一般以上市公司的标准作为行业平均水平。

9. 答案与解析 C

商业银行对借款人最关心的就是其现在和未来的偿债能力。

10. 答案与解析 B

在利润表结构分析中就是以产品销售收入净额为100%,计算产品销售成本、产品销售费用、产品销售利润等指标各占产品销售收入的百分比,计算出各指标所占百分比的增减变动,分析其对借款人利润总额的影响。

11. 答案与解析 C

现金净流量=经营活动的现金净流量+投资活动的现金净流量+融资活动的现金净流量

12. 答案与解析　B

可参照考点5"1.利润表的调整"内容。

13. 答案与解析　D

资产结构是一个相对指标，只能通过比较来得出优劣。实践中，一般将借款人的资产结构与同行业比例进行比较，判断借款人资产结构优劣。超市属于零售业，根据资产结构参考指标，零售业的现金占总资产比例为5%~8%、存货为50%~60%、固定资产为10%~20%、应收账款为0%~10%；而该超市的现金占总资产比例为3%(30/1000)、存货20%(200/1000)、固定资产为40%(400/1000)、应收账款为15%(150/1000)，因此，该超市与行业比例差异较大，因而应进一步分析差异原因。

14. 答案与解析　D

可参照考点7"2.偿债能力分析"内容。

15. 答案与解析　D

基于产销分工：原客户产品的经销已形成较完善的网络后便成立新公司专事产品的销售和售后服务。

16. 答案与解析　B

当企业总资产利润率高于长期债务成本时，加大长期债务可使企业获得财务杠杆收益，从而提高企业权益资本收益率。

17. 答案与解析　D

收款条件主要包括3种：预收货款、现货交易和赊账销售。

二、多项选择题

1. 答案与解析　ABCDE

5个选项均属于商业银行等金融机构的骆驼评级分析系统。

2. 答案与解析　ABE

现金流量中的现金包括：库存现金、活期存款、其他货币性资金以及3个月以内的证券投资。

3. 答案与解析　BCDE

营运能力分析常用的比率主要有：总资产周转率、流动资产周转率、固定资产周转率、应收账款周转率、存货周转率、资产收益率和所有者权益收益率等，这些统称为效率比率。

4. 答案与解析　ABCDE

5个选项均属于银行给予一个企业(集团)授信额度大小的因素。

5. 答案与解析　ABD

可参照考点7"3.营运能力分析"内容。

6. 答案与解析　AD

①资产负债表结构是否合理，即长期资产应由长期资金和所有者权益支持，短期资产由短期资金支持；②企业经营风险水平，即企业控制和管理的全部资产的不确定性如何。

7. 答案与解析　ABD

所有者权益代表投资者对净资产的所有权。净资产是借款人全部资产减去全部负债的净额。它由两部分组成：一部分是投资者投入的资本金；另一部分是在生产经营过程中形成的资本公积金、盈余公积金和未分配利润。

8. 答案与解析　DE

可参照考点1"2. 法人治理结构分析"内容。

9. 答案与解析　ABCDE

5个选项均属于客户变更主营业务的主要情形。

10. 答案与解析　ACD

可参照考点9"2. 客户信用评级方法"内容。

11. 答案与解析　ABCDE

5个选项均属于需考虑的关键因素。

12. 答案与解析　ABC

可参照考点2"4. 产品竞争力和经营业绩分析"内容。

13. 答案与解析　ABDE

可参照考点9"2. 客户信用评级方法"内容。

14. 答案与解析　ABCE

5Ps分析系统包括：个人因素(personal factor)、资金用途因素(purpose factor)、还款来源因素(payment factor)、保障因素(protection factor)、企业前景因素(perspective factor)。

15. 答案与解析　ACDE

财务报表分析是评估未来现金流量是否充足和借款人偿债能力的中心环节，分析的重点是借款人的偿债能力、所占用的现金流量、资产的流动性以及借款人除本银行之外获得其他资金的能力。

16. 答案与解析　CDE

可参照考点6"2. 现金流量的计算"内容。

17. 答案与解析　ACDE

可参照考点7"3. 营运能力分析"内容。

18. 答案与解析　CDE

可参照考点7"2. 偿债能力分析"内容。

19. 答案与解析　ACD

所谓杠杆比率就是主要通过比较资产、负债和所有者权益的关系来评价客户负债经营的能力。它包括资产负债率、负债与所有者权益比率、负债与有形净资产比率、利息保障倍数等，这些统称为杠杆比率。

三、判断题

1. 答案与解析　√

可参照考点10"2. 信用评级的调整"内容。

2. 答案与解析　×

现金流量不讨论现金及现金等价物之间的变动(如用多余现金购买债券)，因为这不影响客户的偿债能力，属于现金管理。

3. 答案与解析　×

过快的、不正常的存货周转率，也可说明客户没有足够的存货可供耗用或销售，或是采购次数过于频繁，批量太小等。

4. 答案与解析　√

影响速动比率的重要因素是应收账款的变现能力，由于应收账款不一定都能变现，实际坏账可能比计提的准备要多，所以在评价速动比率时，还应结合应收账款周转率指标分析应收账款的质量。

5. 答案与解析　×

一般情况下，流动比率越高，反映借款人短期偿债能力越强，债权人的权益越有保证。但是流动比率也不宜过高，过高不仅表明借款人流动资产占用过多，影响资产的使用效率和盈利能力，也可能表明客户的应收账款过多或是存货过多。

6. 答案与解析　√

结构分析法经常用于与同行业平均水平比较分析。

7. 答案与解析　√

所有者权益代表投资者对净资产的所有权，净资产是借款人全部资产减去全部负债的净额。

8. 答案与解析　√

客户进货的付款条件主要取决于市场供求和商业信用两个因素。

9. 答案与解析　×

比率分析法是财务分析最常用的一种方法。

10. 答案与解析　×

可参照考点7"3.营运能力分析"内容。

11. 答案与解析　√

营运能力对借款企业盈利能力的持续增长和偿债能力的不断提高有决定性影响。

12. 答案与解析　×

按照稳健原则，流动比率一般在2左右比较适宜，但这并非绝对。

13. 答案与解析　√

结构分析法除用于单个客户利润表相关项目的分析外，还经常用于与同行业平均水平比较分析。

14. 答案与解析　√

由于目标客户的选择实际上是一个市场定位问题，而市场定位又是一个市场细分的问题，因此选择目标客户就要选择细分市场，瞄准客户群。

15. 答案与解析　×

客户技术水平是其核心竞争力的主要内容。产品的升级需要技术支持，产品的质量需要技术来提升，产品的差异性也需要技术来保障。信贷人员可以从研发能力、内外研发机构协作能力、科研成果3个方面分析客户的技术水平。

16. 答案与解析 ✕

可参照考点4"1. 资产负债表的构成"内容。

17. 答案与解析 ✕

对银行来说，借款人的资产负债率、负债与所有者权益比率越低越好。

18. 答案与解析 ✕

可参照考点7"2. 偿债能力分析"内容。

19. 答案与解析 √

客户的信用评级，一般有一个有效期，过了有效期，企业须重新进行信用评级。

贷款项目评估

贷款项目评估是银行客观地了解、评价项目，提高信贷决策效率的一种有效方法。贷款项目评估是从银行角度对项目的可行性、存在的问题和发展前景进行判断，为贷款决策提供科学依据。

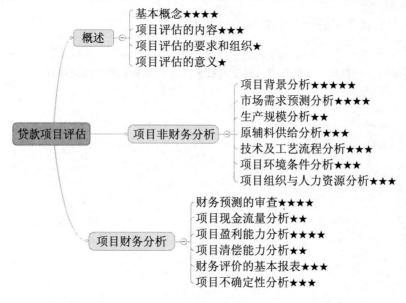

第1节 概述

考点1 基本概念

贷款项目评估是以项目可行性研究报告为基础，根据国家现行方针政策、财税制度以及银行信贷政策的有关规定，结合项目生产经营的信息材料，从技术、经济等方面对项目进行科学审查与评价的一种方法。贷款项目评估是以银行的立场为出发点，以提高银行的信贷经营效益为目的，根据项目的具体情况，剔除项目可行性研究报告中可能存在的将影响评估结果的各种非客观因素，重新对项目的可行性进行分析和判断，为银行贷款决策提供依据。

就涉及领域而言，项目的可行性研究和贷款项目评估是相同的，它们的区别主要表现在以下几个方面，如表7.1所示：

表7.1 项目的可行性研究和贷款项目评估的区别

区别 \ 分类	项目可行性研究	贷款项目评估
发行的主体不同	项目业主或发起人为了确定投资方案而进行的工作，一般由设计和咨询机构完成	贷款银行，也可委托中介咨询机构

（续表）

区别＼分类	项目可行性研究	贷款项目评估
发生的时间不同	按照项目管理的程序，时间在先	程序在后，在前者基础上，更高级
研究的范围与侧重点不同	必须对项目实施后可能面临的问题进行全面的研究，并作出在技术上、财务上是否可行的结论	在审查可行性研究报告并对项目进行全面调查的基础上进行的，它可以针对发现或关心的问题，有所侧重地进行研究，不必面面俱到
目的不同	项目业主进行投资决策、报批项目和申请贷款的必备材料，一般是由项目业主委托有资格的机构承担	项目评估报告是项目审批部门或贷款的决策部门进行最终决策的依据，因此项目评估是为项目审批和贷款决策服务的，评估工作一般由决策部门承担，也可由决策部门委托有资格的机构承担

例题1 下列关于项目的可行性研究和贷款项目评估的对比中，不正确的是(   )。(单项选择题)

A. 项目的可行性研究属于项目论证工作，一般由设计和经济咨询单位去做；贷款项目评估是贷款银行为了筛选贷款对象而展开的工作

B. 两者都可以委托中介咨询机构进行

C. 项目的可行性研究在先，项目评估在后，项目评估是在项目可行性研究的基础上进行的

D. 项目的可行性研究必须对项目实施后可能面临的问题进行重点面的研究；而贷款项目评估是在审查了可行性研究报告并对项目进行全面调查的基础上进行的

答案 D

解析 项目的可行性研究必须对项目实施后可能面临的问题进行全面的研究，并作出在技术上、财务上是否可行的结论；而贷款项目评估是在审查可行性研究报告并对项目进行全面调查的基础上进行的，它可以针对所发现或关心的问题，有所侧重地进行研究，不必面面俱到。

例题2 以下不属于项目的可行性研究同贷款项目评估的区别的是(   )。(单项选择题)

A. 发起主体不同   B. 发生时间不同

C. 研究的范围和侧重点不同   D. 方法不同

答案 D

解析 项目的可行性研究同贷款项目评估的主要区别表现在如下几个方面：①发起的主体不同；②发生的时间不同；③研究的范围和侧重点不同；④目的不同。

例题3 关于项目的可行性研究同贷款项目评估关系的正确说法是(   )。(多项选择题)

A. 两者权威性相同   B. 两者发生时间不同

C. 两者研究的范围和侧重点不同   D. 两者的目的不同

E. 两者发起主体相同

答案 BCD

解析 项目的可行性研究和贷款项目评估所涉及的方面和采用的公式是相同的，二者的区别主要表现在以下几个方面：①发起的主体不同；②发生的时间不同；③研究的范围与侧重点不同；④目的不同。

考点2　项目评估的内容

1. 项目建设的必要性评估

(1) 项目所属行业当前整体状况分析，国内外情况对比，发展趋势预测，项目所生产产品的生命周期分析。

(2) 贷款项目是否符合国家产业政策，项目建设和运营是否符合相关法律法规要求，是否经过必要的报批程序，是否符合国家总体布局和地区经济结构的需要。

(3) 项目产品市场情况分析和项目产品的竞争力分析，包括：国内外市场的供求现状及未来情况预测，生产同类产品的厂家竞争情况及项目的竞争能力分析，项目产品销售渠道分析。

2. 项目建设配套条件评估

项目建设配套条件评估要考虑：厂址选择是否合理，所需土地征用落实情况；资源条件能否满足项目需要，原辅材料、燃料供应是否有保障，是否经济合理；配套水、电、气、交通、运输条件能否满足项目需要；相关及配套项目是否同步建设；环保指标是否达到有关部门的要求，环境影响报告书是否已经由权威部门批准；项目所需资金的落实情况。

3. 项目技术评估

项目所采用的技术是否先进、适用、合理、协调，是否与项目其他条件相配套。

项目设备选择是否合理。所采用的设备能否与生产工艺、资源条件及项目单位的工人技术水平和管理者的管理水平相协调；引进设备的必要性，引进设备后对国外配件、维修材料、辅料的依赖程度和解决途径；引进设备与国内设备能否相协调。

4. 借款人及项目股东情况

《项目融资业务指引》规定，借款人通常是为建设、经营该项目或为该项目融资而专门组建的企事业法人，包括主要从事该项目建设、经营或融资的既有企事业法人。对借款人及项目股东情况评估内容应包括：借款人是否具备主体资格；项目股东的经济实力、风险承受能力、整体经营情况及行业经验；项目与股东主营业务的相关性及协同效应；项目对项目股东的重要程度及股东支持项目的意愿和能力；项目经营主体在相关领域的经营管理能力。

5. 项目财务评估

项目财务评估包括项目投资估算与资金筹措评估、项目基础财务数据评估、项目的盈利能力和清偿能力评估以及不确定性评估4个方面。

6. 项目担保及风险分担

贷款人应当采取措施有效降低和分散融资项目在建设期和经营期的各类风险。贷款人应当以要求借款人或者通过借款人要求项目相关方签订总承包合同、投保商业保险、建立完工保证金、提供完工担保和履约保函等方式，最大限度地降低建设期风险。同时，可以以要求借款人签订长期供销合同、使用金融衍生工具或者发起人提供资金缺口担保等方式，有效分散经营期风险。

项目担保及风险分担主要包括：所提供的担保是否合法、有效、足额可靠，是否以项目资产设定抵押，担保法律文件是否完善，项目是否投保必要的商业保险；项目风险是否在借款人、出资人、项目承包方、施工方等各参与方之间得到合理分配，完工担保是否落实；项目的政策风险、筹资风险、完工风险、产品市场风险、超支风险、原材料风险、营运风险、汇率风险、环保风险和其他相关风险是否得到有效控制等。

7. 项目融资方案

贷款人应当按照国家关于固定资产投资项目资本金制度的有关规定，综合考虑项目风险水平和自身风险承受能力等因素，合理确定贷款条件、金额和发放程序；应当根据项目预测现金流和投资回收期等因素，合理确定贷款期限和还款计划；应当与借款人约定专门的项目收入账户，并要求所有项目收入进入约定账户，并按照事先约定的条件和方式对外支付。

项目融资方案主要包括：综合判定包括贷款金额、期限、还款计划、项目收入账户等在内的融资方案安排是否合理可行。

8. 银行效益评估

银行效益评估包括盈利性效益评估、流动性效益评估和银行效益动态分析3个方面。

例题4 项目的财务评估不包含(　　)。(单项选择题)

A. 项目投资估算与资金筹措评估　　　　B. 项目基础财务数据评估

C. 流动性效益评估　　　　　　　　　　D. 不确定性评估

答案 C

解析 项目财务评估包括项目投资估算与资金筹措评估、项目基础财务数据评估、项目的盈利能力和清偿能力评估、不确定性评估4个方面。流动性效益评估属于银行效益评估。因此C为正确选项。

考点3　项目评估的要求和组织

项目评估是投资决策的重要手段，投资者、决策机构和金融机构以项目评估的结论作为实施项目、决策项目和提供贷款的主要依据。银行最关心的是借款企业的财务状况和项目的效益情况，并把贷款项目的还款能力作为评估重点。项目的财务效益是项目的建设、生产、经营及销售共同作用的结果，其中任何一方面出问题都会直接影响项目的财务效益，因此进行项目财务效益评估前，必须对项目的建设规模、投资估算、产品方案、原辅料供应及保证情况、产品市场情况、生产工艺、物料单耗、水电供应、交通条件以及项目承办单位能力等方面的情况先进行评估分析，银行如果舍此进行盲目的财务评估，将对银行贷款决策起误导作用。

项目评估涉及的知识面较广，而银行的员工主要由金融及财务方面的人员组成，如果仅依靠银行自身力量，将难以对直接影响项目财务评估质量的技术和工艺等方面的问题进行评估。到目前为止，国内银行对项目进行评估时，基本上是采用以银行工作人员为主进行评估的模式，很少邀请与项目有关的技术及管理专家参加评估工作，这种评估模式在一定程度上影响了项目评估的质量。因此，应邀请有关专家和银行工作人员一起组成项目评估小组，这将有利于提高银行项目评估的质量。

考点4　项目评估的意义

《固定资产贷款管理暂行办法》对贷款人内部信贷管理各相关环节应如何全面分析、准确评估项目风险作如下要求：明确项目受理条件，包括借款人应符合国家规定的投资主体资格，项目应符合国家产业、土地、环保等相关政策；按规定履行了固定资产投资项目的合法管理程序；应符合国家有关投资项目资本金制度等；在贷款调查阶段，应对项目基本情况和项目发起人情况进行详细调查；在风险审批阶段，特别强调要对项目合规性、项目技术和财务可行性、产品市场、融资方案、保险等进行深入的风险评价。银行应根据相关规定对贷款项目进行评估，剔除非客观因素，从而可以较真实地对项目进行评价。

作为债权人，银行对项目评估的角度和取舍标准与设计院、政府和企业的标准存在差异，银行通过对贷款项目的评估，可以从维护银行权益的立场出发，根据自己的标准评价项目，为贷款决策提供科学依据。由于项目融资具有不同于一般固定资产投资项目的风险特征，如贷款偿还主要依赖项目未来现金流或者项目自身资产价值，通常融资比例较高、金额较大、期限较长、参与者较多，因此风险较大，往往需要多方面机构和人员的参与，并通过复杂的融资和担保结构以分散和降低风险。在以往商业银行的业务操作中，如此广泛复杂的调查评估，往往仅根据经办人员的经验和项目进展环节进行。由于尽职调查工作缺少系统性的计划组织，调查成果难以保证稳定的质量水平。银行应将项目融资业务的全部流程纳入规范化操作模式之中，按照项目评估报告模板等工具完成尽职调查、风险控制、客户服务等各项工作，不仅将提高综合收入，而且作为项目合作伙伴深入项目建设运营的整个流程，全面了解各方面信息，提高识别、评估、控制项目融资业务风险的能力，也为项目融资业务的平稳较快发展提供更加有力的支持。

第2节 项目非财务分析

考点5 项目背景分析

项目背景分析有利于银行了解整个项目的背景，具体可以从宏观和微观两个层面进行分析。

1. 宏观背景

从宏观角度看，对项目的背景分析主要包括以下两个方面：

(1) 项目建设是否符合国民经济平衡发展的需要。

(2) 项目建设是否符合国家的产业政策、技术政策和地区、部门发展规划。产业政策、技术政策确定了整个国民经济优先发展的产业及技术，对投资项目建设具有指导作用。在一定时期，各地区或各部门都有其发展规划，拟建项目应符合发展规划的要求。分析项目建设是否符合发展规划的要求是十分必要的。如果符合要求，则项目是必要的，否则，银行应该对此类项目拒绝发放贷款。

2. 微观背景

分析项目的微观背景主要从项目发起人和项目本身着手。首先应分析项目发起人单位，然后分析项目提出的理由，并对项目的投资环境进行分析。

(1) 项目企业分析

企业的基础管理水平、财务状况、经营状况和信用度与项目能否顺利实施有密切关系，进而也与项目的还款能力有很大关系。因此，对项目单位概况的分析应从以下几个方面入手，如图7.1所示：

基础	分析企业的历史、规模、组织、技术水平等。通过了解企业的历史发展过程、经济体制的变化，以及隶属关系等情况掌握企业的特点
管理水平	主要指管理人员业务素质、经历、管理能力、知识结构及年龄结构，机构的设置及合理性，经营管理方面的主要业绩，已实施投资项目的管理情况等
财务状况	注册资本、固定资产原值与净值以及流动资产情况，企业近年来(一般是最近3年)的财务状况，详细分析其利润表、资产负债表和现金流量表等
经营状况	对投资者的经营状况分析，主要包括分析投资者目前的利税水平、产销率、市场占有率、产品优良率。据此，全面评估与分析投资者的经营状况
信用度	信用度是指企业在经济活动中履行诺言、讲求信誉的程度。对企业信用度的分析主要包括对企业借贷信用、经济合同履约信用、产品信誉等的评估

图7.1 项目单位概况的分析

(2) 投资的理由

主要是指对提出项目的理由及投资意向进行分析评估。评价投资该项目能给地方、部门和企业带来的益处，从而判断项目发起单位提出的理由是否充分，包括能否更充分地利用资源、降低能源消耗、增加加工产品的附加价值，能否扩大生产规模、填补本地区的空白、提高产品的竞争力，能否增加出口满足市场需要或是可替代出口，能否扩大就业并利用社会协作条件、优惠政策和现有的基础设施等。

(3) 投资环境评估

投资环境是指在一定时间、一定地点或范围内，影响和制约项目投资活动的各种外部境况和条件要素的有机集合体。项目对其投资环境具有选择性，这正是资本寻求其生存和发展的各种必要条件的集中表现。投资环境实为一个多层次、由多种因素构成的动态系统，它们之间既相互联系又相互制约。一个良好的项目投资环境，会为项目的顺利实施提供一个好的条件，有利于项目的成功。

例题5 对项目微观背景的分析，下列说法不正确的是( )。(单项选择题)

A. 分析项目的微观背景主要从项目发起人和项目本身着手

B. 投资的理由主要是指对提出项目的理由及投资意向进行分析评估

C. 投资环境是指在一定时间、一定地点或范围内，影响和制约项目投资活动的各种外部境况和条件要素的有机集合体

D. 项目对其投资环境具有不可选择性，这正是资本寻求其生存和发展的各种必要条件的集中表现

答案 D

解析 项目对其投资环境具有选择性，这正是资本寻求其生存和发展的各种必要条件的集中表现。投资环境实为一个多层次、由多种因素构成的动态系统，它们之间既相互联系又相互制约。

例题6 信用度是指企业在经济活动中履行诺言、讲求信誉的程度。对企业信用度的分析主要包括对企业借贷信用、( )、产品信誉等的评估。(单项选择题)

A. 企业还款记录 　　　　　　　　　　B. 企业财务比率

C. 经济活动信誉水平 　　　　　　　　D. 经济合同履约信用

答案 D

解析 对企业信用度的分析主要包括对企业借贷信用、经济合同履约信用、产品信誉等的评估。企业借贷信用的评价通过贷款按期偿还率、还本付息率等指标来评价。经济合同履约信用的评价主要通过经济合同履约率这一指标来分析。

例题7 对拟建项目的投资环境评估的具体评价方法包括( )。(多项选择题)

A. 等级尺度法 　　　B. 最低成本分析法 　　　C. 冷热图法

D. 道氏评估法 　　　E. 相似度法

答案 ACDE

解析 最低成本分析法属于项目规模评估的方法(会在考点7中介绍),不属于拟建项目的投资环境评估的具体评价方法。

例题8 项目企业分析应包括对企业( )等的分析。(多项选择题)

A. 投资环境 　　　　B. 财务状况 　　　　　C. 经营状况

D. 信用度 　　　　　E. 管理水平

答案 BCDE

解析 对项目单位概况的分析应从以下几个方面入手:企业的基础、企业管理水平、企业财务状况、企业经营状况和企业信用度。

考点6 市场需求预测分析

市场需求预测分析是指在市场调查和供求预测的基础上,根据项目产品的竞争能力、市场环境和竞争者等要素,分析和判断项目投产后所生产产品的未来销路问题。具体来说就是考察项目产品在特定时期内是否有市场,以及采取怎样的营销战略来实现销售目标。市场分析有助于银行了解拟建项目所生产的产品(或所提供的服务)的市场现状,并预测其未来发展趋势。这是项目还款能力的一个重要体现。

1. 市场需求预测的主要相关因素

(1) 产品特征和消费条件

(2) 社会购买力与产品价格水平

2. 市场需求预测的内容

(1) 估计潜在的市场需求总量

潜在的市场需求量是指在一定时期内,在一定行业营销水平和一定的市场环境下,一个行业中所有企业可能达到的最大营销量之和。总市场潜量可表示为:

$$Q = npq$$

式中： Q——市场潜量；

n——给定的条件下特定产品或市场中的购买者的数量；

p——单位产品的价格；

q——购买者的平均购买量。

(2) 估计区域市场潜在需求量

除了要估计潜在的市场需求总量外，还要选择准备进入的最佳的市场区域。因此，还要对特定区域市场的潜在区域市场需求量进行估计，以便于银行评价该项目的发展潜力。

(3) 评估行业销售额和企业的市场占有率

银行不但要评估潜在的市场需求总量和潜在的区域市场需求总量，还要估计行业的实际销售额。银行可以采取向市场调研公司购买有关调研报告的方式，得到对行业销售额和企业市场占有率的估计。

例题9 潜在的市场需求量是指在一定时期内，在一定行业营销水平和一定的市场环境下，一个行业中所有企业可能达到的最大(　　)之和。(单项选择题)

A. 营销量　　　　　　B. 投资量　　　　　　C. 消费量　　　　　　D. 需求量

答案 A

解析 潜在的市场需求量是指在一定时期内，在一定行业营销水平和一定的市场环境下，一个行业中所有企业可能达到的最大营销量之和。因此A为正确答案。

例题10 (　　)是在一定的经济发展阶段，一定收入水平的基础上，国内和国际在零售市场上用于购买商品的货币支付能力。(单项选择题)

A. 社会购买力　　　　B. 平均消费能力　　　C. 居民消费能力　　　D. 货币购买力

答案 A

解析 社会购买力是在一定的经济发展阶段，一定收入水平的基础上，国内和国际在零售市场上用于购买商品的货币支付能力。居民收入水平决定着产品的市场需求量。产品价格直接影响消费需求的变化。

例题11 下列关于市场需求预测分析的说法，正确的是(　　)。(多项选择题)

A. 市场分析有助于银行了解拟建项目所生产的产品的市场现状

B. 市场需求预测分析可用于考察项目产品在特定时期内是否有市场，以及采取怎样的营销战略来实现销售目标

C. 市场需求预测应建立在对需求量进行调查的基础上

D. 市场分析有助于银行预测拟建项目所生产的产品的未来发展趋势

E. 市场需求预测分析可用于分析和判断项目投产后所生产产品的未来销路问题

答案 ABCDE

解析 市场需求预测分析是指在市场调查和供求预测的基础上，根据项目产品的竞争能力、市场环境和竞争者等要素，分析和判断项目投产后所生产产品的未来销路问题。具体来说就是考察项目产品在特定时期内是否有市场，以及采取怎样的营销战略来实现销售目标。市场分析有助于银行了解拟

建项目所生产的产品(或所提供的服务)的市场现状，并预测其未来发展趋势。市场需求预测是在对需求量进行调查的基础上，对需求现状进行分析与评估。

考点7 生产规模分析

项目的生产规模分析是指对拟建项目生产规模的大小所做的审查、评价和分析。银行对项目的生产规模进行分析，可以了解项目是否实现了规模经济，进而了解该项目的经济效益状况，为项目的贷款决策提供依据。

1. 项目规模的主要制约因素

项目规模的主要制约因素如图7.2所示：

(1) 国民经济发展规划、战略布局和有关政策

(2) 项目所处行业的技术经济特点

(3) 生产技术和设备、设施状况

(4) 资金和基本投入物

(5) 其他生产建设条件

图7.2 项目规模的主要制约因素

2. 项目规模评估的内容

(1) 当可行性研究报告中对生产规模提出了几种不同方案，并从中选择了最优方案时，银行评估人员应对提出的最优方案进行审查、计算和分析，考核其选择是否正确；对于未提出最优方案的项目，应从几种不同的可行性方案中选出最优方案。

(2) 当可行性研究报告中提出一个可行性方案时，银行评估人员应向企业了解是否有其他方案，并根据项目产品的市场需求调查和预测、投入物和生产条件的分析，再经过规模经济的分析，肯定原来的方案或提出更好的方案。

3. 项目规模评估的方法

对项目拟建规模评估主要是对各种不同规模方案进行评选分析，其主要方法有两类：第一类是效益成本评比法；第二类是多因素评比法。

例题12 项目规模评估的方法包括( )。(多项选择题)

A. 效益成本评比法　　B. 多因素评比法　　　　C. 决策树分析法　　　　D. 数学规划

答案 ABCD

解析 对项目拟建规模评估主要是对各种不同规模方案进行评选分析，其主要方法有两类：第一类是效益成本评比法；第二类是多因素评比法。主要是将各类方案的各种因素进行综合考虑比较，从中选择大部分(或主要)因素比较好的方案。此外，还可以采用决策树分析法、数学规划等方法来进行不同生产规模的多方案评选。

考点8 原辅料供给分析

原辅料供给分析是指项目在建成投产后生产经营过程中所需各种原材料、辅助材料及半成品等的供应数量、质量、价格、供应来源、运输距离及仓储设施等情况的分析。原辅料供给分析主要包括下列内容：

(1) 分析和评价原辅料的质量是否符合生产工艺的要求

在评估时，对所需要的主要原辅料的名称、品种、规格、化学和物理性质以及其他质量上的要求加以了解。

(2) 分析和评价原辅料的供应数量能否满足项目的要求

对于工业项目来说，如果所需原辅料没有稳定的来源和长期的供应保证，其生产将会受到极大影响。

(3) 分析和评价原辅料的价格、运费及其变动趋势对项目产品成本的影响

(4) 分析和评价原辅料的存储设施条件

原辅料供应条件应包括合理储备量。在评估时，应分析拟建项目存储设施规模是否适应生产的连续性，其原辅料的储备量是否合理。

总之，银行分析评估原辅料的供应条件的目的是分析项目的主要投入物是否符合项目的要求，来源是否稳定可靠、价格是否经济合理，从而进一步分析评估项目的生产是否具有连续性和稳定性，为项目贷款提供决策依据。

例题13 原辅料供给分析的内容主要包括(   )。(多项选择题)

A. 价格的合理性

B. 运输等问题对成本的影响

C. 存储所要求的条件及存储数量等

D. 规格和质量等是否符合项目生产工艺的要求

E. 供应来源及数量能否满足项目生产的需要

答案 ABCDE

解析 原辅料供给分析主要包括下列内容：①分析和评价原辅料的质量是否符合生产工艺的要求；②分析和评价原辅料的供应数量能否满足项目的要求；③分析和评价原辅料的价格、运费及其变动趋势对项目产品成本的影响；④分析和评价原辅料的存储设施条件。

例题14 在进行原辅料供给分析时，(   )。(多项选择题)

A. 要了解所需要的主要原辅料的品种

B. 要分析预测所需原辅料供应的稳定性和保证程度

C. 不必预测主要投入物价格未来的变化趋势

D. 要计算运输能力和运输费用

E. 应分析原辅料的储备量是否合理

答案 ABDE

解析 原辅料供给分析是指项目在建成投产后生产经营过程中所需各种原材料、辅助材料及半成品等的供应数量、质量、价格、供应来源、运输距离及仓储设施等情况的分析。一般来说，项目主要

投入物的价格是影响项目经济效益的关键因素之一，所以不但要观察主要投入物价格目前的变化动向，而且要预测其未来的变化趋势。

考点9 技术及工艺流程分析

银行对项目进行技术及工艺流程分析就是分析比较项目的设计方案、生产工艺和设备造型等内容，分析和评估项目生产规定产品的技术方案是否为最佳技术方案，分析和评估项目的生产(服务)过程是否在最经济的条件下得以实现。

1. 产品技术方案分析

产品技术方案分析，就是分析项目产品的规格、品种、技术性能以及产品的质量。建设项目建成投产后，成为商品的生产者和经营者。企业产品的规格、品种、技术性能以及产品的质量对企业的生存和发展具有举足轻重的影响。因此，技术分析中对产品方案的分析和评估必须在了解国内外现状的基础上进行。

2. 工艺技术方案评估

工艺技术方案的分析评估是投资项目技术可行性分析的核心，工艺技术设计标准的好坏和高低，对整个项目的设立及执行有决定性影响。对项目工艺技术方案进行分析评估的目的就是要分析产品生产全过程技术方法的可行性，并通过不同工艺方案的比较，分析其技术方案是否是综合效果最佳的工艺技术方案。

对生产工艺进行评估，首先要熟悉项目产品国内外现行工业化生产的工艺方法的有关资料，研究各种生产方法的技术特点，具体分析其优点和缺点。对所收集到的资料和数据的完整性、可靠性、准确性进行研究，分析国内外同类项目技术与装备的发展趋势和引进技术、装备的消化和吸收能力。在充分掌握信息的基础上，对可行性研究报告所提出的工艺方案进行分析评估。

银行在进行工艺技术方案的分析评估时，必须从以下几个方面来考虑，如图7.3所示：

- (1) · 工艺技术的先进性和成熟性
- (2) · 工艺技术的原材料适应性
- (3) · 工艺技术方案是否能保证产品质量
- (4) · 产业基础和生产技术水平的协调性
- (5) · 工艺技术的经济合理性
- (6) · 技术来源的可靠性和经济性
- (7) · 工艺技术实施的可行性
- (8) · 工艺技术实施对生态环境的影响

图7.3 进行工艺技术方案的分析评估涉及的8个方面

3. 设备评估

对设备进行评估，就是要对投资项目设备的适应性和先进性进行评估，研究项目所需要设备的型号、规格、数量和来源等能否满足项目的生产能力、技术装备水平及能耗和物耗指标的要求。设备的选择要综合考虑技术上是否先进和经济上是否合理等，力求统筹兼顾。

设备的选择要根据实际情况区别对待。设备的选择一般取决于生产工艺流程和生产规模的要求，以及对设备在技术、工艺等方面的要求。设备选择评估的主要内容一般有以下几个方面，如图7.4所示：

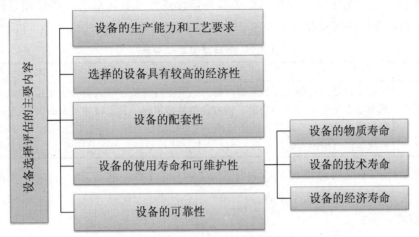

图7.4 设备选择评估的主要内容

总之，银行对项目的设备选择进行分析评估，就是要分析项目的设备选择是否符合项目的顺利发展，是否能给项目带来很好的收益。

4. 工程设计方案的评估

银行对工程设计方案进行分析和评估，就是要分析工程设计方案是否经济合理，是否符合项目的总体发展。对工程设计方案的分析评估可以从以下两个方面进行分析。

(1) 总平面布置方案分析

(2) 主要工程设计方案分析

例题15 设备的经济寿命是指设备在经济上的合理使用年限，它是由设备的(　　)决定的。(单项选择题)

A. 原值　　　　　B. 使用费　　　　　C. 市场价值　　　　　D. 核定价值

答案 B

解析 设备的经济寿命是指设备在经济上的合理使用年限，它是由设备的使用费决定的。评估设备的寿命时，只能对项目的主要设备进行分析研究，在其他条件相同的情况下，设备的寿命越长，其经济性越好。因此B为正确选项。

例题16 工艺技术方案的分析评估是投资项目(　　)的核心，其标准的好坏和高低，对整个项目的设立及执行有决定性影响。(单项选择题)

A. 技术可行性分析　　B. 产业基础分析　　C. 财务可行性分析　　D. 效益分析

答案 A

解析 工艺技术方案的分析评估是投资项目技术可行性分析的核心，工艺技术设计标准的好坏和高低，对整个项目的设立及执行有决定性影响。对项目工艺技术方案进行分析评估的目的就是要分析产品生产全过程技术方法的可行性，并通过不同工艺方案的比较，分析其技术方案是否是综合效果最佳的工艺技术方案。

考点10 项目环境条件分析

1. 项目建设条件分析

建设条件分析主要是审查拟建项目是否具备建设条件及其可靠性。拟建项目的建设条件包括项目自身的内部条件和客观存在的外部条件，如表7.2所示。

表7.2 项目建设条件分析

项目		内容
拟建项目的建设条件	内部条件	内部条件是指拟建项目的人力、物力、财务资源条件。人力资源是指技术力量和劳动力的来源及人员培训方案等情况；物力资源是指拟建项目工程建设所必需的建筑材料及采购供应和管理等情况；财务资源是指拟建项目的资金来源及筹措方案情况
	外部条件	外部条件是指建筑施工条件、相关项目的协作配套条件以及国家规定的环境保护条件

对于上述条件，不同行业项目的建设根据其特点而有不同的要求。因此，在评估时要抓住对建设项目起主导作用的条件进行评估。

(1) 财务资源分析

(2) 厂址选择条件分析

(3) 相关项目分析

(4) 交通运输条件分析

(5) 环境保护方案分析

2. 项目生产条件分析

项目生产条件分析主要是指项目建成投产后，对生产经营过程中所需要的物资条件和供应条件进行的分析。

不同行业、不同性质、不同类型的建设项目的生产特点是不同的。因此，建成投产后，生产经营过程中所需生产条件也不完全相同。在分析时，要抓住不同类型项目最本质、起主导作用的需求功能，有重点地审核关键性的指标和有关问题。

(1) 资源条件分析

(2) 原材料供应条件分析

(3) 燃料及动力供应条件分析

燃料及动力是项目建设和生产过程中的基本要素和重要的物质保证。建设和生产中所需的燃料通常有煤炭、石油和天然气等，所需动力主要有电力和蒸汽等。

燃料及动力供应条件分析主要包括以下内容，如图7.5所示：

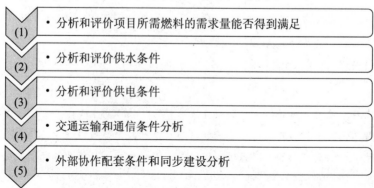

图7.5 燃料及动力供应条件分析的内容

同步建设是指项目建设、生产需要和交通运输等方面的配套建设，特别是大型项目，应考虑配套项目的同步建设和所需要的相关投资。

例题17 财力资源分析主要分析项目(　　)方案能否足额及时供应资金，并与建设工程进度相适应。(单项选择题)

A. 投资 　　　　B. 融资 　　　　C. 筹资 　　　　D. 资源

答案 C

解析 财力资源分析主要分析项目筹资方案能否足额及时供应资金，并与建设工程进度相适应。因此，C项为正确选项。

例题18 项目生产条件分析主要是指项目建成投产后，对生产经营过程中所需要的物资条件和(　　)条件进行的分析。(单项选择题)

A. 销售 　　　　B. 生产 　　　　C. 经济 　　　　D. 供应

答案 D

解析 项目生产条件分析主要是指项目建成投产后，对生产经营过程中所需要的物资条件和供应条件进行的分析。不同行业、不同性质、不同类型的建设项目的生产特点是不同的。

考点11　项目组织与人力资源分析

1. 项目组织机构分析

组织机构是项目实施的"软件"部分，项目目标达到的程度如何与组织机构水平，及其管理人员的能力密切相关。对项目的组织机构条件进行评估，就是要了解与项目实施有关的机构现状，即是否存在着实施项目必需的机构体系；如果已经具备，它能否满足项目的要求；对项目的组织机构提出加强和改善的建议，以保证项目目标的实现。

(1) 项目实施机构的分析

对项目实施机构主要从以下几个方面进行分析，如图7.6所示：

机构的设置

项目实施机构的人员配备和培训

项目新技术推广使用机构的设置

项目实施监督系统的建立

图7.6　项目实施结构的内容

(2) 项目经营机构的分析

项目经营机构负责提供项目实施的成果，由于项目投产以后的经营情况，关系到项目的偿债能力以及项目的预期收益能否实现等问题，在项目的机构分析中仍需要给予充分的重视。

(3) 项目协作机构的分析

与项目有关的协作机构大致可以分为3个层次，一是国家计划部门和主管部门；二是地方政府机构；三是业务往来单位。根据项目的规模不同，有的与3个层次都存在联系，有的则只与后两个层次存在联系。

2. 人力资源分析

银行对人力资源进行分析，就是要分析项目的人力资源选择结构是否合理、是否符合项目的发展，对项目人力资源的供求和流动情况进行分析评估。

(1) 人力资源的选择

对于拟建项目人力资源，可以多方位、多角度地进行配置和组合。不同方位和角度的组合，形成不同类别的人力资源结构，如图7.7所示。

人力资源自然结构

人力资源文化结构

人力资源专业技能结构

人力资源业务或工种结构

图7.7　人力资源的选择

(2) 人力资源的供求预测与流动分析

项目运行过程中的人力资源来源，其基本渠道主要有企业内部和外部两个，社会人才的多元化、劳动力市场的日趋完善和社会教育功能的增强，使企业在运用市场选择机制取得人力资源时，不仅在数量上而且在质量上都有了明显的提高。因此，在取得用人主动权的优势地位之后，企业当前更加重要的就在于正确地预测自身对人力资源的需求，通过有效的分析形成正确的决策。主要有以下两个方面：①人力资源供求预测；②人力资源流动分析。

例题19　对项目实施机构的分析主要从以下几个方面进行(　　　)。(多项选择题)

A. 机构的设置 　　　　　　　　　　　　B. 项目实施机构的人员配备和培训

C. 项目新技术推广使用机构的设置 　　　D. 项目实施监督系统的建立

答案　ABCD

解析　以上4项都是对项目实施机构分析的主要方面。

例题20　对人力资源的选择分析主要包括(　　　)。(多项选择题)

A. 人力资源的自然结构 　　　　　　　　B. 人力资源的文化结构

C. 人力资源的业务或工种结构 　　　　　D. 人力资源的专业技能结构

答案　ABCD

解析　人力资源的选择主要包括：人力资源自然结构、文化结构、专业技能结构、业务或工种结构。

第3节 项目财务分析

项目财务分析是贷款项目分析的核心内容，是在吸收对项目其他方面评估成果的基础上，根据现行的财税金融制度，确定项目评估的基础财务数据，分析计算项目直接发生的财务费用和效益，编制财务报表，计算财务指标，考察项目的盈利能力、清偿能力、抗风险能力等财务状况(对涉及外汇的项目还要进行外汇平衡分析)，据以判断项目财务的可行性，为项目贷款的决策提供依据。

考点12 财务预测的审查

财务预测的审查是对项目可行性研究报告财务评价的基础数据的审查，是项目财务分析的基础性工作。

1. 项目总投资、建设投资、流动资金估算的审查

(1) 项目总投资的审查

项目总投资由建设投资、流动资金、投资方向调节税和建设期利息4部分组成。其中建设投资按用途可分为工程费用、工程其他费用及预备费，如表7.3所示。

表7.3 建设投资的分类

项目	内容
工程费用	包括建筑工程费用、设备购置费用、安装工程费用
工程其他费用	包括土地征用费、耕地占用税、建设单位管理费、勘察设计咨询费、职工培训费、供电供水费、施工机构转移费及其他必须由项目承担的建筑工程费用和设备购置与安装费用以外的费用
预备费	包括基本预备费和涨价预备费

(2) 建设投资估算的审查

主要审查建设投资估算所采用的单价、定额、费率、工程量、估算方法是否合规、合理。

(3) 流动资金估算的审查

资产负债表法是根据项目的资产负债表的数据来计算项目的流动资金需用量，计算公式为：

$$流动资金=流动资产-流动负债$$

对于贷款项目一般应采用分项详细估算法来估算项目流动资金(尤其是工业项目)。

用分项详细估算法估算流动资金可以通过"流动资金估算表"进行。采用分项详细估算法估算流动资金要先计算各个生产经营环节的流动资金需用额，然后把各环节的流动资金需用额相加就可以得出项目总的流动资金需用额，流动资金总需用额减去流动负债就是项目所需的流动资金，即：

$$项目所需流动资金=项目流动资金总需用额-流动负债$$

$$项目流动资金总需用额=存货+应收账款+现金$$

$$存货=外购原辅材料、燃料+在产品+产成品$$

$$流动负债=应付账款$$

$$流动资金本年增加额=本年流动资金-上年流动资金$$

计算各个环节的流动资金需用额，首先要确定该环节的流动资金最低占用天数，然后计算该环节的流动资金年周转次数，最后把该环节的年资金需用量除以周转次数，即可以得出该环节的流动资金需用额。计算公式如下：

$$周转次数=360/最低周转天数$$

$$应收账款=年经营成本/周转次数$$

存货各分项分别等于各项原材料、燃料全年费用除以周转次数。

$$在产品=(年生产成本-年折旧)/周转次数$$

$$产成品=(年生产成本-年折旧+年管理费用)/周转次数$$

$$应付账款=原材料、燃料和外购动力全年费用/周转次数$$

$$现金=(年工资福利费+年其他费用)/周转次数$$

年其他费用= (制造费用+管理费用+财务费用+销售费用)-(工资及福利费+折旧费+维简费+摊销费+修理费+利息支出)

(4) 建设资金和流动资金分年使用计划

2. 固定资产、无形资产、递延资产原值确定的审查及其折旧和摊销办法的审查

主要包括审查这3类资产的原值的确定方法和固定资产折旧及无形资产、递延资产摊销方法是否符合财政部的规定。

(1) 固定资产原值的确定原则

(2) 无形资产、递延资产原值的确定

(3) 固定资产折旧方法与无形资产、递延资产摊销方法

平均年限法的固定资产折旧计算公式如下：

$$固定资产年折旧率=(1-预计的净残值率)\times 100\%/折旧年限$$

$$固定资产年折旧额=固定资产原值\times年折旧率$$

预计净残值率一般取3%～5%。

快速折旧法的方法很多，财政部规定使用的有两种：双倍余额递减法和年数总和法。

双倍余额递减法：

$$年折旧率=2/折旧年限$$

$$年折旧额=固定资产账面净值\times年折旧率$$

在固定资产折旧到期前两年，要将固定资产账面净值扣除预计的残值后的净额平均摊销。

年数总和法：

$$年折旧率=(折旧年限-已使用年限)/[折旧年限\times(1+折旧年限)/2]$$

$$年折旧额= (固定资产原值-预计净残值)\times年折旧率$$

3. 成本的审查

了解总成本和经营成本的构成与计算方法是成本审查的前提，以加工业企业为例，这两种成本的构成和计算方法如表7.4所示：

表7.4 总成本和经营成本的构成与计算方法

总成本	总成本=制造成本+管理费用+财务费用+销售费用 制造成本=直接材料+直接工资+其他直接费用+制造费用(包括折旧费、修理费、其他费用) 管理费用=公司经费+咨询审计费+技术转让费+无效资产与递延资产摊销+业务招待费+坏账损失+其他 财务费用=经营期汇兑净损失+利息净支出+金融机构手续费+其他 销售费用=运输、装卸包装费+广告费、销售服务费+差旅费、办公费+其他
经营成本	经营成本=总成本-折旧费-维简费-无形资产、递延资产摊销费-利息支出

4. 销售收入审查

产品销售收入是指企业销售产品或提供劳务等取得的收入，就工业企业而言，产品销售收入包括销售产成品、自制半成品和工业性劳务等取得的收入。销售收入的审查主要审查产量和单价的取值是否合理。

项目达产年份里，一般以项目设计生产能力的产量作为计算项目销售收入的产量(产品有自用的要扣除)，投产初期，项目的实际产量往往低于设计生产能力，要根据项目的实际情况估算投产初期各年的达产率，而不能项目一投产就以100%的达产率来估算项目的销售收入。评估中产品价格可以在市场调查预测的基础上，参照国内外同样或类似的产品价格来确定，在参照现有的产品市场价格时一定要注意其可比性。

5. 税金的审查

评估中对税金的审查主要包括以下3方面：项目所涉及的税种是否都已计算；计算公式是否正确；所采用的税率是否符合现行规定。

6. 利润的审查

评估中对利润的审查主要针对3个方面：利润的计算公式是否正确；现行的增值税制实行价外税，计算利润时的销售收入、销售税金、销售成本在增值税方面的计算口径是否一致；税后利润的分配顺序是否正确。

例题21 流动资金估算方法有( )。(多项选择题)

A. 比例系数法　　　　B. 资产负债表法　　　　C. 分项详细估算法　　　　D. 递延资产摊销法

答案 ABC

解析 流动资金估算方法有比例系数法、资产负债表法、分项详细估算法等。

例题22 评估中对利润的审查有哪些方面( )。(多项选择题)

A. 利润的计算公式是否正确

B. 项目所涉及的税种是否都已计算

C. 现行的增值税制实行价外税，计算利润时的销售收入、销售税金、销售成本在增值税方面的计算口径是否一致

D. 税后利润的分配顺序是否正确

答案 ACD

解析 评估中对利润的审查主要针对3个方面：利润的计算公式是否正确；现行的增值税制实行价外税，计算利润时的销售收入、销售税金、销售成本在增值税方面的计算口径是否一致；税后利润的分配顺序是否正确。

例题23 在建设投资中，工程费用包括( )。(多项选择题)

A. 安装工程费用　　　　B. 建筑工程费用　　　　C. 基本预备费用

D. 设备购置费用　　　　E. 涨价预备费用

答案 ABD

解析 在建设投资中，工程费用包括建筑工程费用、设备购置费用和安装工程费用。基本预备费用和涨价预备费用属于预备费，不属于工程费用。

考点13　项目现金流量分析

把某一个项目或方案作为一个系统，在建设和生产服务年限内这个系统必定存在现金流动，人们把某一时间内流入该系统的现金称为现金流入(如销售收入等)，把流出该系统的现金称为现金流出(如投资支出、原材料支出等)，现金流入与现金流出统称现金流量。在项目评估中现金流入用正值表示，现金流出用负值表示，现金流入与现金流出的差称为净现金流量。现金流量只计算实际的现金收支，不计算非实际的现金收支(如折旧等)，并要如实记录流入或流出的发生时间。因此，在计算现金流量时，折旧费支出、无形资产与递延资产摊销都不能作为现金流出，因为这3项费用只是项目内部的现金转移，固定资产投资、无形资产和递延资产投资已按其发生时间作为一次性支出计入项目的现金流出中，如果再将折旧等视为现金流出，就会出现重复计算。这是现金流量分析中最重要的观念，也是正确进行现金流量分析的基础。另外，项目生产经营期间所支付的利息应计入产品总成本中，但在编制全部投资现金流量表时，全部投资都假设为自有资金，以全部投资为计算基础，利息支出不作为现金支出，而在编制自有资金现金流量表时，借款利息应作为现金流出。

现金流量分析是根据项目在计算期(包括建设期和经营期)内各年的现金流入和流出，通过现金流量表计算各项静态和动态评价指标，以反映项目的获利能力和还款能力。通过现金流量表计算的评价指标有投资回收期(静态、动态)、净现值、净现值率、内部收益率等指标。根据投资计算基础的不同，现金流量表主要分为以下两种：①全部投资现金流量表；②自有资金现金流量表。

例题24　通过现金流量表计算的评价指标有(　　)。(多项选择题)
A. 投资回收期　　　　B. 净现值　　　　C. 净现值率　　　　D. 内部收益率
答案　ABCD
解析　通过现金流量表计算的评价指标有投资回收期(静态、动态)、净现值、净现值率、内部收益率等指标。

考点14　项目盈利能力分析

1. 财务内部收益率

使项目在计算期内各年净现金流量累计净现值等于零时的折现率就是财务内部收益率，财务内部收益率是反映项目获利能力的动态指标。

根据计算基础的不同，现金流量表可分为4种，相应地，财务内部收益率可以分为全部投资内部收益率、自有资金内部收益率。在贷款项目评估中，一般计算全部投资内部收益率即可。

财务内部收益率可通过财务现金流量表现值计算，用试差法求得。一般来说，试算用的两个相邻折现率之差最好不要超过2%，最大不用超过5%。将求出的内部报酬率与期望收益率或基准收益率或行业收益率进行比较，若内部报酬率大于所选定的判别标准，则项目就可以接受。

2. 财务净现值

财务净现值是反映项目在计算期内获利能力的动态评价指标。一个项目的净现值是指项目按照基准收益率或根据项目的实际情况设定的折现率，将各年的净现金流量折现到建设起点(建设期初)的现值之和。

财务净现值可通过现金流量表中净现金流量的现值求得，其结果不外乎净现值大于、等于或小于零3种情况。财务净现值大于零，表明项目的获利能力超过基准收益率或设定收益率；净现值等于零，表明项目的获利能力等于设定收益率或基准收益率；财务净现值小于零，表明项目的获利能力达不到基准收益率或设定的收益率水平。

3. 净现值率

净现值率也即项目的净现值与总投资现值之比。净现值率主要用于投资额不等的项目的比较，净现值率越大，表明项目单位投资能获得的净现值就越大，项目的效益就越好。

4. 投资回收期

投资回收期亦称返本年限，是指用项目净收益抵偿项目全部投资所需时间，它是项目在财务投资回收能力的主要评价指标。

投资回收期(pt)=(累计净现金流量开始出现正值年份数−1)+(上年累计净现金流量绝对值/当年净现金流量)

在财务评价中，将求出的投资回收期与行业基准投资回收期比较，当项目投资回收期小于或等于基准投资回收期时，表明该项目能在规定的时间内收回投资。

5. 投资利润率

投资利润率是指项目达到设计能力后的一个正常年份的年利润总额与项目总投资的比率，它是考察项目单位投资盈利能力的静态指标。对生产期内各年利润额变化大的项目，应以生产期各年的平均年利润来计算，计算公式为：

投资利润率=年利润总额或年平均利润总额/项目总投资×100%

在项目评估中，将项目投资利润率与行业平均利润率或其他基准利润率比较，以判断项目的投资利润率是否达到本行业的平均水平或所希望达到的水平。

6. 投资利税率

投资利税率是项目达到设计生产能力后的一个正常生产年份的利税总额或项目生产期内平均利税总额与项目总投资的比率。计算公式为：

投资利税率=年利税总额或年平均利税总额/项目总投资×100%

年利税总额=年销售收入(不含销项税)−年总成本费用(不含进项税)

或：年利税总额=年利润总额+年销售税金及附加(不含增值税)

在项目评估中，可将投资利税率与行业平均利税率对比，以判别项目单位投资对国家积累的贡献水平是否达到本行业的平均水平。

7. 资本金利润率

资本金利润率是在项目达产后的正常生产年份的利润总额或项目生产期内平均利润总额与资本金的比率，它反映项目资本金的盈利能力。其计算公式为：

资本金利润率=年利润总额或年平均利润总额/资本金×100%

例题25 某项目的净现金流量如下，试计算其投资回收期( )。(单项选择题)

年份	0	1	2	3	4
净现金流量	−100	50	60	70	70

A. 2.5   B. 2.4   C. 2.3   D. 2.2

答案 D

解析 根据上表中的净现金流量可以求得累计净现金流量如下：

年份	0	1	2	3	4
累计净现金流量	−100	−50	10	80	150

投资回收期=(累计净现金流量开始出现正值年份数−1)+(上年累计净现金流量绝对值/当年净现金流量)，即投资回收期=2−1+60/50=2.2年。

例题26 投资利税率是( )。(单项选择题)

A. 使项目在计算期内各年净现金流量累计净现值等于零时的折现率

B. 项目达到设计能力后的一个正常年份的年利润总额与项目总投资的比率

C. 项目达到设计生产能力后的一个正常生产年份的利税总额或项目生产期内平均利税总额与项目总投资的比率

D. 项目达到设计生产能力后的正常生产年份的利润总额或项目生产期内平均利润总额与资本金的比率

答案 C

解析 投资利税率是项目达到设计生产能力后的一个正常生产年份的利税总额或项目生产期内平均利税总额与项目总投资的比率。

例题27 下列关于财务净现值的说法，正确的是( )。(多项选择题)

A. 财务净现值是反映项目在计算期内获利能力的动态评价指标

B. 一个项目的净现值是指项目按照财务内部收益率，将各年的净现金流量折现到建设起点的现值之和

C. 财务净现值等于总投资现值乘以净现值率

D. 财务净现值大于零，表明项目的获利能力超过设定的收益率

E. 一般来说，财务净现值大于零的项目是可以接受的

答案 CDE

解析 财务净现值是反映项目在计算期内获利能力的静态评价指标。一个项目的净现值是指项目按照基准收益率或者按照项目的实际情况设定的折现率，将各年的净现金流量折现到建设起点的现值之和。

考点15 项目清偿能力分析

1. 资产负债率

资产负债率是反映项目各年负债水平、财务风险及偿债能力的指标，计算公式为：

$$资产负债率=负债合计/资产合计×100\%$$

资产负债率反映企业利用债权人提供的资金进行经营活动的能力，表明企业每百元资产所需偿付的债务。

2. 贷款偿还期

项目归还贷款所需的时间就是贷款偿还期，贷款偿还期一般用于计算项目偿还固定资产贷款所需的时间，这个指标的计算有两个目的：

(1) 在还款时间及还款方式既定的情况下，计算项目能否满足还款要求，可以采用综合还贷的方式。

(2) 以最大能力法计算项目贷款偿还期。最大能力法即以项目本身投产以后产生的可还款资金偿还项目贷款所需的时间。

3. 流动比率

流动比率(current ratio，CR)也称营运资金比率(working capital ratio)或真实比率(real ratio)，是指企业流动资产与流动负债的比率。

流动比率的计算公式为：

$$流动比率=流动资产/流动负债$$

4. 速动比率

速动比率(quick ratio，QR)，又称"酸性测验比率"(acid-test ratio)，是指速动资产对流动负债的比率。它用于衡量企业流动资产中可以立即变现用于偿还流动负债的能力。

速动比率计算公式为：

$$速动比率=(流动资产-存货-预付账款-待摊费用)/流动负债总额 \times 100\%$$

例题28 下列不属于速动资产的是(   )。(单项选择题)

A. 存货　　　　　　　　B. 应收股利　　　　　　C. 预付款项　　　　　　D. 交易性金融资产

答案 A

解析 速动资产包括货币资金、短期投资、应收票据、应收账款、其他应收款项等，但存货、预付账款、待摊费用等则不应计入。

考点16　财务评价的基本报表

对项目进行财务分析，应充分利用现代会计的一系列报表，在这些财务报表所提供的数据基础上进行财务分析。

1. 基本财务报表

根据方法与参数的规定，基本财务报表如图7.8所示：

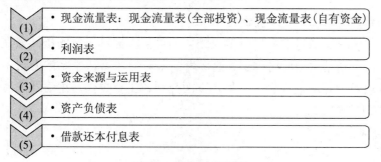

- (1) 现金流量表：现金流量表(全部投资)、现金流量表(自有资金)
- (2) 利润表
- (3) 资金来源与运用表
- (4) 资产负债表
- (5) 借款还本付息表

图7.8　基本财务报表

在评估中，为编制基本财务报表，还必须编制一些辅助报表，辅助报表可以根据计算需要编制，如图7.9所示：

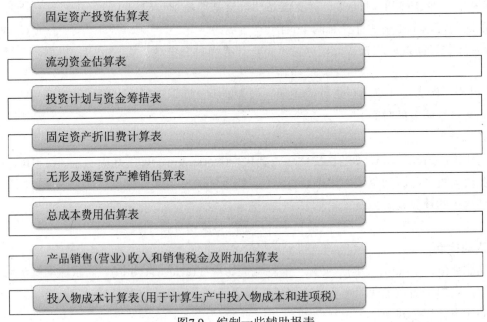

固定资产投资估算表

流动资金估算表

投资计划与资金筹措表

固定资产折旧费计算表

无形及递延资产摊销估算表

总成本费用估算表

产品销售(营业)收入和销售税金及附加估算表

投入物成本计算表(用于计算生产中投入物成本和进项税)

图7.9　编制一些辅助报表

2. 评估报表设置说明

与以往的报表相比，本套评估报表的最大特点是销售收入中不含增值税的销项税，总成本中不含进项税，销售税金中不含增值税，这是根据现行的新税制和企业实际会计核算办法设置的。

实行新税制以后，企业在产品成本和销售收入的会计核算上实行价税分离制。在购货阶段，企业购入货物所支付的价款和增值税在增值税专用发票上分别注明，属于价款部分计入购入货物的成本，属于增值税部分计入进项税额；在销售阶段，销售价格中不含增值税，如果定价时含税则应还原为不含税价格计算企业的销售收入，企业向购买方收取的增值税作为销项税额。在新财税制下，评估如果仍采用旧税制下的价内税的概念(即销售收入中含销项税、产品总成本费用中含进项税、产品销售税金中含增值税)进行成本利润核算和现金流量计算，虽然得出的利润额和净现金流量与新税制下规范的核算方法得出的结果一样，从评估角度看不影响评估结果，但这种价格和成本概念与新财税制不一致，容易造成概念混乱，不便于评估中基本数据的采集及与现有企业进行横向比较，应按新税制和新的会计核算方法进行项目效益核算和报表设置。

3. 基本财务报表的编制和使用说明

评估中报表的编制是通过对各报表填入相应的数据，计算一定的指标来完成的。各报表的数据来源有两个，分别是原始数据和从其他报表中采集的数据。原始数据根据项目的具体情况填入，其他数据可以从相应的报表中采集。下面介绍各主要报表的用途及注意事项：

(1) 全部投资现金流量表

(2) 自有资金现金流量表

(3) 利润表

(4) 资金来源与运用表

(5) 资产负债表

例题29 项目评估财务报表的特点是( )。(多项选择题)

A. 销售收入中不含增值税的销项税   B. 总成本中不含进项税

C. 销售税金中不含增值税   D. 销售税金中包含增值税

答案 ABC

解析 与以往的报表相比，本套评估报表的最大特点是销售收入中不含增值税的销项税，总成本中不含进项税，销售税金中不含增值税，这是根据现行的新税制和企业实际会计核算办法设置的。

例题30 进行财务评估时，可能需要编制的辅助报表包括( )。(多项选择题)

A. 固定资产投资估算表   B. 流动资金估算表

C. 投资计划与资金筹措表   D. 固定资产折旧费计算表

E. 无形及递延资产摊销估算表

答案 ABCDE

解析 进行财务评估时，为编制基本财务报表，还必须编制一些辅助报表，包括固定资产投资估算表、流动资金估算表、投资计划与资金筹措表、固定资产折旧费计算表、无形及递延资产摊销估算表、总成本费用估算表、产品销售(营业)收入和销售税金及附加估算表、投入物成本计算表。

考点17 项目不确定性分析

项目评估所采用的数据，大多数来自预测和估算，随着项目的实施和时间的推移，项目原料市场和产品市场供求关系、技术水平、经济环境、政策法律等影响项目效益的不确定性因素都可能发生变化。为了分析不确定因素对经济评价指标的影响程度，了解项目可能承担的风险，需要进行不确定性分析，以确定项目在经济、财务上的可靠性程度。在评估实务中，不确定性分析方法应用较多的是盈亏平衡分析和敏感性分析。

1. 盈亏平衡分析

(1) 用实际产量表示的盈亏平衡点

盈亏平衡点计算公式为：

盈亏平衡点产量=年固定成本/(产品单价−单位产品可变成本−单位产品销售税金)

(2) 用销售收入表示的盈亏平衡点

盈亏平衡点销售收入计算公式为：

盈亏平衡点销售收入=产品单价×年固定成本/(产品单价−单位产品可变成本−单位产品销售税金)

(3) 用生产能力利用率表示的盈亏平衡点

盈亏平衡点生产能力利用率计算公式为：

盈亏平衡点生产能力利用率=年固定成本/(年销售收入−年变动成本−年销售税金)×100%

(4) 达产年份以销售单价表示的盈亏平衡点

盈亏平衡点销售单价计算公式为：

盈亏平衡点销售单价=达产年份单位产品固定成本+单位产品变动成本+单位产品销售税及附加

2. 敏感性分析

敏感性分析是指通过分析项目主要因素发生变化时对项目经济评价指标的影响程度，从中找出对项目效益影响最大的、最敏感的因素，并进一步分析其可能产生的影响。在项目计算期内可能发生变化的因素有产品产量、产品价格、产品成本或主要投入物的价格、固定资产投资、建设工期以及汇率等。

敏感性分析通常是分析上述单因素变化或多因素变化对项目内部收益率产生的影响，银行则可以分析敏感因素的变化对贷款偿还期的影响。项目对某种因素的敏感程度可以表示为该因素按一定比例变化时评价指标的变化(列表表示)，也可以表示为评价指标达到某个临界点时允许某个因素变化的最大极限。

进行敏感性分析时，各敏感因素及其变化幅度的确定要在经过深入调查分析的基础上进行，特别是变化幅度，不能简单机械地确定。

为了直观地表示敏感因素对评价指标的影响程度，可以绘制敏感性分析图，纵坐标表示评价指标值及其变化，横坐标表示敏感性因素的变化幅度。

例题31 在评估实务中，不确定性分析方法应用较多的是( )。(多项选择题)

A. 成本效益分析   B. 盈亏平衡分析   C. 净现值分析   D. 敏感性分析

答案 BD

解析 在评估实务中，不确定性分析方法应用较多的是盈亏平衡分析和敏感性分析。

例题32 某企业年固定成本为5000万元，产品单价为30元，单位产品可变成本为5元，单位产品销售税金为2元，则盈亏平衡点销售收入为( )万元。(单项选择题)

A. 7000   B. 6522   C. 5357   D. 5000

答案 B

解析 该企业盈亏平衡点销售收入=产品单价×年固定成本/(产品单价-单位产品可变成本-单位产品销售税金)=30×50 000 000/(30-5-2)≈6522万元。

第4节 同步强化训练

一、单项选择题

1. 自有资金现金流量表从( )的角度出发，以( )为计算基础，用于计算自有资金财务内部收益率、净现值等评价指标，考察项目自有资金的盈利能力。

A. 债权人，全部投资(建设投资和流动资金)   B. 投资者，全部投资(建设投资和流动资金)

C. 债权人，债权人的全部借款额   D. 投资者，投资者的出资额

2. 流动比率较高，( )。

A. 流动资产的流动性较高   B. 表明企业拥有大量具有即时变现能力的资产

C. 表明企业的资金利用率较高   D. 速动比率可能较低

3. 下列关于流动比率的说法，正确的是(　　)。

A. 流动比率也称"酸性测验比率"

B. 流动比率=流动资产/(流动资产+流动负债)

C. 流动比率反映了企业用来偿还负债的能力

D. 企业的流动比率越高越好

4. 财务内部收益率是反映项目(　　)能力的(　　)指标。

A. 获利，静态　　　　　B. 获利，动态　　　　　C. 偿债，静态　　　　　D. 偿债，动态

5. 贷款项目评估中，税金审查的内容不包括(　　)。

A. 项目所涉及的税种是否都已计算

B. 计算税收的公式是否正确

C. 所采用的税率是否符合现行规定

D. 计算利润时的销售收入、销售税金、销售成本在增值税方面的计算口径是否一致

6. 设备的经济寿命是由设备的(　　)决定的。

A. 制造商　　　　　B. 使用费　　　　　C. 技术水平　　　　　D. 可靠度

7. 下列关于银行对项目进行技术及工艺流程分析的说法，不正确的是(　　)。

A. 产品技术方案分析无须考虑市场的需求状况

B. 分析产品的质量标准时，应将选定的标准与国家标准进行对比

C. 对生产工艺进行评估，要熟悉项目产品国内外现行工业化生产的工艺方法的有关资料

D. 对项目工艺技术方案进行分析评估的目的是分析产品生产全过程技术方法的可行性

8. 下列属于速动资产的是(　　)。

A. 存货　　　　　B. 预付账款　　　　　C. 其他应收款　　　　　D. 待摊费用

9. (　　)是指由拟建项目引起的，并与建设、生产、流通、耗费有联系的原材料、燃料、动力运输和环境保护等协作配套项目。

A. 同步建设　　　　　　　　　　　　B. 相关项目

C. 外部协作配套条件　　　　　　　　D. 物力资源

10. 下列各项不属于常用固定资产折旧方法的是(　　)。

A. 平均年限法　　　　　B. 年数平均法　　　　　C. 双倍余额递减法　　　　　D. 年数总和法

11. 主要用于选择资金筹措方案的报表为(　　)。

A. 全部投资现金流量表　　　　　　　B. 自有资金现金流量表

C. 资金来源与运用表　　　　　　　　D. 利润表

12. 下列关于项目经营机构分析的说法，错误的是(　　)。

A. 项目经营机构的规模应取决于项目的年产量或提供服务的能力和范围

B. 应依照项目的经营程序，审查项目经营机构的设置是否精简高效

C. 应审查项目经营机构的设置能否满足项目的要求

D. 项目经营机构应具有根据市场变化而不断改变经营方针、内容和方式的能力

13. 下列关于工艺技术方案评估的说法，错误的是(　　)。

A. 目的是分析工艺的先进性

B. 要熟悉项目产品国内外现行工业化生产工艺的技术特点及优缺点

C. 要对所收集到的资料和数据的完整性、可靠性、准确性进行研究

D. 要了解国内外同类项目技术与装备的发展趋势

14. 水力发电站规模主要根据水源流量和落差来确定，这里的水源流量和落差属于(   )项目规模制约因素。

A. 行业技术经济特点   B. 环境

C. 设备、设施状况   D. 其他生产建设条件

15. 资本寻求其生存和发展的各种必要条件的集中表现为项目对(   )。

A. 利润的追逐   B. 国民经济的平衡

C. 基础设施的要求   D. 投资环境的选择

16. 关于固定资产原值的确定，下列说法正确的是(   )。

A. 购入固定资产按合同协议确定的价值入账

B. 融资租入的固定资产按缴纳各期租金的现值入账

C. 构建固定资产缴纳的投资方向调节税、耕地占用税不计入固定资产原值

D. 与构建固定资产有关的建设期支付的贷款利息和汇兑损失应计入相应固定资产原值

17. 下列关于项目建设条件的说法，正确的是(   )。

A. 主要包括企业自身内部条件和主客观外部条件

B. 内部条件是指拟建项目的人力、物力、财力等资源条件

C. 外部条件是指拟建工程所需的原材料、建筑施工条件

D. 人力资源是指项目建设所需管理人员的来源

18. 贷款项目评估的出发点为(   )。

A. 借款人利益   B. 担保人利益

C. 贷款银行利益   D. 国家利益

19. 项目建设期间发生的工程费用、工程其他费用及预备费属于(   )。

A. 固定投资   B. 建设投资

C. 建筑工程费用   D. 流动资产投资

二、多项选择题

1. 速动比率较高，(   )。

A. 表明企业的长期偿债能力较强

B. 表明企业拥有较多具有即时变现能力的资产

C. 表明企业的盈利能力较强

D. 可能是由于企业的存货积压

E. 可能是由于企业持有的现金太多

2. 分析项目的还款能力时，(   )。

A. 可以采用综合还贷的方式计算贷款偿还期

B. 可以应用最大能力法来计算贷款偿还期

C. 可以通过计算贷款偿还期来分析项目能否在银行要求的时间内归还贷款

D. 应分析还款资金的来源

E. 应分析用于还款的项目利润是否已按规定提取了公积金和公益金

3. 下列关于投资回收期的说法,正确的有( )。

A. 投资回收期反映了项目的财务投资回收能力

B. 投资回收期是项目的累计净现金流量开始出现正值的年份数

C. 投资回收期应是整数

D. 项目投资回收期大于行业基准回收期,表明该项目能在规定的时间内收回投资

E. 投资回收期是用项目净收益抵偿项目全部投资所需的时间

4. 下列关于财务内部收益率计算的说法,正确的有( )。

A. 在贷款项目评估中,一般计算全部投资内部收益率

B. 用试差法计算财务内部收益率时,试算的两个相邻折现率之差应不小于5%

C. 若折现率为10%时,某项目的净现值为10万元;当折现率为5%时,该项目的净现值为3万元;则该项目的内部收益率在5%~10%之间

D. 财务内部收益率可通过财务现金流量表现值计算

E. 计算得到的财务内部收益率若大于期望收益率,则项目可以被接受

5. 下列关于我国现行增值税制度的说法,正确的有( )。

A. 目前企业的会计核算实行价税分离

B. 在货物购进阶段,增值税计入进项税额

C. 用于计算销售收入的销售价格为含税价格

D. 产品成本中不含增值税

E. 产品销售税金中包含增值税

6. 在对贷款项目进行成本审查时,外购投入物的成本应包括由企业负担的( )。

A. 运杂费 B. 装卸保险费 C. 途中合理损耗

D. 入库前加工整理费用 E. 入库前的挑选费用

7. 在建设投资中,工程费用包括( )。

A. 安装工程费用 B. 建筑工程费用 C. 基本预备费

D. 设备购置费用 E. 涨价预备费

8. 设备选择评估的主要内容有( )。

A. 设备的可靠性 B. 设备的配套性 C. 设备的经济性

D. 设备的生产能力和工艺要求 E. 设备的使用寿命和可维护性

9. 在进行原辅料供给分析时,( )。

A. 要了解所需要的主要原辅料的品种

B. 要分析预测所需原辅料供应的稳定性和保证程度

C. 不必预测主要投入物价格未来的变化趋势

D. 要计算运输能力和运输费用

E. 应分析原辅料的储备量是否合理

10. 在对工业项目的环境保护方案进行分析时,应( )。

A. 审查环境影响报告 B. 审查治理方案 C. 审查建设总投资

D. 审查建设总设计　　　　　　　　　　E. 分析环境保护的经济性

11. 项目规模评估的效益成本评比法包括(　　)。

A. 盈亏平衡点比较法　　B. 净现值比较法　　C. 决策树分析法

D. 数学规划　　　　　　E. 最低成本分析法

12. 下列关于市场需求预测分析的说法, 正确的有(　　)。

A. 市场需求预测分析可用于分析和判断项目投产后所生产产品的未来销路问题

B. 市场需求预测分析可用于考察项目产品在特定时期内是否有市场, 以及采取怎样的营销战略来实现销售目标

C. 市场需求预测应建立在对需求量进行调查的基础上

D. 市场分析有助于银行预测拟建项目所生产的产品的未来发展趋势

E. 市场分析有助于银行了解拟建项目所生产的产品的市场现状

13. 项目企业分析应包括对企业(　　)等的分析。

A. 管理水平　　　　　　B. 财务状况　　　　　C. 经营状况

D. 信用度　　　　　　　E. 投资环境

14. 项目建设配套条件评估需要考虑的情况有(　　)。

A. 厂址选择是否合理

B. 原辅材料、燃料供应是否有保障

C. 配套交通运输条件能否满足项目需要

D. 相关及配套项目是否同步建设

E. 环境影响报告书是否已经由权威部门批准

15. 目前财政部规定的快速折旧法有(　　)。

A. 平均年限法　　　　　B. 年数总和法　　　　C. 工作量法

D. 直线折旧法　　　　　E. 双倍余额递减法

16. 关于全部投资现金流量表, 下列说法正确的是(　　)。

A. 不必考虑项目投资资金的来源及构成

B. 可以使筹资成本和负债水平不同的项目相互比较

C. 所计算的投资收益率便于同市场利率和行业平均盈利率相比较

D. 不必考虑还本付息的问题

E. 可用于计算自有资金的内部收益率、净现值等指标

17. 对项目成本进行审查时, 应(　　)。

A. 审查项目是否按《企业财务通则》与《企业会计准则》规定核算项目生产经营成本

B. 重点审查原辅料、包装物、燃料动力的单耗、单价取值是否有理有据

C. 审查外购投入物是否按照实际买价计算成本

D. 审查自制投入物是否按制造过程中发生的实际支出计算成本

E. 审查外购投入物所支付的进项税是否单列

18. 下列关于对项目实施机构的分析, 说法正确的有(　　)。

A. 主要应从机构设置、人员配备与培训、新技术推广使用机构的设置、项目实施监督系统的建立等方面分析

B. 机构设置的出发点是全面完成项目建设工作, 关键点之一是如何使项目实施机构具备管理项目的能力, 并且能使这种能力持久保持

C. 项目实施机构既要建立项目管理班子, 还要建立相应的规章制度

D. 项目实施人员的配备主要包括经验丰富的老专家、老职工和处于事业顶峰时期的中年专家和职工

E. 将项目活动由各职能部门管辖, 就能形成项目内部的相互监督系统

19. 银行在分析评估工艺技术方案时, 必须考虑的方面有( )。

A. 工艺技术的先进性、成熟性   B. 是否能保证产品质量

C. 产业基础与生产技术水平的协调性   D. 原材料适应性

E. 技术来源的可靠性和经济性

20. 决定一个项目规模大小的因素主要有( )。

A. 生产技术状况   B. 国民经济发展规划

C. 资金与基本投入物   D. 项目所处行业的技术经济特点

E. 土地使用权等其他生产建设条件

三、判断题

1. 企业税后利润必须先用于提取法定盈余公积金和公益金, 然后才能用于还贷。( )

2. 盈亏平衡点生产能力利用率=(年销售收入-年变动成本-年销售税金)/年固定成本×100%。( )

3. 对于投资额不等的几个项目, 应使用财务净现值的大小来比较项目单位投资的盈利能力。( )

4. 贷款偿还期是指用项目净收益抵偿项目全部投资所需的时间。( )

5. 贷款偿还期一般用于计算项目偿还短期贷款所需的时间。( )

6. 以最大能力法计算项目贷款偿还期, 是指以项目本身投产以后产生的所有资金偿还项目贷款所需的时间作为项目贷款偿还期。( )

7. 用分项详细估算法估算流动资金时, 年其他费用不包括工资及福利费和折旧费。( )

8. 递延资产按实际发生值计算, 与之有关的建设期间发生的利息和汇兑损失应计入递延资产价值。( )

9. 现行的增值税实行的是价内税, 因此产品成本中包括外购投入物所支付的进项税。( )

10. 对贷款项目进行财务分析时, 销售收入的审查包括审查单价的取值是否合理。( )

11. 作为债权人, 银行对项目评估的角度和取舍标准与设计院、政府和企业的标准是一致的。( )

12. 人力资源供求预测的主要目的是估计未来某个时期企业对劳动力的需求。( )

13. 银行通过对项目的宏观背景进行分析, 可以了解项目是否实现了规模经济。( )

14. 项目生产条件分析主要是审查拟建项目是否具备建设条件及可靠性。( )

15. 审查项目总投资时要审查建设投资、流动资金、投资方向调节税和建设期利息4个部分。( )

16. 目前, 我国企业的固定资产折旧实行综合折旧法。( )

17. 财务内部收益率计算的是全部投资的内部收益率, 而非自有资金的内部收益率。( )

18. 项目清偿能力分析的目的主要在于分析项目的还款能力。( )

19. 银行在进行财务效益评估前不必进行其他分析。( )

20. 对项目进行评估时, 应采用以银行本身人员为主的评估模式。( )

答案与解析

一、单项选择题

1. 答案与解析　D

该表从投资者的角度出发，以投资者的出资额为计算基础，用以计算自有资金财务内部收益率、净现值等评价指标，考察项目自有资金的盈利能力。

2. 答案与解析　A

流动比率过高，即流动资产相对于流动负债太多。

3. 答案与解析　C

流动比率反映了企业用来偿还负债的能力，与其相关的是速动比率，一般情况下都是结合两个比率进行综合分析。

4. 答案与解析　B

财务内部收益率是反映项目获利能力的动态指标。

5. 答案与解析　D

评估中对税金的审查主要包括以下3方面：项目所涉及的税种是否都已计算；计算公式是否正确；所采用的税率是否符合现行规定。

6. 答案与解析　B

设备的经济寿命是指设备在经济上的合理使用年限，它是由设备的使用费决定的。

7. 答案与解析　A

可参照考点9"1.产品技术方案分析"内容。

8. 答案与解析　C

速动资产包括货币资金、短期投资、应收票据、应收账款、其他应收款项等，但存货、预付账款、待摊费用等则不应计入。

9. 答案与解析　B

相关项目是指由拟建项目引起的，并与建设、生产、流通、耗费有联系的原材料、燃料、动力运输和环境保护等协作配套项目。

10. 答案与解析　B

在项目评估中，固定资产折旧可用分类折旧法计算，也可以用综合折旧法计算，由于目前企业固定资产实行分类折旧，因此评估中一般先对固定资产进行分类，根据财政部公布的折旧年限和残值率，采用平均年限法计算折旧，对于某些行业和企业，财政部允许实行快速折旧法。

11. 答案与解析　C

资金来源与运用表：该表反映项目计算期内各年的资金盈余及短缺情况，用于选择资金筹措方案，制订适宜的借款及还款计划，并为编制资产负债表提供依据。如果项目的筹资方案已经确定，银行通过该表可以了解到项目今后的还款资金来源情况，从另外一个角度判断项目的还款能力。

12. 答案与解析　B

项目经营机构的规模应该取决于项目的设计能力，即项目的年产量或提供服务的能力及范围。依照项目的经营程序，如供、产、销等环节，审查项目经营机构的设置是否齐备，能否满足项目的要求，如果在机构和制度方面存在着缺陷，应及时改善。

13. 答案与解析　A

对项目工艺技术方案进行分析评估的目的就是要分析产品生产全过程技术方法的可行性，并通过不同工艺方案的比较，分析其技术方案是否是综合效果最佳的工艺技术方案。

14. 答案与解析　A

不同的部门和行业对项目生产规模有不同的要求。例如，采掘工业的项目规模，主要取决于矿区的地质条件及矿产资源的工业储量和工业开采价值；水力发电站的建设规模，主要根据水源的流量和落差来确定等。

15. 答案与解析　D

投资环境是指在一定时间、一定地点或范围内，影响和制约项目投资活动的各种外部境况和条件要素的有机集合体。项目对其投资环境具有选择性，这正是资本寻求其生存和发展的各种必要条件的集中表现。

16. 答案与解析　D

可参照考点12"2.固定资产、无形资产、递延资产原值确定的审查及其折旧和摊销办法的审查"内容。

17. 答案与解析　B

可参照考点10"1.项目建设条件分析"内容。

18. 答案与解析　C

贷款项目评估是银行为提高自身信贷资产的质量和效益而进行的研究，它以贷款银行的立场为出发点。

19. 答案与解析　B

项目总投资由建设投资、流动资金、投资方向调节税和建设期利息4部分组成。其中建设投资按用途可分为工程费用、工程其他费用及预备费。

二、多项选择题

1. 答案与解析　BE

可参照考点15"4.速动比率"内容。

2. 答案与解析　ABCDE

5个选项均符合题意。

3. 答案与解析　AE

投资回收期亦称返本年限，是指用项目净收益抵偿项目全部投资所需时间，它是项目在财务投资回收能力的主要评价指标。

4. 答案与解析　ACDE

可参照考点14。

5. 答案与解析　ABD

根据现行的增值税制度，企业的会计核算实行价税分离。在货物购进阶段，会计处理上就根据增值税专用发票注明的增值税税额和价款，属于价款部分计入购入物的成本，属于增值税部分，计入进项税额。

6. 答案与解析　ABCDE

5个选项均符合题意。

7. 答案与解析　ABD

其中建设投资按用途可分为工程费用、工程其他费用及预备费。

8. 答案与解析　ABCDE

5个选项均符合题意。

9. 答案与解析　ABDE

可参照考点8的内容。

10. 答案与解析　ABCDE

5个选项均符合题意。

11. 答案与解析　ABE

这类评比的具体方法有：盈亏平衡点比较法、净现值比较法和最低成本分析法。

12. 答案与解析　ABCDE

5个选项的说法均正确。

13. 答案与解析　ABCD

项目企业分析：企业的基础管理水平、财务状况、经营状况和信用度与项目能否顺利实施有密切关系，进而也与项目的还款能力有很大关系。

14. 答案与解析　ABCDE

5个选项均符合题意。

15. 答案与解析　BE

快速折旧法的方法很多，财政部规定使用的有两种：双倍余额递减法和年数总和法。

16. 答案与解析　ABCD

全部投资现金流量表。该表以全部投资作为计算的基础，从全部投资角度考虑现金流量，即借款不作为现金流入，借款利息和本金的偿还不作为现金流出。全部投资均视为自有资金，用该表可以计算全部投资的内部收益率、净现值、投资回收期等评价指标。

17. 答案与解析　ABDE

主要审查可行性研究报告中成本的计算是否合规、合理，因此除了审查项目是否按企业财务通则和企业会计准则的有关规定核算项目生产经营成本外，还要重点审查成本计算中原辅材料、包装物、燃料动力的单耗、单价的取值是否有理、有据。

18. 答案与解析　ACE

可参照考点11 "1. 项目组织机构分析" 内容。

19. 答案与解析　ABCDE

5个选项均符合题意。

20. 答案与解析　ABCDE

5个选项均符合题意。

三、判断题

1. 答案与解析　√

企业税后利润必须先用于法定盈余公积金和公益金，然后才能用于还贷。

2. 答案与解析　×

盈亏平衡点生产能力利用率＝年固定成本/(年销售收入−年变动成本−年销售税金)×100%

3. 答案与解析　×

净现值率主要用于投资额不等的项目的比较，净现值率越大，表明项目单位投资能获得的净现值就越大，项目的效益就越好。

4. 答案与解析　×

项目归还贷款所需的时间就是贷款偿还期，贷款偿还期一般用于计算项目偿还固定资产贷款所需的时间。

5. 答案与解析　×

贷款偿还期一般用于计算项目偿还固定资产贷款所需的时间。

6. 答案与解析　×

最大能力法即以项目本身投产以后产生的可还款资金偿还项目贷款所需的时间。

7. 答案与解析　√

年其他费用＝(制造费用+管理费用+财务费用+销售费用)−(工资及福利费+折旧费+维简费+摊销费+修理费+利息支出)

8. 答案与解析　√

递延资产按实际发生值计算，与之有关的建设期间发生的利息和汇兑损失应计入递延资产价值。

9. 答案与解析　×

现行的增值税实行的是价外税，评估中计算产品成本时，外购投入物所支付的进项税要单列。

10. 答案与解析　√

销售收入的审查主要审查产量和单价的取值是否合理。

11. 答案与解析　×

作为债权人，银行对项目评估的角度和取舍标准与设计院、政府和企业的标准是不一致的。

12. 答案与解析　√

人力资源供求预测的主要目的是估计未来某个时期企业对劳动力的需求，这是人力资源规划中较具技术性的关键部分。

13. 答案与解析　×

银行对项目的生产规模进行分析，可以了解项目是否实现了规模经济，进而了解该项目的经济效益状况，为项目的贷款决策提供依据。

14. 答案与解析　×

建设条件分析主要是审查拟建项目是否具备建设条件及其可靠性。拟建项目的建设条件包括项目自身的内部条件和客观存在的外部条件。

15. 答案与解析　√

项目总投资由建设投资、流动资金、投资方向调节税和建设期利息4部分组成。

16. 答案与解析　×

在项目评估中，固定资产折旧可用分类折旧法计算，也可以用综合折旧法计算。由于目前企业固定资产实行分类折旧，因此评估中一般先对固定资产进行分类，根据财政部公布的折旧年限和残值率，采用平均年限法计算折旧，对于某些行业和企业，财政部允许实行快速折旧法。

17. 答案与解析　×

根据计算基础的不同，现金流量表可分为4种，相应地，财务内部收益率可以分为全部投资内部收益率、自有资金内部收益率。在贷款项目评估中，一般计算全部投资内部收益率即可。

18. 答案与解析　√

项目清偿能力分析的目的主要在于分析项目的还款能力。

19. 答案与解析　×

在进行项目财务效益评估前，必须对项目建设规模、投资估算、产品方案、原辅料供应及保证情况、产品市场情况、生产工艺、物料单耗、水电供应、交通条件及项目承办单位能力方面先进行评估分析。

20. 答案与解析　×

到目前为止，国内银行对项目进行评估时，基本上是采用以银行工作人员为主进行评估的模式，很少邀请与项目有关的技术及管理专家参加评估工作，这种评估模式在一定程度上影响了项目评估质量。因此，应邀请有关专家和银行工作人员一起组成项目评估小组，这将有利于提高银行项目评估的质量。

第8章

贷款担保

贷款担保是保障银行债权得以实现的法律措施，它为银行提供了一个可以影响或控制风险的潜在来源，在借款人丧失或部分丧失债务偿还能力后，充分、可靠的担保措施可以使银行减少资产损失，从而维护正常的银行经营秩序。

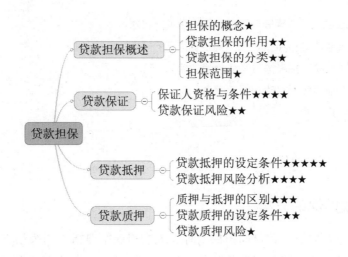

第1节　贷款担保概述

考点1　担保的概念

贷款担保是指为提高贷款偿还的可能性，降低银行资金损失的风险，银行在发放贷款时要求借款人提供担保，以保障贷款债权实现的法律行为。银行与借款人及其他第三人签订担保协议后，当借款人财务状况恶化、违反借款合同或无法偿还本息时，银行可以通过执行担保来收回贷款本息。担保为银行提供了一个可以影响或控制的潜在还款来源，从而增加了贷款最终偿还的可能性。因此，在发放贷款时，银行应要求借款人为贷款提供相应的担保，这样银行资金更具安全性。

例题1　贷款担保是指为提高(　　)的可能性，降低银行资金损失的风险，银行在发放贷款时要求借款人提供担保，以保障贷款债权实现的法律行为。(单项选择题)

A. 贷款偿还　　　　　B. 贷款性质　　　　　C. 发放方式　　　　　D. 数额多少

答案　A

解析　贷款担保是指为提高贷款偿还的可能性，降低银行资金损失的风险，银行在发放贷款时要求借款人提供担保，以保障贷款债权实现的法律行为。

考点2　贷款担保的作用

在我国市场经济建立和发展过程中，银行开展担保贷款业务具有重要的意义。担保的作用主要表现为以下4个方面：

(1) 协调和稳定商品流转秩序，使国民经济健康运行；

(2) 降低银行贷款风险，提高信贷资金使用效率；

(3) 促进借款企业加强管理，改善经营管理状况；

(4) 巩固和发展信用关系。

例题2　贷款担保的作用主要表现为( )。(多项选择题)

A. 协调和稳定商品流转秩序，使国民经济健康运行

B. 降低银行贷款风险，提高信贷资金使用效率

C. 促进借款企业加强管理，改善经营管理状况

D. 巩固和发展信用关系

答案　ABCD

解析　以上都属于贷款担保的主要表现。

考点3　贷款担保的分类

贷款担保可分为人的担保和财产担保两种。人的担保主要指由作为第三人的自然人或法人向银行提供的、许诺借款人按期偿还贷款的保证。如果债务人未按期还款，担保人将承担还款的责任。财产担保又分为不动产、动产和权利财产(如股票、债券、保险单等)担保。这类担保主要是将债务人或第三人的特定财产抵押给银行。

担保的形式有多种，一笔贷款可以有几种担保，担保的具体形式主要有如下几种，如表8.1所示。

表8.1　担保的具体形式

担保形式	具体内容
抵押	抵押是指借款人或第三人在不转移财产占有权的情况下，将财产作为债权的担保，银行持有抵押财产的担保权益，当借款人不履行借款合同时，银行有权以该财产折价或者以拍卖、变卖该财产的价款优先受偿
质押	质押是指债权人与债务人或债务人提供的第三人以协商订立书面合同的方式，移转债务人或者债务人提供的第三人的动产或权利的占有，在债务人不履行债务时，债权人有权以该财产价款优先受偿
保证	保证是指保证人和债权人约定，当债务人不履行债务时，保证人按照约定履行债务或者承担责任的行为
留置	留置是指债权人按照合同约定占有债务人的动产，债务人不按照合同约定的期限履行债务的，债权人有权按照规定留置该财产，以该财产折价或者以拍卖、变卖该财产的价款优先受偿
定金	定金较少用于银行信贷业务中

本书着重分析抵押、质押、保证3种主要的贷款担保形式。

例题3 贷款担保的具体形式主要有( )。(多项选择题)

A. 抵押　　　　　　　　B. 质押　　　　　　　　C. 保证　　　　　　　　D. 留置和定金

答案　ABCD

解析　贷款担保的具体形式主要有：抵押、质押、保证、留置、定金。

考点4　担保范围

担保范围分为法定范围和约定范围。《担保法》规定的法定范围如表8.2所示：

表8.2　担保范围

担保范围	具体内容
主债权	即由借款合同、银行承兑协议、出具保函协议书等各种信贷主合同所确定的独立存在的债权
利息	由主债权所派生的利息
违约金	指由法律规定或合同约定的债务人不履行或不完全履行债务时，应付给银行的金额
损害赔偿金	是指债务人因不履行或不完全履行债务给银行造成损失时，应向银行支付的补偿费
实现债权的费用	是指债务人在债务履行期届满而不履行或不完全履行债务，银行为实现债权而支出的合理费用。一般包括诉讼费、鉴定评估费、公证费、拍卖费、变卖费、执行费等费用
质物保管费用	是指在质押期间，因保管质押物所发生的费用

如需另行约定担保责任范围，可在担保合同中予以约定。

第2节　贷款保证

所谓保证是指保证人和债权人约定，当债务人不履行债务时，保证人必须按照约定履行债务或者承担责任的行为。保证就是债权债务关系当事人以外的第三人担保债务人履行债务的一种担保制度。在成立保证担保的情况下，如果债务人不履行债务，由保证人代为履行或承担连带责任，以满足债权人的清偿要求。

考点5　保证人资格与条件

1. 保证人资格

我国《担保法》对保证人的资格做了明确的规定，只有那些具有代主债务人履行债务能力及意愿的法人、其他组织或者公民才能做保证人。

这一规定可以理解为以下两层含义：

首先，作为保证人必须是具有民事行为能力的人，只有具有行为能力的人所从事的法律行为才有效。其次是保证人必须具有代为履行主债务的资力。

作为保证人不仅要满足上述两个要件，还要受下述各条件的限制，如图8.1所示：

《担保法》规定国家机关不得做保证人，但经国务院批准对特定事项做保证人的除外

《担保法》规定禁止政府及其所属部门要求银行等金融机构或者企业为他人提供担保，并进一步规定银行等金融机构或企业对政府及其所属部门要求其为他人提供保证的行为，有权予以拒绝

《担保法》规定医院、学校等以公共利益为目的的事业单位、社会团体不得做保证人；规定医院、学校等以公益为目的的事业单位、社会团体提供保证的保证合同无效，并且，提供保证的医院、学校等以公益为目的的事业单位或社会团体等还要就提供保证的过错承担相应的民事责任

《担保法》规定企业法人的分支机构或职能部门不能做保证人，企业法人的分支机构有该法人书面授权的，可以在授权范围内提供保证

图8.1　保证人的限制

2. 保证人评价

信贷人员应对保证人进行严格调查、评价。对保证人的评价包括确认保证人的主体资格、评价保证人的代偿能力和保证限额分析等几个方面。

(1) 审查保证人的主体资格

(2) 评价保证人的代偿能力

(3) 保证人保证限额分析

(4) 保证率的计算

保证率计算公式为：

$$保证率=申请保证贷款本息/可接受保证限额\times100\%$$

(5) 经评价符合保证人条件的，信贷人员撰写《商业银行担保评价报告》，并随信贷审批材料一并报送评价审查人员。如不符合条件，应及时将保证人材料退还，并要求债务人另行提供保证人或提供其他担保方式。担保评价审查人员及审定人员应认真审查保证人的材料和《商业银行担保评价报告》，并签署意见。

例题4　经商业银行认可的具有较强代为清偿能力的、无重大债权债务纠纷的以下单位和个人可以接受为保证人的是(　　)。(多项选择题)

　　A. 金融机构

　　B. 从事符合国家法律、法规的生产经营活动的企业法人

　　C. 从事经营活动的事业法人

　　D. 其他经济组织及自然人

答案　ABCD

解析　以上都是正确答案。

例题5 根据我国《担保法》的规定，保证人(　　)。(单项选择题)

A. 必须具有民事行为能力

B. 必须具有代为履行主债务的资力

C. 不得为医院、学校等以公共利益为目的的事业单位

D. 不可以为自然人

E. 不得为企业法人的职能部门

答案 ABCE

解析 保证人可以是自然人，D项错误。

例题6 国家机关可作为保证人的一种特殊情况是(　　)。(单项选择题)

A. 上级部门批准后，为外企保证

B. 上级部门批准后，为涉外企业保证

C. 国务院批准后，为使用外国政府或国际经济组织贷款进行转贷

D. 发改委批准后，为涉外企业保证

答案 C

解析 我国《担保法》规定国家机关不得做保证人，但经国务院批准可对特定事项做保证人的除外。

考点6　贷款保证风险

1. 贷款保证存在的主要风险因素

(1) 保证人不具备担保资格

(2) 保证人不具备担保能力

(3) 虚假担保人

(4) 公司互保

(5) 保证手续不完备，保证合同产生法律风险

(6) 超过诉讼时效，贷款丧失胜诉权

2. 贷款保证的风险防范

(1) 核保

为了防范保证贷款的风险，商业银行所要做的就是核实保证。核实保证简称为"核保"，是指去核实保证人提供的保证是在自愿原则的基础上达成的，是保证人真实意思的表示。强制提供的保证，保证合同无效。商业银行接受企业法人为保证人的，要注意验证核实以下几点，如图8.2所示：

① 法人和法人代表签字印鉴的真伪，在保证合同上签字的人须是有权签字人或经授权的签字人，要严防假冒或伪造的签字

② 企业法人出具的保证是否符合该法人章程规定的宗旨或授权范围，对已规定对外不能担保的，商业银行不能接受为保证人

③ 股份有限公司或有限责任公司的企业法人提供的保证，需要取得董事会决议同意或股东大会同意。未经上述机构同意的，商业银行不能接受为保证人

④ 中外合资、合作企业的企业法人提供的保证。需要提交董事会出具的同意招保的决议及授权书，董事会成员签字的样本，同时提供由中国注册会计师事务所出具的验资报告或出资证明

⑤ 核保必须双人同去，尤其是对于初次建立信贷关系的企业，更应强调双人实地核保的制度。一人去有可能被保证人蒙骗，或与企业勾结出具假保证，而双人能起到制约作用

⑥ 核保人必须亲眼所见保证人在保证文件上签字盖章，并做好核保证实书，留银行备查。如有必要，也可将核保工作交由律师办理

图8.2　验证核实

(2) 签订好保证合同

商业银行经过对保证人的调查核保，认为保证人具备保证的主体资格，同意贷款后，在签订借款合同的同时，还要签订保证合同，作为主合同的从合同，如图8.3所示。

① 保证合同的形式
保证合同要以书面形式订立，以明确双方当事人的权利和义务。根据《担保法》的规定，书面保证合同可以单独订立，包括当事人之间的具有担保性质的信函、传真等，也可以是主合同中的担保条款

② 保证合同订立方式
保证人与商业银行可以就单个主合同分别订立保证合同，也可以协商在最高贷款限额内就一定期间连续发生的贷款订立一个保证合同，后者大大简化了保证手续。最高贷款限额包括贷款余额和最高贷款累计额，在签订保证合同时需加以明确，以免因理解不同发生纠纷

③ 保证合同的内容
应包括被保证的主债权(贷款)种类、数额，贷款期限，保证的方式，保证担保的范围，保证的期限及双方认为需要约定的其他事项，尤其是当事人名称、借款与保证金额、有效日期等，一定要衔接一致

图8.3　签订好保证合同

(3) 贷后管理

银行办完保证贷款手续并发放贷款后，需注意以下容易发生问题的环节：

① 保证人的经营状况是否变差，或其债务是否增加，包括向银行借款或又向他人提供担保。

② 银行与借款人协商变更借款合同应经保证人同意，否则可能保证无效。

例题7　贷款保证存在的主要风险因素包括(　　)。(多项选择题)

A. 保证人不具备担保资格和担保能力　　　　B. 保证手续不完备，保证合同产生法律风险

C. 虚假担保人和公司互保　　　　　　　　　D. 超过诉讼时效，贷款丧失胜诉权

答案　ABCD

解析　以上4项均属于贷款保证存在的主要风险因素。

第3节　贷款抵押

贷款抵押是债务人或第三人对债权人以一定财产作为清偿债务担保的法律行为。提供抵押财产的债务人或第三人称为抵押人；所提供抵押财产称为抵押物；债权人则为抵押权人。抵押设定之后，在债务人到期不履行债务时，抵押权人有权依照法律的规定以抵押物折价或以抵押物的变卖价款较其他债权人优先受偿。

考点7　贷款抵押的设定条件

1. 抵押的范围

债务人在向商业银行提出信贷申请时，信贷人员应要求其提供担保方式意向。如采用抵押担保，信贷人员应依据银行制度规定及平时掌握的情况，对债务人提出的抵押人和抵押物进行初步判断。如认为不符合条件，应告知债务人另行提供抵押人、抵押物或改变担保方式。

根据《物权法》的规定，债务人或者第三人有权处分的下列财产可以抵押，如表8.3所示：

表8.3　抵押的范围

可以抵押的财产	不得抵押的财产
建筑物和其他土地附着物	土地所有权
建设用地使用权	依法被查封、扣押、监管的财产
以招标、拍卖、公开协商等方式取得的荒地等土地承包经营权	耕地、宅基地、自留地、自留山等集体所有的土地使用权，但法律规定可以抵押的除外
生产设备、原材料、半成品、产品	所有权、使用权不明或者有争议的财产
正在建造的建筑物、船舶、航空器	学校、幼儿园、医院等以公益为目的的事业单位、社会团体的教育设施、医疗卫生设施和其他社会公益设施
交通运输工具	法律、行政法规规定不得抵押的其他财产
法律、行政法规未禁止抵押的其他财产	

2. 贷款抵押额度的确定

(1) 抵押物的认定

(2) 抵押物的估价

抵押物的估价是评估抵押物的现值。银行对抵押物的价值都要进行评估。

① 估价方法

一般的估价方法如图8.4所示：

对于房屋建筑的估价，主要考虑房屋和建筑物的用途及经济效益、新旧程度和可能继续使用的年限、原来的造价和现在的造价等因素

对于机器设备的估价，主要考虑的因素是无形损耗和折旧，估价时应扣除折旧

对可转让的土地使用权的估价，取决于该土地的用途、土地的供求关系

图8.4 一般的估价方法

② 抵押率的确定

抵押率的计算公式为：

$$抵押率=担保债权本息总额/抵押物评估价值额 \times 100\%$$

(3) 抵押贷款额度的确认

其计算公式为：

$$抵押贷款额=抵押物评估值 \times 抵押贷款率$$

(4) 抵押合同的签订

贷款发放前，抵押人与银行要以书面形式签订抵押合同。

3. 抵押的效力

抵押的效力具体内容，如图8.5所示：

(1) 抵押担保的范围

(2) 抵押物的转让

(3) 抵押物的保全

(4) 抵押权的实现

图8.5 抵押效力的内容

例题8 以下各项中不得抵押的财产是( )。(单项选择题)

A. 抵押人依法有处分权的原材料、半成品、产品

B. 抵押人所有的机器、交通运输工具和其他财产

C. 土地所有权

D. 专款专用

答案 C

解析 根据我国《担保法》的规定，土地所有权不得抵押。

例题9 信贷人员应根据抵押物的( )，分析其变现能力，充分考虑抵押物价值的变动趋势，科学地确定抵押率。(单项选择题)

A.原值 B.评估值 C.市场价值 D.核定价值

答案 B

解析 信贷人员应根据抵押物的评估现值，分析其变现能力，充分考虑抵押物价值的变动趋势，科学地确定抵押率。

例题10 对抵押物进行估价时，对于库存商品、产成品等的估价，主要考虑( )。(单项选择题)

A.抵押物的市场价格 B.无形损耗 C.折旧 D.造价

答案 A

解析 对库存商品、产成品等存货的估价，主要是考虑抵押物的市场价格、预计市场涨落、抵押物销售前景。

例题11 由于使用磨损和自然损耗造成的抵押物贬值是( )。(单项选择题)

A.功能性贬值 B.实体性贬值 C.经济性贬值 D.泡沫经济

答案 B

解析 功能性贬值是由于技术相对落后造成的贬值，A项不符合题意；经济性贬值是由于外部环境变化引起的贬值，C项不符合题意；泡沫经济不能用于分析抵押物价值的变动趋势，D项不符合题意。

例题12 下列关于抵押人转让抵押物的说法，正确的是( )。(单项选择题)

A.抵押人在抵押期间全部转让抵押物的，无须经过商业银行便可办理

B.抵押人全部转让抵押物时，具有独立的定价权

C.抵押人全部转让抵押物所得的价款，应优先用于向商业银行提前偿还所担保的债权或存入商业银行

D.抵押人部分转让抵押物的，应保持剩余贷款抵押物价值不高于规定的抵押率

答案 C

解析 抵押人转让抵押物所得的价款，应当向银行提前清偿所担保的债权，超过债权数额的部分，归抵押人所有，不足部分由债务人清偿。同时，抵押权不得与其担保的债权分离而单独转让或者作为其他债权的担保。

考点8 贷款抵押风险分析

为避免抵押合同无效造成贷款风险，银行抵押贷款首先要做好风险分析工作，只有详备的风险分析加上完备的风险防范才能真正保证贷款抵押的安全性。

1.贷款抵押风险分析

风险点如表8.4所示。

表8.4　贷款抵押风险

风险点	具体的内容
抵押物虚假或严重不实	抵押权建立的前提是抵押物必须实际存在，且抵押人对此拥有完全的所有权。客观上由于所有权的确定是项较复杂、政策性很强，又可能涉及多个部门的事情，存在一些漏洞，给一些蓄意骗取银行贷款的不法分子可乘之机
未办理有关登记手续	我国《担保法》规定了在法律规定一定范围内的财产抵押时，双方当事人不但要签订抵押合同，而且要办理抵押物登记，否则抵押合同无效。实践中，有可能发生未办理抵押登记的情况，甚至作了假登记
将共有财产抵押而未经共有人同意	共有财产是指两人以上对同一财产享有所有权。对以共有财产抵押的，按照共有财产共同处分的原则，应该经得各共有人的同意才能设立，否则抵押无效
以第三方的财产作抵押而未经财产所有人同意	未经所有权人同意就擅自抵押的，不但抵押关系无效，而且构成侵权。所以，以第三方的财产作为抵押，必须经得第三方同意，并办理有关法律手续，方能有效
资产评估不真实，导致抵押物不足值	抵押物价值是随着市场行情变化，相对不确定，但借款人往往为了多贷款，利用各种手段尽量争取将抵押物价值抬高，而一些中介评估机构不规范竞争，造成目前资产评估不真实的情况大量存在，使抵押物不足值成为抵押贷款的重要风险点
未抵押有效证件或抵押的证件不齐	抵押中的财产一般都由抵押人控制，如果抵押权人未控制抵押物的有效证件，抵押的财产就有可能失控，就可能造成同一抵押物的多头抵押和重复抵押。如某公司用汽车营运车牌抵押，在A银行抵押时只在有关部门作了抵押登记，之后又在B银行以将车牌交其保管的方式质押，重复抵押行为给银行贷款带来风险
因主合同无效，导致抵押关系无效	抵押权的发生与存在须以一定债权关系的发生与存在为前提和基础。故抵押权是一种从权利。主合同无效，从合同也无效。贷款主合同无效，多见于贷款合同附条件生效，但生效条件不具备，或贷款违背了有关法律规定，或贷款超出经营范围等
抵押物价值贬损或难以变现	如果抵押人以易损耗的机器或交通运输工具作抵押，抵押物易受损失，且价值贬值快，从而使贷款难以获得有效的保障。对于专用机器设备等抵押物，由于变现能力差，不易流转，也难以实现抵押价值

2. 贷款抵押的风险防范

为了有效规避上述可能出现的风险点，需要有相应的防范措施，具体如表8.5所示：

表8.5　风险防范措施

防范措施	具体内容
对抵押物进行严格审查	首先要确保抵押物的真实性，这要求信贷人员认真审查有关权利凭证，对于房地产抵押的，要对房地产进行实地核查；其次确保抵押物的合法性，这要求信贷人员严格依照相关法律审查抵押物，防止法律禁止抵押的财产用于抵押。最后认真查验抵押物的权属，确保抵押物的有效性。信贷人员在核查抵押物的权属时一定要认真仔细，特别要注意以下情况：用合伙企业财产抵押时，必须经全体合伙人同意并共同出具抵押声明
对抵押物的价值进行准确评估	这是保证抵押物足值的关键。在实际操作中，银行一般要求抵押企业提供商业评估机构出具的评估报告，并根据评估价值打折扣后确定贷款额。这就要求银行认真审查评估报告的真实性和准确性，防止评估价值中掺有水分。贷款一旦发放后，银行应按照一定的时间频率对抵押物价值进行评估。可见，抵押物价值评估是一项经常性的工作
做好抵押物登记工作，确保抵押关系的效力	需依法登记的抵押物，抵押合同自登记之日起生效。这些财产包括房地产、林木、航空器、船舶、车辆以及企业的设备和其他动产。法律规定自登记之日起生效的合同，必须办理抵押登记，否则合同就无效。因此，银行在办理抵押贷款时，对法律规定需登记的合同，必须切实做好登记工作，以确保抵押关系的合法有效

(续表)

防范措施	具体内容
抵押合同期限应覆盖贷款合同期限	抵押期限应等于或大于贷款期限，凡变更贷款主合同的，一定要注意新贷款合同与原贷款抵押合同期限的差异，不能覆盖贷款合同期限的要重新签订抵押合同

例题13 为避免抵押合同无效造成贷款风险，银行抵押贷款首先要做好(　　)，才能真正保证贷款抵押的安全性。(单项选择题)

A. 风险防范　　　　　B. 风险管理　　　　　C. 风险分析　　　　　D. 风险监督

答案　C

解析　C项为银行抵押贷款的首要工作，为正确选项。

例题14　抵押期限应(　　)贷款期限，凡变更贷款主合同的，一定要注意新贷款合同与原贷款抵押合同期限的差异，不能覆盖贷款合同期限的要重新签订抵押合同。(单项选择题)

A. 大于　　　　　　　B. 小于　　　　　　　C. 等于　　　　　　　D. 大于或等于

答案　D

解析　抵押期限应等于或大于贷款期限。

例题15　防范贷款抵押风险的措施主要包括(　　)。(单项选择题)

A. 严格审查抵押物的真实性、合法性和权属

B. 准确评估抵押物价值

C. 做好抵押登记，确保抵押关系效力

D. 确保抵押合同期限覆盖贷款合同期限

E. 将抵押物留置

答案　ABCD

解析　防范贷款抵押风险的主要措施有：①对抵押物进行严格审查；②对抵押物价值进行准确评估；③做好抵押物登记工作，确保抵押关系效力；④抵押合同期限应覆盖贷款合同期限。

第4节　贷款质押

质押是贷款担保方式之一，它是债权人所享有的通过占有由债务人或第三人移交的质物而使其债权优先受偿的权利。设立质权的人，称为出质人；享有质权的人，称为质权人；债务人或者第三人移交给债权人的动产或权利为质物。以质物作担保所发放的贷款为质押贷款。质押担保的范围包括主债权及利息、违约金、损害赔偿金、质物保管费用和实现质权的费用。

考点9　质押与抵押的区别

质押与抵押虽都是物的担保的重要形式，本质上都属于物权担保，但两者毕竟是性质不同的两种担保方式，两者有着重要的区别。具体如表8.6所示：

表8.6　抵押与质押的区别

区别点	具体内容
质权的标的物与抵押权的标的物的范围不同	质权的标的物为动产和财产权利，动产质押形成的质权为典型质权。我国法律未规定不动产质押。抵押权的标的物可以是动产和不动产，以不动产最为常见
标的物的占有权是否发生转移不同	抵押权的设立不转移抵押标的物的占有，而质权的设立必须转移质押标的物的占有。这是质押与抵押最重要的区别
对标的物的保管义务不同	抵押权的设立不交付抵押物的占有，因而抵押权人没有保管标的物的义务，而在质押的场合，质权人对质物则负有善良管理人的注意义务
受偿顺序不同	在质权设立的情况下，一物只能设立一个质押权，因而没有受偿的顺序问题。而一物可设数个抵押权，当数个抵押权并存时，有受偿的先后顺序之分
能否重复设置担保不同	在抵押担保中，抵押物价值大于所担保债权的余额部分，可以再次抵押，即抵押人可以同时或者先后就同一项财产向两个以上的债权人进行抵押。也就是说，法律允许抵押权重复设置。而在质押担保中，由于质押合同是从质物移交给质权人占有之日起生效，因此在实际中不可能存在同一质物上重复设置质权的现象
对标的物孳息的收取权不同	在抵押期间，不论抵押物所生的是天然孳息还是法定孳息，均由抵押人收取，抵押权人无权收取。只有在债务履行期间届满，债务人不履行债务致使抵押物被法院依法扣押的情况下，自扣押之日起，抵押权人才有权收取孳息。在质押期间，质权人依法有权收取质物所生的天然孳息和法定孳息

例题16　在抵押期间，不论抵押物所生的是天然孳息还是法定孳息，均由(　　)收取。(单项选择题)

A. 抵押权人　　　　　B. 质押人　　　　　C. 银行　　　　　D. 抵押人

答案　D

解析　在抵押期间，不论抵押物所生的是天然孳息还是法定孳息，均由抵押人收取，抵押权人无权收取。

例题17　下列关于质押和抵押的区别说法，不正确的是(　　)。(单项选择题)

A. 质权的标的物为动产和财产权利，动产质押形成的质权为典型质权

B. 抵押权的设立不转移抵押标的物的占有，而质权的设立必须转移质押标的物的占有

C. 质权的设立不交付质物的占有，因而质权人没有保管标的物的义务，而在抵押的场合，抵押权人对抵押物则负有善良管理人的注意义务

D. 在抵押担保中，抵押物价值大于所担保债权的余额部分，可以再次抵押

答案　C

解析　抵押权的设立不交付抵押物的占有，因而抵押权人没有保管标的物的义务，而在质押的场合，质权人对质物则负有善良管理人的注意义务。

考点10　贷款质押的设定条件

贷款质押中质物的占有权原则上应转移给质权人，贷款质押以转移质物占有和权利凭证交付之日起生效或登记之日起生效。质押设定的各环节要求如下。

1. 质押的范围

(1) 商业银行可接受的财产质押

如图8.6所示：

① 出质人所有的、依法有权处分并可移交质权人占有的动产

② 汇票、支票、本票、债券、存款单、仓单、提单

③ 依法可以转让的基金份额、股权

④ 依法可转让的商标专用权、专利权、著作权中的财产权等知识产权

⑤ 依法可以质押的其他权利，包括合同债权、不动产受益权和租赁权、项目特许经营权、应收账款、侵权损害赔偿、保险赔偿金的受益转让权等

图8.6 商业银行可接受的财产质押

(2) 商业银行不可接受的财产质押

如图8.7所示：

① 所有权、使用权不明或有争议的财产

② 法律法规禁止流通的财产或者不可转让的财产

③ 国家机关的财产

④ 依法被查封、扣押、监管的财产

⑤ 租用的财产

⑥ 其他依法不得质押的其他财产

图8.7 商业银行不可接受的财产质押

2. 质押材料

出质人向商业银行申请质押担保，应在提送信贷申请报告的同时，提送出质人提交的《担保意向书》及以下材料。

(1) 质押财产的产权证明文件；

(2) 出质人资格证明；

(3) 出质人须提供有权作出决议的机关做出的关于同意提供质押的文件、决议或其他具有同等法律效力的文件或证明(包括但不限于授权委托书、股东会决议、董事会决议)。

(4) 财产共有人出具的同意出质的文件。

3. 质物的合法性

(1) 出质人对质物、质押权利占有的合法性

出质人对质物、质押权利占有的合法性，如图8.8所示：

① 用动产出质的，应通过审查动产购置发票、财务账簿，确认其是否为出质人所有

② 用权利出质的，应核对权利凭证上的所有人与出质人是否为同一人。如果不是，则要求出示取得权利凭证的合法证明，如判决书或他人同意授权质押的书面证明

③ 审查质押的设定是否已由出质人有权决议的机关作出决议

④ 如质押财产为共有财产，出质是否经全体共有人同意

图8.8 出质人对质物、质押权利占有的合法性

(2) 质物、质押权利的合法性

4. 质押价值、质押率的确定

(1) 质押价值的确定

① 对于有明确市场价格的质押品，如国债、上市公司流通股票、存款单、银行承兑汇票等，其公允价值即为该质押品的市场价格。

② 对于没有明确市场价格的质押品，如上市公司法人股权等。

(2) 质押率的确定

① 信贷人员应根据质押财产的价值和质押财产价值的变动因素，科学地确定质押率。

② 确定质押率的依据主要有：

● 质物的适用性、变现能力。对变现能力较差的质押财产应适当降低质押率。

● 质物、质押权利价值的变动趋势。一般可从质物的实体性贬值、功能性贬值及质押权利的经济性贬值或增值3方面进行分析。

5. 质押的效力

质押的效力主要涉及以下两个方面的内容：

① 债权人有权依照法律规定以该质押财产折价或者以拍卖、变卖该财产的价款优先受偿。

② 质押担保的范围。质押担保的范围包括主债权及利息、违约金、损害赔偿金、质物保管费用和实现质权的费用。当事人另有约定的，按照约定执行。

例题18 商业银行不可接受的财产质押为( )。(单项选择题)

A. 出质人所有的、依法有权处分的机器、交通运输工具和其他动产

B. 依法可以转让的基金份额、股权

C. 依法可以转让的商标专用权、专利权、著作中的财产权等知识产权

D. 租用的财产

答案 D

解析 商业银行不可接受的财产包括租用的财产。

例题19 关于质押率的确定，说法错误的是( )。(单项选择题)

A. 应根据质押财产的价值和质押财产价值的变动因素，科学地确定质押率

B. 确定质押率的依据主要有质物的适用性、变现能力

C. 质物、质押权利价值的变动趋势可从质物的实体性贬值、功能性贬值及质押权利的经济性贬值

或增值3方面进行分析

  D. 对变现能力较差的质押财产应适当提高质押率

  答案 D

  解析 信贷业务人员确定质押率的依据之一，就是对变现能力较差的质押财产应适当降低质押率。

考点11 贷款质押风险

  质押贷款中，银行在放款时占主动权，处理质押物手续较为简单。质物具有价值稳定性好、银行可控制性强、易于直接变现处理用于抵债的特点，因此它是银行最愿意受理的担保贷款方式。

1. 贷款质押风险分析

  目前银行办理的质押贷款在业务中主要有如下风险，如表8.7所示：

表8.7 贷款质押风险分析

风险	风险具体内容
虚假质押风险	虚假质押风险是贷款质押的最主要风险因素。例如，不法企业用变造或伪造的银行定期存单到银行骗取贷款，另外也有的到甲银行先存一笔款取得真存单，到乙银行取得质押贷款后，回头又到甲银行挂失原存单取走存款。目前各家银行对此内部都作了严格的规定，只有本银行系统的存单才可用于在本行作质押贷款。但是仍应注意的是，即使是同银行系统的存单，如果借款申请人提供的是同城不同机构，或是异地的本行系统机构的存单，仍应加以核实并通知办理质押手续方能予以贷款
司法风险	银行如果让质押存款的资金存放在借款人在本行的活期存款账户上，是有司法风险的。如果借款人与其他债权人有经济纠纷，司法部门凭生效的法律文书来银行冻结或扣划存款，发放质押贷款的银行是难以对抗的。为规避这种风险，银行须将质押资金转为定期存单单独保管，或者采取更为妥当的方式，将其转入银行名下的保证金账户
汇率风险	当外币有升值趋势，或外币利率相对高于人民币利率时，常常会发生企业以外币质押向银行借人民币的情况。银行这时在办理质押贷款时，应注意质押外币与人民币的汇率变动风险，如果人民币升值，质押的外币金额已不足以覆盖它了，质押贷款金额将出现风险敞口。因此，在汇率变动频繁的时期，确定质押比例要十分慎重，应该要求以有升值趋势的可兑换货币质押
操作风险	对于质押贷款业务，银行内部如果管理不当，制度不健全也容易出问题。主要是对质物的保管不当，例如质物没有登记、交换、保管手续，造成丢失；对用于质押的存款没有办理内部冻结看管手续等

2. 贷款质押风险防范

  防范质押操作风险，银行首先必须确认质物是否需要登记；其次，按规定办理质物出质登记，并收齐质物的有效权利凭证，同时与质物出质登记、管理机构和出质人签订三方协议，约定保全银行债权的承诺和监管措施；最后，银行要将质押证件作为重要有价单证归类保管，一般不应出借。如要出借，必须严格审查出质人借出是否合理，有无欺诈嫌疑；借出的质物，能背书的要注明"此权利凭证(财产)已质押在×银行，×年×月×日前不得撤销此质押"，或者以书面形式通知登记部门或托管方"×质押凭证已从银行借出仅作×用途使用，不得撤销原质权"，并取得其书面收据以作证明。

  例题20 银行防范质物的价值风险，应要求质物经过有行业资格且资信良好的评估公司做价值认定，选择( )的动产或权利作为质物，谨慎地接受股票、权证等价值变化较大的质物。(单项选择题)

  A. 价值高   B. 价值低   C. 价格高   D. 价值稳定

答案 D

解析 银行防范质物的价值风险,应要求质物经过有行业资格且资信良好的评估公司或专业质量检测、物价管理部门做价值认定,再确定一个有利于银行的质押率;选择价值相对稳定的动产或权利作为质物,谨慎地接受股票、权证等价值变化较大的质物。

第5节 同步强化训练

一、单项选择题

1. 下列关于质押率的说法,不正确的是( )。

A. 质押率的确定要考虑质押财产的价值和质押财产价值的变动因素

B. 质押率的确定要考虑质物、质押权利价值的变动趋势

C. 质押权利价值可能出现增值

D. 对于变现能力较差的质押财产,应适当提高质押率

2. 在贷款质押业务的风险中,最主要的风险因素是( )。

A. 虚假质押风险　　　　B. 司法风险　　　　C. 汇率风险　　　　D. 操作风险

3. 下列关于防范质押操作风险的说法,不正确的是( )。

A. 银行应当确认质物是否需要登记

B. 银行应收齐质物的有效权利凭证

C. 银行应当与质物出质登记、管理机构和出质人签订三方协议,约定保全银行债权的承诺和监管措施

D. 银行借出质押证件时,应书面通知登记部门或托管方撤销质押

4. 保证合同不能为( )。

A. 书面形式　　　　B. 口头形式　　　　C. 信函、传真　　　　D. 主合同中的担保条款

5. 下列关于质押的说法,不正确的是( )。

A. 质押是债权人所享有的通过占有由债务人或第三人移交的质物而使其债权优先受偿的权利

B. 设立质权的人称为质权人

C. 质押担保的范围包括质物保管费用

D. 以质物做担保所发放的贷款为质押贷款

6. 对于抵押物的存货估价,应当是评估存货的( )。

A. 现值　　　　B. 购买成本　　　　C. 生产成本　　　　D. 历史价值

7. 由于使用磨损和自然损耗造成的抵押物贬值是( )贬值。

A. 功能性　　　　B. 实体性　　　　C. 经济性　　　　D. 泡沫

8. 某抵押物市场价值为15万元,其评估值为10万元,抵押贷款率为60%,则抵押贷款额为( )万元。

A. 12.6　　　　B. 9　　　　C. 8.6　　　　D. 6

9. 下列质押品中,不能用其市场价格作为公允价值的是( )。

A. 国债　　　　B. 银行承兑汇票　　　　C. 上市公司流通股　　　　D. 上市公司限售股

10. 下列关于担保中留置的说法，正确的是( )。

A. 留置财产只能是不动产

B. 留置财产可以是动产，也可以是不动产

C. 留置权人不占有留置财产

D. 当债务人到期未履行债务时，留置权人有权就留置财产优先受偿

11. 抵押物由于技术相对落后发生的贬值称为( )。

A. 实体性贬值　　　　　B. 功能性贬值　　　　　C. 经济性贬值　　　　　D. 科技性贬值

12. 下列主体可作为保证人的是( )。

A. 8岁的小明　　　　　　　　　　　　　B. 65岁无经济来源的老王

C. 某医院　　　　　　　　　　　　　　　D. 有母公司书面授权可作为保证人的某子公司

13. 质押与抵押最重要的区别为( )。

A. 抵押权可重复设置，质权不可

B. 抵押权不转移标的占有，质权必须转移标的占有

C. 抵押权人无保管标的义务，质权人负有善良管理人注意义务

D. 抵押权标的为动产和不动产，质权标的是动产和财产权利

14. 抵押贷款中，在认定抵押物时，除核对抵押物的所有权，还应验证董事会或职工代表大会同意证明的企业形式为( )。

A. 国有企业　　　　　　　　　　　　　B. 实行租赁经营责任制的企业

C. 集体所有制企业或股份制企业　　　　D. 法人企业

15. 关于保证，下列说法正确的是( )。

A. 银行与借款人协商变更借款合同时，可不告知保证人

B. 未经保证人同意，展期后的贷款保证人可不承担保证责任

C. 事前如有约定的，银行对借款人有关合同的修改可不通知保证人

D. 银行对借款合同的修改都应取得保证人口头或书面意见

16. 下列关于抵押物认定的说法，错误的是( )。

A. 只有为抵押人所有或有权支配的财产才能作为贷款担保的抵押物

B. 银行对选定的抵押物要逐项验证产权

C. 对国有企业，应核对抵押物的所有权

D. 用其有财产作抵押时，应取得共有人同意抵押的证明，以整个财产为限

17. 1996年，在国家的大力提倡下，企业纷纷放弃含氟冰箱的研制生产，从而导致生产该冰箱的设备使用率极低，价值也大大降低，这是一种( )。

A. 实体性贬值　　　　　B. 功能性贬值　　　　　C. 经济性贬值　　　　　D. 科技性贬值

18. 下列关于贷款担保作用的说法，错误的是( )。

A. 协调稳定商品流转秩序，维护国民经济健康运行

B. 降低银行存款风险，提高资金使用效率

C. 促进企业加强管理，改善经营管理状况

D. 巩固和发展信用关系

二、多项选择题

1. 下列可以作为保证人的有( )。

A. 金融机构　　　　　　　　　　　　B. 从事经营活动的企业法人

C. 经企业法人书面授权的分支机构　　D. 自然人

E. 以公益为目的的事业单位

2. 贷款保证存在的主要风险因素有( )。

A. 保证人不具备担保能力　　　　B. 虚假担保人　　　C. 公司互保

D. 保证手续不完备　　　　　　　E. 超过诉讼时效

3. 下列关于质物、质押权利合法性的说法，正确的有( )。

A. 所有权、使用权不明或有争议的动产，法律规定禁止流通的动产不得作为质物

B. 凡出质人以权利凭证出质的，必须对出质人提交的权利凭证的真实性、合法性和有效性进行确认

C. 凡发现质押权利凭证有伪造、变造迹象的，应重新确认

D. 以海关监管期内的动产做质押的，需由负责监管的海关出具同意质押的证明文件

E. 非流通股可设定质押

4. 公司以没有明确市场价格的质押股权进行质押的，应当在( )中选择较低者为质押品的公允价值。

A. 质押品的可变现净值

B. 公司最近一期经审计的财务报告或税务机关认可的财务报告中所写明的质押品的净资产价格

C. 质押品所担保的债务的价值

D. 以公司最近的财务报告为基础，测算公司未来现金流入量的现值所估算的质押品的价值

E. 如果处于重组、并购等股权变动过程中，以交易双方最新的谈判价格为参考所确定的质押品的价值

5. 商业银行可接受的质押财产包括( )。

A. 出质人所有的、依法有权处分的机器　B. 汇票

C. 依法可以转让的基金份额、股权　　　D. 依法可以转让的专利权

E. 依法可以质押的特许经营权

6. 贷款抵押的风险防范措施包括( )。

A. 对抵押物进行严格审查　　　　　　B. 对抵押物的价值进行准确评估

C. 做好抵押物登记工作，确保抵押关系的效力　D. 贷款合同期限应覆盖抵押合同期限

E. 根据评估价值打折扣后确定贷款额重

7. 抵押合同的内容包括( )。

A. 被担保的主债权种类、数额　　　　B. 债务人履行债务的期限

C. 抵押物的所有权归属或者使用权归属　D. 抵押担保的范围

E. 抵押物的名称、数量

8. 抵押担保的范围包括( )，或按抵押合同规定执行。

A. 主债权　　　　　B. 主债权的利息　　　C. 违约金

D. 损害赔偿金　　　E. 实现抵押权的费用

9. 下列属于财产担保的有( )担保。

A. 房产　　　　　　B. 企业保证　　　　　C. 股票

D. 债券　　　　　　　　　　E. 保险单

10. 中外合资、合作企业的企业法人提供的保证，需要提供(　　)。

A. 董事会出具的同意担保的决议

B. 董事会出具的授权书

C. 董事会成员签字的样本

D. 中国注册会计师事务所出具的验资报告或出资证明

E. 外资方所在国注册会计事务所出具的验资报告或出资证明

11. 银行一般不能向借款人提供与抵押物等价的贷款，其原因包括(　　)。

A. 抵押物在抵押期间可能会出现损耗　　　　B. 抵押物在抵押期间可能会出现贬值

C. 在处理抵押物期间可能会发生费用　　　　D. 贷款有利息　　　　E. 逾期有罚息

12. 贷款担保的作用主要包括(　　)。

A. 巩固和发展信用关系

B. 促进借款人加强管理，改善经营管理状况

C. 降低银行贷款风险，提高信贷资金使用效率

D. 加强担保人与银行的业务合作，使得担保人未来更可能获得银行信贷

E. 协调和稳定商品流转秩序，使国民经济健康运行

13. 下列措施中，可防范质押操作风险的有(　　)。

A. 谨慎验收权证质物

B. 质物出质登记

C. 与质物出质登记、管理机构和出质人签订三方协议

D. 将质押证件作为重要有价单证归类保管

E. 出借质押证件

14. 下列质押品中，其市场价格可作为抵押公允价值的有(　　)。

A. 国债　　　　　　　　B. 存款单　　　　　　　　C. 银行承兑汇票

D. 上市公司流通股票　　　　　　　　E. 上市公司法人股权

15. 商业银行可接受的财产质押有(　　)。

A. 出质人所有的或有处分权的机器设备　　　　B. 汇票　　　　　　　　C. 字画

D. 国家机关的财产　　　　　　　　E. 依法可转让的基金份额

16. 在抵押期间，银行若发现抵押人对抵押物使用不当或保管不善，足以使抵押物价值减少，或已使抵押物价值减少时，其拥有的权利包括(　　)。

A. 要求抵押人停止其行为

B. 要求抵押人恢复抵押物价值

C. 提供与减少的价值相等的担保

D. 只能在抵押人因损害而得到赔偿范围内要求提供担保

E. 只能要求抵押物未减少的部分作为债权的担保

17. 票据背书连续性的内容包括(　　)。

A. 每一次背书记载事项、各类签章完整齐全

B. 每一次背书不得附有条件

C. 各背书相互衔接

D. 办理了质押权背书手续，并记明"担保"字样

E. 票据依法可流通

18. 下列财产中不得抵押的有( )。

A. 土地所有权

B. 抵押人所有的房屋和其他地上定着物

C. 耕地、宅基地、自留地、自留山

D. 学校、幼儿园、医院的教育设施、医疗卫生设施

E. 抵押人依法承包并经发包方同意抵押的荒山、荒沟、荒滩等荒地

19. 订立保证合同时，最高贷款限额包括( )。

A. 最高贷款累计额　　　　B. 最高贷款额　　　　C. 贷款余额

D. 法定的数额　　　　　　E. 单笔贷款限额

三、判断题

1. 如果一笔保证贷款逾期时间超过6个月，在此期间借款人未曾归还贷款本息，而贷款银行又未采取其他措施，致使诉讼时效中断，那么贷款丧失胜诉权。( )

2. 政府可要求银行为他人提供担保。( )

3. 银行应将质押存款的资金放在借款人在本行的活期存款账户中。( )

4. 贷款质押中质物的占有权原则上应转移给质权人，贷款质押于质物占有和权利凭证支付之日起生效或登记之日起生效。( )

5. 法律规定自登记之日起生效的合同，必须办理抵押登记，否则合同无效。( )

6. 对以机器设备作为抵押物的，在估价时不得扣除折旧。( )

7. 在贷款抵押中，财产占有权发生转移。( )

8. 质物保管费用和实现质权的费用不属于质押担保范围。( )

9. 保证人保证限额是指根据客户信用评级办法测算出来的保证人信用风险限额。( )

10. 保证合同是主合同的从合同。( )

11. 同一财产只能设立一个抵押权，但可设数个质权。( )

12. 抵押物适用性越强，变现能力越强，适用的抵押率越低。( )

13. 保证就是由任意第三人担保债务人履行债务的一种担保制度。( )

14. 财产用于抵押后，其价值大于所担保债权的余额部分不可再次抵押。( )

15. 在保证中，核保必须双人同去。( )

16. 债权人有权收取质物的孳息，孳息应当首先冲抵收取孳息的费用。( )

17. 医院、学校等以公益为目的的事业单位、社会团体提供保证的保证合同无效。( )

18. 在抵押担保中，若债务人按期偿还债务，则债权人无权出售抵押品。( )

19. 土地所有权可以用于抵押。( )

答案与解析

一、单项选择题

1. 答案与解析 D

对变现能力较差的，抵押率应适当降低。

2. 答案与解析 A

虚假质押风险是贷款质押的最主要风险因素。

3. 答案与解析 D

银行借出质押证件时，应书面通知登记部门或托管方不得撤销质押。

4. 答案与解析 B

保证合同不能为口头形式。

5. 答案与解析 B

设立质权的人，称为出质人；享有质权的人，称为质权人。

6. 答案与解析 A

抵押物的估价是评估抵押物的现值。银行对抵押物的价值都要进行评估。

7. 答案与解析 B

实体性贬值，即由于使用磨损和自然损耗造成的贬值。

8. 答案与解析 D

抵押贷款额＝抵押物评估值×抵押贷款率，即抵押贷款额=10(万元)×60%=6(万元)。

9. 答案与解析 D

对于有明确市场价格的质押品，如国债、上市公司流通股票、存款单、银行承兑汇票等，其公允价值即为该质押品的市场价格。

10. 答案与解析 D

留置是指债权人按照合同约定占有债务人的动产，债务人不按照合同约定的期限履行债务的，债权人有权按照规定留置该财产，以该财产折价或者以拍卖、变卖该财产的价款优先受偿。

11. 答案与解析 B

功能性贬值，即由于技术相对落后造成的贬值。

12. 答案与解析 D

作为保证人必须是具有民事行为能力的人，只有具有行为能力的人所从事的法律行为才有效；其次是保证人必须具有代为履行主债务的资力。

13. 答案与解析 B

可参照考点9的内容。

14. 答案与解析 C

集体所有制企业和股份制企业用其财产作抵押时，除应该核对抵押物所有权外，还应验证董事会或职工代表大会同意的证明。

15. 答案与解析　B

办理贷款展期手续时，未经保证人同意，展期后的贷款，保证人不承担保证责任。

16. 答案与解析　D

用共有财产作抵押时，应取得共有人同意抵押的证明，并以抵押人所有的份额为限。

17. 答案与解析　C

经济性贬值，即由于外部环境变化引起的贬值或增值。

18. 答案与解析　B

可参照考点2的内容。

二、多项选择题

1. 答案与解析　ABCD

作为保证人必须是具有民事行为能力的人，只有具有行为能力的人所从事的法律行为才有效；其次是保证人必须具有代为履行主债务的资力。

2. 答案与解析　ABCDE

5个选项均符合题意。

3. 答案与解析　ABCD

可参照考点10"3. 质物的合法性"内容。

4. 答案与解析　BDE

可参照考点10"4. 质押价值、质押率的确定"内容。

5. 答案与解析　ABCDE

5个选项均符合题意。

6. 答案与解析　ABCE

可参照考点8"2. 贷款抵押的风险防范"内容。

7. 答案与解析　ABCDE

5个选项均符合题意。

8. 答案与解析　ABCDE

5个选项均符合题意。

9. 答案与解析　ACDE

财产担保又分为不动产、动产和权利财产(如股票、债券、保险单等)担保。

10. 答案与解析　ABCD

中外合资、合作企业的企业法人提供的保证，需要提交董事会出具的同意招保的决议及授权书，董事会成员签字的样本，同时提供由中国注册会计师事务所出具的验资报告或出资证明。

11. 答案与解析　ABCDE

5个选项均符合题意。

12. 答案与解析 ABCE

可参照考点2的内容。

13. 答案与解析 ABCD

可参照考点11"2. 贷款质押风险防范"内容。

14. 答案与解析 ABCD

对于有明确市场价格的质押品，如国债、上市公司流通股票、存款单、银行承兑汇票等，其公允价值即为该质押品的市场价格。

15. 答案与解析 ABE

可参照考点10"1. 质押的范围"的内容。

16. 答案与解析 ABC

可参照考点7"3. 抵押的效力"的内容。

17. 答案与解析 ABC

可参照考点10"3. 质物的合法性"内容。

18. 答案与解析 ACD

可参照考点7"1. 抵押的范围"的内容。

19. 答案与解析 AC

最高贷款限额包括贷款余额和最高贷款累计额，在签订保证合同时需加以明确，以免因理解不同发生纠纷。

三、判断题

1. 答案与解析 ×

就一笔保证贷款而言，如果逾期时间超过2年，2年期间借款人未曾归还贷款本息，而贷款银行又未采取其他措施使诉讼时效中断，那么该笔贷款诉讼时效期间已超过，将丧失胜诉权。

2. 答案与解析 ×

《担保法》规定禁止政府及其所属部门要求银行等金融机构或者企业为他人提供担保，并进一步规定银行等金融机构或企业对政府及其所属部门要求其为他人提供保证的行为，有权予以拒绝。

3. 答案与解析 ×

银行如果让质押存款的资金存放在借款人在本行的活期存款账户上，是有司法风险的。

4. 答案与解析 √

贷款质押中质物的占有权原则上应转移给质权人，贷款质押于质物占有和权利凭证支付之日起生效或登记之日起生效。

5. 答案与解析 √

法律规定自登记之日起生效的合同，必须办理抵押登记，否则合同无效。

6. 答案与解析 ×

对于机器设备的估价，主要考虑的因素是无形损耗和折旧，估价时应扣除折旧。

7. 答案与解析　×

抵押是指借款人或第三人在不转移财产占有权的情况下，将财产作为债权的担保，银行持有抵押财产的担保权益，当借款人不履行借款合同时，银行有权以该财产折价或者以拍卖、变卖该财产的价款优先受偿。

8. 答案与解析　×

质押担保的范围包括主债权及利息、违约金、损害赔偿金、质物保管费用和实现质权的费用。

9. 答案与解析　×

保证人保证限额，是指根据客户信用评级办法测算出的保证人信用风险限额减去保证人对商业银行的负债(包括或有负债)得出的数值。

10. 答案与解析　√

保证合同是主合同的从合同。

11. 答案与解析　×

可参照考点8"1. 贷款抵押风险分析"内容。

12. 答案与解析　√

抵押物适用性越强，变现能力越强，适用的抵押率越低。

13. 答案与解析　×

保证就是债权债务关系当事人以外的第三人担保债务人履行债务的一种担保制度。

14. 答案与解析　×

抵押人所担保的债权不得超出其抵押物的价值。财产抵押后，该财产的价值大于所担保债权的余额部分，可以再次抵押，但不得超出其余额部分。

15. 答案与解析　√

在保证中，核保必须双人同去。

16. 答案与解析　√

债权人有权收取质物的孳息，孳息应当首先冲抵收取孳息的费用。

17. 答案与解析　√

医院、学校等以公益为目的的事业单位、社会团体提供保证的保证合同无效。

18. 答案与解析　√

在抵押担保中，若债务人按期偿还债务，则债权人无权出售抵押品。

19. 答案与解析　×

土地所有权不可以用于抵押。

第9章

贷款审批

贷款审批是商业银行信贷业务全流程的决策环节，是信贷业务执行实施的前提与依据。广义的贷款审批涵盖了贷款审查和贷款审批的过程，包括商业银行贷款业务的方案设计、选择和决策等阶段，其目标是把借款风险控制在银行可接受的范围之内，力求避免不符合贷款要求和可能导致不良贷款的信贷行为。

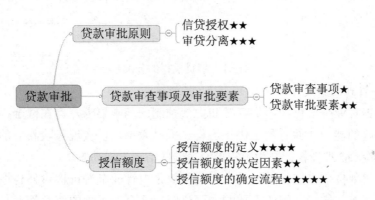

第1节　贷款审批原则

考点1　信贷授权

1. 信贷授权的含义

(1) 信贷授权的定义

信贷授权是指银行业金融机构对其所属业务职能部门、分支机构和关键业务岗位开展授信业务权限的具体规定。这里的信贷包括贷款、贴现、透支、保理、承兑、担保、信用证、信贷证明等银行业金融机构表内外授信业务。

(2) 信贷授权的分类

信贷授权大致可分为以下3种类型，如图9.1所示：

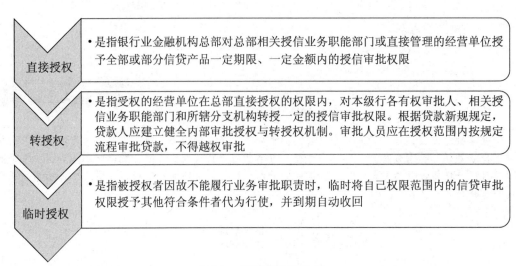

图9.1　信贷授权的分类

(3) 信贷授权管理的意义

信贷授权是银行业金融机构信贷管理和内部控制的基本要求，旨在健全内部控制体系，增强防范和控制风险的能力，并有利于优化流程、提高效率，以实现风险收益的最优化。集中管理是为了控制风险，合理授权则是为了在控制风险的前提下提高效率。

对内授权与对外授信密切相关。对内合理授权是银行业金融机构对外合格授信的前提和基础。授信授权对于有效实行一级法人体制，强化银行业金融机构的统一管理与内部控制，增强银行业金融机构防范和控制风险的能力都有重要意义。

2. 信贷授权的原则与方法

在银行业金融机构的实际操作中，信贷授权的操作规程主要包括以下内容。

(1) 信贷授权应遵循的基本原则(如图9.2)

图9.2　信贷授权应遵循的基本原则

(2) 信贷授权确定的方法

银行业金融机构对业务职能部门和分支机构的信贷授权，原则上应根据其风险管理水平、资产质量、所处地区的经济环境、主要负责人的信贷从业经验等因素，设置一定的权重，采用风险指标量化评定的方法合理确定。此外，在确定信贷授权时，还应适当考虑公司信贷、小企业信贷、个人信贷的业务特点。

(3) 信贷授权的方式

① 信贷授权的载体

② 信贷授权的形式

常用的授权形式有以下几种，如表9.1所示。

表9.1 常用的信贷授权形式

分类标准	类别
按受权人划分	信贷授权可授予总部授信业务审批部门及其派出机构、分支机构负责人或独立授信审批人等
按授信品种划分	可按风险高低进行授权，如对固定资产贷款、并购贷款、流动资金贷款等品种给予不同的权限
按行业进行授权	根据银行信贷行业投向政策，对不同的行业分别授予不同的权限。如对产能过剩行业、高耗能、高污染行业应适当上收审批权限
按客户风险评级授权	根据银行信用评级政策，对不同信用等级的客户分别授予不同的权限
按担保方式授权	根据担保对风险的缓释作用，对采用不同担保方式的授信业务分别授予不同的权限，如对全额保证金业务、存单(国债)质押业务等分别给予不同的审批权限

例题1 信贷授权不包括( )。(单项选择题)

A. 直接授权   B. 转授权   C. 临时授权   D. 无限期授权

答案 D

解析 信贷授权大致可分为以下3种类型：直接授权、转授权、临时授权。

考点2 审贷分离

银行业金融机构应按照审贷分离原则，由独立于前台业务部门的负责风险评价的部门对不同币种、不同客户对象、不同类型的信用风险进行统一管理。要完善授信决策与审批机制，防止对单一客户、集团客户授信风险的高度集中。

1. 审贷分离的含义

(1) 审贷分离的定义

(2) 审贷分离的意义

2. 审贷分离的一般操作规程

在商业银行的实际操作中，审贷分离的操作规程主要包括以下几个方面。

(1) 审贷分离的形式

形式包括：①岗位分离；②部门分离；③地区分离。

(2) 信贷调查岗与信贷审查岗的职责划分

从各行实际操作看，信贷调查岗和信贷审查岗的职责一般作如下划分。

① 信贷调查岗职责(如图9.3)

| 积极拓展信贷业务，搞好市场调查，优选客户，受理借款人申请 |
| 对借款人申请信贷业务的合法性、安全性、盈利性进行调查 |
| 对客户进行信用等级评价，撰写调查报告，提出贷款的期限、金额、利率(费率)和支付方式等明确意见 |
| 办理核保、抵(质)押登记及其他发放贷款的具体手续 |
| 贷款业务办理后对借款人执行借款合同的情况和经营状况进行检查和管理 |
| 督促借款人按合同约定使用贷款，按时足额归还贷款本息，并负责配合催收风险贷款 |
| 信贷调查岗位人员提交贷前调查报告，并承担调查失误、风险分析失误和贷后管理不力的责任 |

图9.3　信贷调查岗职责

② 信贷审查岗职责(信贷审查岗职责如图9.4)

表面真实性审查	· 对财务报表、商务合同等资料进行表面真实性审查，对明显虚假的资料提出审查意见
完整性审查	· 审查授信资料是否完整有效，包括授信客户贷款卡等信息资料、项目批准文件以及需要提供的其他证明资料等
合规性审查	· 审查借款人、借款用途的合规性，审查授信业务是否符合国家和本行信贷政策投向政策，审查授信客户经营范围是否符合授信要求
合规、合理性审查	· 审查借款行为的合理性，审查贷前调查中使用的信贷材料和信贷结论在逻辑上是否具有合理性
可行性审查	· 审查授信业务主要风险点及风险防范措施、偿债能力、授信安排、授信价格、授信期限、担保能力等，审查授信客户和授信业务风险

图9.4　信贷审查岗职责

(3) 审贷分离实施要点

审贷分离实施要点如图9.5所示。

| 审查人员与借款人原则上不单独直接接触 |
| 审查人员无最终决策权 |
| 审查人员应真正成为信贷专家 |
| 实行集体审议机制 |
| 按程序审批 |

图9.5　审贷分离实施要点

例题2 信贷审查岗职责包括( )。(多项选择题)

A. 表面真实性审查

B. 完整性审查

C. 合规、合理性审查

D. 可行性审查

答案 ABCD

解析 以上4项都属于信贷审查岗职责。

第2节 贷款审查事项及审批要素

考点3 贷款审查事项

1. 贷款审查事项的含义

贷款审查事项是指在贷款审查过程中应特别关注的事项，关注审查事项有助于保证贷款审查的有效性，保证审查结果的合理性。需要注意的是，针对不同的授信品种的风险特点，应关注的重点各有不同，因此，审查事项的基本内容也有所不同。

2. 贷款审查事项的基本内容

在审查审批过程中一般应要求把握以下内容，如图9.6所示：

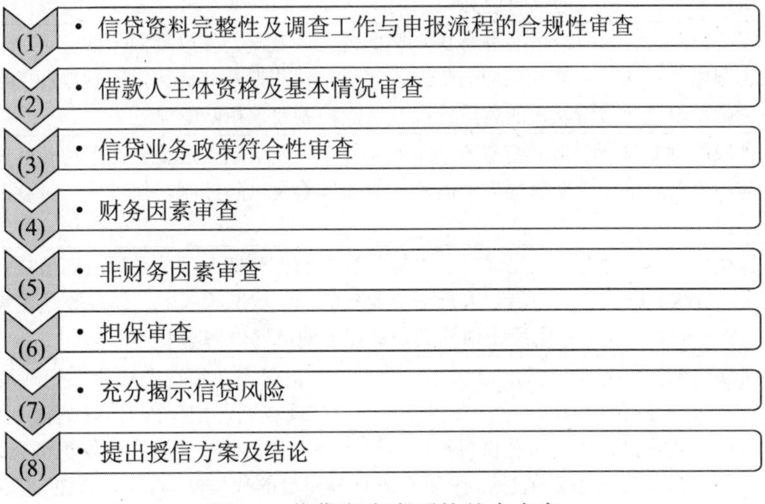

- (1) 信贷资料完整性及调查工作与申报流程的合规性审查
- (2) 借款人主体资格及基本情况审查
- (3) 信贷业务政策符合性审查
- (4) 财务因素审查
- (5) 非财务因素审查
- (6) 担保审查
- (7) 充分揭示信贷风险
- (8) 提出授信方案及结论

图9.6 信贷审查事项的基本内容

考点4 贷款审批要素

1. 贷款审批要素的含义

贷款审批要素广义上是指贷款审批方案中应包含的各项内容，具体包括授信对象、贷款用途、贷款品种、贷款金额、贷款期限、贷款币种、贷款利率、担保方式、发放条件与支付方式、还款计划安排及贷后管理要求等。

2. 主要贷款审批要素的审定要点

主要贷款审批要素的审定要点如表9.2所示。

表9.2　审定要点及内容

审定要点	具体内容
授信对象	审批中应明确给予授信的主体对象。固定资产贷款和流动资金贷款的授信对象是企事业法人或国家规定可以作为借款人的其他组织。项目融资的授信对象是主要为建设、经营该项目或为该项目融资而专门组建的企事业法人，包括主要从事该项目建设、经营或融资的既有企事业法人。个人贷款的授信对象是符合规定条件的自然人
贷款用途	贷款应该有明确、合理的用途。贷款审批人员应该分析授信申报方案所提出的贷款用途是否明确、具体，除了在允许范围内用于债务置换等特定用途的贷款，对于直接用于生产经营的贷款，贷款项下所经营业务应在法规允许的借款人的经营范围内，相关交易协议或合同要落实，如交易对手为借款人的关系人，更应认真甄别交易的真实性，防止借款人虚构商品或资产交易骗取银行贷款。必要时可结合分析借款人财务结构，判断借款人是否存在短借长用等不合理的贷款占用，了解借款人是否存在建设资金未落实的在建或拟建的固定资产建设项目或其他投资需求，防止贷款资金被挪用
授信品种	授信品种首先应与授信用途相匹配，即授信品种的适用范围应涵盖该笔业务具体的贷款用途；其次，应与客户结算方式相匹配，即贷款项下业务交易所采用的结算方式应与授信品种适用范围一致；再次，授信品种还应与客户风险状况相匹配，由于不同授信品种通常具有不同的风险特征，风险相对较高的授信品种通常仅适用于资信水平相对较高的客户；最后，授信品种还应与银行信贷政策相匹配，符合所在银行的信贷政策及管理要求
贷款金额	贷款金额应依据借款人合理资金需求量和承贷能力来确定。流动资金贷款需求量可参考《流动资金贷款管理暂行办法》提供的方法进行测算，固定资产贷款需求量可根据项目经审核确定的总投资、拟定且符合法规要求的资本金比例及其他资金来源构成等加以确定；贷款金额除考虑借款人的合理需求，还应控制在借款人的承贷能力范围内，这样才能确保需求合理，风险可控
贷款期限	贷款期限首先应符合相应授信品种有关期限的规定；其次，贷款期限一般应控制在借款人相应经营的有效期限内；再次，贷款期限应与借款人资产转换周期及其他特定还款来源的到账时间相匹配；最后，贷款期限还应与借款人的风险状况及风险控制要求相匹配
贷款币种	贷款币种应尽可能与贷款项下交易所使用的结算币种及借款人还款来源币种相匹配，并充分考虑贷款币种与还款来源币种错配情况下所面临的相关风险及风险控制。使用外汇贷款的，还需符合国家外汇管理相关规定
贷款利率	首先，贷款利率应符合中国人民银行关于贷款利率的有关规定以及银行内部信贷业务利率的相关规定；其次，贷款利率水平应与借款人及信贷业务的风险状况相匹配，体现收益覆盖风险的原则；最后，贷款利率的确定还应考虑所在地同类信贷业务的市场价格水平
担保方式	首先，所采用的担保方式应满足合法合规性要求，担保人必须符合法律、规则规定的主体资格要求，担保品必须是符合法律规定、真实存在的财产或权利，担保人对其拥有相应的所有权和处置权，且担保行为获得了担保人有权机构的合法审批，并按法规要求在有权机构办理必要的抵(质)押登记；其次，担保应具备足值性，保证人应具备充足的代偿能力，抵(质)押品应足值且易变现；再次，所采用的担保还应具备可控性，银行在担保项下应拥有对借款人、担保人相应的约束力，对保证人或抵(质)押品具有持续监控能力；最后，担保须具备可执行性及易变现性，并考虑可能的执行与变现成本
发放条件	应明确授信发放的前提条件，以作为放款部门放款审查的依据。固定资产贷款和项目融资的发放条件应包括与贷款同比例的资本金已足额到位、项目实际进度与已投资额相匹配等要求。固定资产贷款在发放和支付过程中，借款人出现以下情形的，贷款人应与借款人协商补充贷款发放和支付条件，或根据合同约定停止贷款资金的发放和支付：①信用状况下降；②不按合同约定支付贷款资金；③项目进度落后于资金使用进度；④违反合同约定，以化整为零的方式规避贷款人受托支付
支付要求	应按照按需放款的要求，视情况不同采取受托支付或是自主支付，采取受托支付的，还要明确规定起点金额和支付管理要求
贷后管理要求	可针对借款人及相关授信业务的风险特征，提出相应的贷后管理要求

3. 贷款审批要素管理中需要注意的问题

银行业金融机构审批要素中主要存在以下问题，如图9.7所示。

例题3　主要贷款审批要素的审定要点包括(　　)。(多项选择题)

A. 贷款利息　　　　B. 授信品种　　　　C. 贷款用途　　　　D. 贷款金额

答案　BCD

解析　主要贷款审批要素的审定要点：①授信对象；②贷款用途；③授信品种；④贷款金额；⑤贷款期限；⑥贷款币种；⑦贷款利率；⑧担保方式；⑨发放条件；⑩支付要求；⑪贷后管理要求。

(1) 向未经法人授权的非法人的分公司、未满18周岁的未成年人等不符合贷款主体资格的对象授信

(2) 贷款期限设置与借款人现金流、经营周期或实际需求不匹配，如为逃避上报审批，短贷长用，即以短期流动资金贷款满足项目建设的长期需求

(3) 未按企业规模、还款来源或实际融资需求合理设定授信额度，授信额度与借款人的经营规模或收入水平不匹配

(4) 对部分贷款风险分析不够到位，过分依赖第二还款来源，忽视对客户本身的历史背景、关联交易、经营能力和行业产品的深入分析，对一些违背规章制度、交易背景存疑贷款的决策不够审慎

(5) 对借款人在贷款期间的最低财务指标没有设定。根据《流动资金贷款管理办法》的规定，贷款人应与借款人在借款合同中约定，对于借款人突破约定财务指标的，借款人应承担的违约责任和贷款人可采取的措施。目前，个别银行业金融机构在贷款审批中，对最低财务指标没有约定或约定不明

(6) 贷款用途描述不清、似是而非，发放无指定用途贷款，或者发放个人股权投资性贷款

图9.7　存在的问题

第3节　授信额度

考点5　授信额度的定义

授信额度是指银行在客户授信限额以内，根据客户的还款能力和银行的客户政策最终决定给予客户的授信总额。它是通过银企双方签署的合约形式加以明确的，包括信用证开证额度、提款额度、各类保函额度、承兑汇票额度、现金额度等。授信额度依照每一笔信用贷款、单个公司借款企业、集团公司等方式进行定义和监管。

1. 单笔贷款授信额度

根据贷款结构，单笔贷款授信额度适用于：

① 指定发放的贷款本金额度，一旦经过借贷和还款后，就不能再被重复借贷。

② 被批准于短期贷款、长期循环贷款和其他类型的授信贷款的最高的本金风险敞口额度。

2. 借款企业额度

一段时期内，良好的客户通常会有一笔以上的银行贷款，来对应其不同需求。借款企业的信用额度是指银行授予某个借款企业的所有授信额度的总和。

3. 集团借款企业额度

集团借款额度指授予各个集团成员(包括提供给不同的子公司和分支机构)的授信额度的总和。企业集团的结构和组成通常并不容易识别和理解，企业间复杂的关系有时是故意为了欺骗外部的债权人、税务当局，甚至审计师或产生隐性的资金流。通过一系列并购活动成功扩展为大型企业的几代家族企业通常形成了复杂的组织结构。

考点6　授信额度的决定因素

贷款授信额度是在对以下因素进行评估和考虑的基础上决定的。

(1) 了解并测算借款企业的需求，通过与借款企业进行讨论，对借款原因进行分析。

(2) 客户的还款能力。

(3) 借款企业对借贷金额的需求。

(4) 银行或借款企业的法律或监督条款的限制，以及借款合同条款对公司借贷活动的限制。

(5) 贷款组合管理的限制，例如地域、行业、借贷类型或者由银行高级管理人员为贷款组合所制定的贷款授信额度。

(6) 银行的客户政策，即银行针对客户提出的市场策略，这取决于银行的风险偏好和银行对未来市场的判断，将直接影响客户授信额度的大小。

(7) 关系管理因素，相对于其他银行或债权人，银行愿意提供给借款企业的贷款数额和关系盈利能力。

考点7　授信额度的确定流程

银行信贷部门应按照以下的流程来确定授信额度。

(1) 通过与有潜力信用额度的借款企业的讨论，以及借贷理由分析，分析借款原因和借款需求。

(2) 如果通过评估借款原因，明晰了短期和长期借款存在的理由，在一些情况下，长期贷款的进程可以在这一时点上进行大致的评估，但正确的进程和授信额度只能在完成了客户偿还能力评估后进行确定。

(3) 讨论借款原因和具体需求额度，评估借款企业可能产生的特殊情况。当借款企业有特定需求时，应分析客户需求和借款理由，分析其差异。

(4) 进行信用分析去辨别和评估关键的宏观、行业和商业风险，以及所有影响借款企业的资产转换周期和债务清偿能力的因素。

(5) 进行偿债能力分析，评估满足未来债务清偿所需的现金流量。

(6) 整合所有的授信额度作为借款企业的信用额度，包括现存所有的有效授信额度以及新的正在申请批准的信贷额度，完成最后授信评审并提交审核。

例题4 银行信贷部门应按照( )流程来决定授信额度。(多项选择题)

A. 对借款原因和借款需求进行分析

B. 进行信用分析

C. 进行偿债能力分析

D. 整合所有的授信额度作为借款企业的信用额度

答案 ABCD

解析 以上4项都属于银行信贷部门决定授信额度的流程。

第4节 同步强化训练

1. 在审查审批过程中一般应要求把握以下内容( )。(多项选择题)

A. 信贷资料完整性及调查工作中与申报流程的合规性审查

B. 借款人主体资格及基本情况审查

C. 信贷业务政策符合性审查

D. 财务因素审查

E. 非财务因素审查

F. 担保审查

答案 ABCDEF

解析 以上都属于在审查审批过程中一般应要求把握的内容。

2. 按照监管的方式,授信额度包括( )。(多项选择题)

A. 单笔贷款授信额度   B. 单个借款企业额度

C. 集团借款企业额度   D. 控股公司借款额度

答案 ABC

解析 授信额度按照每一笔贷款、单个借款企业、集团借款企业等方式进行定义和监管。

第10章

贷款合同与发放支付

贷款经批准后，业务人员应当严格落实贷款批复条件，并签署借款合同。借款合同一经签订生效后，受法律保护的借贷关系即告确立，借贷双方均应依据借款合同的约定享有权利和承担义务。

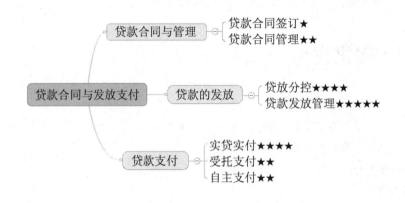

贷款合同与管理 ┬ 贷款合同签订★
　　　　　　　　└ 贷款合同管理★★

贷款合同与发放支付 ── 贷款的发放 ┬ 贷放分控★★★★
　　　　　　　　　　　　　　　　　└ 贷款发放管理★★★★★

贷款支付 ┬ 实贷实付★★★★
　　　　　├ 受托支付★★
　　　　　└ 自主支付★★

第1节 贷款合同与管理

考点1 贷款合同签订

1. 贷款合同概述

(1) 贷款合同的定义

贷款合同是从贷款人主体角度提出的，一般是指可以作为贷款人的银行业金融机构与法人、其他组织之间就贷款的发放与收回等相关事宜签订的规范借贷双方权利义务的书面法律文件。从借款人主体角度而言，也称为借款合同。

(2) 贷款合同的内容

贷款合同的内容主要包括：当事人的名称(姓名)和住所、贷款种类、币种、贷款用途、贷款金额、贷款利率、贷款期限、还款方式、借贷双方的权利与义务、担保方式、违约责任等。此外，根据贷款新规的相关规定，贷款人应在合同中与借款人约定提款条件以及贷款资金支付接受贷款人管理等与贷款使用相关的条款。提款条件应包括与贷款同比例的资本金已足额到位、项目实际进度与已投资额相匹配等要求；贷款人还应在合同中与借款人约定，借款人出现未按约定用途使用贷款、未按约定方式支用贷款资金、未遵守承诺事项、申贷文件信息失真、突破约定的财务指标约束等情形时借款人应承担的违约责任和贷款人可采取的措施。

(3) 贷款合同的分类

贷款合同分为格式合同和非格式合同两种。其中，格式合同是指银行业金融机构根据业务管理要求，针对某项业务制定的在机构内部普遍使用的格式统一的合同。

(4) 贷款合同的制定原则

银行业金融机构贷款合同应当依据法律法规、部门规章、现行制度规定、业务操作规程以及业务需求制定，并应遵守以下原则，如图10.1所示：

不冲突原则
· 即贷款合同不违反法律、行政法规的强制性规定

适宜相容原则
· 即贷款合同要符合银行业金融机构自身各项基本制度的规定和业务发展需求

维权原则
· 即贷款合同要在法律框架内充分维护银行业金融机构的合法权益

完善性原则
· 即贷款合同文本内容应力求完善，借贷双方权利义务明确，条理清晰

图10.1 贷款合同应遵循的原则

2. 贷款合同的签订

贷款合同的签订流程如表10.1所示：

表10.1 贷款合同签订流程

填写合同	(1) 合同文本应该使用统一的格式，对单笔贷款有特殊要求的，可以在合同中的其他约定事项中约定 (2) 合同填写必须做到标准、规范、要素齐全、数字正确、字迹清晰、不错漏、不潦草，防止涂改 (3) 需要填写空白栏且空白栏后有备选项的，在横线上填好选定的内容后，对未选的内容应加横线表示删除；合同条款有空白栏，但根据实际情况不准备填写内容的，应加盖"此栏空白"字样的印章 (4) 贷款金额、贷款期限、贷款利率、担保方式、还款方式、划款方式等条款要与贷款最终审批意见一致
审核合同	合同填写完毕后，填写人员应及时将合同文本交合同复核人员进行复核。同笔贷款的合同填写人与合同复核人不得为同一人 (1) 合同复核人员负责根据审批意见复核合同文本及附件填写的完整性、准确性、合规性，主要包括：文本书写是否规范；内容是否与审批意见一致；合同条款填写是否齐全、准确；文字表达是否清晰；主从合同及附件是否齐全等 (2) 合同文本复核人员应就复核中发现的问题及时与合同填写人员沟通，并建立复核记录，交由合同填写人员签字确认
签订合同	合同填写并复核无误后，贷款发放人应负责与借款人(包括共同借款人)、担保人(抵押人、出质人、保证人)签订合同

例题1 贷款合同的签订流程有( )。(多项选择题)

A. 填写合同　　　B. 审核合同　　　C. 签订合同　　　D. 填写贷款金额

答案 ABC

解析 贷款合同的签订流程如下：①填写合同；②审核合同；③签订合同。

考点2　贷款合同管理

1. 贷款合同管理的定义及模式

(1) 贷款合同管理的定义

贷款合同管理是指按照银行业金融机构内部控制与风险管理的要求，对贷款合同的制定、修订、废止、选用、填写、审查、签订、履行、变更、解除、归档、检查等一系列行为进行管理的活动。

(2) 贷款合同管理模式

贷款合同管理一般采取银行业金融机构法律工作部门统一归口管理和各业务部门、各分支机构分级划块管理相结合的管理模式。

2. 贷款合同管理中存在的问题

整体来看，我国银行业金融机构在对贷款合同管理中尚存在一些问题，具体如表10.2所示。

表10.2　贷款合同管理中存在的问题

问题	问题具体内容
贷款合同存在不合规、不完备等缺陷	(1) 对借款人未按照约定用途使用贷款资金约束不力 (2) 未明确约定银行提前收回贷款以及解除合同的条件 (3) 未明确约定罚息的计算方法 (4) 担保方式的约定不明确、不具体
合同签署前审查不严	合同签署前审查不严，往往会隐藏法律风险。这类法律风险表现为对借款人的主体资格和履约能力审查不严。根据《合同法》等相关法律规定，如借款人损害国家利益的，或恶意串通损害国家、集体或第三人利益的，或以合法形式掩盖非法目的的，或违反法律、行政法规等强制性规定的，或借款人主体资格存在瑕疵的，均可能会导致贷款合同无效或效力待定。如果银行与借款人之间形成的借贷法律关系无效或效力待定，会对银行保全债权产生不确定性
签约过程违规操作	在贷款合同签订过程中，有些银行违规操作，对下列情形疏于管理，应引起关注 (1) 对借款人基本信息重视程度不够。借款人的基本信息关系到借款主体资格和合同的真实有效性，必须如实填写并确保基本信息中相关事项与签字或盖章一致 (2) 对有权签约人主体资格审查不严。合同一般由法定代表人或其授权人签字，如果与主体资格有瑕疵的当事人签署合同，将导致合同无效或效力待定 (3) 抵押手续不完善或抵押物不合格。如果办理共有财产抵押手续时未取得财产共有人书面同意，或以未成年人财产抵押、法律法规禁止设定抵押的财产设定抵押等，很可能会导致抵押权无法实现
履行合同监管不力	(1) 贷款合同的变更不符合法律规定 (2) 扣款侵权，引发诉讼
合同救济超时	根据《民法通则》的规定，债权适用2年诉讼时效规定，即自知道或应当知道权利被侵害之日起2年内，权利人不向法院请求保护其民事权利，便丧失请求人民法院依诉讼程序强制义务人履行义务的胜诉权。诉讼时效还需要注意抵押权的行使期间。《物权法》第二百零二条规定"抵押权人应当在主债权诉讼时效期间行使抵押权；未行使的，人民法院不予保护。"实践中对此应加以注意

3. 加强合同管理的实施要点

由于贷款合同管理是一项系统工程，涉及借款人、担保方乃至法律环境等方方面面，在实施过程中需要多方配合才能实现预期的目标，具体如表10.3所示。

表10.3 加强合同管理的实施要点

实施要点	实施要点的具体内容
修订和完善贷款合同等协议文件	银行业金融机构应全面梳理过去制定或执行的贷款合同的内容及流程、框架和内容，着重强化贷款支付环节的约定和要求借款人和担保人履行承诺的条款，提高贷款合同中承诺条款的执行力，并按照约定检查、监督贷款的使用情况，防止贷款被挪用，真正维护银行业金融机构的权利
建立完善有效的贷款合同管理制度	银行业金融机构能否有效管理贷款合同，把好贷款合同关，是其经营管理成败和服务水平高低的一个重要标志。为规范贷款合同管理，应制定切实可行的、涵盖合同管理全部内容的管理制度，使贷款合同管理工作有章可循，做到管理层次清楚、职责明确、程序规范
加强贷款合同规范性审查管理	①合同文本选用正确；②在合同中落实的审批文件所规定限制性条件准确、完备；③格式合同文本的补充条款合规；④主从合同及凭证等附件齐全且相互衔接；⑤合同的填写符合规范要求；⑥一式多份合同的形式内容一致；⑦其他应当审查的规范性内容
实施履行监督、归档、检查等管理措施	首先，为保障合同的及时、有效履行，防止违约行为的发生，银行业金融机构应对贷款合同的履行进行监督。通过监督可以了解银行业金融机构各类贷款合同的履行情况，及时发现影响履行的原因，以便随时向各部门反馈，排除阻碍，防止违约的发生 其次，银行业金融机构应建立完善的档案管理制度，定期对合同的使用、管理等情况进行检查。对检查中发现的问题应当及时整改
做好有关配套和支持工作	一是要做好内部管理部门和岗位的设置和分工 二是要做好教育培训工作 三是要做好借款人等有关方面的解释宣传工作

例题2 银行业金融机构在对贷款合同管理中尚存在的一些问题有( )。(多项选择题)

A. 贷款合同存在不合规、不完备等缺陷　　　B. 合同签署前审查不严

C. 签约过程违规操作　　　　　　　　　　　D. 履行合同监管不力

E. 合同救济超时

答案 ABCDE

解析 以上5项都属于银行业金融机构在对贷款合同管理中尚存在的一些问题。

第2节 贷款的发放

考点3 贷放分控

1. 贷放分控概述

贷放分控是指银行业金融机构将贷款审批与贷款发放作为两个独立的业务环节，分别进行管理和控制，以达到降低信贷业务操作风险的目的。贷放分控中的"贷"，是指信贷业务流程中贷款调查、贷款审查和贷款审批等环节，尤其是指贷款审批环节，以区别贷款发放与支付环节。"放"是指放款，特指贷款审批通过后，由银行通过审核，将符合放款条件的贷款发放或支付出去的业务环节。

2. 贷放分控的操作要点

(1) 设立独立的放款执行部门

设立独立的放款执行部门或岗位，可实现对放款环节的专业化和有效控制。

(2) 明确放款执行部门的职责

其主要职能包括：

① 审核银行内部授信流程的合法性、合规性、完整性和有效性。

② 核准放款前提条件。

(3) 建立并完善对放款执行部门的考核和问责机制

例题3 贷放分控是指银行业金融机构将贷款审批与贷款发放作为两个独立的业务环节，分别进行管理和控制，以达到提高信贷业务操作风险的目的。( )(判断题)

答案 ×

解析 贷放分控是指银行业金融机构将贷款审批与贷款发放作为两个独立的业务环节，分别进行管理和控制，以达到降低信贷业务操作风险的目的。

例题4 贷放分控的基本含义包括( )。(多项选择题)

A. 指银行业金融机构将贷款审批与贷款发放作为两个独立的业务环节，分别管理和控制，以达到降低信贷业务操作风险的目的

B. "贷"是指银行业务流程中贷款调查、审查、审批等环节，尤其是贷款审批环节，以区别贷款发放与支付环节

C. "放"是指银行放款，特指贷款审批通过后，由银行审核，将符合条件的贷款发放或支付出去的环节

D. "贷"是指企业业务流程中贷款调查、审查、审批等环节，尤其是贷款审批环节，以区别贷款发放与支付环节

E. "放"是指企业放款，特指贷款审批通过后，由银行审核，将符合条件的贷款发放或支付出去的环节

答案 ABC

解析 贷放分控是指银行业金融机构将贷款审批与贷款发放作为两个独立的业务环节，分别管理和控制，以达到降低信贷业务操作风险的目的。贷放分控中的"贷"，是指信贷业务流程中贷款调查、审查、审批等环节，尤其是贷款审批环节，以区别贷款发放与支付环节。"放"是指银行放款，特指贷款审批通过后，由银行审核，将符合条件的贷款发放或支付出去的环节。

例题5 放款执行部门的核心职责是( )的审核，集中统一办理授信业务发放，专门负责对已获批准的授信业务在实际发放过程中操作风险的监控和管理工作。(单项选择题)

A. 贷款发放和回收　　　　　　　　　　B. 贷款发放和支付

C. 贷款审核和支付　　　　　　　　　　D. 贷款申请和审核

答案 B

解析 放款执行部门的核心职责是贷款发放和支付的审核，集中统一办理授信业务发放，专门负责对已获批准的授信业务在实际发放过程中操作风险的监控和管理工作。

例题6 放款执行部门要审核银行内部授信流程的( )。(多项选择题)

A. 合法性　　　　　　　B. 合规性　　　　　　　C. 完整性

D. 有效性 E. 及时性

答案 ABCD

解析 审核银行内部授信流程的合法性、合规性、完整性和有效性。

例题7 贷放分控的操作要点包括( )。(多项选择题)

A. 设立独立的放款执行部门

B. 明确放款执行部门的职责

C. 建立并完善对放款执行部门的考核和问责机制

D. 了解企业的经营性质

答案 ABCD

解析 贷放分控的操作要点包括：①设立独立的放款执行部门；②明确放款执行部门的职责；③建立并完善对放款执行部门的考核和问责机制。

考点4 贷款发放管理

1. 贷款发放的原则

(1) 计划、比例放款原则

(2) 进度放款原则

(3) 资本金足额原则

2. 贷款发放的条件

(1) 先决条件

首次放款的先决条件文件包括以下几类，如表10.4所示。

表10.4 首次放款的先决条件文件

首次放款的先决条件文件	具体内容
贷款类文件	①借贷双方已正式签署的借款合同；②银行之间已正式签署的贷款协议(多用于银团贷款)
公司类文件	①企业法人营业执照、批准证书、成立批复；②公司章程；③全体董事的名单及全体董事的签字样本；④就同意签署并履行相关协议而出具的《董事会决议》(包括保证人)；⑤就授权有关人士签署相关协议而出具的《授权委托书》以及有关人士的签字样本(包括保证人)；⑥其他必要文件的真实副本或复印件
项目有关的协议	①已正式签署的合营合同；②已正式签署的建设合同或建造合同；③已正式签署的技术许可合同；④已正式签署的商标和商业名称许可合同；⑤已正式签署的培训和实施支持合同；⑥已正式签署的土地使用权出让合同；⑦其他必要文件合同
担保类文件	①已正式签署的抵(质)押协议；②已正式签署的保证协议；③保险权益转让相关协议或文件；④其他必要性文件
登记、批准、备案、印花税有关的文件	①借款人所属国家主管部门就担保文件出具的同意借款人提供该担保的文件；②海关部门就同意抵押协议项下进口设备抵押出具的批复文件；③房地产登记部门就抵押协议项下房地产抵押颁发的房地产权利及其他权利证明；④工商行政管理局就抵押协议项下机器设备抵押颁发的企业动产抵押物登记证；⑤车辆管理部门就抵押协议项下车辆抵押颁发的车辆抵押登记证明文件；⑥已缴纳印花税的缴付凭证；⑦贷款备案证明

(续表)

首次放款的先决条件文件	具体内容
其他类文件	①政府主管部门出具的同意项目开工批复；②项目土地使用、规划、工程设计方案的批复文件；③贷款项目(概)预算资金(包括自筹资金)已全部落实的证明；④对建设项目的投保证明；⑤股东或政府部门出具的支持函；⑥会计师事务所出具的验资报告和注册资本占用情况证明；⑦法律意见书；⑧财务报表；⑨其他的批文、许可或授权、委托、费用函件等

(2) 担保手续的完善

在向借款人发放贷款前，银行必须按照批复的要求，落实担保条件，完善担保合同和其他担保文件及有关法律手续。具体操作因贷款的担保方式不同而存在较大差别。

3. 贷款发放审查

(1) 贷款合同审查

下面对各个合同的具体检查条款进行介绍，如表10.5所示。

表10.5 合同审查内容和条款

检查合同类别	检查具体内容和条款
借款合同	贷款种类、借款用途、借款金额、贷款利率、还款方式、还款期限、违约责任和双方认为需要约定的其他事项
保证合同	被保证的贷款数额、借款人履行债务的期限、保证的方式、保证担保的范围、保证期间、双方认为需要约定的其他事项
抵押合同	抵押贷款的种类和数额；借款人履行贷款债务的期限；抵押物的名称、数量、质量、状况、所在地、所有权权属或使用权权属及抵押的范围；当事人认为需要约定的其他事项
质押合同	被质押的贷款数额；借款人履行债务的期限；质物的名称、数量、质量；质押担保的范围；质物移交的时间；质物生效的时间；当事人认为需要约定的其他事项

(2) 提款期限审查

在长期贷款项目中，通常会包括提款期、宽限期和还款期。银行应审查借款人是否在规定的提款期内提款。除非借贷双方同意延长，否则提款期过期后无效，未提足的贷款不能再提。

(3) 用款申请材料检查

① 审核借款凭证。

② 变更提款计划及承担费的收取。

③ 检查和监督借款人的借款用途和提款进度。

(4) 账户审查

银行应审查有关的提款账户、还本付息账户或其他专用账户是否已经开立，账户性质是否已经明确，避免出现贷款使用混乱或被挪作他用。

(5) 提款申请书、借款凭证审查

银行应当对提款申请书中写明的提款日期、提款金额、划款途径等要素进行核查，确保提款手续正确无误。

银行应审查借款人提交的借款凭证是否完全符合提款要求，确认贷款用途、日期、金额、账号、预留印鉴正确、真实、无误。

4. 放款操作程序

具体内容如表10.6所示。

表10.6 放款操作程序及注意事项

操作程序	(1) 借款人按合同要求提交提款申请和其他有关资料 (2) 银行受理借款人提款申请书 (3) 签订贷款合同 (4) 有关用款审批资料按内部审批流程经有权签字人签字同意 (5) 按账务处理部门的要求提交审批及相关用款凭证办理提款手续 (6) 所提贷款款项入账后，向账务处理部门索取有关凭证，入档案卷保存 (7) 建立台账并在提款当日记录；如果借款人、保证人均在同一地区，在其信贷登记系统登记，经审核后进行发送 (8) 如为自营外汇贷款还需填写《国内外汇贷款债权人集中登记表》《国内外汇贷款变动反馈表》并向国家外汇管理局报送
注意事项	(1) 借款人是否已办理开户手续 (2) 提款日期、金额及贷款用途是否与合同一致 (3) 是否按中国人民银行信贷登记咨询系统的要求及时更新数据信息并发送 (4) 是否按国家外汇管理局的要求报送数据

5. 停止发放贷款的情况

具体如表10.7所示：

表10.7 停止发放贷款的情况

挪用贷款的情况	(1) 用贷款进行股本权益性投资 (2) 用贷款在有价证券、期货等方面从事投机经营 (3) 未依法取得经营房地产资格的借款人挪用贷款经营房地产业务 (4) 套取贷款相互借贷牟取非法收入 (5) 借款企业挪用流动资金搞基本建设或用于财政性开支或者用于弥补企业亏损，或者用于职工福利
其他违约情况	(1) 未按合同规定清偿贷款本息 未按借款合同的规定清偿贷款本息，意味着借款人在财务安排上已出现问题，或者主观故意违约，此时不宜再发放贷款 (2) 违反国家政策法规，使用贷款进行非法经营 使用贷款进行非法经营，例如，走私贩毒、开办赌场等严重违反国家政策法规的行为，银行贷款绝对禁止投入此类非法经营活动
违约后的处理	(1) 要求借款人限期纠正违约事件 (2) 停止借款人提款或取消借款人尚未提用的借款额度 (3) 宣布贷款合同项下的借款本息全部立即到期，根据合同约定立即从借款人在银行开立的存款账户中扣款用于偿还被银行宣布提前到期的所欠全部债务 (4) 宣布借款人在与银行签订的其他贷款合同项下的借款本息立即到期，要求借款人立即偿还贷款本息及费用

例题8 贷款发放的原则有( )。(多项选择题)

A. 计划、比例放款的原则   B. 进度放款原则

C. 诚实守信原则   D. 资本金足额原则

答案 ABD

解析 贷款发放的原则有：①计划、比例放款的原则；②进度放款的原则；③资本金足额原则。

例题9 首次放款的先决条件文件包括( )。(多项选择题)

A. 贷款类文件　　　　　　　　　　　B. 公司类文件

C. 与项目有关的协议　　　　　　　　D. 担保类文件

E. 与登记、批准、备案、印花税有关的文件　　F. 其他类文件

答案 ABCDEF

解析 以上6项均为首次放款的先决条件文件。

例题10 信贷业务中涉及的合同主要有哪几种( )? (多项选择题)

A. 借款合同　　　B. 保证合同　　　C. 抵押合同　　　D. 质押合同

答案 ABCD

解析 信贷业务中涉及的合同主要有借款合同、保证合同、抵押合同、质押合同等。

例题11 银行在收取承担费时，不可以进行的行为是( )。(单项选择题)

A. 借款人擅自变更提款计划的，银行应该查清原因并收取承担费

B. 在借款人的提款期限届满之前，公司业务部门应将借款人应提未提的贷款额度通知借款人

C. 在借款人提款有效期内，如果借款人部分或全部未提款，则银行就应该对未提部分在提款期结束时自动注销

D. 对于允许变更提款计划的，银行可以对借款人不收取贷款额度承担费

答案 D

解析 根据国际惯例，若在借款合同中规定，变更提款应收取承担费，那么当借款人变更提款计划时，公司业务部门应根据合同办理，可按改变的提款计划部分的贷款金额收取承担费。

例题12 在首次放款的先决条件文件中，贷款类文件包括( )。(单项选择题)

A. 借贷双方已正式签署的借款合同

B. 现时有效的企业法人营业执照、批准证书、成立批复

C. 公司章程

D. 全体董事的名单及全体董事的签字样本

答案 A

解析 首次放款的先决条件文件中贷款类文件包括：①借贷双方已正式签署的借款合同；②银行之间已正式签署的贷款协议(多用于银团贷款)。B、C、D3项均属于公司类文件包括的内容。

例题13 在首次放款的先决条件文件中，担保类文件包括( )。(多项选择题)

A. 已正式签署的抵(质)押协议　　　　B. 已正式签署的保证协议

C. 已正式签署的技术许可合同　　　　D. 有关对建设项目的投保证明

E. 保险权益转让相关协议或文件

答案 ABE

解析 在首次放款的先决条件文件中，担保类文件包括：①已正式签署的抵(质)押协议；②已正式签署的保证协议；③保险权益转让相关协议或文件；④其他必要性文件。

第3节 贷款支付

考点5 实贷实付

1. 实贷实付的含义

其核心要义有以下几个方面，如表10.8所示。

表10.8 实贷实付的核心要义

满足有效信贷需求是实贷实付的根本目的	满足有效信贷需求是信贷风险管理的最起码要求。近年来，我国银行业金融机构基本建立了全面风险管理体系，信用风险管理水平得到长足发展。与此同时，贷款资金闲置甚至贷款挪用的问题仍然大量存在。企业通过资金池等方式任意摆布信贷资金、造成信贷损失的案例比比皆是。脱离有效信贷需求的突击发放贷款并非贷款管理的常态，而是完全背离风险管理常识的冒险行为。离开有效信贷需求的信贷投放，全面风险管理只能是纸上谈兵
按进度发放贷款是实贷实付的基本要求	欧美银行业金融机构在贷款发放过程中，要求根据项目进度和借款人项目资金运用情况按比例发放贷款，及时慎重地调整贷款发放的节奏和数量。这是贷款发放的最基本要求。这样做的理由是：信贷融资从本质上属于风险融资。从风险管理的角度，在借款人自有资金未及时足额到位的情况下，贷款资金实际承担了权益资金风险，这违反了信贷管理的最基本准则。同时，对借款人项目资金运筹的分析，更是对其项目管理能力、资金实力的全方位写照，是风险分析至关重要的内容，是"了解你的客户"、"了解你客户的风险"的重要环节。需要指出的是，欧美银行业金融机构基本不存在贷款闲置的问题，这对我国银行业金融机构有重要借鉴意义
受托支付是实贷实付的重要手段	从欧美银行业金融机构、世界银行的贷款操作情况看，受托支付确实是加强贷款用途管理的有效措施。国际银团贷款也基本采用受托支付的贷款支付方式。通过受托支付，银行业金融机构将信贷资金支付给借款人的交易对象，确保了贷款实际用途与约定用途相一致，有效地降低了信贷风险。同时，由于贷款基本不在借款人账户上停留，借款人的财务成本大大降低。加上大量信贷资金不再"空转"，而是流向确实需要贷款的企业，受托支付最终形成银企双赢的局面
协议承诺是实贷实付的外部执行依据	实贷实付要求贷款人事先与借款人约定明确、合法的贷款用途，约定贷款发放条件、支付方式、接受监督以及违约责任等事项。协议承诺是廓清借款人与贷款人权利义务边界和法律纠纷的重要依据，也是督促贷款人配合实施实贷实付的法律保证

2. 推行实贷实付的现实意义

推行实贷实付的现实意义如表10.9所示。

表10.9 实贷实付的现实意义

有利于将信贷资金引入实体经济	通过要求银行根据借款人有效信贷需求和项目进度，采取向借款人交易对象支付的受托支付的贷款支付方式，不仅为借款人"量用为借"，节约大量财务成本，更有利于解决长期以来备受诟病的信贷资金挪用问题，监督并确保银行信贷资金真正进入实体经济，在满足有效信贷需求的同时严防信贷挪用，杜绝信贷资金违规流入股票市场和房地产市场的恶性违规问题
有利于加强贷款使用的精细化管理	目前，银行业金融机构在贷款使用管理方面相对粗放，贷款在发放至借款人账户后，银行业金融机构实际控制手段乏力，贷款使用管理形同虚设。实贷实付原则通过创新贷款支付管理方式、严格贷款支付管理要求、落实贷款支付管理部门职责等具体措施，督促银行业金融机构有效提升信贷风险管理的能力，尤其是有效管控支付环节风险的能力。需要指出的是，针对固定资产贷款、流动资金贷款的不同特点，在受托支付的标准上是有差异的。相对而言，对固定资产贷款的受托支付标准更为严格，流动资金贷款的受托支付标准则赋予银行业金融机构更多的自主权和灵活性。这种有针对性的差异化管理要求，对于实现银行业金融机构信贷风险管理的差异化和精细化大有裨益

(续表)

有利于银行业金融机构管控信用风险和法律风险	长期以来，我国银行业金融机构在贷款协议管理方面存在严重缺陷。一方面，贷款协议过于简单粗放，缺乏针对特定风险的特定条款，更缺少实际执行力。另一方面，贷款协议中并未要求借款人作出正式承诺，确保提供资料的真实性、完整性，并承担相应责任，导致银行在法律纠纷中经常处于弱势地位。实贷实付原则不仅强调借款人遵守协议承诺和诚实申贷的原则，而且要求贷款人在贷款合同中约定对强化信贷风险有实质意义的条款，通过贷款合同来约束借款人的行为，锁定法律责任。此外，实贷实付原则对于提款条件的设置、贷款人对贷款资金支付管理和控制机制、账户监控等合同条款的要求，都是对贷款合同提出的新要求。这些新的规定与要求为保障贷款发放、支付以及贷后管理过程中的有效管理提供了抓手和依据，有利于银行业金融机构加强对信用风险和法律风险的管理

例题14 实贷实付是指银行业金融机构按照贷款项目进度和有效贷款需求，根据借款人的提款申请和支付委托，将贷款资金以受托支付的方式，支付给符合合同约定的借款人交易对象的支付过程（ ）。(判断题)

答案 √

解析 实贷实付是指银行业金融机构根据贷款项目进度和有效贷款需求，在借款人需要对外支付贷款资金时，根据借款人的提款申请以及支付委托，将贷款资金主要通过贷款人受托支付的方式，支付给符合合同约定的借款人交易对象的过程。

例题15 实贷实付的核心要义包括( )。(多项选择题)

A. 满足有效信贷需求是实贷实付的根本目的　　B. 按进度发放贷款是实贷实付的基本要求

C. 受托支付是实贷实付的重要手段　　D. 协议承诺是实贷实付的外部执行依据

答案 ABCD

解析 以上4项都属于实贷实付的核心要义。

例题16 实贷实付的现实意义是( )。(多项选择题)

A. 有利于加快信贷流程　　B. 有利于将信贷资金引入实体经济

C. 有利于加强贷款使用的精细化管理　　D. 有利于银行管控信用风险和法律风险

E. 有利于保证银行盈利

答案 BCD

解析 推行实贷实付的现实意义有：①有利于将信贷资金引入实体经济；②有利于加强贷款使用的精细化管理；③有利于银行业金融机构管控信用风险和法律风险。

■ 考点6　受托支付

1. 贷款人受托支付的含义

贷款人受托支付是指贷款人在确认借款人满足贷款合同约定的提款条件后，根据借款人的提款申请和支付委托，将贷款资金通过借款人账户支付给符合合同约定用途的借款人交易对象。

贷款人受托支付是实贷实付原则的主要体现方式，最能体现实贷实付的核心要求，也是有效控制贷款用途、保障贷款资金安全的有效手段。同时，贷款人受托支付也有利于保护借款人权益，借款人可以在需要资金时才申请提款，无须因贷款资金在账户闲置而支付额外的贷款利息，也不必为了维护与银行的关系而保留一定的贷款余额。当然，受托支付也要求借款人必须诚实地向贷款人申请贷款并按照所申请的用途使用贷款，不能随意使用贷款资金。

2. 明确受托支付的条件

具有以下情形之一的流动资金贷款，原则上应采用贷款人受托支付方式：一是与借款人新建立信贷业务关系且借款人信用状况一般；二是支付对象明确且单笔支付金额较大；三是贷款人认定的其他情形。

同时《固定资产贷款管理暂行办法》规定了固定资产贷款必须采用贷款人受托支付的刚性条件：对单笔金额超过项目总投资5%或超过500万元人民币的贷款资金支付，应采用贷款人受托支付方式。在实际操作中，银行业金融机构应依据这些监管的法规要求审慎行使自主权。

3. 受托支付的操作要点

(1) 明确借款人应提交的资料要求

(2) 明确支付审核要求

如图10.2所示：

① 放款核准情况。确认本笔业务或本次提款是否通过放款核准。对尚未完成放款核准的，应跟踪核准进度及最终结果

② 资金用途。审查借款人提交的贷款用途证明材料是否与借款合同约定的用途、金额等要素相符合；审查提款通知书、借据中所列金额、支付对象是否与贷款用途证明材料相符

③ 借款人所填列账户基本信息是否完整

④ 其他需要审核的内容

图10.2　明确支付审核的要求

(3) 完善操作流程

(4) 合规使用放款专户

银行业金融机构可与借款人约定专门的贷款资金发放账户，并通过该账户向符合合同约定用途的交易对象支付。

例题17　受托支付目前适用的情况是：贷款资金单笔金额超过项目总投资5%或超过(　　)万元人民币。(单项选择题)

A. 200　　　　　　　B. 300　　　　　　　C. 400　　　　　　　D. 500

答案　D

解析　同时《固定资产贷款管理暂行办法》规定了固定资产贷款必须采用贷款人受托支付的刚性条件：对单笔金额超过项目总投资5%或超过500万元人民币的贷款资金支付，应采用贷款人受托支付方式。

考点7　自主支付

1. 自主支付的含义

自主支付是指贷款人在确认借款人满足合同约定的提款条件后，根据借款人的提款申请将贷款资金发放至借款人账户后，由借款人自主支付给符合合同约定用途的借款人交易对象。

贷款新规在把贷款人受托支付作为贷款支付的基本方式的同时，也允许借款人自主支付在一定范围内存在。在实际操作中，需要注意两个问题：首先，受托支付是监管部门倡导和符合国际通行做法的支付方式，是贷款支付的主要方式；自主支付是受托支付的补充。其次，借款人自主支付不同于传统意义上的实贷实存，自主支付对于借款人使用贷款设定了相关的措施限制，以确保贷款用于约定用途。

2. 自主支付的操作要点

(1) 明确贷款发放前的审核要求

(2) 加强贷款资金发放和支付后的核查

具体内容如图10.3所示：

① 分析借款人是否按约定的金额和用途实施了支付

② 判断借款人实际支付清单的可信性

③ 借款人实际支付清单与计划支付清单的一致性，不一致的应分析原因

④ 借款人实际支付是否超过约定的借款人自主支付的金额标准

⑤ 借款人实际支付是否符合约定的贷款用途

⑥ 借款人是否存在化整为零规避贷款人受托支付的情形

⑦ 其他需要审核的内容

图10.3　加强贷款资金发放和支付后的核查其具体内容

(3) 审慎合规地确定贷款资金在借款人账户的停留时间和金额

> **例题18**　自主支付是指贷款人在确认借款人满足合同约定的提款条件后，根据借款人的提款申请将贷款资金发放至借款人账户后，由贷款人自主支付给符合合同约定用途的借款人交易对象。(　　)(判断题)
>
> **答案**　×
>
> **解析**　自主支付是指贷款人在确认借款人满足合同约定的提款条件后，根据借款人的提款申请将贷款资金发放至借款人账户后，由借款人自主支付给符合合同约定用途的借款人交易对象。

第4节　同步强化训练

一、单项选择题

1. (　　)是监管部门倡导和符合国际通行做法的支付方式，是贷款支付的主要方式。

A. 延期支付　　　　　　B. 自主支付　　　　　　C. 受托支付　　　　　　D. 分期付款

2. 推行实贷实付的现实意义不包括(   )。

A. 有利于将信贷资金引入实体经济

B. 有利于加强贷款使用的精细化管理

C. 有利于银行业金融机构管控信用风险和法律风险

D. 有利于提高银行收益

3. (   )是实贷实付的外部执行依据。

A. 受托支付   B. 按进度发放贷款   C. 满足有效信贷需求   D. 协议承诺

4. 贷款发放的原则不包括(   )。

A. 资本金足额原则   B. 统一管理原则

C. 进度放款原则   D. 计划、比例放款原则

5. 当前我国银行业金融机构使用的主要是(   )。

A. 固定期限合同   B. 非格式合同   C. 格式合同   D. 非固定期限合同

6. 制定贷款合同的(   )，即贷款合同文本内容应力求完善，借贷双方权利义务明确，条理清晰。

A. 不冲突原则   B. 维权原则   C. 完善性原则   D. 适宜相容原则

7. 贷款合同的制定原则中，(   )是指贷款合同要在法律框架内充分维护银行业金融机构的合法权益。

A. 适宜相容原则   B. 维权原则   C. 完善性原则   D. 不冲突原则

二、多项选择题

1. 保证合同的条款审查主要应注意的条款有(   )。

A. 保证的方式   B. 保证期间   C. 保证担保的范围

D. 借款人履行债务的期限   E. 被保证的贷款数额

2. 首次放款的先决条件文件包括(   )。

A. 贷款类文件   B. 公司类文件   C. 与项目有关的协议

D. 担保类文件   E. 与登记、批准、备案、印花税有关的文件

3. 加强合同管理的实施要点有(   )。

A. 修订和完善贷款合同等协议文件   B. 建立完善有效的贷款合同管理制度

C. 加强贷款合同规范性审查管理   D. 实施履行监督、归档、检查等管理措施

E. 做好有关配套和支持工作

4. 贷款合同分为(   )。

A. 格式合同   B. 非格式合同   C. 口头承诺合同

D. 无限制合同   E. 以上都对

三、判断题

1. 在长期贷款项目中，银行应审查借款人是否在规定的提款期内提款。提款期过期后，未提足的贷款可以再提。(   )

2. 贷放分控中的"贷"，特指贷款审批通过后，由银行通过审核，将符合放款条件的贷款发放或支付

出去的业务环节。（　　）

3. 借款人、保证人为自然人的，应在当面核实签约人身份证明之后由签约人当场签字。（　　）

答案与解析

一、单项选择题

1. 答案与解析　C

受托支付是监管部门倡导和符合国际通行做法的支付方式，是贷款支付的主要方式。

2. 答案与解析　D

推行实贷实付的现实意义有：①有利于将信贷资金引入实体经济；②有利于加强贷款使用的精细化管理；③有利于银行业金融机构管控信用风险和法律风险。

3. 答案与解析　D

协议承诺是实贷实付的外部执行依据。

4. 答案与解析　B

贷款发放的原则有：①计划、比例放款的原则；②进度放款的原则；③资本金足额原则。

5. 答案与解析　C

格式合同是指银行业金融机构根据业务管理要求，针对某项业务制定的在机构内部普遍使用的格式统一的合同。

6. 答案与解析　C

完善性原则，即贷款合同文本内容应力求完善，借贷双方权利义务明确，条理清晰。

7. 答案与解析　B

维权原则，即贷款合同要在法律框架内充分维护银行业金融机构的合法权益。

二、多项选择题

1. 答案与解析　ABCDE

5个选项均符合题意。

2. 答案与解析　ABCDE

5个选项均符合题意。

3. 答案与解析　ABCDE

5个选项均符合题意。

4. 答案与解析　AB

贷款合同分为格式合同和非格式合同两种。

三、判断题

1. 答案与解析　×

在长期贷款项目中，通常会包括提款期、宽限期和还款期。银行应审查借款人是否在规定的提款期内提款。除非借贷双方同意延长，否则提款期过期后无效，未提足的贷款不能再提。

2. 答案与解析　×

贷放分控中的"贷"，是指信贷业务流程中贷款调查、贷款审查和贷款审批等环节，尤其是指贷款审批环节，以区别贷款发放与支付环节。

3. 答案与解析　√

借款人、保证人为自然人的，应在当面核实签约人身份证明之后由签约人当场签字。

贷后管理

从加强贷款全流程管理的思路出发，贷款管理各环节的责任应落实到具体部门和岗位，并建立贷款各操作环节的考核和问责机制，实现贷款经营的规范化和管理的精细化。贷后管理就是银行业金融机构在贷款发放后对合同执行情况及借款人经营管理情况进行检查或监控的信贷管理行为。其主要内容包括监督借款人的贷款使用情况、跟踪掌握企业财务状况及其清偿能力、检查贷款抵(质)押品和担保权益的完整性3个方面。其主要目的是督促借款人按合同约定用途合理使用贷款，及时发现并采取有效措施纠正、处理有问题贷款，并对贷款调查、审查与审批工作进行信息反馈，及时调整与借款人合作的策略与内容。贷款人应评估贷款品种、额度、期限与借款人经营状况、还款能力的匹配程度，作为与借款人后续合作的依据，必要时及时调整与借款人合作的策略和内容。此外，贷款新规突出强调了以下方面：监督贷款资金按用途使用；对借款人账户进行监控；强调借款合同的相关约定对贷后管理工作的指导性和约束性；明确贷款人按照监管要求进行贷后管理的法律责任。

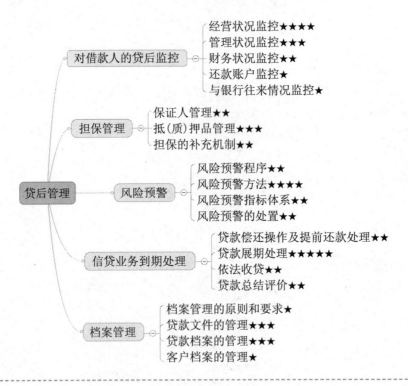

第1节 对借款人的贷后监控

考点1 经营状况监控

经营风险主要体现在：

(1) 经营活动发生显著变化，出现停产、半停产或经营停止状态；

(2) 业务性质、经营目标或习惯做法改变；

(3) 主要数据在行业统计中呈现出不利的变化或趋势；

(4) 兼营不熟悉的业务、新的业务或在不熟悉的地区开展业务；

(5) 不能适应市场变化或客户需求的变化；

(6) 持有一笔大额订单，不能较好地履行合约；

(7) 产品结构单一；

(8) 对存货、生产和销售的控制力下降；

(9) 对一些客户或供应商过分依赖，可能引起巨大的损失；

(10) 在供应链中的地位关系变化，如供应商不再供货或减少信用额度；

(11) 购货商减少采购；

(12) 企业的地点发生不利的变化或分支机构分布趋于不合理；

(13) 收购其他企业或者开设新销售网点，对销售和经营有明显影响，如收购只是出于财务动机，而与核心业务没有密切关系；

(14) 出售、变卖主要的生产性、经营性固定资产；

(15) 厂房和设备未得到很好的维护，设备更新缓慢，缺乏关键产品生产线；

(16) 建设项目的可行性存在偏差，或计划执行出现较大的调整，如基建项目的工期延长，或处于停缓状态，或预算调整；

(17) 借款人的产品质量或服务水平出现明显下降；

(18) 流失一大批财力雄厚的客户；

(19) 遇到台风、火灾、战争等严重自然灾害或社会灾难；

(20) 企业未实现预定的盈利目标。

例题1 某食品企业经营状况最近发生如下变化，银行应重点监控的是( )。(单项选择题)

A. 企业上月产量5000件，本月产量下滑至4900件

B. 企业主业务由零售业转向餐饮服务业

C. 企业利润率再次居行业首位

D. 企业在北京拥有多加食品分店，最近又在当地新开一家食品分店

答案 B

解析 在信贷经营中，银行对企业监控的重点是一些可能导致经营风险的异常状况：如企业的经营状况发生了显著的变化，处于停产、半停产或经营停止状态；企业的业务性质发生变化；主要数据在行业统计中呈现不利变化或趋势；兼营不熟悉的业务或在不熟悉的地区开展业务。A项属于企业生产的正常波动，不属于显著的变化；B项企业的业务性质发生变化，如转型不成功，将会给企业带来较大影响，银行应重点监控；C项企业的利润率在行业中呈现出了有利的变化；D项企业在熟悉的地区开展熟悉的业务，一般也不会导致经营风险。

例题2 某钢铁制造企业最近经营状况发生如下变化，其中可能为企业带来经营风险的是( )。(单项选择题)

A. 接获一个政府大订单，获得一大批财力雄厚的国有客户

B. 厂房设备迅速、大量更新

C. 产品、质量稳中有升

D. 受金融危机影响，实际盈利比预定目标低30%

答案 D

解析 A、B、C3项都有利于企业的经营，提高企业的抗风险能力；D项企业未实现预定的盈利目标，表明企业的经营存在困难和问题，可能为企业带来经营风险。

例题3 只是基于财务动机，而不是与核心业务有密切关系的收购，会给收购企业造成经营风险。( )(判断题)

答案 √

解析 企业经营风险的表现之一就是收购其他企业或者开设新销售网点，对销售和经营有明显影响，如收购只是基于财务动机，而不是与核心业务有密切关系。

考点2 管理状况监控

企业管理状况风险主要内容如图11.1所示：

(1) 企业发生重要人事变动，如高级管理人员或董事会成员变动，最主要领导者的行为发生变化，患病或死亡，或陷入诉讼纠纷，无法正常履行职责

(2) 最高管理者独裁，领导层不团结，高级管理层之间出现严重的争论和分歧；职能部门矛盾尖锐，互相不配合，管理层素质偏低

(3) 管理层对环境和行业中的变化反应迟缓或管理层经营思想变化，表现为极端的冒进或保守

(4) 管理层对企业的发展缺乏战略性的计划，缺乏足够的行业经验和管理能力(如有的管理人员只有财务专长而没有技术、操作、战略、营销和财务技能的综合能力)，导致经营计划没有实施及无法实施

(5) 董事会和高级管理人员以短期利润为中心，不顾长期利益而使财务发生混乱、收益质量受到影响

(6) 借款人的主要股东、关联企业或母子公司等发生重大的不利变化

(7) 中层管理层薄弱，企业人员更新过快或员工不足

图11.1 企业管理状况风险的主要内容

例题4 ( )监控的特点是对"人及其行为"的调查。(单项选择题)

A. 经营状况   B. 管理状况   C. 财务状况   D. 与银行往来情况

答案 B

解析 管理状况监控是对企业整体运营的系统情况调查，尤其是对不利变化情况的调查。此部分调查的特点是对"人及其行为"的调查。

例题5 下列不属于银行应重点监控的管理状况风险的是( )。(单项选择题)

A. 管理层的品位、修养   B. 中层管理层薄弱

C. 借款人的关联企业倒闭　　　　　　　D. 借款人在银行存款大幅下降

答案　D

解析　管理状况监控主要关注借款人的管理水平、管理结构、人员变化、员工士气变化及企业内部道德风险，管理层的品位和修养、中层管理层的管理水平、主要股东或管理企业的状况变化均属于企业管理状况范畴，借款人在银行存款状况反映的是企业与银行的往来情况。

考点3　财务状况监控

企业的财务风险主要体现的内容如图11.2所示：

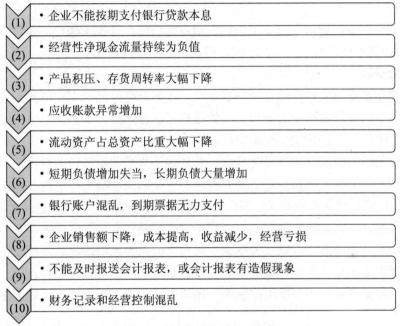

(1) · 企业不能按期支付银行贷款本息

(2) · 经营性净现金流量持续为负值

(3) · 产品积压、存货周转率大幅下降

(4) · 应收账款异常增加

(5) · 流动资产占总资产比重大幅下降

(6) · 短期负债增加失当，长期负债大量增加

(7) · 银行账户混乱，到期票据无力支付

(8) · 企业销售额下降，成本提高，收益减少，经营亏损

(9) · 不能及时报送会计报表，或会计报表有造假现象

(10) · 财务记录和经营控制混乱

图11.2　财务风险的主要体现

除上述监控内容外，银行应核实企业提供的财务报表。报表如为复印件，则需公司盖章；报表如经会计师事务所审计，需有完整的审计报告(包括附注说明)；报表应含有资产负债表、利润表及现金流量表。同时，银行还应对应收账款、存货、对外投资、销售额等关键性数据进行抽样核实，并进行横向(同类客户之间)和纵向(同一客户不同时间)的比较，以判断其财务数据是否合理，企业经营有无异常情况。

例题6　下列属于财务状况预警信号的有(　　　)。(多项选择题)

A. 存货周转速度放慢　　B. 现金状况恶化　　　　C. 应收账款余额或比例激增

D. 流动资产状况恶化　　　　　　　　　　　E. 固定资产迅速变化

答案　ABCDE

解析　企业的财务风险主要体现在：①企业不能按期支付银行贷款本息；②经营性净现金流量持续为负值；③产品积压、存货周转率大幅下降；④应收账款异常增加；⑤流动资产占总资产比重大幅下降；⑥短期负债增加失当，长期负债大量增加；⑦银行账户混乱，到期票据无力支付；⑧企业销售额下降，成本提高，收益减少，经营亏损；⑨不能及时报送会计报表，或会计报表有造假现象；⑩财务记录和经营控制混乱。

考点4　还款账户监控

通过对日常生产经营资金进出账户、大额异常资金流动的全面监控和分析，银行业金融机构可以真实、全面、立体地了解借款人经营的全貌，有效确保贷款足额、及时归还。

1. 固定资产贷款

一般而言，当借款人信用状况较好、贷款安全系数较高时，银行业金融机构可不要求借款人开立专门的还款准备金账户；当借款人信用状况较差、贷款安全受到威胁时，出于有效防范和化解信贷风险的考虑，银行应要求其开立专门的还款准备金账户，并与借款人约定对账户资金进出、余额或平均存量等的最低要求。

2. 项目融资

对于项目融资业务，贷款人应要求借款人指定专门的项目收入账户，并约定所有项目的资金收入均须进入此账户。

3. 流动资金贷款

贷款人必须指定或设立专门的资金回笼账户。该账户可以是开立在贷款人处的账户，也可以是开立在其他银行业金融机构的账户。不管账户开立在何处，借款人都应按照贷款人的要求及时提供包括对账单等信息在内的能够反映该账户资金进出情况的材料。

根据借款人的信用状况、生产经营情况、总体融资规模和本机构融资占比、还款来源的现金流入特点等因素，贷款人应判断是否需要对客户资金回笼情况进行更进一步的监控。对需要更进一步监控的，应与借款人协商签订账户管理协议，明确对账户回笼资金进出的管理。

在对借款人实行动态监测的过程中，要特别关注大额资金、与借款人现有的交易习惯、交易对象等存在明显差异的资金，以及关联企业间资金的流入流出情况，及时发现风险隐患。特别是当贷款已经形成不良贷款时，银行更要积极开展有效的贷后管理工作，通过专门还款账户监控、押品价值监测与重评估等手段控制第一还款来源和第二还款来源，最大限度地保护银行债权。

考点5　与银行往来情况监控

与银行往来异常现象如图11.3所示：

- (1) 借款人在银行的存款有较大幅度下降
- (2) 在多家银行开户(公司开户数明显超过其经营需要)
- (3) 对短期贷款依赖较多，要求贷款展期
- (4) 还款来源没有落实或还款资金主要为非销售回款
- (5) 贷款超过了借款人的合理支付能力
- (6) 借款人有抽逃资金的现象，同时仍在申请新增贷款
- (7) 借款人在资金回笼后，在还款期限未到的情况下挪作他用，增加贷款风险

图11.3　与银行往来异常现象内容

银行应及时整理、更新有关企业信息，对重大情况应及时报告，并形成文字材料存档。如贷款人受托支付完成后，应详细记录资金流向，归集保存相关凭证。除从企业本身获取信息外，也应努力从企业的外部机构，如其合作单位、监管部门、咨询机构、政府管理部门、新闻媒介等渠道收集企业的信息，注意信息来源的广泛性、全面性、权威性和可靠性，以便对企业变化情况进行全方位的把握。

第2节 担保管理

贷款发放后，对于保证人与抵(质)押物的管理主要是对担保人担保能力的变化和抵(质)押物状态和价值变化的跟踪和分析，并判断上述变化对贷款安全性的影响。因此，在贷后检查阶段，银行要侧重对保证人与抵(质)押物进行动态分析，并认真做好日常维护工作。

考点6 保证人管理

贷款保证目的是对借款人按约、足额偿还贷款提供保障，因此，银行应特别注意保证的有效性，并在保证期内向保证人主张权利。对保证人的管理主要有以下3个方面的内容，如表11.1所示：

表11.1 保证人管理的内容

方面	具体内容
审查保证人的资格	应注意保证人的性质，保证人性质的变化会导致保证资格的丧失。保证人应是具有代为清偿能力的企业法人或自然人，企业法人应提供其真实营业执照及近期财务报表；保证人或抵押人为有限责任公司或股份制企业的，其出具担保时，必须提供董事会同意其担保的决议和有相关内容的授权书。应尽可能避免借款人之间相互担保或连环担保。对有关联关系的公司之间的相互担保一定要慎重考虑。对业务上互不关联的公司的担保要分析其提供担保的原因，警惕企业通过复杂的担保安排骗取银行贷款
分析保证人的保证实力	对保证人的评估方法和对借款人的评估方法相同。保证人的财务状况，如现金流量、或有负债、信用评级等情况的变化直接影响其担保能力。银行应同样以对待借款人的管理措施对待保证人
了解保证人的保证意愿	良好的保证意愿是保证人提供担保和准备履行担保义务的基础。应密切注意保证人的保证意愿是否出现改变的迹象。如保证人和借款人的关系出现变化，保证人是否出现试图撤销和更改担保的情况。应分析其中的原因，判断贷款的安全性是否受到实质影响并采取相关措施

例题7 贷款发放后，关于对保证人保证意愿的监控，做法错误的是( )。(单项选择题)

A. 应密切注意保证人的保证意愿是否出现改变迹象

B. 如保证人与借款人的关系发生变化，要密切注意保证人是否愿意继续担保

C. 主要关注保证人与借款人关系变化后的结果，不关注变化的原因

D. 保证人与借款人关系发生变化后，应判断贷款的安全性是否受到实质影响

答案 C

解析 贷款发放后，银行应密切关注保证人的保证意愿是否出现改变的迹象，如保证人和借款人的关系出现变化，保证人是否出现试图撤销和更改担保的情况。同时还应分析其中的原因，判断贷款的安全性是否受到实质性影响，并采取相关措施。

考点7 抵(质)押品管理

以抵(质)押品设定担保的,银行要加强对抵押物和质押凭证的监控和管理。对抵(质)押品要定期检查其完整性和价值变化情况,防止所有权人在未经银行同意的情况下擅自处理抵(质)押品,检查的内容主要如图11.4所示:

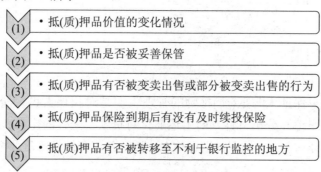

(1) · 抵(质)押品价值的变化情况

(2) · 抵(质)押品是否被妥善保管

(3) · 抵(质)押品有否被变卖出售或部分被变卖出售的行为

(4) · 抵(质)押品保险到期后有没有及时续投保险

(5) · 抵(质)押品有否被转移至不利于银行监控的地方

图11.4 检查的内容

例题8 在抵(质)押品管理中,银行要加强对( )的监控和管理。(单项选择题)

A. 抵押人资格   B. 抵押人的实力

C. 抵押人担保意愿   D. 抵押物和质押凭证

答案 D

解析:以抵(质)押品设定担保的,银行要加强对抵押物和质押凭证的监控和管理。对抵(质)押品要定期检查其完整性和价值变化情况,防止所有权人在未经银行同意的情况下擅自处理抵(质)押品。

例题9 抵押期间,抵押物因出险所得赔偿金可由抵押人自由支配。( )(判断题)

答案 ×

解析 抵押期间,抵押物因出险所得赔偿金(包括保险金和损害赔偿金)应存入商业银行指定的账户,并按抵押合同中约定的处理方法进行相应处理。

考点8 担保的补充机制

1.追加担保品,确保抵押权益

银行如果在贷后检查中发现借款人提供的抵押品或质押物的抵押权益尚未落实,或担保品的价值由于市场价格的波动或市场滞销而降低,由此造成超额押值不充分,或保证人保证资格或能力发生不利变化,可以要求借款人落实抵押权益或追加担保品。

2.追加保证人

对由第三方提供担保的保证贷款,如果借款人未按时还本付息,就应由保证人为其承担还本付息的责任。倘若保证人的担保资格或担保能力发生不利变化,其自身的财务状况恶化;或由于借款人要求贷款展期造成贷款风险增大或由于贷款逾期,银行加收罚息而导致借款人债务负担加重,而原保证人又不同意增加保证额度;或抵(质)押物出现不利变化;银行应要求借款人追加新的保证人。

例题10 下列情况，银行可要求借款人追加担保品的是( )。(多项选择题)

A. 贷后检查中发现借款人提供的担保物的担保权尚未落实

B. 担保品因市场价格降低贬值

C. 保证人的保证能力下降

D. 借款人财务状况恶化

E. 追加新贷款

答案 ABCDE

解析 银行若在贷后检查中发现借款人提供的抵押品或质押物的质押权益尚未落实，或担保品的价值由于市场价格的波动或市场滞销而降低，由此造成超额押值不充分，或保证人保证资格或能力发生不利变化，均可要求借款人落实抵押权益或追加担保品。另外，如果由于借款人财务状况恶化、或由于贷款展期使得贷款风险增大，或追加新贷款，银行也会要求借款人追加担保品，以保障贷款资金的安全。

第3节 风险预警

考点9 风险预警程序

风险预警是各种工具和各种处理机制的组合结果，无论是否依托于动态化、系统化、精确化的风险预警系统，都应当逐级、依次完成以下程序。

1. 信用信息的收集和传递

收集与商业银行有关的内外部信息，包括信贷人员提供的信息和外部渠道得到的信息，并通过商业银行信用风险信息系统进行储存。

2. 风险分析

信息通过适当的分层处理、甄别和判断后，进入预测系统或预警指标体系中。预测系统运用预测方法对未来内外部环境进行预测，使用预警指标估计未来市场和客户的风险状况，并将所输出的结果与预警参数进行比较，以便作出是否发出警报，以及发出何种程度警报的判断。

3. 风险处置

风险处置是指在风险警报的基础上，为控制和最大限度地消除商业银行风险而采取的一系列措施。按照阶段划分，风险处置可以划分为预控性处置与全面性处置。预控性处置是在风险预警报告已经作出，而决策部门尚未采取相应措施之前，由风险预警部门或决策部门对尚未爆发的潜在风险提前采取控制措施，避免风险继续扩大对商业银行造成不利影响。预控性处置也可以由商业银行的预控对策系统来完成，根据风险警报的类型和性质调用对策集合，进行辅助决策。全面性处置是商业银行对风险的类型、性质和程度进行系统详细的分析后，从内部组织管理、业务经营活动等方面采取措施来控制、转移或化解风险，使风险预警信号回到正常范围。

4. 事后评价

风险预警的事后评价是指经过风险预警及风险处置过程后，对风险预警的结果进行科学的评价，以发现风险预警中存在的问题(如虚警或漏警)，深入分析原因，并对预警系统和风险管理进行修正或调整，因此事后评价对预警系统的完善十分重要。

风险预警在运行过程中要不断通过时间序列分析等技术来检验其有效性，包括数据源和数据结构的改善；预警指标和模型的改进，如模型解释变量的筛选、参数的动态维护等。

例题11 风险预警程序不包括( )。(单项选择题)

A. 信用信息的收集和传递   B. 事后评价

C. 风险处置   D. 信用卡查询

答案 D

解析 风险预警程序包括：①信用信息的收集和传递；②风险分析；③风险处置；④事后评价。

考点10 风险预警方法

风险预警的理论和方法近年来在世界范围内取得了显著进展。依托IT技术，许多金融机构将非结构化的逻辑回归分析和神经网络技术引入了预警模型，通过监测一套先导指标体系来预测危机发生的可能性。

1. 黑色预警法

这种预警方法不引进警兆自变量，只考察警素指标的时间序列变化规律，即循环波动特征。例如，我国农业大体上存在5年左右的一个循环周期，而工业的循环周期大体上在3年左右。各种商情指数、预期合成指数、商业循环指数、经济扩散指数、经济波动图等都可以看做黑色预警法的应用。

2. 蓝色预警法

这种预警方法侧重定量分析，根据风险征兆等级预报整体风险的严重程度，具体分为两种模式：

(1) 指数预警法，即利用警兆指标合成的风险指数进行预警。

(2) 统计预警法，是对警兆与警素之间的相关关系进行相关分析，确定其先导长度和先导强度，再根据警兆变动情况，确定各警兆的警级，结合警兆的重要性进行警级综合，最后预报警度。

3. 红色预警法

该方法重视定量分析与定性分析相结合。其流程是：先对影响警素变动的有利因素与不利因素进行全面分析；其次进行不同时期的对比分析；最后结合风险分析专家的直觉和经验进行预警。

例题12 不设警兆自变量，只通过警兆指标的时间序列变化规律来预警风险的方法称为( )。(单项选择题)

A. 橙色预警法   B. 黑色预警法   C. 蓝色预警法   D. 红色预警法

答案 B

解析 在我国银行业实践中，风险预警是一门新兴的交叉学科，可以根据运行机制将风险预警方法划分为3种：①黑色预警法，不引进警兆自变量，只考察警素指标的时间序列变化规律，即循环波动特征；②蓝色预警法，侧重定量分析，根据风险征兆等级预报整体风险的严重程度；③红色预警法，重视定量分析与定性分析相结合。

例题13 红色预警法重视( )。(单项选择题)

A. 定量分析   B. 定性分析

C. 定量分析与定性分析相结合   D. 警兆指标循环波动特征的分析

答案 C

解析 红色预警法重视定量分析与定性分析相结合, 故C选项符合题意。

例题14 ( )预警法侧重定量分析。(单项选择题)

A. 黑色   B. 红色   C. 黄色   D. 蓝色

答案 D

解析 蓝色预警法侧重定量分析, 根据风险征兆等级预报整体风险的严重程度, 具体分为两种模式: ①指数预警法, 即利用警兆指标合成的风险指数进行预警。②统计预警法, 是对警兆与警素之间的相关关系进行相关分析, 确定其先导长度和先导强度, 再根据警兆变动情况, 确定各警兆的警级, 结合警兆的重要性进行警级综合, 最后预报警度。

考点11 风险预警指标体系

银行通过对贷款发放后贷款者经营状况的监测, 可以及时发现贷款风险的预警信号, 以便尽快采取相应措施, 减少相关损失。贷款风险的预警信号系统通常应包含以下几个主要方面:

1. 有关财务状况的预警信号

主要包括: 存货激增; 存货周转速度放慢; 现金状况恶化; 应收账款余额或比例激增; 流动资产占总资产的比例下降; 流动资产状况恶化; 固定资产迅速变化; 除固定资产外的非流动资产集中; 长期债务大量增加; 短期债务增加失当; 资本与债务的比例降低; 销售额下降; 成本上升、收益减少; 销售上升、利润减少; 相对于销售额(利润)而言, 总资产增加过快等。

2. 有关经营者的信号

主要包括: 关键人物的态度变化尤其是缺乏合作态度; 董事会、所有权变化或重要的人事变动; 还款意愿降低; 财务报表呈报不及时; 各部门职责分裂; 冒险兼并其他公司; 冒险投资于其他新业务、新产品以及新市场等。

3. 有关经营状况的信号

主要包括: 丧失一个或多个客户, 而这些客户财力雄厚; 关系到企业生产能力的某一客户的订货变化无常; 投机于存货, 使存货超出正常水平; 工厂或设备维修不善, 推迟更新过时的无效益的设备等。

考点12 风险预警的处置

要根据风险的程度和性质, 采取相应的风险处置措施:

(1) 列入重点观察名单;

(2) 要求客户限期纠正违约行为;

(3) 要求增加担保措施;

(4) 暂停发放新贷款或收回已发放的授信额度等。

例题15　对于出现(　　)情况的，应及时报告授信审批行风险资产管理部门或信贷管理部门，调整客户分类和授信方案。(单项选择题)

A. 客户未来2个月内无法改变的较大风险

B. 客户无法在3个月内自行控制和化解的较大风险

C. 客户无法在未来3个月内在银行辅助下化解的较大风险

D. 客户无法在未来6个月内在银行辅助下化解的较大风险

答案　B

解析　在风险预警处置流程中，对于出现的较大风险，客户部门无法自行在3个月内控制和化解处置的，应视贷款金额的大小及风险状况及时报告授信审批行风险资产管理部门或信贷管理部门，由授信审批部门调整客户分类和授信方案，介入风险认定和处置。

第4节　信贷业务到期处理

考点13　贷款偿还操作及提前还款处理

1. 贷款偿还的一般操作过程

根据国家相关法律、法规规定：借款人有义务按照借款合同的约定及时清偿贷款本息，银行有权利依照合同约定从借款人账户上划收贷款本金和利息；借款方不按合同规定归还贷款的，应当承担违约责任并加付利息。贷款偿还的一般操作过程可简要归纳如下。

(1) 业务操作部门向借款人发送还本付息通知单；

(2) 业务操作部门对逾期的贷款要及时发出催收通知单。

2. 借款人提前归还贷款的操作过程

提前归还贷款(以下简称"提前还款")指借款人希望改变贷款协议规定的还款计划，提前偿还全部或部分贷款，由借款人提出申请，经贷款行同意，缩短还款期限的行为。

借款人与银行可以在贷款协议的"提前还款"条款中，约定提前还款的前提条件及必要的手续。"提前还款"条款可以包括以下内容：

(1) 未经银行的书面同意，借款人不得提前还款；

(2) 借款人可以在贷款协议规定的最后支款日后、贷款到期日前的时间内提前还款；

(3) 借款人应在提前还款日前30天(或60天)以书面形式向银行递交提前还款的申请，其中应列明借款人要求提前偿还的本金金额；

(4) 由借款人发出的提前还款申请应是不可撤销的，借款人有义务据此提前还款；

(5) 借款人可以提前偿还全部或部分本金，如果偿还部分本金，其金额应等于一期分期还款的金额或应为一期分期还款的整数倍，并同时偿付截至该提前还款日前一天(含该日)所发生的相应利息，以及应付的其他相应费用；

(6) 提前还款应按贷款协议规定的还款计划以倒序进行；

(7) 已提前偿还的部分不得要求再贷；

(8) 对于提前偿还的部分可以收取费用。

例题16 在银行转贷款中，国内借款人向银行提前还款以银行向国外贷款行提前还款为前提的业务模式称为( )。(单项选择题)

A. 挂钩   B. 脱钩   C. 补充   D. 间接还款

答案 A

解析 对于银行转贷款而言，国内借款人向银行的提前还款与银行作为借款人向国外银行的提前还款，通常有"挂钩"和"脱钩"两种业务模式：前者即国内借款人向银行的提前还款，以银行向国外贷款行提前还款为前提，同步进行；后者即或者国内借款人向银行提前还款，或者银行向国外贷款行提前还款，二者不同步。

考点14 贷款展期处理

贷款展期指借款人不能或不希望按照贷款协议规定的还款计划按时偿付每期应偿付的贷款，由借款人提出申请，经贷款行审查同意，有限期地延长还款期限的行为。同提前还款一样，贷款展期也影响了银行原有的资金安排，因此借款人必须提前与银行协商，经银行同意，贷款才可以展期。

1. 贷款展期的申请

借款人申请贷款展期，应向银行提交展期申请，其内容包括：展期理由，展期期限，展期后的还本、付息、付费计划及拟采取的补救措施。如是合资企业或股份制企业，则应提供董事会关于申请贷款展期的决议文件或其他有效的授权文件。申请保证贷款、抵押贷款、质押贷款展期的，还应当由保证人、抵押人、出质人出具同意的书面证明。已有约定的，按照约定执行。

2. 贷款展期的审批

(1) 分级审批制度

(2) 贷款展期的担保问题

如表11.2所示。

表11.2 贷款展期应注意的问题

对于保证贷款的展期	银行应重新确认保证人的担保资格和担保能力；借款人申请贷款展期前，必须征得保证人的同意。其担保金额为借款人在整个贷款期内应偿还的本息和费用之和，包括因贷款展期而增加的利息费用。保证合同的期限因借款人还款期限的延长而延长至全部贷款本息、费用还清日止
对于抵押贷款的展期	银行为减少贷款的风险应续签抵押合同，应该做到 (1) 作为抵押权人核查抵押物的账面净值或委托具有相关资格和专业水平的资产评估机构评估有关抵押物的重置价值，并核查其抵押率是否控制在一定的标准内 (2) 如果借款人的贷款余额与抵押财产的账面净值或重置价值之比超过一定限度，即抵押价值不足的，则抵押人应根据银行的要求按现有贷款余额补充落实抵押物，重新签订抵押合同 (3) 抵押贷款展期后，银行应要求借款人及时到有关部门办理续期登记手续，使抵押合同保持合法性和有效性，否则抵押合同将失去法律效力 (4) 切实履行对抵押物跟踪检查制度，定期检查核对抵押物，监督企业对抵押物的占管，防止抵押物的变卖、转移和重复抵押

(3) 转贷款的展期问题

具体如表11.3所示。

表11.3　挂钩方式转贷和脱钩方式转贷

采用"挂钩"方式转贷	一般不允许展期。借款人在国内转贷协议规定的每期还款到期时未能偿还的款项，均应按逾期贷款处理。但在借款人向银行提出书面申请并由银行与国外贷款行协商，同意对国外贷款协议偿还期限展期的情况下，转贷协议项下未付的贷款本金可作与对外协议条件相同的展期处理
采用"脱钩"方式转贷	在国内贷款协议规定的每期还款期限到期前，经银行同意，视其具体情况允许适当展期，但每次展期最长不超过2年，且展期后国内转贷协议规定的每期还本付息额和累计还本付息额不得低于同期国外贷款协议规定的每期还本付息额和累计还本付息额；展期后的贷款最终到期日不得迟于国外贷款协议规定的最终到期日

3. 展期贷款的管理

在办理展期时应由银行和借款人重新确定贷款条件。

(1) 贷款展期的期限

《贷款通则》对贷款展期的期限作了如下规定：现行短期贷款展期的期限累计不超过原贷款期限；中期贷款展期的期限累计不得超过原贷款期限的一半；长期贷款展期的期限累计不得超过3年。国家另有规定的除外。

(2) 贷款展期后的利率

经批准展期的贷款利率，银行可根据不同情况重新确定。贷款的展期期限加上原期限达到新的利率期限档次时，从展期之日起，贷款利息应按新的期限档次利率计收。

借款人未申请展期或申请展期未得到批准，其贷款从到期日次日起，转入逾期贷款账户。

4. 展期贷款的偿还

贷款展期说明该笔贷款的偿还可能存在某些问题，因此银行应特别关注展期贷款的偿还。银行信贷部门应按照展期后的还款计划，向借款人发送还本付息通知单，督促借款人按时还本付息。展期贷款到期不能按时偿还，信贷部门要加大催收力度，以保证贷款的收回；对于设立了保证或抵质押的贷款，银行有权向担保人追索或行使抵质押权，弥补贷款损失。展期贷款逾期后，也应按规定加罚利息，并对应收未收利息计复利。展期贷款的偿还在账务处理上，与正常贷款相同。

例题17　下列关于利用国外借入资金对国内转贷的贷款展期的说法，正确的是(　　)。(单项选择题)

A. "脱钩"方式指按照与国外银行签订的贷款协议规定的条件对内转贷

B. "挂钩"方式指在借款人接受和总行同意的情况下，按照不同于国外贷款协议规定的条件对内进行转贷

C. 采用"挂钩"方式转贷的贷款，一般是允许展期的

D. 采用"挂钩"方式转贷的借款人在国内转贷协议规定的每期还款到期时未能偿还的款项，均应按逾期贷款处理

答案　D

解析　凡利用国外借入资金对国内转贷的贷款展期问题，应按"挂钩"和"脱钩"两种方式区别处理。"挂钩"方式指按照与国外银行签订的贷款协议规定的条件对内转贷；"脱钩"方式指在借款人接受和总行同意的情况下，按照不同于国外贷款协议规定的条件对内进行转贷。

例题18 采用"脱钩"方式转贷的，每次展期最长不超过( )。(单项选择题)

A. 3个月　　　　　　B. 6个月　　　　　　C. 1年　　　　　　D. 2年

答案 D

解析 凡采用"脱钩"方式转贷的，在国内贷款协议规定的每期还款期限到期前，经银行同意，视其具体情况允许适当展期，但每次展期最长不超过2年，且展期后国内转贷协议规定的每期还本付息额和累计还本付息额不得低于同期国外贷款协议规定的每期还本付息额和累计还本付息额；展期后的贷款最终到期日不得迟于国外贷款协议规定的最终到期日。

例题19 关于抵押贷款的展期，下列说法正确的是( )。(单项选择题)

A. 抵押合同期限自动顺延

B. 银行可不核查抵押物的价值

C. 抵押物价值不足的，应要求抵押人按原有贷款余额补充抵押物

D. 应要求借款人及时到有关部门办理抵押续期登记

答案 D

解析 对于抵押贷款的展期，银行为减少贷款的风险应续签抵押合同，同时做到：①核查抵押物的账面净值或委托有相关资格和专业水平的资产评估机构评估有关抵押物的重置价值，并核查其抵押率是否控制在一定标准内；②如果抵押物价值不足，抵押人应根据银行的要求按现有贷款余额补充落实抵押物，重新签订抵押合同；③抵押贷款展期后，银行应要求借款人及时到有关部门办理续期登记手续，使抵押合同保持合法性和有效性；④切实履行对抵押物跟踪检查制度，定期检查核对抵押物，监督企业对抵押物的占管，防止抵押物被变卖、转移和重复抵押。

例题20 关于展期贷款的偿还，下列说法错误的是( )。(单项选择题)

A. 银行信贷部门应按展期后的还款计划，向借款人发送还本付息通知单

B. 对于设立了抵押的贷款展期，在到期前银行有权行使抵押权

C. 展期贷款逾期后，应按规定加罚利息

D. 展期贷款逾期后，银行有权对应收未收利息计复利

答案 B

解析 对于设立了保证或抵(质)押的展期贷款，在到期后仍不能按时偿还时，银行才有权向担保人追索或行使抵(质)押权，以弥补贷款损失。

例题21 贷款的审批实行( )审批制度，贷款展期的审批实行( )审批制度。(单项选择题)

A. 分级；统一　　B. 统一；分级　　C. 统一；统一　　D. 分级；分级

答案 D

解析 贷款的审批实行分级审批制度，贷款展期的审批与贷款的审批一样，也实行分级审批制度。

考点15　依法收贷

1. 依法收贷的含义

全面理解依法收贷的含义应从广义和狭义两方面入手。广义的依法收贷指银行按规定或约

定，通过催收、扣收、处理变卖抵押物，收回违约使用的贷款，加罚利息等措施，以及通过仲裁、诉讼等途径依法收贷。狭义的依法收贷指按照法律、法规的规定，采用仲裁、诉讼等手段清理收回贷款的活动。

2. 依法收贷的对象、程序与内容

如果银行贷款到期不能正常收回或银行与借款人之间发生纠纷，就应该依靠法律手段来强制收回。当然，依法收贷也要按法律程序规范、有序地进行，达到依法收贷的目的，提高依法收贷的效果和作用。

3. 依法收贷应注意的几个问题

依法收贷是保证信贷资金安全的有力措施，依法收贷必须和依法放贷及依法管贷结合起来，将信贷工作的全过程纳入依法管理的轨道，使信贷工作置于法律的约束和保护之下。

(1) 信贷人员应认真学习和掌握法律知识；

(2) 要综合运用诉讼手段和非诉讼手段依法收贷；

(3) 既要重视诉讼，更要重视执行；

(4) 在依法收贷工作中要区别对待。

例题22 依法收贷的对象是(   )。(单项选择题)

A. 展期贷款   B. 到期贷款   C. 正常贷款   D. 不良贷款

答案 D

解析 依法收贷的对象，是不良贷款。

考点16   贷款总结评价

贷款本息全部还清后，相关部门应对贷款项目和信贷工作进行全面的总结。相关部门应在贷款本息收回后10日内形成书面总结报告，便于其他相关部门借鉴参考。贷款总结评价的内容如表11.4所示：

表11.4   贷款总结评价的内容

评价	评价的内容
贷款基本评价	就贷款的基本情况进行分析和评价，重点从客户选择、贷款综合效益分析、贷款方式选择等方面进行总结
贷款管理中出现的问题及解决措施	分析出现问题的原因，说明针对问题采取的措施及最终结果，从中总结经验，防范同类问题重复发生，对发生后的妥善处理提出建议
其他有益经验	对管理过程中其他有助于提升贷后管理水平的经验、心得和处理方法进行总结

同时，对于出现不良贷款存在主观责任的，应根据具体情节追究相关部门负责人及经办人员责任。

例题23 贷款总结评价的内容不包括(   )。(单项选择题)

A. 对贷款的还款情况的评价分析   B. 对贷款客户选择的评价分析

C. 对贷款综合效益的评价分析   D. 对贷款方式选择的评价分析

答案 A

解析 贷款总结评价的内容主要包括如下几方面①贷款基本评价。就贷款的基本情况进行分析和评价，重点从客户选择、贷款综合效益分析、贷款方式选择等方面进行总结。②贷款管理中出现的问题及解决措施。分析出现问题的原因，说明针对问题采取的措施及最终结果，从中总结经验，防范同类问题重复发生，对发生后的妥善处理提出建议。③其他有益经验。对管理过程中其他有助于提升贷后管理水平的经验、心得和处理方法进行总结。

第5节 档案管理

信贷档案是确定借贷双方法律关系和权利义务的重要凭证，是贷款管理情况的重要记录。科学地记录、保管和使用信贷档案，是加强贷款管理、保护贷款安全的重要基础。

考点17 档案管理的原则和要求

档案管理的原则主要有：管理制度健全、人员职责明确、档案门类齐全、信息利用充分、提供有效服务。具体要求如下：

1. 信贷档案实行集中统一管理原则

信贷前后台各部门积累与借款人有关的资料。借阅人借阅档案时，应填写借阅单，经本部门管理员和经理签字，到档案室调阅档案。在调阅过程中，档案资料原则上不得带出档案室。

2. 信贷档案采取分段管理、专人负责、按时交接、定期检查的管理模式

具体内容如表11.5所示。

表11.5 信贷档案的管理模式

管理模式	具体内容
分段管理	将一个信贷项目形成的文件材料依据信贷的执行状态划分为执行中的信贷文件(以下简称信贷文件)和结清后的信贷档案(以下简称信贷档案)两个阶段，实行分段管理。信贷文件由风险管理部门和各业务经办部门设专柜分别保管存放
专人负责	银行各级行的风险管理部门和业务经办部门应设立专职或兼职人员(统称信贷档案员)负责本部门信贷文件的日常管理及结清后的立卷归档等工作。信贷档案员应相对稳定，且不得由直接经办信贷业务人员担任
按时交接	业务经办人员应在单笔信贷(贷款)合同签署、不良贷款接收及风险评审完毕后，按规定要求将各类信贷文件及时交信贷档案员保存，信贷执行过程中续生的文件随时移交
定期检查	信贷档案管理工作由行长办公室和风险管理部门共同监督与指导。信贷档案的检查将列入年度绩效考核和档案工作综合管理考评中，并将检查结果报送相关部门负责人及主管行领导

考点18 贷款文件的管理

信贷文件是指正在执行中的、尚未结清信贷(贷款)的文件材料。按其重要程度及涵盖内容不同划分为两级，即一级文件(押品)和二级信贷文件。

1. 贷款文件分类

一级文件(押品)主要是指信贷抵(质)押契证和有价证券及押品契证资料收据和信贷结清通知

书。其中押品主要包括：银行开出的本外币存单、银行本票、银行承兑汇票，上市公司股票、政府和公司债券、保险批单、提货单、产权证或他项权益证书及抵(质)押物的物权凭证、抵债物资的物权凭证等。二级信贷文件主要指法律文件和贷前审批及贷后管理的有关文件。

2. 贷款文件管理

(1) 一级文件(押品)的管理

①保管；②交接；③借阅，如图11.5所示；④结清、退还。

贷款展期办理抵押物续期登记的
变更抵押物权证、变更质押物品的
提供给审计、稽核部门或相关单位查阅的
提交法院进行法律诉讼、债权债务重组或呆账核销的
须补办房产证、他项权益证书或备案登记的

图11.5 借阅的内容

(2) 二级文件的管理

①保管；②交接；③借阅。

例题24 信贷的重要物权凭证在存放保管时视同现金管理。(   )(判断题)

答案 √

解析 信贷的重要物权凭证在存放保管时视同现金管理，可将其放置在金库或保险箱(柜)中保管，指定双人分别管理钥匙和密码，双人入、出库，形成存取制约机制。

考点19 贷款档案的管理

贷款档案是指已结清贷款的文件材料，经过整理立卷形成的档案。

1. 保管期限分类

贷款档案的保管期限自贷款结清(核销)后的第2年起计算。其中：

(1) 5年期，一般适用于短期贷款，结清后原则上再保管5年；

(2) 20年期，一般适用于中、长期贷款，结清后原则上再保管20年；

(3) 永久，经风险管理部及业务经办部门认定有特殊保存价值的项目可列为永久保存。

2. 贷款档案管理

(1) 贷款档案员要在贷款结清(核销)后，完成该笔贷款文件的立卷工作，形成贷款档案；

(2) 永久、20年期贷款档案应由贷款档案员填写贷款档案移交清单后向本行档案部门移交归档；

(3) 业务经办部门需将本部已结清的、属超权限上报审批的贷款档案案卷目录一份报送上级行风险管理部门备查。

3. 贷款档案的销毁

保存到期的20年期贷款档案由档案部门按贷款业务档案和风险评审档案分别提供拟销毁清单，前者交业务经办部门及风险管理部门鉴定，形成正式的贷款档案销毁清单，由业务经办部门、风险管理部门及行长办公室三方负责人在正式清单上审批签字；后者交风险管理部门鉴定，由风险管理部门及行长办公室负责人审批签字。

> **例题25**　下列关于贷款档案管理期限的说法，不正确的是(　　)。(单项选择题)
>
> A. 贷款档案的保管期限自贷款结清(核销)当年起计算
>
> B. 一般短期贷款结清后原则上再保管5年
>
> C. 一般中、长期贷款结清后原则上再保管20年
>
> D. 经风险管理部及业务经办部门认定有特殊保存价值的项目可列为永久保存
>
> **答案**　A
>
> **解析**　贷款档案的保管期限自贷款结清(核销)后的第2年起计算。其中：
>
> (1) 5年期，一般适用于短期贷款，结清后原则上再保管5年；
>
> (2) 20年期，一般适用于中、长期贷款，结清后原则上再保管20年；
>
> (3) 永久，经风险管理部及业务经办部门认定有特殊保存价值的项目可列为永久保存。

考点20　客户档案的管理

业务经办部门应按客户分别建立客户档案卷，移交贷款档案员集中保管。

1. 保管

业务经办部门应设置专门的档案柜(与贷款文件、档案分开存放)集中存放档案。

2. 客户档案

(1) 借款企业及担保企业的"三证"(即年检营业执照、法人代码本、税务登记证)复印件；

(2) 借款企业及担保企业的信用评级资料；

(3) 借款企业及担保企业的开户情况；

(4) 借款企业及担保企业的验资报告；

(5) 借款企业及担保企业近3年的主要财务报表，包括资产负债表、利润表、现金流量表等，上市公司、"三资"企业需提供经审计的年报；

(6) 企业法定代表人、财务负责人的身份证或护照复印件；

(7) 反映该企业经营、资信("三资"企业还应提交企业批准证书、公司章程等)及历次贷款情况的其他材料。

第6节　同步强化训练

一、多项选择题

1. 下列情形中，可以借阅一级档案的有(　　)。

A. 贷款展期办理抵押物续期登记　　　　B. 变更质押物品　　　C. 审计部门查阅

D. 提交法院进行债权债务重组　　　　E. 补办房产证

2. 贷款总结评价的内容包括(   )。

A. 贷款客户选择评价 　　　　　　　　　 B. 贷款综合效益评价

C. 贷款方式选择评价 　　　　　　　　　 D. 贷款管理中出现问题的原因

E. 贷款管理中出现问题的解决措施

3. 借款人申请贷款展期时，向银行提交的展期申请内容包括(   )。

A. 展期理由 　　　　　 B. 展期期限 　　　　　 C. 展期后还本计划

D. 展期后付息计划 　　　 E. 拟采取的补救措施

4. 还本付息通知单应包括的内容有(   )。

A. 还本付息的日期 　　　 B. 当前贷款余额 　　　 C. 本次还本金额

D. 本次付息金额 　　　　 E. 计息天数

5. 下列属于黑色预警法应用的有(   )。

A. 商情指数 　　　　　 B. 预期合成指数 　　　　 C. 扩散指数

D. 经济扩散指数 　　　 E. 经济波动图

6. 企业的经营风险主要体现在(   )。

A. 业务性质改变 　　　　 B. 财务报表造假 　　　 C. 企业未实现预定的盈利目标

D. 设备更新缓慢 　　　　 E. 基建项目工期延长

7. 广义的依法收贷方式包括(   )。

A. 处理变卖抵押物 　　　 B. 催收 　　　　　　　 C. 提前收回违约使用的贷款

D. 仲裁 　　　　　　　 E. 诉讼

8. 公司信贷风险预警的理论和方法主要包括(   )。

A. 评级方法 　　　　　 B. 统计理论 　　　　　　 C. 统计模型

D. 专家判断法 　　　　 E. 信用评分方法

9. 客户档案主要包括(   )。

A. 借款及担保企业的营业执照、法人代码本、税务登记证

B. 借款及担保企业的信用评级资料

C. 借款及担保企业的验资报告

D. 借款及担保企业近3年主要的财务报表

E. 企业法人、财务负责人的身份证或护照复印件

10. 某合资企业欲就一笔抵押贷款向银行申请展期，则其应向银行提交的法定申请文件有(   )。

A. 展期申请 　　　　　　　　　　　　　 B. 董事会关于申请贷款展期的决议文件

C. 抵押人同意展期的书面证明 　　　　　 D. 法人资格证明

E. 经会计师审计的财务报表

11. 下列企业与银行的往来活动，属于银行重点监控的异常现象的是(   )。

A. 在银行的存款大幅上升

B. 在多家银行开户，经审查明显超出其经营需要

C. 既依赖短期贷款，亦依赖长期贷款

D. 还款资金主要为销售回款

E. 将项目贷款透过地下钱庄转移到境外

12. 下列情况，银行信贷人员应进行调查和分析的有(　　)。

A. 购货商减少采购　　　　　　　　B. 企业因地震而不得不迁往条件较差的地区

C. 企业的分支机构分布不合理　　　D. 基于财务动机收购其他企业和新销售网点

E. 出售主要生产设备

13. 下列情况中，可能给企业带来经营风险的有(　　)。

A. 客户需求为便携性PC，企业仍生产台式机

B. 持有一笔占公司年订单量60%的订单，能按时保质完成

C. 企业只生产台式机

D. 以前产品的产、供、销都由本企业自行提供，最近企业转型，只负责产品的生产

E. 只依赖于一家供应商

14. 企业的管理状况风险主要体现在(　　)。

A. 企业员工的正常流动　　B. 企业董事会成员变动　　C. 企业领导层不团结

D. 企业管理层极端保守　　E. 企业高管均为理工科背景，缺乏管理和经营知识

15. 在抵押期间，银行经办人员对抵押物检查时应(　　)。

A. 定期检查抵押物的存续状况、占有、使用、转让、出租等处置行为

B. 发现抵押物价值减少，应及时查明原因并采取有效措施

C. 如发现抵押人的行为将造成抵押物价值减少，应要求抵押人停止担保

D. 如抵押人行为已造成抵押物价值减少，应要求抵押人恢复抵押物价值

E. 如抵押人无法完全恢复抵押物的价值，应要求抵押人停止担保

二、判断题

1. 对于保存到期的20年期贷款档案，由档案部门自动销毁。(　　)

2. 因提前还款而产生的费用，一般由贷款行承担。(　　)

3. 指数预警法应用中，如果扩散指数大于0，表明风险正在上升。(　　)

4. 抵押期间，抵押物因出险所得赔偿金可由抵押人自由支配。(　　)

5. 在对借款人的贷后监控中，管理状况监控的特点是对"人及其行为"的调查。(　　)

6. 借款人必须提前与银行协商，经银行同意，贷款才可以展期。(　　)

7. 在贷款逾期后，银行不但有权收回贷款本息，而且可以加收罚息。(　　)

8. 业务部门应按客户将客户档案、贷款文件、档案一起存放。(　　)

9. 为确保信贷资金安全，银行应将依法收贷与灵活放贷、管贷结合起来。(　　)

10. 贷款经批准展期后，银行应重新确定每一笔贷款的风险度。(　　)

11. 在分析保证人的保证实力时，银行应以同样的管理措施对待借款人和保证人。(　　)

12. 对于追加的担保品，可简化手续办理。(　　)

13. 如有动态化、系统化、精确化的风险预警系统依托，可不必再进行信用信息收集、传递、风险分析等程序。(　　)

14. 债权人可不通过诉讼程序而直接向有管辖权的基层人民法院申请支付令。(　　)

15. 执行中的信贷文件和结清后的信贷档案应由风险管理部门和各业务经办人员设专柜分别保管

存放。（　　）

16. 由于抵押人的行为而使得抵押物价值减少，而抵押人又无法完全恢复的，银行应该要求抵押人提供与减少价值相当的担保。（　　）

17. 借款人希望提前还款的，必须向银行申请并在被批准后才能进行。（　　）

18. 只是基于财务动机，而不是与核心业务有密切关系的收购，会给收购企业造成经营风险。（　　）

答案与解析

一、多项选择题

1. 答案与解析　ABCDE

5个选项均符合题意。

2. 答案与解析　ABCDE

5个选项均符合题意。

3. 答案与解析　ABCDE

5个选项均符合题意。

4. 答案与解析　ABCDE

5个选项均符合题意。

5. 答案与解析　ABDE

各种商情指数、预期合成指数、商业循环指数、经济扩散指数、经济波动图等都可以看做黑色预警法的应用。

6. 答案与解析　ACDE

可参照考点1的内容。

7. 答案与解析　ABCDE

5个选项均符合题意。

8. 答案与解析　ACDE

风险预警的理论和方法近年来在世界范围内取得了显著进展，主要方法有：专家判断法、评级方法、信用评分方法、统计模型。

9. 答案与解析　ABCDE

5个选项均符合题意。

10. 答案与解析　ABC

借款人申请贷款展期，应向银行提交展期申请，其内容包括：展期理由，展期期限，展期后的还本、付息、付费计划及拟采取的补救措施。如是合资企业或股份制企业，则应提供董事会关于申请贷款展期的决议文件或其他有效的授权文件。

11. 答案与解析　BE

可参照考点5的内容。

12. 答案与解析　ABCDE

5个选项均符合题意。

13. 答案与解析　ACDE

可参照考点1的内容。

14. 答案与解析　BCDE

可参照考点2的内容。

15. 答案与解析　ABD

可参照考点7的内容。

二、判断题

1. 答案与解析　×

保存到期的20年期贷款档案由档案部门按贷款业务档案和风险评审档案分别提供拟销毁清单。

2. 答案与解析　×

因提前还款而产生的费用由借款人负担。

3. 答案与解析　×

当这一指数大于0.5时，表示警兆指标中有超过半数处于上升，即风险整体呈上升趋势。

4. 答案与解析　×

抵押期间，抵押物因出险所得赔偿金(包括保险金和损害赔偿金)应存入商业银行指定的账户，并按抵押合同中约定的处理方法进行相应处理。

5. 答案与解析　√

管理状况监控是对企业整体运营的系统情况调查，尤其是对不利变化情况的调查。此部分调查的特点是对"人及其行为"的调查。

6. 答案与解析　√

借款人必须提前与银行协商，经银行同意，贷款才可以展期。

7. 答案与解析　√

在贷款逾期后，银行不但有权收回贷款本息，而且可以加收罚息。

8. 答案与解析　×

业务经办部门应设置专门的档案柜(与贷款文件、档案分开存放)集中存放档案。

9. 答案与解析　×

依法收贷是保证信贷资金安全的有力措施，依法收贷必须和依法放贷及依法管贷结合起来，将信贷工作的全过程纳入依法管理的轨道，使信贷工作置于法律的约束和保护之下。

10. 答案与解析　√

贷款经批准展期后，银行应重新确定每一笔贷款的风险度。

11. 答案与解析　√

在分析保证人的保证实力时，银行应以同样的管理措施对待借款人和保证人。

12. 答案与解析　×

对于追加的担保品，也应根据抵押贷款的有关规定，办妥鉴定、公证和登记等手续，落实抵押权益。

13. 答案与解析　×

风险预警是各种工具和各种处理机制的组合结果，无论是否依托于动态化、系统化、精确化的风险预警系统，都应当逐级、依次完成以下程序。

14. 答案与解析　√

债权人可不通过诉讼程序而直接向有管辖权的基层人民法院申请支付令。

15. 答案与解析　√

执行中的信贷文件和结清后的信贷档案应由风险管理部门和各业务经办人员设专柜分别保管存放。

16. 答案与解析　√

由于抵押人的行为而使得抵押物价值减少，而抵押人又无法完全恢复的，银行应该要求抵押人提供与减少价值相当的担保。

17. 答案与解析　√

借款人希望提前还款的，必须向银行申请并在被批准后才能进行。

18. 答案与解析　√

只是基于财务动机，而不是与核心业务有密切关系的收购，会给收购企业造成经营风险。

贷款风险分类与贷款损失准备金的计提

信贷资产风险分类是指商业银行按照风险程度将信贷资产划分为的不同档次。其实质是根据债务人正常经营状况和担保状况，评价债权被及时、足额偿还的可能性。

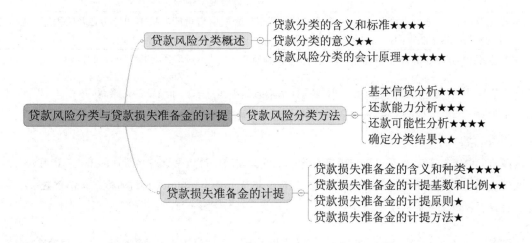

第1章

第1节 贷款风险分类概述

考点1 贷款分类的含义和标准

1. 贷款分类的含义

贷款分类是银行信贷管理的重要组成部分，是指银行根据审慎的原则和风险管理的需要，定期对信贷资产质量进行审查，并将审查的结果分析归类的过程。

从表面上看，贷款分类就是把贷款按照风险程度划分为不同档次。但在实际操作中，银行的信贷分析和管理人员、银行监管官员或其他有关人员，必须综合能够获得的全部信息，熟练掌握贷款分类的标准，才能按照贷款的风险程度对贷款进行正确分类。

2. 贷款分类的标准

中国人民银行从1998年5月开始试行《贷款风险分类指导原则》，并在2001年12月修订后正式发布。指导原则采用贷款风险分类方法，按风险程度，将贷款划分为5类(亦称"五级分类")，即正常、关注、次级、可疑、损失。如表12.1所示。

表12.1 贷款分类的核心定义及比较

	中国	美国
正常	借款人能够履行合同，没有足够理由怀疑贷款本息不能按时足额偿还	借款人能够严格履行合同，有充分把握偿还贷款本息

(续表)

	中国	美国
关注	尽管借款人目前有能力偿还贷款本息，但是存在一些可能对偿还贷款本息产生不利影响的因素	尽管目前借款人没有违约，但存在一些可能对其财务状况产生不利影响的主客观因素。如果这些因素继续存在，可能对借款人的偿还能力产生影响
次级	借款人的还款能力出现明显的问题，完全依靠其正常经营收入已无法保证足额偿还贷款本息，即使执行担保，也可能会造成一定损失	借款人的还款能力出现了问题，依靠其正常经营收入已无法保证足额偿还贷款本息
可疑	借款人无法足额偿还贷款本息，即使执行担保，也肯定要造成较大损失	借款人无法足额偿还贷款本息，即使执行担保，也肯定要发生一定的损失
损失	在采取所有可能的措施和一切必要的法律程序之后，本息仍然无法收回，或只能收回极少部分	采取所有可能的措施和一切必要的程序之后，贷款仍然无法收回

资料来源：IMF(1997)；美国联邦储备委员会；中国银监会：《贷款风险分类指引》，(2007).54号。

例题1 按照我国相关法规规定，银行贷款风险分类不包括( )。(单项选择题)

A. 正常 B. 损失 C. 跟踪 D. 可疑

答案 C

解析 中国人民银行从1998年5月开始试行《贷款风险分类指导原则》，并在2001年12月修订后正式发布。指导原则采用贷款风险分类方法，按风险程度，将贷款划分为5类(亦称"五级分类")，即正常、关注、次级、可疑、损失。

例题2 根据《贷款风险分类指引》，下列关于贷款分类的说法，错误的是( )。(单项选择题)

A. 不良贷款中包括次级类贷款

B. 同一笔贷款应根据比例拆分进行5级分类

C. 贷款分类的实质是判断债务人及时足额偿还贷款本息的可能性

D. 贷款分类是商业银行按照风险程度将贷款划分为不同档次的过程

答案 B

解析 同一笔贷款不得进行拆分分类，B项错误。

例题3 我国贷款风险分类的标准有一条核心的内容，即贷款( )。(单项选择题)

A. 偿还的可能性 B. 风险程度 C. 担保程度 D. 损失程度

答案 A

解析 我国贷款风险分类的标准有一条核心的内容，即贷款偿还的可能性。在市场约束和法制健全的情况下，借款人的还款能力几乎是唯一重要的因素。

例题4 《贷款风险分类指导原则》采用贷款风险分类方法，按风险程度，将贷款划分为5类，即正常、关注、次级、可疑、( )。(单项选择题)

A. 危险 B. 无期 C. 坏账 D. 损失

答案 D

解析 我国《贷款风险分类指导原则》采用贷款风险分类方法，按风险程度将贷款划分为5类，即正常、关注、次级、可疑、损失。

考点2 贷款分类的意义

贷款分类的意义如下：

(1) 贷款分类是银行稳健经营的需要；

(2) 贷款分类是金融审慎监管的需要；

(3) 贷款分类标准是利用外部审计师辅助金融监管的需要；

(4) 贷款分类是不良资产的处置和银行重组的需要。

> **例题5** 银行进行贷款风险分类的意义不包括(   )。(单项选择题)
>
> A. 贷款风险分类是银行增加收益的需要
>
> B. 贷款风险分类是银行稳健经营的需要
>
> C. 贷款风险分类是金融审慎监管的需要
>
> D. 贷款风险分类标准是利用外部审计师辅助金融监管的需要
>
> **答案** A
>
> **解析** 贷款风险分类的意义主要包括以下4点：①贷款分类是银行稳健经营的需要；②贷款分类是金融审慎监管的需要；③贷款分类标准是利用外部审计师辅助金融监管的需要；④贷款分类是不良资产的处置和银行重组的需要。

考点3 贷款风险分类的会计原理

贷款风险分类的会计原理，如图12.1所示。

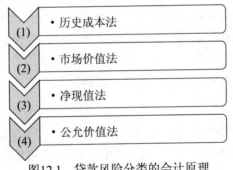

(1) • 历史成本法
(2) • 市场价值法
(3) • 净现值法
(4) • 公允价值法

图12.1 贷款风险分类的会计原理

其中，具体详细的内容如下：

1. 历史成本法

传统上比较常用的历史成本法，主要是对过去发生的交易价值的真实记录，其优点是具有客观性且便于核查。根据历史成本法，收入是指一定时期内账面上资产和负债增减的净值。假设没有倒账风险，按历史成本法反映的银行贷款组合就是当前未偿还贷款总额。历史成本法的重要依据是匹配原则，即把成本摊派到与其相关的创造收入的会计期间。

历史成本法的缺陷主要有以下两点：第一，与审慎的会计准则相抵触；第二，不能反映银行或企业的真实价值或净值。

2. 市场价值法

市场价值法按照市场价格反映资产和负债的价值。如果完全实行市场价值法，收入即代表净资产在期末与期初的差额。因此，与历史成本法相比，市场价值法不必对成本进行摊派。市场价值法的优点是它能够及时承认资产和负债价值的变化，因此能较为及时地反映信贷资产质量发生的问题，银行可以根据市场价格的变化为其资产定值。

但是，市场价值法也有其不可克服的缺点。因为并不是所有的资产都有市场，即使在有市场的情况下，市场价格也不一定总是反映资产的真实价值。首先，当市场发育不成熟的时候，市场价格既有可能高估也有可能低估资产的价值；其次，即使市场成熟，由于信息不对称，银行可能只将不良资产出售，而保留优质资产。在这种情况下，市场会产生逆向选择效应。

因此，市场价值法虽然被认为是一种较为理想的定价方法，但是实际上并没有被广泛用来对贷款定价。原则上，有市场价格的资产，例如有价证券、外汇等，可以用市场价值法，但是对于贷款等非市场性金融产品，只能使用其他方法。

3.净现值法

按照净现值法，贷款价值的确定主要依据对未来净现金流量的贴现值，这样，贷款组合价值的确定将包括贷款的所有预期损失，贷款盈利的净现值也会得到确认。因此，如果一笔贷款发放以后马上计算其净现值，有可能该笔贷款产生的现金流量净现值会超过贷款的本金。贷款的利率和贴现率是决定贷款净现值的重要因素，但贴现率的确定较为困难。总之，净现值法虽然从经济学的角度看较为理想，但在银行中并未得到广泛采用。

4.公允价值法

国际会计标准委员会于1991年对公允价值法所作的定义是：在非强制变现的情况下，贷款按买卖双方自主协商的价格所确定的价值。如果有市场报价，则按市场价格定价。从这个意义上说，公允价值法与市场价值法相比，似乎是一种次佳的方法。同年，国际会计标准委员会发表的关于金融会计标准的声明规定，如果没有市场价格，则应通过判断为贷款定价。判断的依据包括期限、利率和与各等级类似的贷款的市场价格、专门评级机构对类似贷款的评级，以及贷款证券化条件下确定的贷款价值。总之，在没有市场价格的情况下，根据当前所能获得的全部信息，对贷款价值作出的判断，就是公允价值法的运用。实际上，当前较为普遍的贷款分类方法，主要依据公允价值法。

例题6 按照净现值法，贷款价值的确定主要依据(　　)。(单项选择题)

A. 未来净现金流量的贴现值　　　　　　B. 当前现金流量的贴现值

C. 当前净现金流量的贴现值　　　　　　D. 未来现金流量的贴现值

答案　A

解析　按照净现值法，贷款价值的确定主要依据对未来净现金流量的贴现值，这样，贷款组合价值的确定将包括贷款的所有预期损失，贷款盈利的净现值也会得到确认。

例题7 收入只有在实现之后才能得到承认，损失只要预见到就要计入，这样的会计原则是(　　)。(单项选择题)

A. 匹配原则　　　　　B. 及时原则　　　　　C. 真实原则　　　　　D. 审慎原则

答案　D

解析　在所有的会计准则中，一个根本性的原则就是审慎原则。根据这一原则，收入只有在实现之后才应得到承认，而损失只要预见到就要计入。

例题8 历史成本法的重要依据是( )。(单项选择题)

A. 审慎的会计准则　　B. 匹配原则　　　　C. 及时性原则　　　　D. 准确性原则

答案 B

解析 历史成本法的重要依据是匹配原则，即把成本摊派到与其相关的创造收入的会计期间。

第2节 贷款风险分类方法

银行在对贷款进行分类以及判断借款人的某一笔贷款是正常贷款、关注类贷款还是不良贷款的过程中，通常要经过基本信贷分析、还款能力分析、还款可能性分析和确定分类结果4个步骤。

考点4 基本信贷分析

在贷款分类过程中，银行首先要了解的就是贷款基本信息，其内容包括4个方面：第一是贷款目的，即主要判断贷款实际上是如何使用的，与约定的用途是否有出入；第二是还款来源，即主要分析贷款合同上的最初偿还来源和目前还款来源；第三是贷款在使用过程中的周期性分析，即资产转换分析，分析贷款使用过程中的各种相关信息及其影响；第四是还款记录，即根据贷款偿还记录情况，判断借款人过去和现在以及未来的还款意愿和还款行为。

1. 贷款目的分析

贷款目的即贷款用途，是判断贷款正常与否最基本的标志。判断贷款是否正确使用是贷款分类的最基本判断因素之一，贷款一旦被挪用，就意味着将产生更大的风险。在贷款分类中，挪用的贷款至少被分类为关注类贷款。如借款人申请的是一笔短期贷款，但是后来贷款用作一块土地的先期付款，短期贷款变为长期使用，贷款被挪用，还款周期加大，贷款偿还可能性受到影响。

2. 还款来源分析

还款来源是判断贷款偿还可能性的最明显标志，还款来源分析需要分析贷款时合同约定的还款来源及目前偿还贷款的资金来源。

3. 资产转换周期分析

从银行角度来讲，资产转换周期是银行信贷资金由金融资本转化为实物资本，再由实物资本转化为金融资本的过程。它包括两个方面的内容：一是生产转换周期；二是资本转换周期。

4. 还款记录分析

借款人的还款记录是记载其归还贷款行为的说明，它包括两个方面的内容：一是贷款档案中直接反映的借款人偿还该行贷款的能力，同时也是判断借款人还款意愿的重要依据；二是信贷监测网络(电子档案)中反映的借款人偿还其他银行及所有债务的能力。这一点不但使检查人员对借款人整个偿付能力有了一个总体的判断，而且通过借款人与其他贷款者往来关系的记录，总结偿还贷款的行为。即使借款人目前能够偿还该行贷款，但如果不能偿还其他银行贷款，那么就说明借款人的偿还能力已经出现了问题，最终也会影响该行贷款的偿还。借款人还款记录分析从某种程度上反映了借款人的道德水准、资本实力、经营水平、担保能力和信用水平等。

例题9 下列关于基本信贷分析的说法，正确的有( )。(多项选择题)

A. 需分析目前的还款来源，进而分析可用于偿还贷款的还款来源风险

B. 不需关注贷款的目的

C. 要对贷款使用过程中的周期性进行分析

D. 贷款期限的确定要符合资本循环的转换

E. 还款记录对贷款分类的确定有特殊的作用

答案 ACDE

解析 在贷款分类过程中，银行首先要了解的就是贷款基本信息，其内容包括4个方面：第一是贷款目的，即主要判断贷款实际上是如何使用的，与约定的用途是否有出入；第二是还款来源，即主要分析贷款合同上的最初偿还来源和目前还款来源；第三是贷款在使用过程中的周期性分析，即资产转换分析，分析贷款使用过程中的各种相关信息及其影响；第四是还款记录，即根据贷款偿还记录情况，判断借款人过去和现在以及未来的还款意愿和还款行为。

例题10 ( )是判断贷款正常与否的最基本标志。(单项选择题)

A. 贷款目的   B. 贷款来源   C. 还款来源   D. 还款记录

答案 A

解析 贷款目的即贷款用途，是判断贷款正常与否的最基本标志。判断贷款是否正确使用是贷款分类的最基本判断因素之一，贷款一旦被挪用，就意味着将产生更大的风险。

考点5 还款能力分析

贷款风险分类最核心的内容就是贷款偿还的可能性，而决定贷款是否能够偿还，借款人的还款能力是主要因素，因此，银行关心的是借款人的经营状况，现在以及未来的偿付能力。而评估借款人偿还能力的一个重要的方式就是对借款人进行财务分析，借款人的偿债能力与其盈利能力、营运能力、资本结构和现金净流量等密切相关。因此，在贷款分类中所进行的财务分析必须包括以下两个方面的内容。

(1) 利用财务报表评估借款人的经营活动；

(2) 利用财务比率分析借款人的偿债能力。

例题11 在贷款分类中所进行的财务分析必须包括哪两个方面的内容? ( )(多项选择题)

A. 利用财务报表评估借款人的经营活动   B. 利用财务比率分析借款人的盈利能力

C. 利用财务比率分析借款人的偿债能力   D. 利用财务报表评估借款人的管理水平

答案 AC

解析 在贷款分类中所进行的财务分析必须包括以下两个方面的内容：①利用财务报表评估借款人的经营活动；②利用财务比率分析借款人的偿债能力。

例题12 与借款人的偿债能力无关的是( )。(单项选择题)

A. 净现金流量   B. 营运能力   C. 生产灵活性   D. 盈利能力

答案　C

解析　借款人的偿债能力与其盈利能力、营运能力、资本结构和净现金流量等因素密切相关，与生产灵活性无关。

考点6　还款可能性分析

一般情况下，还款可能性分析包括还款能力分析、担保状况分析和非财务因素分析。还款能力分析前面已经叙述，这里只介绍担保状况分析和非财务因素分析两个方面。

1. 担保状况分析

在担保的问题上，主要有两个方面的问题要重点考虑，一是法律方面，即担保的有效性；二是经济方面，即担保的充分性。无论是抵押与保证都必须具有法律效力，比如抵押和保证的合同必须是合法的，这样银行在处置抵押品和追索保证责任时，才能得到有关法律的保护。土地、建筑物、机器设备等抵押品应由专门的评估机构进行价值的评估，评估要遵循法律程序，在变现抵押品时，应使其具有不可撤销的法律效力，即抵押品应为债权的全部或部分清偿提供支持，并可被债权人依法拥有。在评估抵押品价值，并确定将其变现是否能获得足够的资金偿还贷款时，业务人员通常要通过对抵押品的分析来鉴别抵押品的有效性以及抵押品的市场价值。在分析抵押品变现能力和现值时，在有市场的情况下，按照市场价格定价，在没有市场的情况下，应参照同类抵押品的市场价格定价。担保也需要具有法律效力，并且是建立在担保人的财务实力以及愿意为一项贷款提供支持的基础之上。因此业务人员在分析抵押与担保时，要判断抵押与担保是否能够消除或减少贷款风险损失的程度。

2. 非财务因素分析

影响贷款偿还的非财务因素在内容和形式上都是复杂多样的，首先可以从借款人的行业风险、经营风险、管理风险、自然及社会因素和银行信贷管理等几个方面入手分析非财务因素对贷款偿还的影响程度；其次可以从借款人行业的成本结构、成长期、产品的经济周期性和替代性、行业的盈利性、经济技术环境的影响、对其他行业的依赖程度以及有关法律政策对该行业的影响程度等几个方面来分析借款人所处行业的基本状况和发展趋势，由此判断借款人的基本风险；再次可以从借款人的经营规模、发展阶段、产品单一或多样、经营策略、市场份额等方面来分析判断借款人的总体特征，分析其产品情况和市场份额以及在采购、生产、销售等环节的风险因素，来判断借款人的自身经营风险；最后从借款人的组织形式、企业文化特征、管理层素质和对风险的控制能力、经营管理作风等方面来考察借款人的管理风险，并且关注借款人遇到的一些经济纠纷及法律诉讼对贷款偿还的影响程度。

例题13　一般情况下，还款可能性分析包括(　　)。(多项选择题)

A. 担保状况分析　　　B. 还款能力分析　　　C. 非财务因素分析　　　D. 财务因素分析

答案　ABC

解析　一般情况下，还款可能性分析包括还款能力分析、担保状况分析和非财务因素分析。

例题14　担保的充分性和有效性分别指(　　)。(单项选择题)

A. 法律方面和经济方面　　　　　　　　B. 风险方面和收益方面

C. 经济方面和法律方面　　　　　　　　　　D. 收益方面和风险方面

答案　A

解析　在担保的问题上，主要有两个方面的问题要重点考虑，一是法律方面，即担保的有效性；二是经济方面，即担保的充分性。

例题15　下列关于还款可能性分析中，说法不正确的是(　　)。(单项选择题)

A. 银行设立抵押或保证的目的在于，当借款人不能履行还贷义务时，银行可以取得并变卖借款人的资产或取得保证人的承诺

B. 在贷款分类中，需要对借款人的各种非财务因素进行分析

C. 担保也需要具有法律效力，并且是建立在担保人的财务实力以及愿意为一项贷款提供支持的基础之上

D. 银行设立抵押或保证后，如果借款人不能偿还贷款，银行不可以追索债权

答案　D

解析　银行设立抵押或保证的目的在于，明确规定在借款人不能履行还贷义务时，银行可以取得并变卖借款人的资产或取得保证人的承诺。如果借款人不能偿还贷款，银行可以依据抵押权或保证权追索债权；对贷款设定抵押或担保，可以使银行对借款人进行控制。担保是银行防止遭受损失的保障措施，是银行为保证贷款足够安全，在贷出资金周围设立的众多安全防护措施之一。

考点7　确定分类结果

具体如表12.2所示。

表12.2　贷款分类

贷款类型	具体描述
正常类贷款	借款人能够履行合同，没有足够理由怀疑贷款本息不能按时足额偿还
关注类贷款	尽管借款人目前有能力偿还贷款本息，但存在一些可能对偿还贷款本息产生不利影响的因素
次级类贷款	借款人的还款能力出现明显的问题，完全依靠其正常营业收入已无法保证足额偿还贷款本息，即使执行担保，也可能会造成一定损失
可疑类贷款	借款人无法足额偿还贷款本息，即使执行抵押或担保，也肯定要造成较大损失
损失类贷款	在采取所有可能的措施和一切必要的法律程序之后，本息仍然无法收回，或只能收回极少部分

例题16　在采取所有可能的措施和一切必要的法律程序之后，本息仍然无法收回，或只能收回极少部分的是(　　)。(单项选择题)

A. 关注类贷款　　　　　　　　　　B. 次级类贷款

C. 可疑类贷款　　　　　　　　　　D. 损失类贷款

答案　D

解析　损失类贷款是在采取所有可能的措施和一切必要的法律程序之后，本息仍然无法收回，或只能收回极少部分。

例题17 下列贷款不能归为次级类的是( )。(单项选择题)

A. 同一借款人对其他银行的部分债务已经不良

B. 借新还旧

C. 借款人分立以恶意逃废银行债务，本金已经逾期

D. 重组后的贷款仍然逾期

答案 D

解析 重组后的贷款仍然逾期，或借款人仍然无力偿还贷款，应至少归为可疑类，不能归为次级类。

第3节 贷款损失准备金的计提

考点8 贷款损失准备金的含义和种类

1. 贷款损失准备金的含义

从事前风险管理的角度看，可以将贷款损失分为预期损失和非预期损失，通常银行提取资本金来覆盖非预期损失，提取准备金来覆盖预期损失。因此，贷款损失准备金是与预期损失相对应的概念，它的大小是由预期损失的大小决定的。

贷款风险分类的过程实质上是银行对贷款预期损失的认定过程，也是对贷款实际价值的评估过程，计提贷款损失准备金是对贷款预期损失的抵补。贷款风险分类是计提和评估贷款损失准备金的基础。只有执行了审慎的贷款分类制度，能够真实揭示贷款价值，识别贷款组合中的预期损失，才能计提充足的贷款损失准备金，对贷款组合中的预期损失加以及时弥补，以增强商业银行的资本基础，提高商业银行的抗风险能力。即使不能立即建立审慎的贷款损失准备金制度，也应该通过审慎的贷款风险分类制度有效地识别贷款组合中的预期损失，同时发现贷款管理中存在的问题，以及时改善信贷管理，防止发生更大的损失。

2. 贷款损失准备金的种类

商业银行一般提取的贷款损失准备金有3种：普通准备金、专项准备金和特别准备金，具体如表12.3所示。

表12.3 贷款损失准备金的种类及内容

种类	具体内容
普通准备金	普通准备金又称一般准备金，是按照贷款余额的一定比例提取的贷款损失准备金。我国商业银行现行的按照贷款余额1%提取的贷款呆账准备金相当于普通准备金。由于普通损失准备金在一定程度上具有资本的性质，因此，普通损失准备金可以计入商业银行资本基础的附属资本，但计入的普通准备金不能超过加权风险资产的1.25%，超过部分不再计入
	普通准备金是用于弥补贷款组合的不确定损失的。再好的风险识别机制和分类制度，由于可用资料和人员素质等限制，都很难做到将贷款的内在损失全部识别出来，因此就要提取一定的准备金，以用于弥补贷款的不确定损失。从某种意义上讲，普通损失准备金是弥补贷款组合损失的一种总准备。普通损失准备金所针对的贷款内在损失是不确定的，这种内在损失可能存在，也可能不存在，还有可能部分存在，但目前无法认定。因此，普通贷款损失准备金在一定程度上具有资本的性质，可以一定程度上用于弥补银行的未来损失

(续表)

种类	具体内容
专项准备金	专项准备金是根据贷款风险分类结果，对不同类别的贷款根据其内在损失程度或历史损失概率计提的贷款损失准备金。专项准备金由于不具有资本的性质，不能计入资本基础，同时在计算风险资产时，要将已提取的专项准备金作为贷款的抵扣从相应的贷款组合中扣除 专项准备金反映的是贷款账面价值与实际评估价值的差额，或者说反映的是贷款的内在损失，尽管在账务上还没有将这部分内在损失冲销，但实际上专项准备金已经用于弥补目前贷款组合中存在的内在损失，不能再用于弥补银行未来发生的其他损失，其性质与固定资产折旧相同。因此，专项准备金不具有资本的性质
特别准备金	特别准备金是针对贷款组合中的特定风险，按照一定比例提取的贷款损失准备金。特别准备金与普通和专项准备金不同，特别准备金不是商业银行经常提取的准备金。遇到特殊情况，商业银行才计提特别准备金。比如，国家出现政治动荡、经济或金融危机等重大事件，影响到该国公司的贷款偿还能力，那么，银行就可以对该国的全部贷款按一定比例计提特别准备金。特别准备金是按照贷款内在损失计提专项准备金基础之上计提的

例题18 银行一般通过(　　)来覆盖非预期损失。(单项选择题)

A. 提取准备金 　　　　　　　　　　　　　B. 提取资本金

C. 银行贷款 　　　　　　　　　　　　　　D. 提取流动资金

答案　B

解析　从事前风险管理的角度看，可以将贷款损失分为预期损失和非预期损失，通常银行提取资本金来覆盖非预期损失，提取准备金来覆盖预期损失。

例题19 下列准备金中，具有资本性质的是(　　)。(单项选择题)

A. 普通准备金 　　　　　　　　　　　　　B. 专项准备金

C. 特别准备金 　　　　　　　　　　　　　D. 银行资本金

答案　A

解析　普通贷款损失准备金在一定程度上具有资本的性质，可以一定程度上用于弥补银行的未来损失。

例题20 商业银行一般提取的贷款损失准备金包括(　　)。(多项选择题)

A. 责任准备金　　　B. 普通准备金　　　C. 风险准备金

D. 专项准备金　　　E. 特别准备金

答案　BDE

解析　商业银行一般提取的贷款损失准备金有3种：普通准备金、专项准备金和特别准备金。

例题21 下列关于专项准备金的说法，错误的是(　　)。(单项选择题)

A. 专项准备金是根据贷款风险分类结果，对不同类别的贷款根据其内在损失程度或历史损失概率计提的贷款损失准备金

B. 在计算风险资产时，要将已提取的专项准备金作为贷款的抵扣从相应的贷款组合中扣除

C. 专项准备金反映的是贷款账面价值与实际评估价值的差额

D. 专项准备金具有资本的性质

答案 D

解析 专项准备金反映了贷款的内在损失，尽管在账务上还没有将这部分内在损失冲销，但实际上专项准备金已经用于弥补目前贷款组合中存在的内在损失，不能再用于弥补银行未来发生的其他损失，其性质与固定资产折旧相同。因而，专项准备金不具有资本的性质。

考点9 贷款损失准备金的计提基数和比例

1. 贷款损失准备金的计提基数

普通准备金的计提基数有3种，一是选择以全部贷款余额做基数；二是为了避免普通准备金与专项准备金的重复计算，选择以全部贷款扣除已提取专项准备金后的余额为基数；三是选择以正常类贷款余额或者正常类贷款加上关注类贷款余额为基数。

专项准备金的计提基数有两种，分别为不良贷款或"非正常类贷款"。在实际操作中，并不是简单以各类不良贷款或"非正常类贷款"为基数，应乘以相应的计提比例来计提专项准备金。对于大额的不良贷款，特别是大额的可疑类贷款，要逐笔确定内在损失金额，并按照这一金额计提；对于其他不良贷款或具有某种相同特性的贷款，则按照该类贷款历史损失概率确定一个计提比例，实行批量计提。

特别准备金的计提基数为某一特定贷款组合(如特定国别或特定行业等)的全部贷款余额。

2. 贷款损失准备金的计提比例

普通准备金的计提比例：一般确定一个固定比例，或者确定计提比例的上限或下限。

专项准备金的计提比例：由商业银行按照各类贷款的历史损失概率确定；对于没有内部风险计算体系的银行，监管当局往往规定一个参考比例。

特别准备金的计提比例：由商业银行或监管当局按照国别或行业等风险的严重程度确定。

例题22 普通准备金的计提基数有( )。(多项选择题)

A. 选择以上全部贷款余额做基数

B. 为了避免普通准本金与专项准备金的重复，计算选择以全部贷款扣除已提取专项准备金后的余额为基数

C. 选择以正常类贷款余额或者正常类贷款加上关注类贷款余额为基数

D. 以不良贷款余额为基数

答案 ABC

解析 普通准备金的计提基数有3种，一是选择以全部贷款余额做基数；二是为了避免普通准备金与专项准备金的重复计算，选择以全部贷款扣除已提取专项准备金后的余额为基数；三是选择以正常类贷款余额或者正常类贷款加上关注类贷款余额为基数。

例题23 贷款损失准备金中，对于其他不良贷款或具有某种相同特性的贷款，实行( )计提。(单项选择题)

A. 批量　　　B. 固定比率　　　C. 审核比率　　　D. 权数

答案 A

解析 贷款损失准备金中，对于大额的不良贷款，特别是大额的可疑类贷款，要逐笔确定内在损失金额，并按照这一金额计提；对于其他不良贷款或具有某种相同特性的贷款，则按照该类贷款历史损失率确定一个计提比例，实行批量计提。

考点10 贷款损失准备金的计提原则

1. 计提贷款损失准备金要符合审慎会计原则的要求

审慎会计原则又称为保守会计原则，是指对具有估计性的会计事项，应当谨慎从事，应当合理预计可能发生的损失和费用，不预计或少预计可能带来的利润。其核心内容是对利润的估计和记载要谨慎或保守，对损失的估价和记载要充分，同时要保持充足的准备金以弥补损失。

2. 计提贷款损失准备金要坚持及时性和充足性原则

及时性原则是指商业银行计提贷款损失准备金应当在估计到贷款可能存在内在损失、贷款的实际价值可能减少时进行，而不应当在贷款内在损失实际实现或需要冲销贷款时才计提贷款损失准备金。

充足性原则是指商业银行应当随时保持足够弥补贷款内在损失的准备金。这里所说的"随时"实际上是相对的，不是绝对的，不是要求商业银行所保持的准备金水平都与其当天贷款的内在损失绝对相等。只要商业银行能够定期对贷款的内在损失进行评估，并根据内在的损失程度的变化定期调整其准备金水平就可以了。

例题24 贷款损失准备金的计提原则有( )。(多项选择题)

A. 要符合审慎会计原则　　　　　　　B. 要坚持及时性原则

C. 要坚持充足性原则　　　　　　　　D. 要坚持充分合理原则

答案 ABC

解析 以上3项都是贷款损失准本金的计提原则。

考点11 贷款损失准备金的计提方法

商业银行计提贷款损失准备金的基本步骤如下。

1. 对大额不良贷款逐笔计提专项准备金

对于划分为损失的贷款，应按贷款余额的100%计提专项准备金。对于大额的可疑类贷款，如果以固定的比率按照分类结果计提，其内在损失率与计提比率的误差将对银行的贷款损失准备金总体水平产生较大影响。可疑类贷款中借款人和担保人的正常生产和经营活动已经基本停止，贷款的偿还只能依赖于既定的抵押品或借款人的其他资产等比较明确的还款来源，这时贷款的损失比率基本只与相关资产的变现价值与变现成本有关，已经基本明确。有必要也可以从其贷款组合中区别出来逐笔计算，专门计提专项准备金。

对于大额的次级类贷款，如果可能的还款来源仅仅是抵押品，相对明确并容易量化，也应该区别出来逐笔计提。而如果可能的还款来源还包括借款人的其他活动，如融资等所产生的现金流量，则不应该从其贷款组合中区别出来逐笔计算应计提的贷款损失准备金。对于单笔贷款计提准备金时，应当扣除该笔贷款抵押品的价值；对批量贷款计提准备金时，则不需要扣除。

2. 按照分类结果对其他"非正常类贷款"计提专项准备金

对于其余的"非正常类贷款",按照汇总分类结果,根据各类贷款不同的内在损失,分别予以计提准备金。

各类贷款的计提比率,本质上是对各类贷款损失概率的反映。损失概率的计算,主要是运用统计方法,搜集一定统计区间内各类贷款的历史损失记录计算得来的。在实践上,有些国家或地区的监管当局采用了固定的贷款损失准备金计提比率,即对不同类别的贷款,根据对其平均历史损失率的统计分析或国际惯例,制定一个固定的准备金计提比率,由贷款分类结果直接计算应计提的贷款损失准备金。而有些国家的商业银行在确定"非正常类贷款"计提准备金的比例时,可以直接按照商业银行自身近期的贷款历史损失概率在一定范围内浮动。

3. 对"非正常类贷款"的同质贷款计提专项准备金

对于一些金额小、数量多的贷款,要采取批量处理的办法。因为影响这些贷款偿还的内部因素和外部因素非常接近,逐笔计算既不现实也没必要。在对这些贷款中正常类以外的贷款计提专项准备金时,也应采取批量处理的方法。对此类贷款,分类过程主要是参考了贷款的逾期期限。具体损失比率与根据借款人还款可能性综合分析得出的各级别普通贷款的损失比率应该有一定的差距,其计提比例的确定应主要参考该类贷款的近期损失记录。

4. 对正常贷款计提普通准备金

各国或地区对正常类的贷款是否计提普通准备金还没有一致的做法,有的国家按固定的比率计提普通准备金,有的国家或地区对正常贷款不计提普通准备金,还有的国家(如美国)对正常贷款在一定比率区间内计提准备金。

对普通准备金的计提基数的确定方法,各国也有不同,有些国家是按照全部贷款的余额确定;有的国家是在全部贷款余额之中扣除专项准备金后确定;还有的国家是在贷款风险分类后,按照正常类贷款余额计提。按照3种方法分别计算出的普通准备金水平略有不同,第一种计算方法计算出的准备金水平最高,但有重复计算风险的可能;第二种方法略微复杂,但更为合理;第三种方法相对简便,但计算出的普通准备金水平相对较低。目前,比较常用的方法是第二种方法。

5. 计提特别准备金

特别准备金是针对具体的突发性事件,对某一受影响的贷款组合(主要是国别和行业等)计提的贷款损失准备金,其计提基数就是这一特定贷款组合的余额。计提比率要根据具体事件可能带来的影响具体分析,必要时还要根据事件的进展情况及时调整。

6. 汇总各类准备金

将以上5步计算出的贷款损失准备金相加,初步得出应计提的贷款损失准备金数额。

7. 根据其他因素对贷款损失准备金总体水平进行调整

一般来讲,对商业银行贷款偿还可能性存在影响的因素主要包括:商业银行贷款增长速度、信贷管理水平、不良贷款催收能力以及银行所在地区的宏观经济走向等。这些因素对贷款偿还可能性的影响具体化时,会表现在某一笔或几笔贷款操作中。但是以上因素对银行的整个贷款组合都会产生或多或少的影响,所以,在计算这类因素对贷款损失准备金水平的影响时,无法针对具体的贷款或贷款类别进行调整,只能在前面已经计提出的贷款损失准备金水平上进行总体调整。另外,银行的贷款分类政策、分类标准或松或紧,对银行根据自身贷款分类结果进行贷款损失准备金的计算时有比较大的影响。如果监管当局或内审部门在评价商业银行的贷款损失准备金水平时参考了全部或部分商业银行对贷款的内部分类结果，则还应该根据这项因素的判断对计算出的贷款损失准备金水平进行调整。

例题25 商业银行计提贷款损失准备金的基本步骤为( )。(多项选择题)

A. 对大额不良贷款逐笔计提专项准本金

B. 按照分类结果对其他"非正常类贷款"计提专项准备金

C. 对"非正常类贷款"的同质贷款计提专项准备金

D. 对正常贷款计提普通准备金

E. 计提特别准备金及汇总各类准备金

F. 根据其他因素对贷款损失准备金总体水平进行调整

答案 ABCDEF

解析 以上6项均是商业银行计提贷款损失准备金的基本步骤。

第4节 同步强化训练

一、单项选择题

1. 计提贷款损失准备金时，( )是指商业银行计提贷款损失准备金应在估计到贷款可能存在内在损失、贷款的实际价值可能减少时进行，而不应在贷款内在损失实际实现或需要冲销贷款时才计提贷款损失准备金。

A. 及时性原则　　　　B. 充足性原则　　　　C. 保守性原则　　　　D. 风险性原则

2. 普通准备金( )资本的性质，专项准备金( )资本的性质。

A. 具备，具备　　　　B. 不具备，具备　　　　C. 具备，不具备　　　　D. 不具备，不具备

3. 普通准备金在计入商业银行资本基础的附属资本时，上限为加权风险资产的( )。

A. 1%　　　　B. 1.25%　　　　C. 1.5%　　　　D. 2%

4. ( )是判断贷款偿还可能性的最明显标志。

A. 贷款目的　　　　B. 还款来源　　　　C. 资产转换周期　　　　D. 还款记录

5. 借款人无法足额偿还本息，即使执行抵押或担保，也肯定要造成较大损失的贷款属于( )贷款。

A. 关注类　　　　B. 次级类　　　　C. 可疑类　　　　D. 损失类

6. ( )与审慎的会计准则相抵触。

A. 历史成本法　　　　B. 市场价值法　　　　C. 净现值法　　　　D. 合理价值法

7. 历史成本法的重要依据是( )。

A. 审慎的会计准则　　　　B. 匹配原则　　　　C. 市场价值　　　　D. 净现值

8. 对于划分为损失类的贷款，应按贷款余额的( )计提专项准备金。

A. 50%　　　　B. 75%　　　　C. 90%　　　　D. 100%

9. 商业银行计提贷款损失准备金的基本步骤是(　　)。

A. 对大额不良贷款计提专项准备金——对正常贷款计提普通准备金——对"非正常类贷款"计提专项准备金——计提特别准备金

B. 对正常贷款计提普通准备金——对大额不良贷款计提专项准备金——对"非正常类贷款"计提专项准备金——计提特别准备金

C. 对大额不良贷款计提专项准备金——对"非正常类贷款"计提专项准备金——对正常贷款计提普通准备金——计提特别准备金

D. 对正常贷款计提普通准备金——对"非正常类贷款"计提专项准备金——对大额不良贷款计提专项准备金——计提特别准备金

10. 银行一般通过(　　)来覆盖非预期损失。

A. 提取准备金　　　　B. 提取资本金　　　　C. 银行贷款　　　　D. 提取流动资金

11. 下列选项中，不属于还款来源风险预警信号的是(　　)。

A. 还款来源分散

B. 贷款用途与借款人原定计划不同

C. 偿付来源与借款合同上的还款来源不一致

D. 贷款目的或偿付来源与借款人主营业务不一致

12. 净现值法中，较难确定的是(　　)。

A. 利率　　　　B. 收益率　　　　C. 贴现率　　　　D. 回报率

13. 对于银行和企业，决定资产价值的主要是(　　)。

A. 资产账面价值　　　　B. 预计的市场价格　　　　C. 当前的市场价格　　　　D. 资产历史成本

14. 关于贷款分类的意义，下列说法错误的是(　　)。

A. 贷款分类是银行稳健经营的需要

B. 贷款分类是监管当局并表监管、资本监管和流动性监控的基础

C. 贷款分类是利用外部审计师辅助金融监管的需要

D. 一般银行在处置不良资产时不需要贷款分类，在重组财产时需要对贷款分类

15. 按照我国相关法规规定，银行贷款风险分类不包括(　　)。

A. 正常类　　　　B. 损失类　　　　C. 跟踪类　　　　D. 可疑类

16. 按照净现值法，贷款价值的确定主要依据(　　)。

A. 未来净现金流量的贴现值　　　　　　　　B. 当前现金流量的贴现值

C. 当前净现金流量的贴现值　　　　　　　　D. 未来现金流量的贴现值

17. 关于我国银行贷款分类的核心定义，下列说法正确的是(　　)。

A. 正常贷款是指借款人能够严格履行合同，有充分把握偿还贷款本息的贷款

B. 关注贷款是指尽管借款人目前有能力偿还贷款本息，但其存在一些可能对偿还贷款本息产生不利影响因素的贷款

C. 次级贷款是借款人无法足额偿还本息，即使执行抵押或担保，也肯定要造成较大损失的贷款

D. 损失贷款是指采取所有可能的措施之后依然无法收回的贷款

18. 关于基本信贷分析，下列说法正确的是(　　)。

A. 如果借款人存在不良的还款记录，银行应拒绝对其贷款，然后进一步分析原因

    B. 贷款被挪用会使还款周期变化，贷款偿还的不确定性加大

    C. 对银行来说，担保抵押是最可靠的还贷方式

    D. 资本转换周期通过一个生产周期来完成

二、多项选择题

1. 计算贷款损失的普通准备金计提基数时，可以采用的计提基数有(　　)。

    A. 全部贷款余额　　　　　　B. 全部贷款扣除已提取专项准备金后的余额

    C. 正常类贷款余额　　　　　D. 正常类贷款加上关注类贷款余额

    E. 全部贷款扣除关注类贷款余额

2. 下列关于贷款损失准备金计提比例的说法，正确的有(　　)。

    A. 普通准备金的计提比例可以确定为一个固定的比例

    B. 专项准备金的计提比例，可以由商业银行按照各类贷款的历史损失概率确定

    C. 对于没有内部风险计算体系的银行，监管当局可以为专项准备金计提比例规定一个参考比例

    D. 特别准备金的计提比例，可以由监管当局按照国别或行业等风险的严重程度确定

    E. 普通准备金的计提比例可以确定上、下限

3. 在分析非财务因素对贷款偿还的影响程度时，银行可以从借款人的(　　)等方面入手。

    A. 行业风险　　　　　B. 经营风险　　　　　C. 管理风险

    D. 自然及社会因素　　E. 银行信贷管理

4. 银行对借款人管理风险的分析内容包括(　　)。

    A. 产品的经济周期　　B. 经营规模　　　　　C. 产品市场份额

    D. 企业文化特征　　　E. 管理层素质

5. 商业银行一般提取的贷款损失准备金包括(　　)。

    A. 责任准备金　　　　B. 普通准备金　　　　C. 风险准备金

    D. 专项准备金　　　　E. 特别准备金

6. 下列关于贷款风险分类会计原理的说法，正确的有(　　)。

    A. 历史成本法具有客观性

    B. 采用历史成本法会导致银行损失的低估

    C. 市场价值法总是能够反映资产的真实价值

    D. 市场价值法不必对成本进行摊派

    E. 当前较为普遍的贷款分类方法主要依据合理价值法

7. 还款来源存在风险的预警信号有(　　)。

    A. 贷款用途与借款人原定计划不同　　　　B. 偿付来源与合同上的还款来源不同

    C. 贷款目的与借款人主营业务无关　　　　D. 偿付来源与借款入主营业务无关

    E. 借款人与其担保人所处行业相同

8. 衡量借款人短期偿债能力的指标有(　　)。

    A. 资产负债比率　　　B. 现金比率　　　　　C. 速动比率

    D. 流动比率　　　　　E. 产权比率

9. 关注类贷款的标准包括( )。

A. 借款人的固定资产贷款项目出现重大的不利于贷款偿还的因素(如基建项目工期延长、预算调增过大)

B. 借款人的销售收入、经营利润下降或出现流动性不足的征兆，一些关键财务指标出现异常性的不利变化或低于同行业平均水平

C. 借款人或有负债(如对外担保、签发商业汇票等)过大或与上期相比有较大幅度上升

D. 借款人经营管理存在重大问题或未按约定用途使用贷款

E. 借款人或担保人改制(如分立、兼并、租赁、承包、合资、股份制改造等)对贷款可能产生不利影响

10. 市场价值法的优点主要在于( )。

A. 它能够及时承认资产和负债价值的变化　　B. 银行可根据市场价格的变化为其资产定值

C. 不必等到资产出售时才能知道净资产的状况　　D. 并不是所有的资产都有市场

E. 即使在有市场的情况下，市场价格也不一定总是反映资产的真实价值

11. 下列关于基本信贷分析的说法，正确的有( )。

A. 需分析目前的还款来源，进而分析可用于偿还贷款的还款来源风险

B. 不需关注贷款的目的

C. 要对贷款使用过程中的周期性进行分析

D. 贷款期限的确定要符合资本循环的转换

E. 还款记录对贷款分类的确定有特殊的作用

12. 一般情况下，借款人的还款来源包括( )。

A. 现金流量　　　　　B. 资产转换　　　　　C. 资产销售

D. 抵押物的清偿　　　E. 重新筹资

13. 下列关于历史成本法的说法，正确的有( )。

A. 主要是对过去发生的交易价值的真实记录　　B. 优点是客观且便于核查

C. 不能反映银行或企业的真实价值或净值　　　D. 能反映特殊情况下资产、负债的变化

E. 会导致银行损失的低估和对资本的高估

14. 在分析还款可能性时，可从( )入手分析非财务因素对贷款偿还的影响。

A. 产权比率　　　　　B. 银行信贷管理　　　C. 借款人管理能力

D. 借款人的行业风险　E. 自然及社会因素

15. 利用财务报表评估借款人经营活动时，考察的内容包括借款人的( )。

A. 收入水平　　　　　B. 资产状况　　　　　C. 所有者权益状况

D. 偿债能力　　　　　E. 财务趋势

16. 下列关于贷款损失准备金的说法，正确的有( )。

A. 普通损失准备金是弥补贷款组合损失的一种总准备

B. 普通准备金反映的是贷款账面价值与实际评估价值的差额

C. 在计算风险资产时，不能扣除已提取的专项准备金

D. 专项准备金的性质与固定资产折旧相同

E. 特别准备金不是商业银行经常提取的准备金

三、判断题

1. 商业银行对于应计提的贷款损失准备金的计算，建立在对贷款整体分析的基础上。（ ）

2. 只有执行了审慎的贷款分类制度，才能计提充足的贷款损失准备金。（ ）

3. 贷款分类有助于银行识别已经发生但尚未实现的风险。（ ）

4. 普通准备金完全不允许计入商业银行资本基础的附属资本。（ ）

5. 损失类贷款意味着贷款已不具备或基本不具备作为银行资产的价值。（ ）

6. 在担保的问题上，银行应当重点考虑担保的有效性和充分性。（ ）

7. 生产转换周期以资金开始，以产品结束。（ ）

8. 从银行角度来讲，资产转换周期包括生产转换周期和资本转换周期两个方面。（ ）

9. 借款人的还款能力出现明显的问题，依靠其正常经营收入已无法保证足额偿还本息，即使执行抵押或担保，也可能会造成一定损失的贷款称为可疑类贷款。（ ）

10. 对于大额的次级类贷款，如果可能的还款来源还包括融资所产生的现金流量，则应该从其贷款组合中区别出来，逐笔计算应计提的贷款损失准备金。（ ）

11. 根据计提贷款损失准备金的充足性原则，商业银行所保持的准备金水平都应与其当天贷款的内在损失相等。（ ）

12. 对于大额的可疑类贷款，应该按照该类贷款历史概率确定一个计提比例，实行批量计提。（ ）

13. 根据审慎会计原则计提贷款损失准备金时，不能提前使用未来的收益。（ ）

14. 对于可疑类贷款，贷款的损失比率基本只与相关资产的变现价值与变现成本有关。（ ）

15. 对于一些金额小、数量多的贷款，可以采取批量处理的办法计提准备金。（ ）

16. 一笔贷款发放以后马上计算其净现值，一定等于贷款本金。（ ）

答案与解析

一、单项选择题

1. 答案与解析　A

及时性原则是指商业银行计提贷款损失准备金应当在估计到贷款可能存在内在损失、贷款的实际价值可能减少时进行，而不应当在贷款内在损失实际实现或需要冲销贷款时才计提贷款损失准备金。

2. 答案与解析　C

普通损失准备金在一定程度上具有资本的性质；专项准备金不具有资本的性质。

3. 答案与解析　B

普通损失准备金可以计入商业银行资本基础的附属资本，但计入的普通准备金不能超过加权风险资产的1.25%，超过部分不再计入。

4. 答案与解析　B

还款来源是判断贷款偿还可能性的最明显标志，还款来源分析需要分析贷款时合同约定的还款来源及目前偿还贷款的资金来源。

5. 答案与解析　C

可疑类贷款：借款人无法足额偿还贷款本息，即使执行抵押或担保，也肯定要造成较大损失。

6. 答案与解析　A

历史成本法与审慎的会计准则相抵触。

7. 答案与解析　B

历史成本法的重要依据是匹配原则，即把成本摊派到与其相关的创造收入的会计期间。

8. 答案与解析　D

对于划分为损失的贷款，应按贷款余额的100%计提专项准备金。

9. 答案与解析　C

可参照考点11的内容。

10. 答案与解析　B

通常银行提取资本金来覆盖非预期损失，提取准备金来覆盖预期损失。

11. 答案与解析　A

可参照考点4"2. 还款来源分析"内容。

12. 答案与解析　C

贷款的利率和贴现率是决定贷款净现值的重要因素，但贴现率的确定较为困难。

13. 答案与解析　C

对于银行和企业，决定资产价值的主要是当前的市场价格。

14. 答案与解析　D

可参照考点2的内容。

15. 答案与解析　C

将贷款划分为5类(亦称"五级分类")，即正常、关注、次级、可疑、损失。

16. 答案与解析　A

按照净现值法，贷款价值的确定主要依据对未来净现金流量的贴现值。

17. 答案与解析　B

可参照考点1"2. 贷款分类的标准"的内容。

18. 答案与解析　B

可参照考点4的内容。

二、多项选择题

1. 答案与解析　ABCD

可参照考点9的内容。

2. 答案与解析　ABCDE

5个选项均符合题意。

3. 答案与解析　ABCDE

5个选项均符合题意。

4. 答案与解析　DE

从借款人的组织形式、企业文化特征、管理层素质和对风险的控制能力、经营管理作风等方面来考察借款人的管理风险，并且关注借款人遇到的一些经济纠纷及法律诉讼对贷款偿还的影响程度。

5. 答案与解析　BDE

商业银行一般提取的贷款损失准备金有3种：普通准备金、专项准备金和特别准备金。

6. 答案与解析　ABDE

可参照考点3的内容。

7. 答案与解析　ABCD

可参照考点4"2. 还款来源分析"的内容。

8. 答案与解析　BCD

衡量借款人短期偿债能力的指标主要有流动比率、速动比率和现金比率等。

9. 答案与解析　ABCDE

5个选项均符合题意。

10. 答案与解析　ABC

市场价值法的优点是它能够及时承认资产和负债价值的变化，因此能较为及时地反映信贷资产质量发生的问题，银行可以根据市场价格的变化为其资产定值。

11. 答案与解析　ACDE

可参照考点4的内容。

12. 答案与解析　ABCDE

5个选项均符合题意。

13. 答案与解析　ABCE

可参照考点3"1. 历史成本法"的内容。

14. 答案与解析　BCDE

影响贷款偿还的非财务因素在内容和形式上都是复杂多样的，首先可以从借款人的行业风险、经营风险、管理风险、自然及社会因素和银行信贷管理等几个方面入手分析非财务因素对贷款偿还的影响程度。

15. 答案与解析　ABCDE

5个选项均符合题意。

16. 答案与解析　ADE

可参照考点8"2. 贷款损失准备金的种类"的内容。

三、判断题

1. 答案与解析　×

商业银行对于应计提的贷款损失准备金的计算，是建立在对贷款逐笔或分类分析的基础上。

2. 答案与解析 √

只有执行了审慎的贷款分类制度，才能计提充足的贷款损失准备金。

3. 答案与解析 √

贷款分类有助于银行识别已经发生但尚未实现的风险。

4. 答案与解析 ×

普通损失准备金可以计入商业银行资本基础的附属资本。

5. 答案与解析 √

损失类贷款意味着贷款已不具备或基本不具备作为银行资产的价值。

6. 答案与解析 √

在担保的问题上，银行应当重点考虑担保的有效性和充分性。

7. 答案与解析 ×

生产转换周期是以资金开始，以资金结束。

8. 答案与解析 √

从银行角度来讲，资产转换周期包括生产转换周期和资本转换周期两个方面。

9. 答案与解析 ×

可参照考点1的内容。

10. 答案与解析 ×

对于大额的次级类贷款，如果可能的还款来源仅仅是抵押品，相对明确并容易量化，也应该区别出来逐笔计提。

11. 答案与解析 ×

根据计提贷款损失准备金的充足性原则，商业银行所保持的准备金水平不要求都应与其当天贷款的内在损失相等。

12. 答案与解析 ×

可参照考点11"1.对大额不良贷款逐笔计提专项准备金"的内容。

13. 答案与解析 √

根据审慎会计原则计提贷款损失准备金时，不能提前使用未来的收益。

14. 答案与解析 √

对于可疑类贷款，贷款的损失比率基本只与相关资产的变现价值与变现成本有关。

15. 答案与解析 √

对于一些金额小、数量多的贷款，可以采取批量处理的办法计提准备金。

16. 答案与解析 ×

如果一笔贷款发放以后马上计算其净现值，有可能该笔贷款产生的现金流量净现值会超过贷款的本金。

第13章

不良贷款管理

　　研究不良贷款产生的原因、加强问题贷款的识别与监测以及化解问题贷款，是银行信贷管理中至关重要的内容。本章概括性地介绍了不良贷款的定义及其成因，并详尽介绍了现金清收、重组、核销等几种主要的不良贷款处置方式，并进一步对不良贷款管理中抵押品的处置作出了介绍。

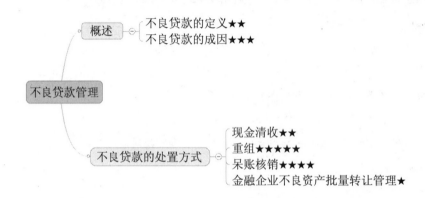

第1节　概述

考点1　不良贷款的定义

　　长期以来，不良贷款问题是我国银行面临的重要难题。针对不良贷款问题，我国银行采取了很多措施，如制定严格的信贷管理制度，信贷业务的完全程序化改革，规定降低不良贷款的指标等。

　　不良贷款是指借款人未能按原定的贷款协议按时偿还商业银行的贷款本息，或者已有迹象表明借款人不可能按原定的贷款协议按时偿还商业银行的贷款本息而形成的贷款。按照4级分类的标准，我国曾经将不良贷款定义为呆账贷款、呆滞贷款和逾期贷款(即"一逾两呆")的总和。从2002年起，我国全面实行贷款5级分类制度，该制度按照贷款的风险程度，将银行信贷资产分为5类：正常、关注、次级、可疑、损失。不良贷款主要指次级、可疑和损失类贷款。

> **例题1**　从2002年起，贷款5级分类制度中的不良贷款不包括(　　)。(单项选择题)
>
> A. 关注类　　　　B. 损失类　　　　C. 次级类　　　　D. 可疑类
>
> **答案**　A
>
> **解析**　从2002年起，我国全面实行贷款5级分类制度，不良贷款主要指次级、可疑和损失类贷款。

考点2 不良贷款的成因

我国商业银行不良贷款产生的原因比较复杂，既有历史原因，也有我国经济体制改革因素的影响；既有整个社会经济环境的原因，也有商业银行自身的经营管理机制方面的原因。具体说来，我国商业银行不良贷款的产生与下列因素有关，如表13.1所示。

表13.1　不良贷款的产生原因

社会融资结构的影响	我国间接融资比重较大，企业普遍缺少自有资金，企业效益不好，必然导致银行产生不良资产。我国传统上是以商业银行为主的融资格局，资本市场的发展相对滞后，使得全社会的信用风险集中积聚到商业银行中。而我国国有企业的经营机制改革没有很好的解决，这也是我国商业银行不良资产产生的重要因素
宏观经济体制的影响	长期以来，我的经济增长主要是政府主导的粗放型经营模式，国有银行根据政府的指令发放贷款，经济转轨后，改革的成本大部分由银行承担了，由此形成大量不良资产
社会信用环境影响	整体上，我国的信用环境还有待提高。国内有些地方没有形成较好的信用文化是导致"三角债"问题的重要原因。有的企业没有偿还银行贷款的动机，相关的法律法规也没有得到很好的实施，由此形成了大量的不良资产
商业银行自身及外部监管问题	商业银行本身也存在着一些问题，比如法人治理结构未能建立起来、经营机制不灵活、管理落后、人员素质低等因素都影响着银行资产质量的提高。与此同时，对商业银行的监管工作不足也是影响因素之一

尽管国家及商业银行自身都采取了大量措施降低商业银行的不良贷款比例，但是由于产生不良贷款的社会条件还没有从根本上消失，所以出现了不良资产一边剥离，一边上升的现象。社会信用未能根本好转，部分企业仍存在赖账行为。另外资金存在着向大城市、大企业、大项目集中的趋势，贷款的风险集聚，仍存在形成大量不良贷款的可能。

例题2 我国商业银行不良贷款产生的因素有(　　)。(多项选择题)

A. 社会融资结构的影响　　　　　　　　　B. 宏观经济体制的影响

C. 社会信用环境影响　　　　　　　　　　D. 商业银行自身及外部监管问题

答案　ABCD

解析　以上4项都属于我国商业银行不良贷款的产生因素。

第2节 不良贷款的处置方式

考点3 现金清收

1. 现金清收准备

现金清收准备主要包括债权维护及财产清查两个方面。

(1) 债权维护

资产保全人员至少要从以下3个方面认真维护债权：其一，妥善保管能够证明主债权和担保债权客观存在的档案材料，例如借款合同、借据、担保合同、抵质押登记证明等；其二，确保主债权和担保权利具有强制执行效力，主要是确保不超过诉讼时效、保证责任期间，确保不超过生效判决的申请执行期限；其三，防止债务人逃废债务。

向人民法院申请保护债权的诉讼时效期间通常为2年。诉讼时效一旦届满，人民法院不会强制债务人履行债务，但债务人自愿履行债务的，不受诉讼时效的限制。诉讼时效从债务人应当还款之日起算，但在2年期间届满之前，债权银行提起诉讼、向债务人提出清偿要求或者债务人同意履行债务的，诉讼时效中断；从中断时起，重新计算诉讼时效期间(仍然为2年)。

保证人和债权人应当在合同中约定保证责任期间，双方没有约定的，从借款企业偿还借款的期限届满之日起的6个月内，债权银行应当要求保证人履行债务，否则保证人可以拒绝承担保证责任。

(2) 财产清查

清查债务人可供偿还债务的财产，对于清收效果影响很大。对于能够如实提供经过审计财务报表的企业，财产清查相对容易一些。但是，债务人往往采取各种手段隐匿和转移资产。为了发现债务人财产线索，需要查找债务人的工商登记和纳税记录。有些债务人还没有完全停止经营活动，往往会采取各种手段包括互联网向其客户作正面宣传，例如营业收入和资产实力等，从债务人对自己的正面宣传中，能够发现一些有价值的财产线索。

2. 常规清收

根据是否诉诸法律，可以将清收划分为常规清收和依法收贷两种。常规清收包括直接追偿、协商处置抵质押物、委托第三方清收等方式。常规清收需要注意以下几点：其一，要分析债务人拖欠贷款的真正原因，判断债务人短期和中长期的清偿能力；其二，利用政府和主管机关向债务人施加压力；其三，要从债务人今后发展需要银行支持的角度，引导债务人自愿还款；其四，要将依法收贷作为常规清收的后盾。

3. 依法清收

采取常规清收的手段无效以后，要采取依法收贷的措施。依法收贷的步骤是：向人民法院提起诉讼(或者向仲裁机关申请仲裁)，胜诉后向人民法院申请强制执行。胜诉后债务人自动履行的，则无须申请强制执行。在起诉前或者起诉后，为了防止债务人转移、隐匿财产，债权银行可以向人民法院申请财产保全。对于借贷关系清楚的案件，债权银行也可以不经起诉而直接向人民法院申请支付令。对于扭亏无望、无法清偿到期债务的企业，可考虑申请其破产。

(1) 提起诉讼；

(2) 财产保全；

(3) 申请支付令；

(4) 申请强制执行；

(5) 申请债务人破产。

例题3 现金清收准备主要包括的内容有(　　)。(多项选择题)

A. 妥善保管能够证明主债权和担保债权客观存在的档案材料，例如借款合同、借据、担保合同、抵质押登记证明等

B. 确保主债权和担保权利具有强制执行效力，主要是确保不超过诉讼时效、保证责任期间，确保不超过生效判决的申请执行期限

C. 防止债务人逃废债务

D. 清查债务人可供偿还债务的财产，对于清收效果影响很大

答案 ABCD

解析 现金清收准备主要包括债权维护及财产清查两个方面。A、B、C选项均是债权维护的内容，而D选项属于财产清查的内容。

考点4 重组

贷款重组，从广义上来说，就是债务重组。根据债权银行在重组中的地位和作用，可以将债务重组划分为3类：自主型和司法型债务重组。自主型重组完全由借款企业和债权银行协商决定。司法型债务重组，主要指在我国《企业破产法》中规定的和解与整顿程序以及国外的破产重整程序中，在法院主导下债权人对债务进行适当的调整。

本节所介绍的贷款重组，主要是自主型贷款重组。在本节最后部分，将简要说明司法型重组。

1. 重组的概念和条件

(1) 重组的概念

贷款重组是指借款企业由于财务状况恶化或其他原因而出现还款困难，银行在充分评估贷款风险并与借款企业协商的基础上，修改或重新制定贷款偿还方案，调整贷款合同条款，控制和化解贷款风险的行为。

(2) 重组的条件

具备以下条件之一，同时其他贷款条件没有因此明显恶化的，可考虑办理债务重组。如图13.1所示：

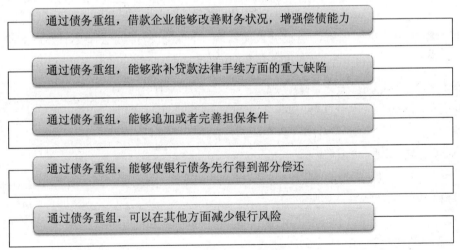

图13.1 重组的条件

2. 贷款重组的方式

目前商业银行的贷款重组方式主要有6种，即变更担保条件、调整还款期限、调整利率、借款企业变更、债务转为资本和以资抵债。但在实务中，贷款重组可以有多种方式，各种方式可以单独使用，也可以结合使用。

(1) 变更担保条件

(2) 调整还款期限

(3) 调整利率

(4) 借款企业变更

(5) 债务转为资本

(6) 以资抵债

① 以资抵债的条件及抵债资产的范围

其一，债务人以资抵债的条件，如图13.2所示：

> 债务人因资不抵债或其他原因关停倒闭、宣告破产，经合法清算后，依照有权部门判决、裁定以其合法资产抵偿银行贷款本息的
>
> 债务人故意"悬空"贷款、逃避还贷责任，债务人改制，债务人关闭、停产，债务人挤占挪用信贷资金等其他情况出现时，银行不实施以资抵债信贷资产将遭受损失的
>
> 债务人贷款到期，确无货币资金或货币资金不足以偿还贷款本息，以事先抵押或质押给银行的财产抵偿贷款本息的

图13.2　债务人以资抵债的条件

其二，抵债资产的范围，如图13.3所示：

> 动产：包括机器设备、交通运输工具、借款人的原材料、产成品、半成品等
>
> 不动产：包括土地使用权、建筑物及其他附着物等
>
> 无形资产：包括专利权、著作权、期权等
>
> 有价证券：包括股票和债券等
>
> 其他有效资产

图13.3　抵债资产的分类

下列资产不得用于抵偿债务，但根据人民法院和仲裁机构生效法律文书办理的除外，如图13.4所示：

> 抵债资产本身发生的各种欠缴税费，接近、等于或超过该财产价值的
>
> 所有权、使用权不明确或有争议的
>
> 资产已经先于银行抵押或质押给第三人的
>
> 依法被查封、扣押、监管的资产
>
> 债务人公益性质的职工住宅等生活设施、教育设施和医疗卫生设施
>
> 其他无法变现或短期难以变现的资产

图13.4　资产不得用于抵偿债务

② 抵债资产的接收

商业银行在取得抵债资产时，要同时冲减贷款本金与应收利息。抵债资产的计价价值与贷款本金和应收利息之和的差额，按以下规定处理，如图13.5所示：

抵债资产的计价价值低于贷款本金时，其差额作为呆账，经总行批准核销后连同表内利息一并冲减呆账准备金

抵债资产的计价价值等于贷款本金时，作为贷款本金收回处理；其表内应收利息经总行批准核销后冲减呆账准备金

抵债资产的计价价值高于贷款本金但低于贷款本金与应收利息之和时，其相当于贷款本金的数额作为贷款本金收回处理；超过贷款本金的部分作为应收利息收回处理，不足应收利息部分经总行批准后冲减呆账准备金

抵债资产的计价价值等于贷款本金与应收利息之和时，作为收回贷款本金与应收利息处理

抵债资产的计价价值高于贷款本金与应收利息之和时，其差额列入保证金科目设专户管理，待抵债资产变现后一并处理

图13.5 抵债资产的处理

③ 抵债资产管理

其一，抵债资产的管理原则，如图13.6所示。

严格控制原则。银行债权应首先考虑以货币形式受偿，从严控制以物抵债。受偿方式以现金受偿为第一选择，债务人、担保人无货币资金偿还能力时，要优先选择以直接拍卖、变卖非货币资产的方式回收债权。当现金受偿确实不能实现时，可接受以物抵债

合理定价原则。抵债资产必须经过严格的资产评估来确定价值，评估程序应合法合规，要以市场价格为基础合理定价

妥善保管原则。对收取的抵债资产应妥善保管，确保抵债资产安全、完整和有效

及时处置原则。收取抵债资产后应及时进行处置，尽快实现抵债资产向货币资产的有效转化

图13.6 抵债资产的管理原则

其二，抵债资产的保管。

其三，抵债资产的处置。

其四，监督检查，如图13.7所示：

截留抵债资产经营处置收入的

擅自动用抵债资产的

未经批准收取、处置抵债资产的

恶意串通抵债人或中介机构，在收取抵债资产过程中故意高估抵债资产价格，或在处理抵债资产过程中故意低估价格，造成银行资产损失的

玩忽职守，怠于行使职权而造成抵债资产毁损、灭失的

擅自将抵债资产转为自用资产的

图13.7 监督检查

其五，考核。

建立抵债资产处理考核制度，考核年度抵债资产的变现成果可以用以下两个指标进行考核。

(1) 抵债资产年处置率

$$抵债资产年处置率 = \frac{一年内已处理的抵债资产总价(列账的计价价值)}{一年内待处理的抵债资产总价(列账的计价价值)} \times 100\%$$

(2) 抵债资产变现率

$$抵债资产变现率 = \frac{已处理的抵债资产变现价值}{已处理抵债资产总价(原列账的计价价值)} \times 100\%$$

3. 司法型贷款重组

(1) 破产重整

现代市场经济国家均有比较成熟的破产重整制度。所谓破产重整，是指债务人不能清偿到期债务时，债务人、债务人股东或债权人等向法院提出重组申请，在法院主导下，债权人与债务人进行协商，调整债务偿还安排，尽量挽救债务人，避免债务人破产以后对债权人、股东和雇员等人，尤其是对债务企业所在地的公共利益产生重大不利影响。由于这类债务重组主要是为了避免债务人立即破产，而且一旦重组失败以后债务人通常都会转入破产程序，因此这类重组被称为"破产重整"。

法院裁定债务人进入破产重整程序以后，其他强制执行程序，包括对担保物权的强制执行程序，都应立即停止。在破产重整程序中，债权人组成债权人会议，与债务人共同协商债务偿还安排。根据债权性质(如有无担保)，债权人往往被划分成不同的债权人组别。当债权人内部发生无法调和的争议，或者债权人无法与债务人达成一致意见时，法院会根据自己的判断作出裁决。

(2) 我国《企业破产法》规定的和解与整顿程序

所谓和解，是指人民法院受理债权人提出的破产申请后3个月内，债务人的上级主管部门申请整顿，经债务人与债权人会议就和解协议草案达成一致，由人民法院裁定认可而中止破产程序的过程。

所谓整顿，是指债务人同债权人会议达成的和解协议生效后，由债务人的上级主管部门负责主持并采取措施，力求使濒临破产的企业复苏并能够执行和解协议的过程。各国破产法虽都有和解制度，但把和解与整顿结合起来，则为我国破产法的独创。不过，这种独创是与我国制定破产法时的计划经济体制分不开的。

例题4 目前商业银行的贷款重组方式主要有哪几种( )? (多项选择题)

A. 变更担保条件　　　　B. 调整还款期限　　　　C. 调整利率

D. 借款企业变更　　　　E. 债务转为资本和以资抵债

答案　ABCDE

解析　目前商业银行的贷款重组方式主要有6种，即变更担保条件、调整还款期限、调整利率、借款企业变更、债务转为资本和以资抵债。

例题5　抵债资产应当是债务人所有或债务人依法享有处分权，并且具有较强变现能力的财产，主要包括哪几类? ( )(多项选择题)

A. 动产　　　　　　　　B. 不动产　　　　　　　　C. 无形资产

D. 有价证券　　　　　　　E. 其他有效资产

答案　ABCDE

解析　抵债资产应当是债务人所有或债务人依法享有处分权，并且具有较强变现能力的财产，主要包括以下几类：动产、不动产、无形资产、有价证券、其他有效资产。

例题6　抵债资产管理应遵循的原则是(　　　)。(多项选择题)

A. 严格控制　　　　　B. 合理定价　　　　　C. 妥善保管　　　　　D. 及时处置

答案　ABCD

解析　抵债资产管理应遵循严格控制、合理定价、妥善保管、及时处置的原则。

■ 考点5　呆账核销

1. 呆账的认定

银行经采取所有可能的措施和实施必要的程序之后，符合下列条件之一的债权或者股权可认定为呆账。

(1) 借款人和担保人依法宣告破产、关闭、解散或撤销，并终止法人资格，银行对借款人和担保人进行追偿后，未能收回的债权。

(2) 借款人遭受重大自然灾害或者意外事故，损失巨大且不能获得保险补偿，或者以保险赔偿后，确实无力偿还部分或者全部债务，银行对其财产进行清偿和对担保人进行追偿后，未能收回的债权。

(3) 借款人和担保人虽未依法宣告破产、关闭、解散、撤销，但已完全停止经营活动，被县级及县级以上工商行政管理部门依法注销、吊销营业执照，银行对借款人和担保人进行追偿后，未能收回的债权。

(4) 借款人和担保人虽未依法宣告破产、关闭、解散、撤销，但已完全停止经营活动或下落不明，未进行工商登记或连续2年以上未参加工商年检，银行对借款人和担保人进行追偿后，未能收回的债权。

(5) 借款人触犯刑律，依法受到制裁，其财产不足归还所借债务，又无其他债务承担者，银行经追偿后确实无法收回的债权。

(6) 由于借款人和担保人不能偿还到期债务，银行诉诸法律，借款人和担保人虽有财产，经法院对借款人和担保人强制执行超过2年以上仍未收回的债权；或借款人和担保人无财产可执行，法院裁定执行程序终结或终止(中止)的债权。

(7) 银行对债务诉诸法律后，经法院调解或经债权人会议通过，并与债务人达成和解协议或重整协议，在债务人履行完还款义务后，银行无法追偿的剩余债权。

(8) 对借款人和担保人诉诸法律后，因借款人与担保人主体资格不符或消亡等原因，被法院驳回起诉或裁定免除(或部分免除)债务人责任；或因借款合同、担保合同等权利凭证遗失或丧失诉讼时效，法院不予受理或不予支持，银行经追偿后仍无法收回的债权。

(9) 由于上述原因借款人不能偿还到期债务，银行依法取得抵债资产，抵债金额小于贷款本息的差额，经追偿后仍无法收回的债权。

(10) 开立信用证、办理承兑汇票、开具保函等发生垫款时，凡开证申请人和保证人由于上述原因，无法偿还垫款，银行经追偿后仍无法收回的垫款。

(11) 按照国家法律法规规定具有投资权的银行的对外投资，由于被投资企业依法宣告破产、关闭、解散或撤销，并终止法人资格的，银行经清算和追偿后仍无法收回的股权；被投资企业虽未依法宣告破产、关闭、解散或撤销，但已完全停止经营活动，被县级及县级以上工商行政管理部门依法注销、吊销营业执照，银行经清算和追偿后仍无法收回的股权；被投资企业虽未依法宣告破产、关闭、解散或撤销，但财务状况严重恶化，累计发生巨额亏损，已连续停止经营3年以上，且无重新恢复经营改组计划的；或被投资企业财务状况严重恶化，累计发生巨额亏损，已完成破产清算或清算期超过3年以上的；被投资企业虽未依法宣告破产、关闭、解散或撤销，但银行对被投资企业不具有控制权，投资期限届满或者投资期限超过10年，且被投资企业因连续3年以上经营亏损导致资不抵债的。

(12) 银行经批准采取打包出售、公开拍卖、转让等市场手段处置债权或股权后，其出售转让价格与账面价值的差额。

(13) 对于余额在50万元(含50万元)以下[农村信用社、村镇银行为5万元(含5万元)以下]的公司类贷款，经追索2年以上，仍无法收回的债权。

(14) 因借款人、担保人或其法定代表人(主要负责人)涉嫌违法犯罪，或因银行内部案件，经公安机关立案2年以上，仍无法收回的债权。

(15) 银行对单笔贷款额在500万元及以下的，经追索1年以上，确实无法收回的中小企业和涉农不良贷款，可按照账销案存的原则自主核销；其中，中小企业标准为年销售额和资产总额均不超过2亿元的企业，涉农贷款是按《中国人民银行中国银行业监督管理委员会关于建立〈涉农贷款专项统计制度〉的通知》规定的农户贷款和农村企业及各类组织贷款。

(16) 经国务院专案批准核销的债权。

2. 呆账核销的申报与审批

(1) 呆账核销的申报

银行申报核销呆账，必须提供如下材料。

① 借款人或者被投资企业资料，包括呆账核销申报表(银行制作填报)及审核审批资料，债权、股权发生明细材料，借款人(持卡人)、担保人和担保方式、被投资企业的基本情况和现状，财产清算情况等。

② 经办行(公司)的调查报告，包括呆账形成的原因，采取的补救措施及其结果，对借款人(持卡人)和担保人具体追收过程及其证明，抵押物(质押物)处置情况，核销的理由，债权和股权经办人、部门负责人和单位负责人情况，对责任人进行处理的有关文件等。

③ 其他相关材料。不能提供确凿证据证明的呆账，不得核销。

(2) 呆账核销的审批

除法律法规和《呆账核销管理办法》的规定外，其他任何机构和个人包括债务人不得干预、参与银行呆账核销运作；同时，下列债权或者股权不得作为呆账核销：

① 借款人或者担保人有经济偿还能力，银行未按本办法规定，履行所有可能的措施和实施必要的程序追偿的债权；

② 违反法律、法规的规定，以各种形式逃废或者悬空的银行债权；

③ 因行政干预造成逃废或者造成悬空的银行债权；

④ 银行未向借款人和担保人追偿的债权；

⑤ 其他不应当核销的银行债权或者股权。

3. 呆账核销后的管理

(1) 检查工作

(2) 抓好催收工作

(3) 认真做好总结

例题7　银行申报核销呆账，必须提供以下材料(　　)。(多项选择题)

A. 借款人或者被投资企业资料　　　　　　B. 经办行(公司)的调查报告

C. 其他相关材料　　　　　　　　　　　　D. 检查工作

答案　ABC

解析　A、B、C3个选项都属于银行申报核销呆账必须提供的材料。

例题8　呆账发生后的处理原则不包括(　　)。(单项选择题)

A. 自动核销　　　　B. 随时上报　　　　C. 随时审核审批　　　　D. 及时转账

答案　A

解析　呆账发生后，能够提供确凿证据、经审查符合条件的，按随时上报、随时审核审批、及时转账的原则处理，不得隐瞒不报、长期挂账和掩盖不良资产。自动核销不是呆账发生后的处理原则。

考点6　金融企业不良资产批量转让管理

金融企业是指在中华人民共和国境内依法设立的国有及国有控股商业银行、政策性银行、信托投资公司、财务公司、城市信用社、农村信用社以及中国银行业监督管理委员会(以下简称银监会)依法监督管理的其他国有及国有控股金融企业(金融资产管理公司除外)。资产管理公司，是指具有健全公司治理、内部管理控制机制，并有5年以上不良资产管理和处置经验，公司注册资本金100亿元(含)以上，取得银监会核发的金融许可证的公司，以及各省、自治区、直辖市人民政府依法设立或授权的资产管理或经营公司。

批量转让是指金融企业对一定规模的不良资产(10户/项以上)进行组包，定向转让给资产管理公司的行为。金融企业应进一步完善公司治理和内控制度，不断提高风险管理能力，建立损失补偿机制，及时提足相关风险准备金。不良资产批量转让工作应坚持依法合规、公开透明、竞争择优、价值最大化原则。

金融企业应在每批次不良资产转让工作结束后(即金融企业向受让资产管理公司完成档案移交)30个工作日内，向同级财政部门和银监会或属地银监局报告转让方案及处置结果，其中中央管理的金融企业报告财政部和银监会，地方管理的金融企业报告同级财政部门和属地银监局。同一报价日发生的批量转让行为作为一个批次。

金融企业应于每年2月20日前向同级财政部门和银监会或属地银监局报送上年度批量转让不

良资产情况报告。省级财政部门和银监局于每年3月30日前分别将辖区内金融企业上年度批量转让不良资产汇总情况报财政部和银监会。

上市金融企业应严格遵守证券交易所有关信息披露的规定，及时充分披露不良资产成因与处置结果等信息，以强化市场约束机制。

金融企业应做好不良资产批量转让工作的内部检查和审计，认真分析不良资产的形成原因，及时纠正存在的问题，总结经验教训，提出改进措施，强化信贷管理和风险防控。

第3节 同步强化训练

一、单项选择题

1. 按照4级分类的标准，我国曾经的不良贷款不包括( )。

A. 呆账贷款   B. 呆滞贷款

C. 逾期贷款   D. 损失贷款

2. 贷款5级分类制度按照贷款的风险程度，将银行信贷资产分为( )。

A. 正常、关注、次级、可疑、损失   B. 正常、次级、关注、可疑、损失

C. 正常、关注、可疑、次级、损失   D. 正常、次级、可疑、关注、损失

3. 以下关于依法收贷过程中申请支付令的表述不正确的是( )。

A. 没有其他债务纠纷的，可以向人民法院申请支付令

B. 债务人应当自收到支付令之日起10日内向债权人清偿债务

C. 债务人既不提出异议又不履行支付令的，债权人可以申请执行

D. 申请支付令所需费用和时间远比起诉少

4. 根据债权银行在重组中的地位和作用，债务重组不包括( )。

A. 自主型重组   B. 行政型贷款重组

C. 司法型债务重组   D. 自愿型债务重组

5. 以下关于我国和解与整顿程序说法不正确的是( )。

A. 和解是破产程序的一个部分

B. 没有和解协议生效，就没有整顿程序

C. 破产程序只有在整顿程序中止之后才能开始

D. 和解与整顿由政府行政部门决定和主持

6. 以下关于抵押资产的处置做法不正确的是( )。

A. 不动产和股权应自取得日起2年内予以处置

B. 其他权利应在其有效期内尽快处置，最长不得超过自取得日起的1年

C. 动产应自取得日起1年内予以处置

D. 银行处置抵债资产应坚持公开透明的原则

二、多项选择题

1. 不良贷款的处置方式主要有(   )。

A. 现金清收　　　　　　B. 重组　　　　　　C. 以资抵债　　　　　　D. 呆账核销

2. 银行对不良资产进行重组的时候，主要是对以下内容进行重组(   )。

A. 借款人　　　　　　B. 担保条件　　　　　　C. 还款期限　　　　　　D. 借款利率

3. 以下关于银行在资产保全过程中做法正确的是(   )。

A. 从债务人应当还款之日起2年内，提起诉讼

B. 没有约定保证责任期间的，从借款人还款期限届满之日起6个月内要求保证人履行债务

C. 从债务人应当还款之日起3年内，提起诉讼

D. 没有约定保证责任期间的，从借款人还款期限届满之日起1年内要求保证人履行债务

4. 以下关于依法收贷过程中申请强制执行的文书包括(   )。

A. 人民法院发生法律效力的判决、裁定和调解书

B. 依法设立的仲裁机构的裁决

C. 公证机关依法赋予强制执行效力的债权文书

D. 贷款合同

5. 以下关于依法收贷过程中申请强制执行的表述正确的是(   )。

A. 申请执行的法定期限为1年

B. 申请执行的法定期限为2年

C. 法律文书规定分期履行的，从规定的每次履行期内的最后一日起计算

D. 申请执行期限，从法律文书规定履行期间的最后一日起计算

6. 抵债资产的范围包括(   )。

A. 动产　　　　　　B. 不动产　　　　　　C. 无形资产　　　　　　D. 有价证券

7. 对于抵债资产的计价价值与贷款本息之和的差额处理正确的是(   )。

A. 计价价值低于贷款本金的差额作为呆账，连同表内利息一并冲减呆账准备金

B. 计价价值等于贷款本金的，其表内应收利息冲减呆账准备金

C. 计价价值等于贷款本息之和的，作为收回贷款本金与应收利息处理

D. 计价价值高于贷款本息之和的差额，列入保证金科目设专户管理，待抵债资产变现后一并处理

8. 呆账核销审查要点主要包括(   )。

A. 呆账核销理由是否合规

B. 银行债权是否充分受偿

C. 呆账数额是否准确

D. 贷款责任人是否已经认定、追究

9. 下列债权或者股权不得作为呆账核销(   )。

A. 借款人或者担保人有经济偿还能力，未按期偿还的银行债权

B. 违反法律法规的规定，以各种形式逃废或者悬空的银行债权

C. 行政干预逃废或者悬空的银行债权

D. 银行未向借款人和担保人追偿的债权

答案与解析

一、单项选择题

1. 答案与解析　D

按照4级分类的标准，我国曾经将不良贷款定义为呆账贷款、呆滞贷款和逾期贷款(即"一逾两呆")的总和。

2. 答案与解析　A

将银行信贷资产分为5类：正常、关注、次级、可疑、损失。

3. 答案与解析　B

债务人应当自收到支付令之日起15日内向债权人清偿债务。

4. 答案与解析　D

根据债权银行在重组中的地位和作用，可以将债务重组划分为3类：自主型、行政型和司法型债务重组。

5. 答案与解析　C

可参照考点4"3.司法型贷款重组"的内容。

6. 答案与解析　B

其他权利应在其有效期内尽快处置，最长不得超过自取得日起的2年。

二、多项选择题

1. 答案与解析　ABCD

4个选项均符合题意。

2. 答案与解析　ABCD

4个选项均符合题意。

3. 答案与解析　AB

可参照考点3"1.现金清收准备"的内容。

4. 答案与解析　ABC

可参照考点3"3.依法清收"的内容。

5. 答案与解析　BCD

可参照考点3"3.依法清收"的内容。

6. 答案与解析　ABCD

可参照考点4"2.贷款重组的方式"的内容。

7. 答案与解析　ABCD

可参照考点4"2.贷款重组的方式"的内容。

8. 答案与解析　ABCD

呆账核销审查要点主要包括呆账核销理由是否合规；银行债权是否充分受偿；呆账数额是否准确；贷款责任人是否已经认定、追究。

9. 答案与解析　ABCD

下列债权或者股权不得作为呆账核销：

(1) 借款人或者担保人有经济偿还能力，银行未按本办法规定，履行所有可能的措施和实施必要的程序追偿的债权；

(2) 违反法律、法规的规定，以各种形式逃废或者悬空的银行债权；

(3) 因行政干预造成逃废或者造成悬空的银行债权；

(4) 银行未向借款人和担保人追偿的债权；

(5) 其他不应当核销的银行债权或者股权。